全国高等教育自学考试指定教材
学前教育专业(独立本科段)

学前教育心理学

Xueqian Jiaoyu Xinlixue

(含:学前教育心理学自学考试大纲)

(2013 年版)

全国高等教育自学考试指导委员会 组编
主 编 曹中平

高等教育出版社·北京
HIGHER EDUCATION PRESS BEIJING

图书在版编目(CIP)数据

学前教育心理学:2013年版 / 曹中平主编;全国高等教育自学考试指导委员会组编. --北京 : 高等教育出版社,2013.10(2025.2重印)
ISBN 978-7-04-038543-4

Ⅰ.①学… Ⅱ.①曹…②全… Ⅲ.①学前教育-教育心理学-高等教育-自学考试-教材 Ⅳ.①G44

中国版本图书馆CIP数据核字(2013)第230588号

策划编辑	雷旭波	责任编辑	雷旭波	版式设计	范晓红	插图绘制	尹　莉
责任校对	李大鹏	责任印制	赵　佳				

出版发行	高等教育出版社	网　址	http://www.hep.edu.cn
社　址	北京市西城区德外大街4号		http://www.hep.com.cn
邮政编码	100120	网上订购	http://www.hepmall.com.cn
印　刷	北京中科印刷有限公司		http://www.hepmall.com
开　本	787mm×1092mm 1/16		http://www.hepmall.cn
印　张	18.25		
字　数	430千字	版　次	2013年10月第1版
购书热线	010-58581118	印　次	2025年2月第21次印刷
咨询电话	400-810-0598	定　价	33.00元

本书如有质量问题,请与教材供应部门联系。

物 料 号　38543-00

组编前言

21世纪是一个变幻莫测的世纪，是一个催人奋进的时代。科学技术飞速发展，知识更替日新月异。希望、困惑、机遇、挑战，随时都有可能出现在每一个社会成员的生活之中。抓住机遇，寻求发展，迎接挑战，适应变化的制胜法宝就是学习——依靠自己学习、终身学习。

作为我国高等教育组成部分的自学考试，其职责就是在高等教育这个水平上倡导自学、鼓励自学、帮助自学、推动自学，为每一个自学者铺就成才之路。组织编写供读者学习的教材就是履行这个职责的重要环节。毫无疑问，这种教材应当适合自学，应当有利于学习者了解、掌握新知识和新信息，有利于学习者增强创新意识、培养实践能力、形成自学能力，也有利于学习者学以致用、解决实际工作中所遇到的问题。具有如此特点的书，我们虽然沿用了"教材"这个概念，但它与那种仅供教师讲、学生听，教师不讲、学生不懂，以"教"为中心的教科书相比，在内容安排、编写体例、行文风格等方面已经大不相同了。希望读者对此有所了解，以便从一开始就树立起依靠自己学习的坚定信念，不断探索适合自己的学习方法，充分利用已有的知识基础和实际工作经验，最大限度地发挥自己的潜能，达到学习的目标。

欢迎读者提出意见和建议。

祝每一位读者自学成功。

全国高等教育自学考试指导委员会

2012年10月

目 录

学前教育心理学自学考试大纲

学前教育心理学

全国高等教育自学考试
学前教育专业(独立本科段)

学前教育心理学自学考试大纲

全国高等教育自学考试指导委员会 制定

出版前言

为了适应社会主义现代化建设事业的需要，鼓励自学成才，我国在20世纪80年代初建立了高等教育自学考试制度。高等教育自学考试是个人自学、社会助学和国家考试相结合的一种高等教育形式。应考者通过规定的专业课程考试并经思想品德鉴定达到毕业要求的，可获得毕业证书；国家承认学历并按照规定享有与普通高等学校毕业生同等的有关待遇。经过30多年的发展，高等教育自学考试为国家培养造就了大批专门人才。

课程自学考试大纲是国家规范自学者学习范围、要求和考试标准的文件。它是按照专业考试计划的要求，具体指导个人自学、社会助学、国家考试、编写教材及自学辅导书的依据。

为更新教育观念，深化教学内容方式、考试制度、质量评价制度改革，更好地提高自学考试人才培养的质量，全国考委各专业委员会按照专业考试计划的要求，组织编写了课程自学考试大纲。

新编写的大纲，在层次上，专科参照一般普通高校专科或高职院校的水平，本科参照一般普通高校本科的水平；在内容上，力图反映学科的发展变化以及自然科学和社会科学近年来研究的成果。

全国考委教育类专业委员会参照普通高等学校相关课程的教学基本要求，结合自学考试学前教育专业的实际情况，组织编写了《学前教育心理学自学考试大纲》，经教育部批准，现颁发施行。各地教育部门、考试机构应认真贯彻执行。

全国高等教育自学考试指导委员会

2013年6月

I 课程性质与设置目的

一、课程性质与特点

“学前教育心理学”课程是高等教育自学考试学前教育专业（独立本科段）的必修课，是学前教育专业的一门基础课程，它既为学前教育专业其他课程提供心理学基础，又可直接指导幼儿园教育实践活动，具有很强的应用性。

学前教育心理学是教育心理学的一个分支，是一门研究学前教育，特别是幼儿园教育情境中学习心理与教学心理现象及其规律的科学，主要内容包括幼儿学习心理、幼儿教学心理和幼儿教师心理。

学前教育心理学是一门偏向应用的综合性交叉学科。它既是一门理论学科，也是一门应用学科。

二、课程目的与要求

本课程设置的目标是使得考生能够：

1. 在了解学习的一般原理的基础上，系统掌握学前儿童学习的主要方式与基本类型、幼儿学习的基本特点与主要影响因素。

2. 全面理解幼儿技能学习、知识学习、社会性学习与创造性学习的基本原理及其指导方法，并在幼儿园教育实践中正确运用这些原理指导幼儿学习，有效地培养幼儿的学习品质与心理素质。

3. 系统了解幼儿教学心理的基本原理和指导策略，并正确运用于幼儿园教学活动的设计及指导。

4. 在了解幼儿教师心理素质的基础上，掌握教师的劳动特点与专业成长过程，在有效的师幼互动过程中不断提高专业素质与心理健康水平。

三、本课程与相关课程的联系、分工和区别

“学前教育心理学”与专科段的“学前儿童发展”和本科段的“儿童发展理论”等课程有着极为密切的关系。

“学前儿童发展”从生理、认知、社会、文化四个维度阐述学前儿童的发展基础、发展特点、发展规律及发展目标；“儿童发展理论”侧重描述儿童发展领域的现象及其规律，解释发

展的影响因素及动力机制的思想体系。二者均属于儿童发展心理学范畴。

“学前教育心理学”属于教育心理学的一个分支,主要阐述学前儿童的学习特点及影响因素、幼儿学习的基本类型及其指导方法和幼儿教学(游戏)的心理特点及其指导策略。在学习与发展的关系上,“学前教育心理学”与“学前儿童发展”有一定程度的交叉或重叠;由于学习理论与发展理论具有一定程度的重合性,所以“学前教育心理学”在理论指导层面不可避免地与“学前儿童发展”的理论发生关联。

学前儿童发展是学前儿童学习与教学(游戏)的基础,而学前儿童学习与教学又以促进学前儿童发展为终极目标。可以说,“学前教育心理学”是“学前儿童心理学”在学前教育领域的延伸、扩展和深化。

四、课程的重点和难点

本课程分为三部分:总论部分(第一章至第四章)、幼儿学习心理部分(第五章至第八章)和幼儿教学心理部分(第九章)。其重点是第四章至第八章,次重点是第二章、第三章和第九章,一般是第一章;而难点是第三章和第八章。

Ⅱ 考核目标

识记:能够对大纲各章中的知识点,如学习的过程和学习的策略,幼儿学习的基本方式等原理有清晰的记忆;对大纲各章中的基本概念,如学习、知识学习、技能学习、社会学习、发展适宜性教育(DAP)和最近发展区等概念的含义有准确的记忆。

领会:能全面深刻地理解本大纲各章中的基本原理,如脑的发展与儿童学习的关系、知识学习过程各个环节的内在联系、教学与发展的关系、创造性发展与创造性学习的关系等,并能做出正确的分析与表述。这是较高层次的要求。

简单应用:能够运用本大纲各章中的基本原理分析和解决幼儿学习中的实际问题,如运用观察学习原理指导幼儿社会性学习,基于学习迁移原理创设适宜的教育环境等。

综合应用:能够运用多个知识点或多种方法,综合分析和解决一些复杂的实际教育问题,或运用恰当的研究方法探索幼儿学习与教学过程中出现的新现象。如根据发现学习原理,结合幼儿创造性发展的特点设计幼儿创造性教育活动方案;基于环境创设与学习效果的关系,结合幼儿学习心理特点创设富有吸引力的活动区等。

III 课程内容与考核目标

第一章　绪　论

一、学习目的与要求

通过对本章的学习，了解教育心理学的定义、性质和发展趋势。理解幼儿教育心理学的创建与发展、定义与性质、任务与意义、研究对象和研究方法，初步形成对学前教育心理学的整体认识。重点掌握学前教育心理学的定义与学科性质、任务、作用以及研究方法的使用，学前教育心理学的创建与发展，学前教育心理学与教育心理学、学前心理学和学前教育学等相关学科在研究对象上的区别和联系。

二、课程内容

（一）教育心理学概述

1. 教育心理学的界定

教育心理学的含义；教育心理学的学科性质。

2. 教育心理学的研究对象与学科体系

教育心理学的研究对象；教育心理学的学科体系。

3. 教育心理学的创建与发展

教育心理学的创建；教育心理学的发展历程；教育心理学的发展趋势。

（二）学前教育心理学概述

1. 学前教育心理学的创建与发展

学前教育心理学的创建；学前教育心理学的发展历程；学前教育心理学的发展趋势。

2. 学前教育心理学的学科性质与学科体系

学前教育心理学的学科性质；学前教育心理学的学科体系。

3. 学前教育心理学的任务和作用

学前教育心理学的基本任务；学前教育心理学的作用。

（三）学前教育心理学研究方法

1. 观察法

科学观察与日常观察；正式观察法与非正式观察法；学前教育心理研究中常用的观察方法。

2．实验法

实验类型；幼儿教育心理实验。

3．调查法

调查的类型；学前教育心理研究中常用的调查方法。

4．测量法

测验的类型；学前教育心理研究中的自编测验问题。

三、考核知识点与考核要求

（一）教育心理学概述

识记：①教育心理学的定义；②教育心理学的学科性质；③教育心理学的研究对象；④教育心理学独立的年代与标志。

领会：①教育心理学的创建；②教育心理学的发展历程；③教育心理学的发展趋势。

（二）学前教育心理学概述

识记：①学前教育心理学的研究对象；②学前教育心理学的学科性质。

领会：①学前教育心理学的创建；②学前教育心理学的发展趋势。

简单应用：①学前教育心理学的发展过程及其基本阶段；②学前教育心理学的基本任务；③学前教育心理学的作用。

（三）学前教育心理学研究方法

识记：①观察法的定义；②实验法的定义；③调查法的定义；④测量法的定义。

简单应用：①实验法的应用；②调查法的应用。

综合应用：①观察法的应用；②测量法的应用。

第二章　幼儿教师心理

一、学习目的与要求

通过对本章的学习，了解幼儿教师的能力结构、角色，理解幼儿教师的人格特点；理解师幼互动的基本概念及其影响因素，掌握有效互动型教师的心理特征；理解教师情绪劳动的概念及其特点，掌握幼儿教师情绪管理的内涵。了解我国幼儿教师的职业压力，掌握师幼互动中教师的心理应激成因及对策；理解教师专业成长及其过程，理解新手教师与专家教师的区别，重点掌握缩小新手教师与专家教师之间差异的方法。

二、课程内容

（一）幼儿教师心理素质概述

1．幼儿教师的能力结构

教师能力的含义；幼儿教师能力的层次和种类。

2．教师的人格特征

教师人格的涵义及特点。

3. 幼儿教师的角色

幼儿教师的角色定位;幼儿教师的职业角色;幼儿教师的角色结构。

(二)幼儿教师的情绪劳动

1. 情绪劳动的界定

情绪劳动是指个体管理自身的感受,以产生能够迎合他人心理状态的公共可见的表情和身体表达。

2. 教师的情绪劳动

教师是情绪劳动者:教学是以人际互动为基础的;在教学中,教师的情绪是负载着特定功能的;教师的情绪活动处于控制之中。

3. 幼儿教师情绪劳动的特点

幼儿园组织氛围;幼儿教师的职业承诺;幼儿园教师的人际互动和人际行为;幼儿教师的薪金待遇。

4. 幼儿教师的情绪管理

情绪管理的定义和内涵。

5. 幼儿教师的职业压力

幼儿教师的职业压力主要来源;"职业压力症"的主要症状及成因表现;造成教师心理压力和不适应问题的高危因素;幼儿教师职业压力的疏解。

(三)师幼互动与幼儿教师心理

1. 师幼互动

师幼互动的界定和分类;影响师幼互动行为的因素;师幼互动中教师的应激:应激的含义、阶段及教师心理应激的成因和对策。

2. 有效互动型教师的心理特征

教师对儿童宽容尊重;教师在情绪上的安全感;教师的职业态度;教师的教学风格;灵活使用不同的教学方法。

(四)幼儿教师的专业成长与培养

1. 教师专业成长的界定

2. 教师专业成长的过程

弗勒、伯顿、费斯勒、本尼尔等对教师的专业发展进行阶段划分。国内根据弗勒的理论将教师专业成长归纳为三个阶段:关注生存阶段、关注情景阶段、关注儿童阶段。

3. 幼儿教师的专业教育

新手教师与专家教师的区别;缩小新手教师与专家教师之间的差异的方法;专家型幼儿教师的成长。

三、考核知识点与考核要求

(一)幼儿教师心理素质概述

识记:①教师能力的层次;②教师人格的含义。

领会:①教师能力的种类;②幼儿教师职业角色。

简单应用:①幼儿教师的人格特点;②幼儿教师的角色结构。

（二）幼儿教师的情绪劳动

识记：①情绪劳动的含义；②情绪管理的概念。

领会：①教师的情绪劳动；②幼儿教师情绪劳动的特点；③幼儿教师职业压力的表现。

简单应用：①幼儿教师情绪管理的内涵；②幼儿教师职业压力的疏解。

（三）师幼互动与幼儿教师心理

识记：①师幼互动的概念；②应激的概念。

领会：①师幼互动的分类；②影响师幼互动行为的因素。

简单应用：有效互动型教师的心理特征。

综合应用：幼儿教师应激的对策。

（四）幼儿教师的专业成长与培养

识记：教师专业成长的界定。

领会：①教师专业成长的过程；②新手教师与专家教师的区别。

简单应用：专家型幼儿教师的成长。

综合应用：如何缩小新手教师与专家教师之间的差异。

第三章　学习的概述

一、学习目的与要求

通过对本章的学习，掌握学习的含义、分类，了解学习理论的产生及发展，领会各个心理学流派的学习理论，掌握学习策略的界定、分类以及儿童学习策略的发展阶段。重点掌握加涅、奥苏伯尔等心理学家对学习的分类，各流派对学习理论、学习实质的解释，我国古代、加涅和维特罗克对学习过程的解释，儿童常用的学习策略。

二、课程内容

（一）学习的概念

1. 学习的含义

学习是有机体以经验方式引起的对环境相对持久的适应性的心理变化；人类的学习是在社会生活实践中，以语言为中介自觉、积极主动地掌握个体和社会经验的过程；学生的学习是在教师指导下进行的，以掌握书本上的间接经验为主的，为参与未来生活实践做准备的，有目的、有计划、有组织的特殊认知活动；儿童的学习指儿童在教育环境中掌握系统科学文化知识和社会经验的活动。

2. 学习的分类

雷兹兰的进化水平分类；学习的意识水平分类。

（二）学习理论

1. 学习理论的产生和发展

学习理论产生时期所形成的主要学习理论及其特征；学习理论发展时期所形成的主要学习理论及其特征。

2. 条件作用学习理论

桑代克的学习“联结说”;巴甫洛夫的经典条件作用理论;格思里的邻近性条件作用学习理论;斯金纳的操作性条件作用学习理论。

3. 认知学习理论

格式塔心理学的学习“顿悟说”;奥苏伯尔知识学习分类与“认知同化学习理论”;加涅的学习结果分类。

4. 建构主义学习理论

建构主义学习理论对学习、学习者及知识的共同理解。

(三) 学习的过程

1. 中国古代学习过程结构模式

构成学习过程结构模式的两条主线:智力因素;非智力因素。

2. 信息加工的学习过程观

加涅的学习记忆模型;梅耶的学习过程模型。

3. 学生学习的生成模式

在学习过程中,人脑并不是被动地学习和记录输入的信息,而是主动地构建对输入信息的解释;人们在生成所知觉事物的意义是,总是与以前的经验相结合。学生学习过程生成模式将学习过程解释为是学习者从外部有选择性地知觉新信息,然后进行主动地建构并生成意义的过程。生成模式包括四个主要成分,即生成、动机、注意和先前经验。

(四) 学习策略

1. 学习策略的界定

学习策略是指学习者为了提高学习的效果和效率,有目的、有意识地制订的有关学习过程的复杂的方案。学习策略具有主动性、有效性、过程性、程序性。

2. 学习策略的分类

认知策略,包括复述策略、精细加工策略、组织策略;元认知策略,包括计划策略、监控策略、调节策略;资源管理策略,包括时间管理策略、学习环境管理策略、努力管理策略、学业求助策略。

3. 儿童学习的常用策略

儿童学习策略的发展会经历调解的缺乏、产生的缺乏、自发地产生并有效地使用策略三个阶段。儿童常用的学习策略有复述策略、组织策略、表象加工策略。

三、考核知识点与考核要求

(一) 学习的概念

识记:①学习;②学生的学习;③儿童的学习;④内隐学习。

领会:①人类学习与动物学习之间的区别;②学生学习的特殊性;③儿童学习的特殊性;④雷兹兰的进化水平分类。

简单应用:学习的意识水平分类。

(二)学习理论

识记:①应答性条件作用学习;②操作条件作用学习;③意义学习;④先行组织者。

领会:①桑代克的学习联结说;②巴甫洛夫经典条件作用理论;③邻近性条件作用学习理论;④斯金纳的操作性条件作用学习理论;⑤学习的顿悟说;⑥认知同化学习理论;⑦建构

主义学习理论。

简单应用:①格思里的学习理论与桑代克和巴甫洛夫的区别;②学习的三大定律及强化原理。

综合应用:①加涅的学习结果分类与奥苏伯尔的知识学习分类;②行为学习理论与认知学习理论在学习实质解释上的差异。

(三)学习的过程

领会:①中国古代的学习过程结构模式;②梅耶的学习过程模型。

综合应用:①加涅的学习记忆模型;②维特罗克的学生学习过程生成模式。

(四)学习策略

识记:学习策略。

领会:①学习策略的分类;②儿童学习策略的发展。

简单应用:儿童常用的学习策略。

第四章　学前儿童学习的概述

一、学习目的与要求

通过对本章的学习,了解学前儿童学习的基本方式,熟悉幼儿学习的途径与类型,理解幼儿学习的特点,重点掌握脑的发育、认知发展、动机发展以及学习情境、家庭教养方式对学前儿童学习的影响。

二、课程内容

(一)学前儿童学习的基本方式

1. 婴儿学习的基本方式

婴儿学习的最早方式表现为习惯化与条件反射的形成;3 岁前儿童的主要学习方式是学习图式、因果关系、使用工具以及理解空间。

2. 幼儿学习的基本方式

幼儿的学习方式是由单纯的刺激—反应联合学习或机械学习向中介性的联合学习发展,主要包括换位、辨别换位学习、概念学习、解决问题的学习、偶发学习;幼儿学习方式主要有观察模仿学习、操作尝试学习、语言理解学习等。

(二)幼儿学习的途径与类型

1. 幼儿学习的途径

幼儿学习主要有两个途径:一是指向周围环境的及物活动,即在活动中学习,活动是幼儿学习和发展的源泉与基础;二是借助人际互动完成学习,即在关系中学习,包括同伴游戏中的学习、交往学习、合作学习、冲突中的学习。

2. 幼儿学习的类型

按学习内容分为技能学习、概念学习、社会性学习、创造性学习;按学习方法分为发展学习与接受学习。

（三）幼儿学习的特点

1. 活动性与游戏性

幼儿的学习是在具体的实践活动中进行的，尤其是在游戏活动中进行的。

2. 直观性与操作性

幼儿的学习通过对实物、模型以及形象性的言语的直接感知、对学习材料的直接操作来获取基本的经验与基本的态度。

3. 指导性与模仿性

幼儿的学习活动是在教师的指导下，通过对教师以及其他同伴的模仿而获得的。

4. 情绪性与依存性

幼儿学习过程，一方面具有明显的情绪启动性，另一方面又对环境具有高度的依存性。

（四）学前儿童学习的影响因素

1. 学习与发展的辩证关系

发展对学习的制约作用；学习对发展的促进作用。

2. 学前儿童学习的内部因素

脑的发育对学前儿童学习的影响，大脑是人类学习得以发生的最关键的物质基础，大脑神经突触生长呈倒U状的模型假说，大脑的发展具有关键期；认知发展对学前儿童学习的影响，认知发展是幼儿学习的基础；动机发展对学前儿童学习的影响。

3. 学前儿童学习的外部因素

学习情境对学前儿童学习的影响；家庭教养方式对学习的影响。

三、考核知识点与考核要求

（一）学前儿童发展与学习

识记：①婴儿学习；②习惯化与去习惯化；③幼儿学习。

领会：①婴儿学习方式的发展及主要方式；②幼儿学习方式的发展及主要方式。

简单应用：幼儿的操作学习。

（二）幼儿学习的途径与类型

领会：①幼儿学习的途径；②幼儿学习的类型及分类标准。

（三）幼儿学习的特点

领会：幼儿学习的特点。

（四）学前儿童学习的影响因素

识记：①学习准备；②关键期；③学习动机；④学习情境；⑤学习品质。

领会：①学习与发展的辩证关系；②学习动机的分类；③学习情境的理论依据；④家庭教养方式及其类型。

简单应用：①学习的关键期；②学前儿童认知发展特点。

综合应用：①幼儿学习的游戏性与情境性；②家庭教养方式对学前儿童学习的影响。

第五章　幼儿知识学习与教育

一、学习目的与要求

通过对本章的学习，重点掌握知识的类型及表征，知识学习、知识理解的基本过程及类型，知识整合、概念学习的基本过程和方式，幼儿概念学习水平的检测方法和指导方法等。学习的难点在于幼儿知识理解的教育方法与措施、幼儿知识整合的教育方法与措施、知识迁移的实现、幼儿的概念学习的教育方法与措施以及概念的含义和结构、概念学习的方式等。

二、课程内容

（一）知识及其学习概述

1. 知识概述

什么是知识；知识的类型；知识的表征，五种知识表征的方式：概念、命题、表象、图式、产生式。

2. 知识学习概述

什么是知识学习；知识学习的类型；知识学习的过程。

（二）知识理解与幼儿教育指导

1. 知识理解概述

什么是知识理解；知识理解的过程。

2. 幼儿的知识理解及教育指导

知识的情境性与情境教学；材料的直观性与直观教学。

（三）知识整合与幼儿教育指导

1. 知识整合概述

什么是知识整合；知识整合的过程。

2. 幼儿的知识整合及其教育指导

幼儿知识整合的可能性与重要性；知识系统化教学。

（四）知识迁移与幼儿教育指导

1. 知识迁移概述

知识迁移的含义；知识迁移的影响因素：来自学习者、学习对象的因素。

2. 知识迁移的实现

教给幼儿基本的原理、概念，鼓励幼儿概括活动经验；使幼儿在问题情境中找到学习情境和真实生活问题中的共同要素。

（五）幼儿概念学习与指导

1. 概念学习的基本方式

奥苏伯尔认为概念的关键属性可以通过两种方式获得：概念形成和概念同化。

2. 幼儿概念学习的特点

概念学习的操作化；概念学习的个性化；概念学习的情绪化。

3. 幼儿概念学习的指导

幼儿错误概念的成因及纠正;幼儿概念学习的指导。

三、考核知识点与考核要求

（一）知识及其学习概述

识记:①知识的定义与类型;②知识的表征与表征方式;③知识学习及其类型;④知识的同化与顺应。

领会:①知识学习的过程;②知识的类型及表征。

（二）知识理解与幼儿教育指导

识记:知识理解的定义。

领会:知识理解的基本过程和类型。

综合应用:幼儿的知识理解及其教育指导。

（三）知识整合与幼儿教育指导

识记:知识整合的定义。

领会:①知识整合及其过程;②幼儿知识整合的可能性与重要性。

综合应用:幼儿的知识整合及其教育指导。

（四）知识迁移与幼儿教育指导

识记:知识迁移的含义。

领会:知识迁移的影响因素。

简单应用:知识迁移的实现。

（五）幼儿概念学习与指导

识记:①概念形成的定义;②概念同化的定义。

领会:①幼儿概念学习的特点;②概念学习的基本方式。

简单应用:幼儿概念学习水平的检测方法和指导方法。

综合应用:①幼儿错误概念的成因及纠正;②幼儿概念学习的指导。

第六章　幼儿技能学习与教育

一、学习目的与要求

通过对本章的学习,重点掌握技能学习及其特点、幼儿动作技能和智力技能的形成过程及其培养。本章的难点在于理解培养动作技能和智力技能的几种理论和应用这些理论对幼儿技能学习进行指导。

二、课程内容

（一）技能学习的概述

1. 技能的界定

技能是指个体运用已有的知识经验,通过练习而形成的一定动作方式或智力活动方式。

2. 技能的类型

动作技能和智力技能。

3. 技能学习的特点

技能的学习是一个“内化—外化”双向构建的过程；合乎法则的练习将极大促进技能的掌握。

4. 幼儿技能的特点

幼儿动作技能的发展主要表现在双手操作及躯体运动上。影响幼儿动作技能学习的主要因素有知识经验、讲解与示范及练习。皮亚杰指出，儿童的智慧来自主体与客体的相互作用，智力技能的形成是儿童的动作不断内化发展的结果。幼儿智力技能的形成过程是幼儿表征的发展过程，幼儿智力技能的培养就是表征能力的培养。

（二）动作技能的形成与学习条件

1. 动作技能的界定

动作技能，也称运动技能、操作技能，是指由一系列外部动作所组成的系统。

2. 动作技能的形成过程

动作技能的形成，是通过练习从而逐步地掌握某种动作方式的过程。一般来说，由初步学会到熟练掌握，需要经历认知、联系形成、自动化这三个相互联系的主要阶段。

3. 动作技能的学习条件

内部因素：成熟与经验，智力，个性；外部因素：知识经验，讲解与示范，练习。

（三）智力技能的形成与学习条件

1. 智力技能的界定

智力技能，也称认知技能或心智技能，是指借助于内部言语在头脑中进行的智力活动方式。智力技能的特点有三个：内潜性、观念性、简缩性。智力技能的分类：智力技能按其性质可分为感知技能和思维技能，按其应用可分为一般的智力技能和专门的智力技能。

2. 智力的形成过程

智力技能的学习过程就是智力技能的形成过程，本质上也是智慧发展过程。从学习即内化的观点看，智力技能的学习更多地是一个隐蔽的过程，往往需要经历“内化—外化”的多轮循环才能完成。加里培林提出了智力（心智）动作按阶段形成理论。智力技能的形成一般要经历活动定向、物质活动、出声的外部言语、无声的外部言语和内部言语这五个阶段。

3. 智力技能的学习条件

智力技能的习得同样并非受单一因素的影响，原型模拟和分阶段练习是影响智力技能学习与发展的重要条件。

（四）幼儿动作技能学习与指导

1. 幼儿动作技能学习的特点

动作技能的学习层次低；动作结构简单；体能强度弱。

2. 幼儿动作技能学习的指导

运动教育和感觉统合训练。

（五）幼儿智力技能学习与指导

1. 幼儿智力技能学习的特点

智力技能的成分：智力技能的分化程度低；智力技能的水平：感觉运动智慧——前运算；智力技能的表现：在生活与游戏中自然流露。

2. 幼儿智力技能学习的指导

感觉教育与阅读技能的学习指导。

三、考核知识点与考核要求

(一) 技能学习的概述

识记:①技能的含义;②技能的分类;③技能学习的含义。

领会:①技能与知识的关系;②技能与能力的关系;③智力技能与动作技能的关系;④知觉技能、操作技能与认知技能的关系;⑤技能学习的特点。

(二) 动作技能的形成与学习条件

识记:动作技能的界定与分类。

领会:动作技能的学习条件。

简单应用:幼儿动作技能形成的三阶段。

(三) 智力技能的形成与学习条件

识记:①智力技能的界定与分类;②智力技能的特点。

简单应用:加里培林的智力技能形成阶段论。

综合应用:智力技能分阶段练习的培养。

(四) 幼儿动作技能学习与指导

识记:①运动教育的含义;②感觉统合的含义。

领会:①莱本的运动分析理论;②运动教育与传统动作技能教学的比较;③幼儿动作技能学习的特点。

综合应用:感觉统合训练与感觉统合游戏。

(五) 幼儿智力技能学习与指导

领会:①幼儿智力技能学习的特点;②表征性思维在幼儿智力技能形成中的作用;③蒙台梭利感觉教育的特点和主要内容。

综合应用:幼儿阅读技能的学习与指导。

第七章　幼儿社会性学习与教育

一、学习目的与要求

通过对本章的学习,重点掌握幼儿社会性学习教育和幼儿品德心理教育,学习难点为社会性、社会化、社会性学习的含义与联系和幼儿道德认知发展理论。

二、课程内容

(一) 社会性学习概述

1. 社会性学习的含义

2. 社会性的含义

社会性包括社会认知、社会情感和社会行为三个基本成分。

3. 社会化的含义

影响社会化的因素主要包括家庭、学校、同辈群体和大众传媒。

（二）幼儿社会性学习及指导

1. 社会性学习的方式

观察学习；角色扮演；同伴交往。

2. 幼儿社会性学习的特点

随机性；长期性；实践性。

3. 幼儿社会性学习指导的原则

综合渗透性原则；随机教育性原则；实践参与性原则；适宜发展性原则。

4. 幼儿社会性教育的途径

专门性社会教育活动与渗透性社会教育活动。

5. 幼儿社会性教育方法

观察学习法、强化评价法、体验思考法、语言传递法、角色扮演法、移情训练法。

（三）幼儿品德心理与教育

1. 品德心理概述

品德心理的含义；品德心理的结构；品德形成的过程及影响因素。

2. 道德发展理论

道德认知发展理论；情感发展理论。

3. 幼儿品德教育

幼儿道德认知教育；幼儿道德情感教育；幼儿道德行为教育。

（四）幼儿情绪智力与教育

1. 情绪智力概述

情绪智力的含义；情绪智力的重要性。

2. 幼儿情绪智力的发展

幼儿情绪理解的发展；幼儿情绪表达的发展；幼儿情绪调节的发展。

3. 幼儿情绪智力教育

幼儿情绪智力与家庭教育；幼儿情绪智力与幼儿园教育。

三、考核知识点与考核要求

（一）社会性学习概述

识记：①社会性学习的含义；②社会化的含义。

领会：社会性的含义及结构。

简单应用：影响社会化的因素。

（二）幼儿社会性学习及指导

识记：①幼儿社会性学习的方式；②移情的含义。

领会：幼儿社会性学习的特点。

简单应用：幼儿社会性学习的指导原则。

综合应用：幼儿社会性学习的指导方法。

（三）幼儿品德心理与教育

识记：①品德的含义；②品德心理的结构。

领会：①皮亚杰的道德认知发展理论；②柯尔伯格的道德认知发展理论；③霍夫曼的道

德情感发展理论。

简单应用:①品德与道德的区别与联系;②幼儿品德的发展。

综合应用:幼儿品德教育。

(四)幼儿情绪智力与教育

识记:情绪智力的含义。

领会:情绪智力的重要性。

简单应用:情绪智力的发展。

综合应用:幼儿情绪智力教育。

第八章　幼儿创造性学习与教育

一、学习目的与要求

通过对本章的学习,重点掌握创造性与智力的关系、幼儿创造性学习及其特点与指导和培养幼儿创造性的基本途径与方法,本章学习的难点在于创造性和知识之间的关系、创造性的基本层次以及问题解决的创造性过程。

二、课程内容

(一)创造性的概述

1. 创造性的界定

创造性和创造力、创造性人格的内涵及其关系;创造性的含义;创造与模仿的关系。

2. 创造的过程

华莱士的“四阶段论”。

3. 创造的影响因素

知识在创造性中的作用;智力在创造性中的作用;人格在创造性中的作用。

(二)幼儿创造性发展及其影响因素

1. 创造的层次性

马斯洛把创造性区分为优秀级和普通级;泰勒把创造性分为表现性创造、技术性创造、发明性创造、首创性创造、杰出性创造。

2. 幼儿创造性的表现

幼儿的创造性是一种了解和接触新事物的“心向”;幼儿的创造就是善于组织自己的“材料”;幼儿的创造性突出表现在想象力;幼儿的创造性常常体现于游戏活动中。

3. 幼儿创造性发展的影响因素

生理和遗传的作用;认知的作用;环境的作用。

(三)幼儿创造性学习及其特点

1. 创造性学习的界定

创造性学习的定义;创造性学习包括学习方法的创新性和学习结果的新颖性;创造性学习的重要性。

2. 幼儿创造性学习的特点

创造性学习强调学习的主动性；幼儿的创造性学习主要体现在创造性游戏之中；幼儿的创造性学习主要借助于想象来实现；幼儿的创造性学习受情绪影响大。

3. 幼儿创造性学习的影响因素

幼儿园环境、教师态度、教育方式、游戏活动、个体心理特点。

（四）幼儿创造性教育

1. 创造性思维训练——游戏活动

游戏的特点适合于幼儿进行创造性思维训练的原因；创造性思维训练在游戏中的应用；通过游戏发展幼儿创造性的建议。

2. 自我表现能力培养——艺术的方式

艺术的特点利于进行自我表现能力培养的原因；在艺术活动中培养幼儿的自我表现能力的建议。

3. 问题解决能力培养

问题解决的定义；问题解决过程与创造性；问题解决方法在幼儿园活动中的应用。

三、考核知识点与考核要求

（一）创造性的概述

识记：①创造性的含义；②华莱士的“四阶段论”；③创造性的影响因素。

领会：①创造、创造性与创造力之间的关系；②创造性和知识之间的关系；③创造性和人格之间的关系。

简单应用：创造性和智力之间的关系。

（二）幼儿创造性发展及其影响因素

识记：①泰勒对创造性层次的划分；②场依存性—场独立性认知风格；③幼儿创造性的表现。

领会：幼儿创造性发展的影响因素。

简单应用：环境与教育对幼儿创造性发展的影响。

（三）幼儿创造性学习及其特点

识记：①创造性学习的界定；②真创造与类创造。

简单应用：①幼儿创造性学习的特点；②幼儿创造性学习的影响因素。

（四）幼儿创造性教育

识记：①问题解决的定义；②功能固着；③反应定式。

领会：①游戏适合于进行创造性思维训练的原因；②艺术适合于自我表现能力培养的原因。

简单应用：①创造性思维训练的一般方法；②问题解决过程与创造性。

综合应用：①通过游戏发展幼儿创造性的建议；②在艺术活动中培养幼儿自我表现能力的建议；③问题解决方法在幼儿园活动中的应用。

第九章　幼儿教学心理

一、学习目的与要求

通过对本章的学习，了解教学心理学的发展，理解幼儿教学心理的特点。掌握最近发展区理论和发展适宜性教育理念，以深刻理解教学与儿童发展的关系。明确幼儿园教学指导的含义与层次，掌握幼儿园教学指导的相关理论。了解教学活动的设计观，掌握幼儿园教学活动的设计过程和指导策略。掌握幼儿园区域活动设计与指导，并在实践中加以运用。

二、课程内容

（一）幼儿教学心理概述

1. 教学心理学的发展

2. 幼儿教学心理的特点

幼儿教学心理研究的主要领域；学校情境中的课堂教学与幼儿园情境中的教学活动的联系。

（二）教学与儿童发展的关系

1. 最近发展区理论

维果茨基对皮亚杰、詹姆士和桑代克、考夫卡等人三种观点的批判；最近发展区的内涵；教学与发展关系的理论构想和三维模型。

2. 发展适宜性教育理念

发展适宜性教育的内涵；发展适宜性教育的类型；发展适宜性教育的效果；发展适宜性教育的影响因素。

（三）幼儿园教学指导

1. 幼儿园教学指导概述

教学指导的含义；幼儿园教学指导的层次。

2. 幼儿园教学指导模式

基于学习方式的教学指导；基于学习过程的教学指导。

3. 幼儿教学指导与游戏指导的关系

（四）幼儿园教学活动设计与指导

1. 教学活动的设计观

课程决策论；教学设计论。

2. 幼儿园教学活动设计过程

目标的筛选与确定；选择教学内容，确定活动主题；选择与分析教育资源；确定学习活动的性质与类型；制定完成主题的进度表；空间和环境的安排；教学指导策略；确定评价的目的与方法。

3. 幼儿园教学活动的指导

教学活动中的观察；教学活动的导入；教学活动中的提问；教学活动中的回应。

(五) 幼儿园区域活动设计与指导

1. 区域活动的设计

区域活动环境的创设;活动材料的投放。

2. 区域活动的指导

让幼儿主动参与,主动探索;教师从旁指导。

三、考核知识点与考核要求

(一) 幼儿教学心理概述

识记:教学心理学的诞生。

领会:①教学心理学的发展;②幼儿教学心理的特点。

(二) 教学与儿童发展的关系

识记:最近发展区的含义。

领会:①三种观点的批判;②发展适宜性教育的内涵;③发展适宜性教育的类型。

简单应用:①教学与发展关系的理论构想;②发展适宜性教育的效果。

综合应用:发展适宜性教育的影响因素。

(三) 幼儿园教学指导

识记:①教学指导的含义;②幼儿园教学指导的层次。

领会:教学指导与游戏指导的关系。

简单应用:基于学习方式的教学指导。

综合应用:基于学习过程的教学指导。

(四) 幼儿园教学活动设计与指导

识记:教学活动设计的定义。

领会:①教学活动的设计观;②幼儿园教学活动设计的特征。

简单应用:幼儿园教学活动设计过程。

综合应用:幼儿园教学活动的指导。

(五) 幼儿园区域活动设计与指导

识记:区域活动的定义。

简单应用:区域活动的设计。

综合应用:区域活动的指导。

IV 关于大纲的说明与考核实施要求

一、自学考试大纲的目的与作用

课程自学考试大纲是根据专业自学考试计划的要求,结合自学考试的特点而制定的,其目的是对个人自学、社会助学和课程考试命题进行指导和规定。

课程自学考试大纲明确了课程的内容及其深度和广度,规定了课程自学考试的范围和标准。因此,它是编写自学考试教材和辅导书的依据,是社会助学组织进行自学辅导的依据,是自学者学习教材、掌握课程内容知识范围和程度的依据,也是进行自学考试命题的依据。

二、课程自学考试大纲与教材的关系

课程自学考试大纲是进行学习和考核的依据,教材是学习掌握课程知识的基本内容与范围,教材的内容是大纲所规定的课程知识和内容的扩展与发挥。课程内容在教材中可以体现一定的深度或难度,但在大纲中对考核的要求一定要适当。

大纲与教材所体现的课程内容应基本一致。大纲里面的课程内容和考核知识点,教材里一般也要有;反过来,教材里有的内容,大纲里就不一定体现。

三、关于自学教材

《学前教育心理学》,全国高等教育自学考试指导委员会组编,曹中平主编,高等教育出版社,2013 年版。

四、关于自学要求和自学方法的指导

本大纲的课程基本要求是依据专业考试计划和专业培养目标而确定的。课程基本要求明确了课程的基本内容以及对基本内容掌握的程度,基本要求中的知识点构成了课程的主体部分。因此,课程基本内容掌握程度、课程考核知识点是高等教育自学考试的主要内容。

为了有效地指导个人自学和社会助学,本大纲已指明了课程的重点和难点,在章节的基本要求中一般也指明了章节内容的重点和难点。

本课程共 6 个学分。

基于成人学习的特点,结合本专业和本课程的特点,建议自学者:

（一）系统学习与整体思考相结合

“学前教育心理学”是一门理论性与应用性相结合的课程。为此，自学者必须在全面、系统学习基本概念的基础上，掌握基本原理、基本方法和基本技能。

首先，在了解学习原理和学前儿童学习特点的基础上，应系统掌握幼儿各类学习的基本原理与指导方法。

其次，在深刻理解教学与发展关系的基础上，应全面掌握幼儿教学指导的基本方式与策略，有效地设计和指导幼儿的游戏活动与教学活动。

最后，也是最为重要的是，应理解幼儿各类学习与教学之间的联系，从中发现幼儿学习与教学指导的普遍性与特殊性。

（二）理论思考与实践反思相结合

“学前教育心理学”也是一门偏向实践应用并带有自然科学色彩的综合性科学。其中，大量的实验研究与基本理论紧密相连，许多基本理论本身就是实验研究的概括；同时，许多一般原理和基本方法又往往是在学前教育实践的大量观察、调查的基础上所做的提炼和总结。

为此，自学者必须联系学前教育实践，充分利用感性经验，把课程学习和教育实践有机结合起来，如果条件可能，还可以根据教材中介绍的研究方法，选择一些课题进行验证性研究，把课题研究与课程学习有机结合起来。课程学习与课题研究、教育实践一体化，不仅有助于全面深刻掌握课程内容，而且有利于培养自学者的科研能力和学术修养。

五、应考指导

（一）如何学习

科学的学习计划和正确的学习方法是学习成功的法宝。如果你正在接受助学，一定要紧跟课程进度并且完成相关作业。为了在考试中做出满意的回答，你必须对所学课程内容有深入的理解和必要的记忆。为此，建议：

1. 使用“行动计划表”来监控学习进展，有效利用学习时间，提高学习效率。

2. 做好“读书笔记”，在仔细阅读教材的基础上，归纳出学习重点和难点，尽可能用自己的语言把教材的知识点进行系统概述，加深记忆的同时培养语言表达能力；适度扩展学习范围，借助网络查阅一些相关资料，深入理解教材的同时培养学习能力。

（二）如何考试

卷面整洁非常重要。书写要工整，段落与间距要合理，卷面赏心悦目有助于教师评分，因为教师只能为他能看清楚的内容打分。

不要答非所问。要回答试题所问的问题，而不是回答你自己乐意回答的问题！避免超过问题的范围。

（三）如何处理紧张情绪

正确处理对失败的恐惧，要正面思考。如果有可能，请教已经通过该课程考试的朋友，吸取一些成功的经验。

考试前做深呼吸放松，这有助于大脑清醒，缓解紧张，平静心境。

考试前要合理安排膳食，保持旺盛的精力，保持良好的心态。

六、对社会助学的建议

社会助学是利用社会资源提高自学效率,减轻自学者学习压力的一种有效方式。为了提高社会助学的质量,本课程建议安排12~18个助学学时。

(一)正确处理大纲与教材的关系

社会助学者应全面把握大纲规定的考试内容和考核目标,并根据其系统钻研教材,明确本课程的学科特点和学习要求,对自学者进行切实可行的辅导:集中精力,准确讲解重点和难点,对相关心理学和教育学知识要进行必要的补充,帮助自学者快速突破难点,有效把握重点,避免自学中的误区或偏向。

(二)正确处理基础知识和应用能力的关系

在自学辅导过程中应努力引导自学者将知识识记、原理理解与方法应用有机结合起来,把基础知识和基本原理转化为应用能力。准确的识记是深刻理解的前提,方法应用则是检验识记准确性和理解深刻性的一种有效方式。

(三)正确处理重点和一般的关系

课程内容有重点和一般之分,但考试内容是全面的。重点与一般是相对而言的,二者之间有着密切的关系,难以绝对分开。社会助学者应引导自学者全面、系统地钻研教材,掌握全部考试内容和考核知识点,在此基础上根据大纲规定的学习重点进行反复钻研。相应地,这对社会助学者也提出了较高的要求。如果自学者缺乏相关的学科知识,那么必然难以迅速把握本学科的特点,这就需要社会助学者的"指点迷津"。

七、对考核内容的说明

1. 本课程要求考生学习和掌握的知识点内容都作为考核的内容。课程中各章的内容均由若干知识点组成,在自学考试中成为考核知识点。因此,课程自学考试大纲中所规定的考试内容是以分解为考核知识点的方式给出的。由于各知识点在课程中的地位、作用以及知识自身的特点不同,自学考试对知识点分别按四个认知(能力)层次确定其考核要求。

2. 在考试之日的6个月前,由全国人民代表大会和国务院颁布或修订的法律、法规都将列入相应课程的考试范围。凡大纲、教材内容与现行法律、法规不符的,应以现行法律、法规为准。命题时也会对我国经济建设和科技文化发展的重大方针政策的变化给予体现。

八、关于考试命题的若干规定

1. 本课程考试方式为闭卷笔试,考试时间为150分钟。

2. 本大纲各章所规定的基本要求、知识点及其细目均属考试的内容。考试命题既要覆盖到章,又要避免面面俱到。要突出课程的重点、章节重点,加大重点内容的覆盖度。

3. 命题不应有超出大纲中考核知识点范围的题,考核目标不得高于大纲中所规定的相应的最高能力层次要求。命题应着重考核自学者对基本概念、基本知识和基本理论是否了解或掌握,对基本方法是否会用或熟练。不应出与基本要求不符的偏题或怪题。

4. 本课程在试卷中对不同能力层次要求的分数比例大致为:识记占20%,领会占30%,简单性应用占30%,综合性应用占20%。

5. 要合理安排试题的难易程度,试题难易程度可以划分为:易、较易、较难和难四个等级。每份试卷中各难度试题的比例一般为:2∶3∶3∶2。

6. 本课程考试命题的主要题型一般包括:单项选择题、名词解释题、简答题、论述题和案例分析题等。

在命题工作中必须按照本课程大纲中所规定的题型命制,考试试卷使用的题型可以减少,但不能超出本课程大纲对题型的规定。

附录 题型举例

一、单项选择题(在各备选答案中只有一个答案是正确的,将其选出,并把它的标号填在题干的括号内)

1. 德国著名的教育家(　　)创立了第一所现代幼儿园,形成了第一个相对独立的幼儿教育体系。

A. 桑代克　　B. 卢梭　　C. 福禄培尔　　D. 欧文

2. 典型的应激过程的第二阶段是(　　)。

A. 警觉阶段　　B. 抵抗阶段　　C. 衰竭阶段　　D. 焦虑阶段

二、名词解释题(各章的核心概念)

1. 关键期

2. 师幼互动

三、简答题(各章重要的知识点)

1. 简述幼儿学习的一般特点。

2. 当幼儿教师出现“职业压力症”时,一般会有哪些异常现象?

四、论述题(各章重要的基本原理)

1. 论述幼儿社会化的影响因素。

2. 结合具体事例分析有效互动型教师的心理特征。

五、案例分析题(各章的重要原理)

1. 结合下图分析动机与学习的关系。

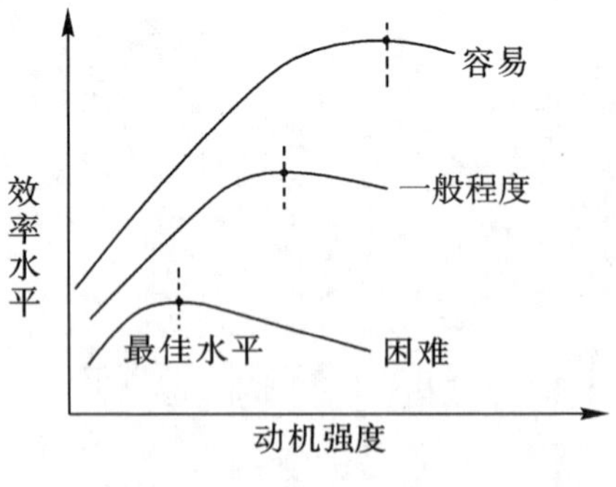

动机强度与工作效率的关系图

2. 一位性格开朗的、温和的幼儿教师最近经常对幼儿发脾气,与同事也缺乏交流,整天打不起精神,教育效果明显下降。请根据应激原理帮助这位教师分析她最近变化的成因及其对策。

后　　记

《学前教育心理学自学考试大纲》是根据全国高等教育自学考试学前教育专业(独立本科段)考试计划要求编写的。2013 年 5 月教育类专业委员会召开审稿会议,对本大纲进行讨论评审,修改后,经主审复审定稿。

本大纲由湖南师范大学曹中平教授主持编写,由北京师范大学姚梅林教授主审,鲁东大学林泳海教授和北京师范大学洪秀敏副教授参加审稿并提出改进意见。

本大纲最后由全国高等教育自学考试指导委员会审定。

本大纲编审人员付出了辛勤劳动,特此表示感谢。

全国高等教育自学考试指导委员会
教育类专业委员会
2013 年 6 月

全国高等教育自学考试指定教材
学前教育专业(独立本科段)

学前教育心理学

全国高等教育自学考试指导委员会　组编
主　编　曹中平

编者的话

时隔12年再编高等教育自学考试学前教育专业(独立本科段)教材《学前教育心理学》,不仅增加了编写难度,更为重要的是增添了一种专业责任。

近十多年来,学前教育心理学作为学前教育科学体系中的一个分支,从幼稚日益走向成熟,相关研究成果不断涌现,各级各类的《学前教育心理学(幼儿教育心理学)》教材先后出版,为推动学前教育发展做出了重大贡献。

高等教育自学考试教材有其独特性,主要表现在自学者学习背景的差异性、学习方式的多样性和学习目标的直接性。为此,在《学前教育心理学》的编写过程中,我们本着求真务实的精神,尽力贴近自学者的学习特点,满足自学考试的特殊需要,在内容的取舍上紧密联系学前教育实践,特别是适应当前我国幼儿教育改革的走向;在编写的风格上,紧扣学科的知识结构,以问题为导向精选学习内容,用教育实践中的典型案例阐述基本原理,帮助自学者"学以致用,用以促学",不断提高教育专业水平。

《学前教育心理学》是集体智慧的结晶。全书由曹中平整体规划并修改定稿,各章分别由曹中平(第一章、第四章)、龙姗(第七章)、李鹏(第三章)、于文华(第二章)、曾珍(第五章)、谢心怡(第六章)、陈安琪(第八章)和张苏颖(第九章)撰稿。在统稿过程中,龙姗、李鹏和于文华做了大量细致的工作。

在修改和定稿过程中,得到北京师范大学心理学院姚梅林教授和洪秀敏副教授、山东鲁东大学林泳海教授的悉心指教,同时得到全国考委教育类专业委员会秘书长陈强老师的大力帮助,在此一并表示衷心的感谢!

编　者

2013年6月

第一章 绪论

学习目标

1. 应了解、知道的内容

◆ 教育心理学的定义、性质和发展趋势。

◆ 教育心理学的创建、发展历程。

◆ 教育心理学的研究对象、独立的年代与标志。

2. 应理解、清楚的内容

◆ 学前教育心理学研究的新趋势。

◆ 幼儿教育心理学的创建与发展、定义与性质、任务与意义、研究对象和研究方法。

3. 应掌握、会用的内容

◆ 学前教育心理学的发展过程及其基本阶段。

◆ 学前教育心理学的基本任务、主要作用。

◆ 实验法、调查法。

4. 应熟练掌握的内容

◆ 观察法、测量法。

建议学时

6 课时

老师导学

学前教育心理学是学前教育专业的学生和幼儿教师继续教育的一门必修课程，旨在帮助学习者掌握现代学前教育心理学的理论和方法，提高教育理论水平，为学习后续课程打下心理学基础；使学习者能应用有关理论和方法，分析、探讨、解决幼儿园教育实践中的各种问题，提高教育能力和科研能力。

本章论述了教育心理学的定义、学科性质、研究对象、学科体系及其创建与发展，学前教育心理学的创建与发展、学科性质与学科体系及其任务与作用，学前教育心理学的研究方法。学习者在自学时，应了解学前教育心理学与相关学科之间的关系；应熟悉学前教育心理学的定义与学科性质、任务与作用、创建与发展；重点掌握学前教育心理学基本的研究方法及其操作。

三位实习教师的日记

教师甲：以前总觉得幼儿很小，老师说过的话，他第二天就会忘记。例如，幼儿户外活动时通常玩得很“疯”，不管我事先怎样提醒，他们也会忘得一干二净。其实并不是这样。有一次，一个幼儿总是穿不好衣服，我坐在他床前轻轻和他聊天，鼓励他自己穿衣服。这个幼儿觉得我很重视他。第二天他外婆来说，这个宝宝早上起来，一定要自己穿衣服。

教师乙：在学校学习时，我一直以为要上好一堂课，最关键的是课前准备。一堂课的教学设计新奇、能吸引幼儿是最主要的。可现实中并不是这样。虽然课前准备非常重要，但是教师在课堂上的灵活机动以及对纪律的有效控制，甚至可以影响到整个一堂课的效果。比如，课堂上幼儿突发奇想，提出了我事先根本没有考虑到的问题。这些在大学课程里都是没有接触过的，但在幼儿园里却天天发生。

教师丙：本周五，为了迎接新年的到来，小朋友们在老师的精心组织下，举行了一次小型的新年聚会。在聚会上，小朋友们纷纷把自己带来的礼物赠给其他小朋友。不仅如此，还相互赠言，祝福小朋友节日快乐、生活幸福等。小朋友们表现得相当兴奋。教师创设的环境给他们带来了自由发挥、学习的机会。幼儿是这次活动的主体，他们“组织”了这次聚会，并且把它举办得相当有趣！由此，我亲身体验到了幼儿的潜在能力，我们绝对不能小看他们。

上述三位实习教师无一例外地都提到了关于幼儿学习以及教师如何促进幼儿学习与发展的问题。然而，幼儿心理学与幼儿教育学这两门课程并不直接关注这些内容。看来，建设一门有关幼儿学习及其指导的学科势在必行。毋庸置疑，这门学科就是学前教育心理学。

第一节　教育心理学概述

一、教育心理学的界定

学前教育心理学作为一门独立学科，是教育心理学的一个分支。在教育心理学的早期发展阶段，教育心理学只是普通心理学中分化出来的应用心理学的一个分支。它是普通心理学的知识、原理、方法在教育、教学过程中的应用。20 世纪 60 年代后，越来越多的教育心理学家认识到，教育心理学是一门实践性很强的应用科学，有自己的理论、研究方法、问题和技术。

（一）教育心理学的定义

什么是教育心理学？至今，心理学界还没有一个统一的定义。综合各种观点，教育心理学的定义有广义与狭义之分。

广义的教育心理学是指研究教育实践中各种心理与行为规律的科学。它包括学校教育心理学，也包括家庭和社会教育心理学。

狭义的教育心理学是指研究学校情境中学与教的基本心理规律的科学。这一定义包含两层含义：第一，教育心理学的研究对象是学校教与学情境中人（教师与学生）的心理现象。人是活动的主体，是行为的承担者，当然是教育心理学研究关注的重点。第二，教育心理学的基本任务是揭示学与教的基本心理规律。

具体地说，教育心理学既要研究学生学习的心理规律，又要研究学习的分类，探索不同类型的学习的过程和有效学习的条件。与此同时,教育心理学也要研究教师的教学行为,包括课堂教学设计、课堂管理以及教学结果的测量、评价等,使教师的教学行为建立在现代科学心理学的基础之上。

(二)教育心理学的学科性质

西方学者多认为教育心理学是一门应用心理学。美国心理学家林格伦(H. C. Lindgren)就认为,教育心理学是心理学主要领域的一个应用分支。也就是说,教育心理学是应用到教与学过程中的心理学。由于师生之间的关系是一种社会关系,并且教和学发生在一种社会背景之中,因此把教育心理学看作是广义的应用社会心理学也可能是合适的。

然而,我国台湾学者张春兴指出,事实并非如此。现代教育心理学虽然也跟心理学一样采用科学研究取向,但其基本理念却是从古代哲学教育心理学演变而来的。教育心理学原本即系因教育需要而产生,并非由心理学中分化出来的一个分支。

目前国内学者大多认为,教育心理学既是一门理论性学科(具有基础性),又是一门应用性较强的学科(具有实践指导性),强调它的"综合性"特点。作为理论学科的教育心理学,要研究教育、教学情境中的基本心理规律,为解决教育、教学中的理论问题提供科学依据;作为应用学科的教育心理学,更关注与教育、教学情境有直接关系(诸如学生的学习心理,教师的教学心理等)的问题,以便为解决学校教育、教学的实践问题提供具体原则和操作方法。因此,教育心理学应当既重视基础理论研究,又重视应用开发研究。

二、教育心理学的研究对象与学科体系

(一)教育心理学的研究对象

无论是广义的教育还是狭义的教育,教育的影响者和受影响者都是人,人是社会活动的主体。教育心理学的研究对象主要指向学习与教育过程中人的心理现象。

在教育情境中,教与学的目标多数情况下是一致的,教是为了促进学,帮助学,教与学的矛盾是教学过程中的基本矛盾,而学则是矛盾的主要方面。因此,传统教育心理学总是把学生的学习心理作为研究的主要课题。

现代教育心理学不但重视学的心理研究,而且重视教的心理研究,主张二者并重。学校的教与学情境是一个复杂的活动系统,活动主体(师生)在这个系统中表现出来的心理现象是纷繁复杂的,教育心理学应从不同层面、不同领域对主体的心理活动及其规律进行研究。

(二)教育心理学的学科体系

一门学科的研究范围决定于这一学科的特殊研究对象。教育心理学虽已走过了一百多年的历程,但由于研究对象的复杂性,研究者认识的局限性,以及受研究手段和方法的限制,其学科体系迄今还未建立起统一的"范式"。

教育心理学一般围绕学习和教学的相互作用过程组织独特的知识结构,包括学习心理、教学心理、学生心理与教师心理四大基本内容。

学与教相互作用的过程是一个系统过程(图 1-1),该系统包含学生、教师、教学内容、教学媒体和教学环境五种要素,由学习过程、教学过程和评价/反思过程这三个过程交织在一起。

1. 学习与教学的要素

(1) 学生:学生是学习的主体要素,任何教学都必须通过学生起作用。学生这一要素主

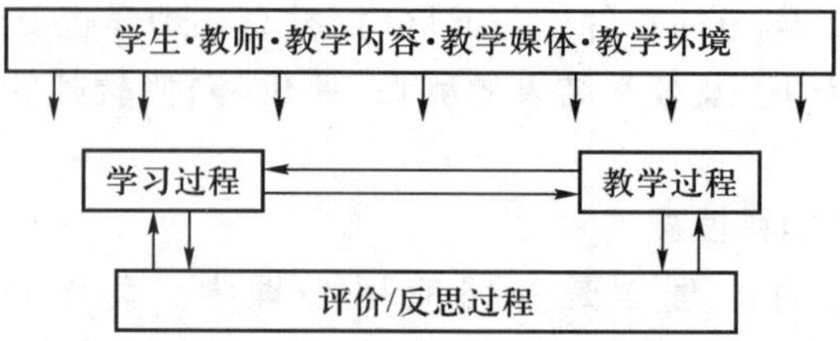

图 1-1　学与教相互作用过程模式

要从两个方面影响学与教的过程。

第一是群体差异，包括年龄、性别和社会文化差异等。以年龄差异为例，它主要体现在思维水平的差异。

第二是个体差异，包括先前知识基础、学习方式、智力水平、兴趣和需要等差异。它们是任何学习和教学的重要内在条件。

无论群体差异还是个体差异，学生都是教育心理学研究的主要对象。

(2) 教师：在教育过程中，学生是学习过程的主体，但这并不否定教师对于学生的指导地位。学校教育需要按照特定的教学目标来最有效地组织教学，而教师在其中起着关键的作用。

教师这一要素主要涉及敬业精神、专业知识、专业技能以及教学风格等基本的心理特性，也是教育心理学研究的内容之一。

(3) 教学内容：教育心理学也是教学内容选编的心理学依据。

教学内容是学与教的过程中有意传递的主要信息部分，一般表现为教学大纲、教材和课程。

教材的编制和课程的设置必须以学习和教学的理论研究为基础。例如，教材的选材、结构以及难度既要适合学生的现有发展水平，又要最有效地提高学生现有水平；既要适合学生学习的过程和特点，又要考虑到教学的有效性。

(4) 教学媒体：教学媒体是教学内容的载体，是教学内容的表现形式，是师生之间传递信息的工具。随着科学技术的发展，教学媒体在不断更新。

从简单的实物、口头语言、书本、录音、录像，直到多媒体计算机网络，教学媒体已成为教学中一个具有独特意义的因素。它不仅影响着教学内容的呈现方式和容量的大小，而且对教师和学生在教学过程中的作用、教学组织形式以及学生的学习方法等都将产生深远的影响。因此，教学媒体日益成为教育心理学研究所关注的一项独特的课题。

(5) 教学环境：教学环境包括物质环境和社会环境两个方面。前者涉及课堂自然条件(如温度和照明)、教学设施(如桌椅、黑板和投影仪)以及空间布置(如座位的排列)等，后者涉及课堂纪律、课堂气氛、师生关系、同学关系、校风以及社会文化背景等。

教学环境既影响学生的学习过程和方法，又影响教师的教学过程与教学方法。

此外，教学环境还影响着学生的认知、情感和社会性等心理特性的发展。因此，教学环境也是教育心理学研究的重要内容。

2. 学习与教学的过程

(1) 学习过程：学习过程是指学生在教学情境中，通过与教师、同学以及教学信息的相互作用来获得知识、技能和态度的过程。

学习过程是教育心理学研究的核心内容,如学习的实质、条件、动机、迁移以及不同种类学习的特点等。

(2) 教学过程:在教学过程中,教师设计教学情境(如教学目标的选择、题材的安排以及环境的设置等),组织教学活动(如讲演、讨论、练习以及实验等),与学生进行信息交流(如信息的呈现、课堂提问与答疑等),从而引导学生理解、思考、探索和发现,使其获得知识和技能。

此外,教师还要进行教学管理,调节教学进程,以确保教学的有效性。

(3) 评价/反思过程:评价/反思过程虽是一个独立的成分,但它贯穿在整个教学过程中。它包括在教学之前对教学设计效果的预测和评判,在教学过程中对教学的监视和分析以及在教学之后的检验和反思。尤其在教学结束后,教师要特别注意评价学习的结果,反思学生和教师自己的行为。

在学与教的过程中,五种因素共同影响三种过程,而且三种过程交织在一起,相互影响。

学生的学习过程是以自身先前知识和学习发展水平为基础的,是在教学过程的背景下进行的,学习的进展随教学质量的变化而变化。反过来,教学过程要在以学习过程为基础的前提下进行。例如,依据学生的原有知识基础和学习能力来确定学习目标等。而且教学过程必须通过学习过程起作用,并随学生的学习进展情况而不断地做出改变。

此外,教学过程还要根据教师自身特点、教学内容的难易、教学媒体和环境情况而加以调节。

评价/反思过程随学习过程和教学过程的进行而侧重于不同方面,反过来又促进学习和教学过程。

我国教育心理学的学科体系主要还有两种。一种是由德育心理、学习心理、教学心理和差异心理构成的"四板块"学科体系。这种体系在国内第一次正式将"教学心理"纳入教育心理学的范畴,并且还具体阐述了教学设计、教师心理等内容,从而开创了国内教育心理学工作者开始重视研究教学心理的先河。另一种是以学习者的诸方面及影响学习的内外因素为主线,构建"学与教"一体两面的学科体系。虽然这两种学科体系在结构上有很大差异,但其主要内容基本一致。如,认知学习、技能学习、品德的形成与改变、学习动机、教学的方法与媒介、教师心理、智力差异等,只是这些内容由于编排方式的不同被纳入了不同的章节而已。

三、教育心理学的创建与发展

尽管教育心理学思想古已有之,而且早在1531年,西方学者琼·魏维斯(J. Vives)的著作中就出现了"教育心理学"一词,并探讨了学习的兴趣、主动性、记忆、练习对掌握新材料的影响等教育心理学问题。但是,这并不意味着教育心理学从此就诞生了。事实上,教育心理学是19世纪政治、经济、教育与心理科学发展的产物。

(一) 教育心理学的创建

1879年,实验心理学成为一门独立的学科之后,19世纪末20世纪初,欧洲一些教育家和心理学家开始利用实验、统计以及测量的方法研究儿童身心发展以及教育上的一些问题,掀起了一场"实验教育学运动"。这场运动在一定意义上成为教育心理学诞生的"催化剂"。

“实验教育学运动”提倡对儿童身心进行实验研究，主要代表人物是德国教育理论家梅伊曼(E. Meumann)。他提出必须借助生理学、解剖学、精神病学以及实验心理学的研究成果和方法对儿童生活和学习进行实验研究。“实验教育学”的名称，由此而来。他认为，实验教育学应该研究儿童发展及教育方法。“实验教育运动”对教育心理学研究中测验与实验的应用起到了极大的推动作用，可以说是教育心理学的先驱。

对教育心理学的独立做出突出贡献的则是桑代克(图 1-2)。他立志用准确的、精密的、数量化的方法研究和解决有关学习的问题。1903 年桑代克出版了《教育心理学》，标志着教育心理学已成为一门独立的学科，西方教育心理学的学科体系由此确立。随后该书在 1913—1914 年扩充成三卷本：第一卷《人的本性》，论述了动物和人类学习的规律，并探讨了学习能力；第二卷《学习心理学》，论述了动物和人类学习的规律，是其教育心理学理论的核心；第三卷《工作与疲劳以及个别差异》，论述了学习的个别差异的问题。

图 1-2 桑代克
(Edward Lee Thorndike，
1874—1949)
美国心理学家，教育
心理学的创始人。

桑代克的教育心理学与以前的教育心理学有两个显著的差异：一是桑代克的教育心理学是在大量的学习实验和测量材料基础上系统建构起来的，而过去的教育心理学多是普通心理学或发展性心理学的移植，缺乏实验研究的支持；二是桑代克的教育心理学建构出一个由人的本性、学习心理学和个别差异及其原因构成的教育心理学体系，这是从前教育心理学难以比拟的。桑代克也凭此获得了“教育心理学之父”的美誉。

(二) 教育心理学发展历程

自独立以来，教育心理学的发展历程大致经历了四个时期：20 世纪 20 年代以前的初创期，20 世纪 20—50 年代的发展期，60—70 年代的成熟期和 80 年代以后的完善期。

1. 初创期(20 世纪 20 年代以前)

在 20 世纪初，桑代克建构了心理学史上第一个比较完整的教育心理学体系。在此后的 30 年里，它构成了美国教育心理学的主流，其主要取向是以普通心理学的原理解释实际的教育问题。

俄国教育家乌申斯基最早在教育中系统应用心理学知识。他于 1867 年出版《教育人类学》第一卷(中译本书名为《人是教育的对象》)，将心理学与生理学、逻辑学并列为教育学的三大基础，并对当时的教育心理研究成果进行了总结。因此，他也被称为“俄罗斯教育心理学的奠基人”。继乌申斯基之后，俄国教育家卡普捷列夫出版了世界第一本正式以“教育心理学”(1877)命名的教科书。但是直到 20 世纪 30 年代，俄国教育心理学还大多是以普通心理学原理解释学校生活中的实际问题，并没有自成体系的教育心理学。

这一时期，教育心理学通过日本传入我国，主要有三个途径：一是留日学生翻译或编译教育心理学教材；二是日籍教员来华讲授教育心理学课程，并把教材翻译或编译成中文；三是日本学者直接在我国出版教育心理学著作。

2. 发展期(20 世纪 20—50 年代)

20 世纪 20 年代后，西方教育心理学吸取了儿童心理学和心理测验的研究成果，内容日益充实起来。30 年代以后，学科心理学发展很快，也成为教育心理学的组成部分。40 年代，受弗洛伊德(S. Freud)的理论影响，儿童个性和社会适应以及心理卫生问题也进入了教育心理学领域。50 年代，程序教学和教学机器兴起，同时，信息论、控制论等系统科学被心理学家接受。作为一种思维方式和研究方法，系统科学在许多方面深刻影响并改造了教育心理学的体系及内容。

这一时期的主要研究领域是学习理论。20 世纪 20 年代后，行为主义学习理论占据优势地位，重视动物和人的学习的实验研究。但是行为主义用动物与儿童的比较简单的心理过程推测人类高级的学习过程，较少研究课堂情境中的学习，因而对教育实际作用不大。与此同时，杜威(J. Dewey)则以实用主义为基础进行教学改革，用“做中学”的信条改造学校教育领域，对教育心理学产生了深远的影响。这一时期美国教育心理学还缺乏统一的理论指导，体系繁杂，内容各异，尚未成为一门具有独立理论体系的学科。

20 世纪 30 年代后，苏联学者尝试以马克思主义基本观点改造教育心理学，在理论体系的构建上取得了重大突破。维果茨基(Vygotsky)在《教育心理学》(1926)中主张教育心理学应作为一门独立的学科加以研究，反对把普通心理学成果简单移入教育心理学，力图以“文化历史发展论”为理论基础构建具有特色的教育心理学体系，在发展的本质、教学与儿童智力发展的关系以及智力形成的过程等三个问题深入探讨，深刻影响了苏联乃至其他国家教育心理学的发展。40—50 年代末，苏联学者将教育心理学结合教育实践进行了大量的综合研究，对教育心理学的发展产生了重大的影响。

20 世纪 20 年代后，我国一些教育心理学家开始编写教育心理学相关图书。廖世承编著的《教育心理学》(1924)是我国最早而且影响较大的一部教育心理学教科书。这一时期，我国教育心理学以传播西方教育心理学为主，在观点与方法上少有创建。

3. 成熟期(20 世纪 60—70 年代末)

20 世纪 60 年代末，认知心理学兴起并且逐步成为心理学的主流。受其影响，教育心理学的研究内容日趋集中，在许多领域形成了共识，教育心理学作为一门具有独立体系的学科正在形成。

这一时期，西方教育心理学比较重视结合教育实际，注重为学校教育服务。60 年代初，布鲁纳(J. S. Bruner)发起课程改革运动后，美国教育心理学逐渐重视探讨教育过程和学生心理，重视教材、教法和教学手段的改进，并且重视对教学组织形式中的社会心理问题的研究。

20 世纪 60 年代以后，苏联教育心理学与发展心理学结合日趋紧密，开展了许多针对儿童心理发展的实验研究。最著名的是赞可夫的“教学与发展”的实验研究，历时 15 年之久，直接推动了教育心理学的发展。这一时期，苏联教育心理学在探索基础上初步形成了独特的理论体系，如列昂节夫的学习活动理论和梅钦斯卡娅的联想—反射理论。但是，由于过分强调教育与发展的关系，用“年龄与教育心理学”取代教育心理学，把教育心理学与发展心理学混在一起，反而削弱了教育心理学的独立性。

在我国，新中国成立初期(1949—1958)，教育心理学主要是学习苏联，用辩证唯物主义观点改造、建设教育心理学。1959—1965 年间，在纠正 1958 年掀起的“批判心理学资产阶级方向”运动的错误的同时，中国心理学学会 1962 年 2 月成立了教育心理学专业委员会。1966 年，“文化大革命”开始，心理学被打入“伪科学”，教育心理学自然难逃厄运。

4. 完善期(20 世纪 80 年代以后)

随着信息科学技术,尤其是计算机的发展,美国教育心理学对计算机辅助教学(CAI)的研究方兴未艾。20 世纪 80 年代后期多媒体计算机的问世,使得对计算机辅助教学的研究达到一个新的水平,如在多媒体环境下,学生学习过程的特点以及如何培养学生的元认知能力,学生如何对学习进行自我监控等,这些研究对新技术条件下教育改革具有重要意义。于是,教育心理学越来越注重与教学实践相结合,教学心理得到了长足发展。

这一时期,不同派别的教育心理学理论之间相互吸收,东西方教育心理学之间也相互吸收,美国教育心理学引进并吸收苏联心理学代表人物维果茨基的思想,并在教育研究中取得了明显成效。由此,横在东西方教育心理学之间的鸿沟在逐步填平。

1977 年,随着“文化大革命”的结束,我国教育心理学迎来了全新的机遇,获得了蓬勃发展。在挖掘古代教育心理思想和吸收外国最新研究成果的基础上,我国教育心理学逐步摆脱西方教育心理学的束缚,开始建构有中国特色的教育心理学体系。

1994 年布鲁纳在美国教育研究会的特邀专题报告中,精辟地总结了教育心理学 20 世纪 80 年代以来取得的成果,主要表现在四个方面:

(1) 主动性研究,研究如何使学生主动参与教与学的过程,并对自身的心理活动作更多的控制。

(2) 反思性研究,研究如何促使学生从内部理解所学内容的意义,并对学习进行自我调节。

(3) 合作性研究,研究如何使学生共享教与学中所涉及的人际资源,如何在一定背景下将学生组织起来一起学习,如同伴辅导、合作学习、交互式学习等,从而使学生把个人的科学思维与同伴合作相结合。

(4) 社会文化研究,研究社会文化背景是如何影响学习过程与结果的。

(三) 教育心理学的发展趋势

在近 110 年的历史中,教育心理学几经曲折,终于发展成为一门内容较充实,研究领域和研究方法较成熟的心理科学。目前,教育心理学正处于快速发展时期,除学习心理等传统领域受到重视外,还呈现出如下新的发展趋势。

1. 关注教与学两方面的心理问题,教学心理学兴起

教育心理学中的认知理论改变了以往行为主义有关学习与学习者被动的观点,认为学习是一种认知加工过程,是学生对知识的一种主动构建过程。学习不是记录信息,而是理解信息。教学的中心从课程转向学生的认知,帮助学生发展适合于各种学科的学习和思考策略。

2. 关注影响教育的社会心理因素,教育社会心理学兴起

学生的学习并不仅仅是一个认知过程,在学生的学习过程中,受到很多因素的影响。相同教学环境下的学生,其所达到的成就是各不相同的,这就促使教育心理学家探求影响认知过程的各因素及其相互关系。

3. 关注实际教学策略和元认知的研究

教育心理学研究从实验室转向教学实际,更加关注教育学的有效性,使得对学生学习中的各种策略与元认知问题的研究成为教育心理学研究的另一个热点与方向。对教学策略与元认知问题的重视,既是因为它们是教育心理学理论应用于实际的桥梁,要解决教育实际问

题，必须加强这方面的研究，同时也是因为认知过程的效率与各种策略和元认知的水平密切相关，不同类型的学生在这两方面存在显著的差异。

目前对这一问题的研究，主要集中在两个方面，其一是着重探讨在教学过程中，学生的认知活动所存在和采用的各种策略和元认知问题，探索这些策略与元认知的本质及其与学生认知活动的关系；其二是这些策略、元认知问题与学生个别差异、认知方式的结合，即探讨这些策略、元认知活动对不同类型学生的有效性问题。

4. 关注年龄特点、个别差异与个别化教学研究

认知心理学的崛起，教育心理学将个别差异与个别化教学重新纳入研究范畴，对个体的年龄特点、个别差异以及测量重新进行了研究，但目前的研究还远远不够。面对现代教育、教学的改革，教育心理学尚未充分适应。随着对人类研究的深入，人类个体的独特性越来越受到重视，人类个体在心理方面所显示出来的个别差异对教育心理学提出了巨大的挑战。现代科学技术的发展所导致的网络教学和远程教学、计算机辅助教学的兴起，使人类个体不受严格的学校教育时间的限制和各学校教学水平的空间限制，可以自由地选择学习内容和学习方式，这些新情况给教育心理学提出了新的课题。

第二节　学前教育心理学概述

作为一门新兴的边缘学科，学前教育心理学显得不够成熟，但是从现代学前教育发展的历史轨迹中可以发现，学前教育心理学领域中的许多课题却一直是人们关注的焦点。如幼儿如何学习？幼儿的学习是如何促进其发展的？促进幼儿学习的有效条件是什么？作为一个专门研究这些课题的学科，学前教育心理学大致在20世纪80年代逐渐走向独立。

一、学前教育心理学的创建与发展

纵观教育科学发展史，学前教育心理学的创建似乎同时受到两种力量的推动：一是教育心理学体系的结构性分化；二是现代学前教育科学体系的结构性整合。

（一）学前教育心理学的创建

1. 教育心理学的结构性分化

19世纪末20世纪初，在欧美儿童研究运动和实验教育运动中，桑代克《教育心理学》（1903）的出版标志着教育心理学作为心理学的一个分支正式独立。此后的一百多年中，教育心理学在儿童学习研究方面获得了空前的发展，也加速了教育心理学内部的结构性分化。

早在20世纪20年代，在研究儿童的发展过程中，一些学者就开始关注儿童学习的研究。例如，夏洛蒂·彪勒和她的学生开始应用实验法研究婴儿的发展，其中也研究了婴儿的学习行为。卡茵那在她的博士学位论文《幼儿言语与变换行为关系的实验研究》（1946）中讨论了3～6岁儿童学习方式的变化。

进入20世纪60年代以后，婴幼儿学习研究更加系统化。斯蒂温逊在《儿童的学习》（1972）中讨论了婴幼儿的条件反射、言语与学习的关系、强化与学习的关系、刺激特点与注意、概念学习、个别差异等问题。日本学者北尾伦彦、杉村健在《儿童学习心理学》（1978）中系统介绍了儿童学习的各种理论、假说、研究方法，深入探讨了儿童学习方式的变化和发展，全面论述了儿童的再认记忆、再现记忆、联合记忆、等同性习得变换、转换学习、分类学习、观

察学习等。

随着教育普及的年限不断延长，各级各类教育蓬勃发展，特别是幼儿教育的发展和亲子教育的兴起，对传统意义上的“普通教育心理学”提出了严峻的挑战。于是，基于教育的类别和对象的特点，从“教育心理学”母体中分化出大学教育心理学、职业教育心理学、中学教育心理学、小学教育心理学、学前教育心理学等若干个分支学科。

学前教育心理学作为教育心理学的一个分支，侧重探讨学前教育领域中的心理学问题。在学前教育中，0～3岁儿童的早期教育研究比较薄弱，而3～6岁儿童的幼儿园教育研究相对成熟，学前教育心理学研究大多集中于幼儿园教育中幼儿的学习与教师的教学。在一定意义上，“学前教育心理学”称为“幼儿教育心理学”似乎更为恰当。

2. 学前教育学科的结构性整合

在学前教育学科体系内，学前教育学和学前心理学是两门独立相对较早的学科，尽管研究的领域和事业各不相同，但是，在学前儿童发展与教育这一交叉领域内形成了一个创造空间。

一门学科的分化与综合，进而产生新的边缘学科，是科学发展进程中兴旺发达的标志。围绕着学习问题，学前心理学与学前教育学结合起来，对学前儿童的发展与学习进行整合性研究，虽然难度增大，但却更切合学前儿童教育的实际，并且可以更好地为学前教育实践服务。

20世纪80年代，学术界出现了以“幼儿教育心理学”命名的著作。日本学者若井邦夫等编著的《幼儿教育心理学》(1982年日文版，1984年中文版)可能是最全面阐述幼儿教育心理问题的专著。据初步考证，这也是我国引进的最早的一本以“幼儿教育心理学”命名的专著。

（二）学前教育心理学的发展历程

如同任何一门学科一样，学前教育心理学在独立之前经历了一个不断发展的过程。在一定意义上，学前教育心理学经历了从一种教育思想(理念)到一个理论与实践相结合的研究领域再发展到一门独立学科三个基本阶段。

1. 学前教育心理思想研究

学前教育心理思想发端于对儿童期独立性的认可、对儿童人格的尊重和对儿童学习潜力的认识。在这种意义上，学前教育心理学思想可追溯到近代启蒙思想家卢梭。

14—16世纪，欧洲兴起的文艺复兴运动高擎人文主义旗帜，提倡人权和人性自由。这种“以人为中心，一切为了人的利益”的新人类观，为儿童的命运带来了重大的转机。儿童不是“有罪的羔羊”，而是甜蜜、天真、纯洁的天使。儿童一出生就具有一切道德的、理智的、身体的能力的萌芽。如果教育适当，儿童的一切内在能力和善良天性就能和谐地发展起来。在这一历史背景下，卢梭的教育心理学思想具有划时代的意义。

卢梭(J. J. Rousseau，1712—1778)是18世纪法国启蒙思想家，他关于婴幼儿发展与教育的论述可称得上是最早的幼儿教育心理思想。他划时代的著作《爱弥尔——论教育》(1762)被世人誉为“儿童宪章和儿童权利宣言”。在这部著作中，卢梭通过“对儿童的发现”，第一次把儿童从社会偏见和双亲的束缚中解放出来，作为独立的人看待。在他看来，“儿童有他特有的看法、见解和感情，如果用成人的看法、见解和感情去替代它们，那简直愚不可及。”儿童的发展有其内部固有的自然法则，教育应当适应儿童的自然本性。尽管卢梭对婴幼儿的学习能力估计不足,但他关于儿童期的独立性和与其相适应的自然教育思想却是儿童教育史上的一个里程碑。

裴斯泰洛齐(J. H. Pestalozzi,1746—1827)深受卢梭教育思想的影响,把“遵从儿童天性的教育方法”付诸实践,创造了以直观事物为出发点的教学方法,即直观教学法。几乎在同一时期,英国的欧文和德国的福禄培尔访问了他的学校,一面学习直观教学法,一面着手创办幼儿保育教育机构。从此,儿童教育心理研究由一种哲学思辨发展到教育实践研究。

2. 学前教育心理的实践研究

18 世纪,公共早期教育机构的出现,开辟了一个相对独立的学前教育研究领域——幼儿园教育。于是,学前教育心理研究从哲学思辨进入实践探索。

(1) 欧文与“幼儿学校”:欧文(R. Owen,1771—1858)不仅是一位空想共产主义者,而且是现代幼儿教育的先驱。他早在 1816 年就在苏格兰的纽兰纳克纺织厂附近为工人子女设立了一所学校——“性格形成新学园”,在“新学园”中设立“幼儿学校”(Rational Infant School System),收托 1 ~6 岁的儿童。当父母工作时,儿童到学校集体保育。

欧文确信,人格是环境塑造的产物,并想用幼儿学校来验证这一点。为此,他力求使儿童摆脱恶劣的环境及父母错误的对待,在良好的环境中,通过音乐、舞蹈、户外游戏、运动、谈话和直观教学等保育内容以及儿童集体内部的交流,把他们培养成为健康、快乐、尊重伙伴的幸福而理性的人。这是教育史上的第一次幼儿教育实验。虽然这所幼儿学校只存在了 8 年(1816—1824),但是对幼儿教育产生了巨大影响,被马克思誉为“为未来培养全面发展新人的教育的萌芽”。

(2) 福禄培尔与“幼儿园”:福禄培尔(F. W. Froebel,1782—1852)是德国著名的教育家,他创立了第一所现代幼儿园(Kindergarten)(1840),形成了第一个相对独立的幼儿教育体系。

因接受了进化论思想,福禄培尔改造了裴斯泰洛齐的直观教学法,提出活动教育思想,重视儿童活动本能的表现。在他看来,游戏是人的活动本能的表现形式之一,最能表现儿童的创造性和自主性。因此,教育应以游戏为基础,让幼儿的内在需要和愿望在生动活泼的游戏中得到满足。

幼儿教育就是让幼儿在游戏中快乐成长。为此,他把这种教育机构命名为 Kindergarten(原意为幼儿的乐园),并且为幼儿专门设计了一套玩具——他称为“恩物”(Gift,意为神赐之物)。对福禄培尔来说,玩具是儿童利用活动本能影响外部世界,并从外部世界“吸收”各种事物和印象的手段,游戏就是幼儿与外部世界相互作用的基础形式。后来,尽管人们片面关注玩具的使用程序,而玩具中的游戏精神一度消失,但是,他确立的“游戏是幼儿园教育活动的基本形式”这一教育原则却一再被科学研究所证实和丰富。

(3) 蒙台梭利与“幼儿之家”:进入 20 世纪后,幼儿教育研究与心理学、医学研究结合日益紧密。蒙台梭利(M. Montessori,1870—1952)作为一个训练有素的医生,以她特有的视野研究幼儿发展与教育,创办了“幼儿之家”(1907)。蒙台梭利深信,本能冲动控制人类行为,儿童在先天的、自发的能动性作用下,具有一种很强的、天赋的内在潜力和持续发展的积极力量。儿童不是被动地接受环境刺激,而是积极地吸取环境中的印象和文化模式。儿童这种活跃而有力的创造性一旦被压抑则会造成心理障碍。为此,教育必须为儿童创造一个

“有准备的环境”，只有当环境与儿童内部需要协调一致时，发展才会自然地实现。于是，创造“有准备的环境”就是为每个儿童的潜力得到自主和自由的发展机会。

同时，蒙台梭利进一步认为，幼儿精神的某种能力在某个时期里对某种环境能敏感地反应和发展，并称之为“敏感期”(Sensitive Period)。在她看来，幼儿期是感觉运动能力发展的敏感期。为此，她根据感觉运动原理，以感觉教育为基础，设计了一系列教具和学具，后人称之为“蒙台梭利教具”，这些教具和学具与生活用具、设施一起组合为“幼儿之家”，代表着她精心创造“有准备的环境”。以这些教具和学具为媒体，对幼儿进行系统教育的方法，她自称为“科学的教育法”，后人称之为“蒙台梭利教学法”。这种教育方法有着扎实的心理学基础，甚至本身就是一种幼儿教育心理学体系。蒙台梭利的教育理论创立后近百年的历史中，由于得到追随者的不断丰富和完善，至今仍然是最有影响力的幼儿教育体系之一。

3. 学前教育心理学的形成

20世纪60年代开始，早期教育在世界范围内受到普遍重视，学前教育获得了前所未有的高速发展，进而推动了以学前儿童为研究对象的相关学科的迅速发展。随着认知心理学的兴起和发展，教育心理学研究的方法从实验室实验转向自然实验，重心从动物学习转向儿童学习，特别是教育情境中的儿童学习，为构建学前教育心理学的体系提供了方法和理论上的准备与基础。

(1) 皮亚杰(图1-3)与儿童智慧发展：皮亚杰(J Piaget，1896—1980)是20世纪最伟大的心理学家之一，他创立的“发生认识论”在心理学中独树一帜，尤其是对儿童智慧发展的研究，使幼儿教育摆脱了环境决定论和遗传决定论的双重束缚，重新认识儿童的心理世界，直接构成了幼儿学习及其指导，特别是幼儿园课程的理论指南。他的理论介绍到英美后，一度成为幼儿教育领域中占统治地位的发展理论。

图1-3 皮亚杰

(Jean Piaget，1896—1980)

瑞士心理学家，“发生认识论”创始人。他的基本理论和实验研究对西方现代儿童心理学、发展心理学和教学改革具有深远的影响，受到心理学界的高度重视。

尽管皮亚杰不是一位教育家，但是对早期教育的影响却是无人可及。他采取独创的“临床法”系统地研究了幼儿认知发展的主要方面，以一个生物学家特有的视角和思维方式提出智慧源于动作，其本质是适应。这一论断构成了现代儿童教育的信条。以皮亚杰儿童认知发展理论为基础的临床教学法、两难故事法、社会交往法和活动教学法成为幼儿园教育的基本方法。

(2) 维果茨基(图1-4)与“社会建构论”：维果茨基(L. S. Vygotsky，1896—1934)是与皮亚杰同龄的心理学家。他旗帜鲜明地反对生物学化的自然主义理论，主张用文化和历史的观点去分析儿童心理的发展，创立了著名的历史文化学派(又称“维列鲁学派”)。尽管维果茨基英年早逝，但他提出的儿童心理学思想却因时代的变迁，在20世纪90年代后日益受到世人的关注。他提出的儿童心理发展的社会建构论构成了20世纪末期学前教育改革强有力的理论指导思想。

儿童心理发展的社会建构论提出两个基本假说：人的心理机能发展的符号中介论和人的智慧发展的活动内化论。

维果茨基认为心理机能最初是作为直接的、自然的过程发生的，属于低级心理机能，人和动物都有这种心理机能。人的高级心理机能是在低级心理机能的基础上，由于符号（主要是语言）等中间环节（工具）转化文化发展的过程，在这个转化过程中高级心理机能开始作为人特有的心理机能而发生作用。这一假说引申出一个重要的发展原理，即儿童的发展是儿童在社会文化环境中与社会文化相互作用的过程。

图 1-4　维果茨基（L. S. Vygotsky，1896—1934）苏联心理学家，社会历史文化学派的创始人。主要研究儿童发展与教育心理，着重探讨思维和语言、儿童学习与发展的关系问题。由于他在心理学领域做出的重要贡献而被誉为“心理学界的莫扎特”，他所创立的文化历史理论不仅对苏联，而且对西方心理学产生了广泛的影响。

儿童一开始就是一个社会的人，参与着社会文化生活，构建起作为一个社会人所具有的文化品质和社会属性。这一原理构成了现代幼儿园社会性教育的理论基础。

综上所述，一方面，由于学前教育日益发展，幼儿园教育实践问题亟待理论解释，为“学前教育心理学”的形成提供强大的外部动力；另一方面，教育心理学关于儿童学习的研究取得长足的进展，建立“学前教育心理学”的内部条件已经基本成熟。尽管建立学前教育心理学的内、外条件在 20 世纪 60 年代已基本成熟，但是，学前教育心理学的理论构架还处在“成型之中”。

（三）学前教育心理学的发展趋势

20 世纪 80 年代以来，毕生发展与终身教育理念日益深入人心，儿童早期发展与教育成为社会关注的焦点。在这种情形下，学前教育心理学呈现出一些新的发展趋势。

1. 研究内容的多元化

近年来，人们不仅从教育学、心理学角度来观察儿童的身心变化与发展，而且还从社会学、伦理学、美学以及生态学等方面来了解儿童、关注儿童；不仅研究幼儿园内幼儿在与同伴、教师之间互动带来的身心变化，而且也考察幼儿家庭、社区环境等变化给他们造成的影响。

多学科相互合作，采用多种研究方法，多视角、多层次、多方面地系统而综合地探讨幼儿教育的新问题、新途径及新方法，从而使学前教育心理学的研究内容不断拓展，呈现出多元化的现象。

2. 研究手段的现代化

为避免观察法在实际运用中的困难和实验法所造成的“失真”，人们开始采用自然实验法，建立起自然观测实验室，利用现代计算机控制相应的录音、录像设备，使幼儿在自然情境中无拘无束地活动，真实地表露出各自的心理行为反映，研究者可通过相应手段使幼儿某一心理特征“自然”发生，从而达到研究的目的。

另外，社会测量法中的一些方法也逐渐应用于学前教育心理学研究，如提名法、猜人法和社会距离测量法等，对幼儿的人际关系、同伴间地位等进行测定，弥补了标准化测验在这些方面的不足。目前，随着计算机的广泛运用，计算机模拟实验也在幼儿教育心理学研究中逐渐受到重视和采纳，如贝勒（Baylor）等人 1973 年的实验及凯尔（Kail）1982 年的实验。

3. 研究程序的规范化

学前教育心理学研究绝大多数是开展现场实验研究。由于现场实验自身的局限性，其研究结果的准确性和可靠性等一直受到质疑。

为了有效地解决这类问题，人们提出了许多办法，其中最重要的就是实验设计，从实验情境、被试取样、实验因素的控制、实验材料、指导语、测查项目与评分标准的预定、统计处理与分析等诸多方面加以规范，使之标准化、系统化，尽最大可能排除无关因素对实验的影响，同时又符合相应的生态学要求，从而使学前教育心理现场实验研究既具有很高信度，又具有好的内部效度和外部效度。同时，规范化的实验程序也对使用它的研究者特别是幼教工作者的自身素质提出了更高的要求，这有助于促进他们研究水平的提高。

4. 研究内容的本土化

自20世纪80年代以来，国际上强调开展“本土化”研究的呼声日益高涨。本土化研究运动几乎波及整个人文科学研究领域和各个国家。在中国，在大力提倡素质教育的今天，如何解决儿童教育心理问题，幼儿素质教育中如何体现中国特色，素质教育中心理学的地位与作用如何，等等，大量现实问题亟待人们去探讨、去分析、去解决。在这种形势下，学前教育心理学研究应当把握时代脉搏，大力开展学前教育的本土化研究、跨文化研究，为培养符合现代社会要求的合格人才尽自己的努力，这应成为每一位幼教工作者和其他有识之士的信念和职责。

随着学前教育的毕生发展价值不断显现，其社会地位不断上升，我国学前教育专业的学科建设也取得前所未有的发展。20世纪80年代末，在幼儿园课程与教学改革的冲击下，幼儿教师教育突破了传统的“三学六法”学科体系之后，我国学前教育界开始重新构建学前教育学科体系，大量吸收教育科学和心理科学的最新研究成果，积极顺应学前教育改革与发展的趋势，主动适应学前教育实践的需要。

近30年来，我国学前教育学科建设取得了长足发展。“学前教育心理学”逐步成为学前教育专业的必修课程和幼儿教师培训的核心内容，以《幼儿教育心理学》命名的教材也不断出版，标志着学前教育心理学的迅速发展。

二、学前教育心理学的学科性质与学科体系

（一）学前教育心理学的学科性质

学前教育心理学研究的核心是幼儿学习心理和幼儿教学心理，其理论基础和研究方法主要源于心理学。因此，学前教育心理学属于心理学的学科范畴。

学前教育心理学属于教育心理学的一个分支，可以类比于学前心理学对发展心理学，学前教育学对教育学。学前教育心理学之所以能够从教育心理学母体中独立出来，关键在于研究对象的特殊性。同学生学习与学校教学相比较，幼儿学习与幼儿教学确有其特殊性。幼儿学习的特殊性在于学习贯穿在一日生活的各个环节，渗透在各种活动之中，其中，游戏是幼儿学习的基本形式。幼儿教学的特殊性主要表现在教学以游戏活动为基本形式。幼儿教育属于非义务教育范畴，教学形式比较宽松，教学时间、课程安排具有较大弹性。

学前教育心理学作为教育心理学的一个分支，其学科性质自然秉承了其母体学科的边缘属性。尽管幼儿教育领域中的心理现象与学校领域有相同之处，但幼儿教育是一种保育与教育有机结合的教育模式，具有独特性。为此，学前教育心理学要重点研究幼儿教育过程中的心理现象及其规律，建立独特的理论体系。同时，学前教育心理学必须把一般原理应用于幼儿教育实践，解决幼儿教育实践中的具体问题，加强应用性研究。由此可见，学前教育

心理学是一门理论性与应用性相结合,偏重应用性的学科。

综上所述,学前教育心理学是研究学前教育,特别是幼儿园教育情境中学习与教学的心理现象及其发展变化的科学。

(二)学前教育心理学的学科体系

学前心理学的研究内容是学前儿童的心理发展及其规律;学前教育学的研究内容是学前教育及其规律,但是学前教育心理学绝不是二者简单结合的“混血儿”。作为一门独立的学科,学前教育心理学必须有其特定的学科体系。

作为从教育心理学中分化出来的一个分支,学前教育心理学与其母学科有着更深层次的联系。教育心理学的基本原理和基本规律,对学前教育心理学具有普遍的指导性,而且学科体系和研究方法也基本一致。为此,我们参照教育心理学体系的一般结构,构建学前教育心理学的学科内容,具体包括三个部分:

1. 幼儿学习心理

在概述学习与学前儿童学习的基础上,重点介绍幼儿学习的主要内容,包括技能学习、概念学习、社会性学习和创造性学习。

2. 幼儿教学心理

游戏与教学是幼儿园教育活动的两种主要形式。

游戏是幼儿的主导活动,既是幼儿学习的主要方式,也是幼儿教学的基本形式。教学是幼儿园教育活动的正规形式,它是一个动态的、开放的系统,主要包括设计、指导两个实践环节。

3. 幼儿教师心理

幼儿教师的职业标准要求幼儿教师必须具有完整的教育能力和良好的心理素质。幼儿教师的职业成长与心理健康不仅关系到幼儿教师教育能力的发展,而且对幼儿的学习品质与身心健康产生深远的影响。

显然,幼儿学习心理与幼儿教学心理构成了学前教育心理学的两条主线,秉承了教育心理学中学习与教学“一体两面”的基本模式。幼儿教师心理是一个相对独立的部分,没有对应幼儿教学心理的各个环节。因为教师心理属于一种职业心理范畴。况且,在教育心理学中,教师心理也是一个新兴的领域,似乎很难融入教育活动中的学习心理与教学心理的任何一方面。

三、学前教育心理学的任务和作用

学前教育心理学的独立,意味着必须承担起相应的科学研究任务,具有特定的作用。

(一)学前教育心理学的基本任务

一门科学的研究任务决定于其本身的学科性质。学前教育心理学是一门综合性的边缘科学,因此,它的基本任务应包括:理论建构和实践指导。

1. 理论建构:建设具有特色的学前教育心理学体系

正如前文所述,学前教育心理学从母体(教育心理学)中独立成一门学科还处在“新生儿期”。尽管以学前发展与教育为主题的研究积累了丰富资料,但是,现行的理论体系还未摆脱母体的限制。因此,学前教育心理学的发展壮大要求学前教育心理学研究首先必须加强基本规律研究和学科理论体系构建,形成体现学前教育心理学学科特点的理论体系。

虽然,中国古代教育思想家对学前教育心理问题做了精辟的论说,但是,学前教育心理学,如同其母体一样是“舶来品”,我们必须建构有中国特色的幼儿教育体系,本土化已成为心理学研究的发展趋势之一。尽管我国幼儿教育心理学尚处在科学研究的初期,但同样也需要与整个心理学发展趋势保持一致。学前教育心理学只有植根于“心理科学”之中才能获得强劲的发展动力。

2. 实践指导:服务于学前教育改革,服务于教师自我教育

作为一门偏向应用性的学科,学前教育心理学只有扎根于教育实践才有生命力。学前教育实践的需要推动学前教育心理学的独立,独立后的学前教育心理学必须服务于学前教育实践,为学前教育,特别是幼儿园教育的改革与发展提供心理科学根据,包括幼儿学习规律及其教育指导和幼儿园教育活动的设计、指导与评价。同时,必须有助于幼儿教育过程中教师的独立成长和自我教育。

当前,我国学前教育正处在快速发展阶段。一方面,大量外国教育理论和模式引进我国,其中许多教育理论涉及幼儿学习与指导以及幼儿园教育活动设计、指导和评价。这些理论都面临着“本土化”问题,由这些“外来理论”指导的中国学前教育实践必须借助学前教育心理学的思想和智慧,以便帮助一线教师掌握科学标准和方法,使教育实践成为检验、消化和发展“外来理论”的有效方式。另一方面,学前教育心理学本身也需要在指导教育实践过程中不断丰富和发展。学前教育实践中,幼儿教师面对千变万化的教育情境,解决问题的过程中会产生大量创造性的教育行为。这些富有原生态意义的实践探索构成了学前教育心理学科学研究的重要线索与素材。

(二)学前教育心理学的作用

心理学在教育中的基本作用主要表现在测量与描述、预测和控制、理解和说明等方面。学前教育心理学的作用同样体现在这三个方面。

1. 测量与描述

要深入了解和全面掌握学前教育过程中的各种心理现象,就必须在其测量的基础上进行科学描述。为此,心理学家发展了系统的教育心理测量技术,设计、编制了大量学前儿童心理量表。这些技术及量表可以帮助教师科学地评价学前儿童的学习水平及教育效果,从而真正做到因材施教,有的放矢。

2. 预测和控制

在准确测量和描述的基础上便有可能实行预测和控制。教育过程中心理现象的变化是有规律的,因此可以预测。如果心理学研究发现,教师的教育态度对幼儿创造性学习有明显的影响,那么,就可能预测:优化教师的教育态度,就可以提高幼儿的创造性学习能力。

在教育过程中控制才是最重要的。这里的控制特指教师对教育过程的有效调控,积极引导幼儿朝着教育目标规定的方向发展变化。例如,学前教育心理学研究学前儿童学习发展的基础,发明了许多教育策略和技术。这些技术能帮助教师有效地指导幼儿的学习,科学设计教育活动。

3. 理解和说明

教育过程中的心理现象是最复杂的。虽然教师与幼儿朝夕相处,但要深刻理解和说明学前儿童的心理和行为及其成因却相当困难。幼儿的成长受到成熟和教育的双重制约。学

前儿童心理，包括学习心理有些容易改变，有些难以改变；有些变化是外显的，有些变化是内隐的。只有深刻理解心理和行为背后的制约因素及其发展变化方式，教师在教育过程中才能做出科学决策，保障儿童身心和谐发展。

即使没有接受过心理学训练，教师的任何教育行为也带有特有的心理学理论色彩。这是一种内隐的理论——教师所认同的朴素或民间流传的心理学（Folklore Psychology）。尽管其中不乏朴素的真理，但是在没有经过科学检验之前，以它为指导的教育行为难免盲目和具有风险。因此，教师必须掌握科学的教育心理学理论特别是学习理论，才能使自己的教育行为取得预期的教育效果。

第三节　学前教育心理学研究方法

学前教育心理学旨在探索学前儿童的学习与幼儿教师的教学之中的规律性。这就要求学前教育心理学运用科学方法深入探讨学前教育实践中的各种具体问题，并做出科学的理论解释。

学前教育心理学研究的基本方法主要有观察法、实验法、调查法和测验法等。这些方法均各自有着长处与不足，研究者应根据研究的目的选择相应方法，扬长避短。

一、观察法

观察法指通过感官或借助一定的仪器设备，有目的、有计划地对自然状态下发生的现象或行为进行系统、连续的考察、记录、分析，从而获取事实材料的研究方法。

观察法是学前教育研究中最基本、最常用的一种研究方法。这是因为，婴幼儿身心发展水平较低，言语理解与表达能力十分有限，无法用文字测验和书面调查来获取有关资料。同时，婴幼儿较少对观察产生敏感，即使在不相识的观察者面前，婴幼儿仍能表现其自然行为，因而观察所得资料通常比较真实可靠。

（一）科学观察与日常观察

学前教育心理学研究中对学习与教学活动的观察不同于日常生活中对一般事务的观察。前者称为科学观察，而后者称为日常观察，二者的区别主要表现在：

第一，科学观察是出于特定研究课题的需要而进行的，它有确定的观察对象与明确的目的，是一种积极、主动地对特定事物加以考察的举动。而日常观察大多无十分明确的目的，一般表现为消极地接受种种现象。

第二，科学观察为揭示研究对象的内在规律，总力求全面获得研究对象的各种表现，并以一定的理论知识去判断、理解观察所获得的结果，而日常观察只限于短暂的“注视”，并以常识或经验对所获结果进行分析和总结。

第三，依据研究任务的需要，科学观察对所获取的结果要做出准确而系统的记录，以便对研究对象的各种属性进行分析和研究，而日常观察则无需如此。

尽管日常观察不如科学观察那么严谨、科学，但日常观察依然重要。幼儿教师对幼儿的了解通常来源于日常观察，同时很多研究中的问题与假设，往往建立在研究者日常观察中获得的经验和启示的基础上。因此，在不具备条件开展正式的观察研究时，有意识地改进日常观察的方法来考察某些现象或问题是可取的。

观察法的适用范围很广，凡是幼儿呈现的任何行为现象均可作为观察目标。通常观察法用于描述自然条件下的行为状态或正在进行着的某些过程，如研究班级中幼儿之间的人际关系。也适用于获取第一手资料或对研究对象进行纵向追踪研究，如动作技能的发展过程。

(二) 正式观察法与非正式观察法

根据观察过程的结构性质与控制程度，可将观察法分为正式观察法与非正式观察法。

正式观察法结构严谨，计划周密，一般为科学研究所用，它是一种有控制的、系统的观察，其特点是：严格地对观察行为下定义；细致制定记录表格；在一定控制下从事观察和翔实记录反应；训练观察者，建立观察者信度；用相对严格、先进的方法分析所得资料，结果较为真实可靠。

非正式观察法结构松散，无周密计划与控制，适用于教师获取有关日常教学和活动安排等方面的信息，或帮助观察者获得了解儿童身心发展各种特点的感性经验。该法在科学性上较为欠缺，但易于实施，较为实用。

(三) 学前教育心理研究中常用的观察方法

1. 时间抽样观察法

时间抽样观察是指观察在规定时间内（时间样本）发生的所有行为。时间是行为样本的抽取依据。因此，观察过程中时间控制以及在单位时间内发生行为的分类系统是时间抽样法的关键。基本操作包括三个方面：

(1) 时间单位分解：根据观察人数和行为特点确定时间单位的长短及其循环周期。假如同时观察 5 个幼儿，每个幼儿的行为观察（记录）1 分钟，那么，时间单位为 5 分钟。如果一次活动持续 20 分钟，那么可以分解为 4 个时间单位，每个幼儿观察 4 次，获得 4 个行为样本。

(2) 行为分类系统：根据一定的标准对行为进行分类，并且对每类行为下操作定义（标明每种行为的外部特征及其表现）。一般情况下，采用符号作为行为的标记，以便于记录。

(3) 记录表格的设计：时间抽样法一般采用封闭式表格记录。表格的设计按照时间单位与行为类别来制定线条表。

2. 事件抽样观察法

事件抽样观察是指根据研究目的，有选择地抽取某类现象（事件）进行跟踪观察，并且全面、完整地记录现象发生的过程及其前因后果。事件的抽取必须按照其本质特征（根据一定的理论分析）来确定其范围，以便于观察过程中的识别与记录。基本操作包括三个方面：

(1) 给事件下操作定义：教育活动中发生的事件种类繁杂，必须分类研究，每次观察一类现象并且深入分析。为此，首先要从教育过程中分离出有价值的现象（事件）并且下操作定义（外部表现与区别）。

(2) 确定观察范围：同一类事件可能发生在不同的时间或场合，难以穷尽。必须把观察限定在一定的范围。

(3) 记录表格的设计：由于事件观察强调过程跟踪和生态分析，观察记录的表格也要符合其要求。一般采用半封闭式表格记录（见表 1-1）。

表 1-1 教育活动事件观察记录表

事件名称：　　　　　　　　　　　　　　　　编号：

活动名称：　　　　　　　　　　　　　　　　记录人：

事件参与者	发生背景	发生过程	结果与影响	事件性质
参与者的数量及其关系（分环节）	场合（地点）、诱因或发起缘由以及特定情景，事件发生时的基本状态以及参与者的主要反应	展开与持续的基本环节以及参与者的主要行为和语言	持续的时间，结束时的状态，对参与者产生影响：直接与间接/有益与无益/范围的大小/程度的深浅	根据教育目标与要求判断其性质：有效与无效/积极与消极/正常与反常/可控与失控/偶然与必然

观察法的优点在于能保持被观察者的心理活动和行为表现的自然性和客观性，简便易行，所获资料比较生动、真实，可收集到非语言行为的数据和资料，特别适合于对学前儿童的研究，且还可对观察对象作追踪研究，获取行为现象发展变化趋势情况。但由于观察者只能消极被动地期待某种心理现象的出现，对可能影响观察的外部因素难于加以有效控制，造成难以分清哪些因素是引起行为表现的真正原因。

观察法既可以作为一种独立的研究方法，也可作为其他研究方法的辅助手段。只要我们认识到它的优点和局限性，在研究中扬长避短，就能充分发挥它的作用。

二、实验法

实验法是研究者根据研究假设，主动干预或控制研究对象的发生、发展过程，并通过观察、测量、比较等方式探索、验证教育现象因果关系的研究方法。它已逐渐成为包括教育科学研究在内的社会科学研究的重要方法之一。

（一）实验类型

根据实验研究场所的不同，可以将教育心理实验分为实验室实验和现场实验两种类型。

实验室实验是指在实验室环境中借助于一定的仪器严格地控制实验条件的情况下进行的实验，如儿童听力的测定就须在听力实验室中进行，以控制外部噪音对儿童听力的影响。这类实验的优点在于对实验条件控制严密，可保证实验结果的可靠性，便于进行精确的定量分析；其不足之处在于研究环境和条件的特殊化而使研究结论的推广应用受到限制。

现场实验是一种在实际生活条件下（如教育教学的现实情境）进行的，对实验条件加以适当控制的实验，亦称自然实验。这种实验的特点在于实验能在平静和谐的自然情境中进行，把心理学研究与日常的教育工作结合在一起，方便实用，实验结果、结论较易在实践中得到推广应用；其缺点在于对实验研究中的无关变量难以完全控制，增加了形成研究结论的困难。在幼儿园中进行的幼儿教育心理学实验，绝大部分都是现场实验。

（二）幼儿教育心理实验

幼儿教育心理实验是在幼儿园教育活动中，通过预设教育情境与条件研究幼儿学习过程与教学效果的实验形式，是现场实验的一种特殊类型。

1. 幼儿教育心理实验的过程

幼儿教育心理实验的过程可分为三个阶段。

（1）准备阶段：包括选定课题；形成实验假设；确定变量并下定义；制订实验方案；选择并分配被试；选定合适的测量方法与工具等。

（2）实施阶段：包括实验方案的实施；控制干扰变量；观察实验对象；观测和记录所需的资料和数据等。

（3）总结与评价阶段：包括整理与分析资料数据；概括研究结果并撰写实验报告或论文；评价验证研究成果及推广应用等。

2. 幼儿教育心理实验的设计

在教育心理实验过程的准备阶段中，有一项十分重要的工作必须切实关注，即实验设计。在长期的实验探索中，研究者们归纳总结出了许多不同的关于教育的、心理的实验设计模式，这些模式经过了理论的探讨，达到了规范化、系统化的水平，实验者完全可以根据自己实验的目的和类型，从中加以选择并在此基础上达到有所创新。

教育心理实验设计模式有许多种。按照实验控制的严密程度，可将实验设计模式划分为前实验设计、准实验设计和真实验设计三种。

前实验设计具有实验设计的基本成分，但缺乏对干扰变量的控制，效度很差。前实验设计的主要缺点在于无法有效地说明实验对象所发生的变化与实验处理（即干涉）之间的内在关系究竟怎样，以及这种内在关系的强度大小等重要问题。

真实验设计是指严格地根据实验的科学性要求，按照随机原则选取和分配实验对象，系统操纵自变量并严格控制干扰变量的实验设计。真实验设计的优点在于既能很好地说明自变量与因变量之间存在的内在关系，又能有效地表述这种关系的紧密程度。

准实验设计在对变量控制程度上是一种介于前实验设计和真实验设计之间的一种实验设计。该设计对实验对象不做随机化处理，对干扰变量进行尽可能的控制，但无法保证完全控制实验误差。准实验设计通常在难以或不可能进行真实验设计的情况下采用，如无法将现成班级的幼儿拆分重新组合成等组样本等。它通常是在自然情境或现场背景中实施，所获得的结果较好地反映了实验的作用及被试的真实状况，是教育实验研究中的常用方法。

幼儿教育心理实验设计大多都属于准设计。由于准实验设计毕竟不是真正意义上的实验设计，因此，为了提高教育实验的内、外部效度，提高实验结论的科学性水平，在开展相应的教育实验时应尽量采用真实验设计。20 世纪 80 年代以来国际上兴起的“生态学运动”反映了这种趋势。这种“生态学运动”的特点在于既不依赖于实验室，又不同于传统的观察，它强调研究的情境必须是自然的，但研究本身又必须是严格的。其优点在于既提高研究的外部效度，又无需以内部效度的降低为代价，从而达到二者的统一。这种新的方法论倾向在幼儿教育心理学研究中表现得尤为强烈。

三、调查法

调查法是研究者根据研究的目的和课题的需要，有计划地对事实的考察、现状的了解、材料的搜集来认识教育问题或探讨教育现象之间联系的研究方法。1910 年美国的 N·肯德尔最早将它运用于教育研究，自 20 世纪 30 年代以后，调查法逐渐成为一种主要的教育科学研究方法。

由于调查法在自然情境中进行数据收集，通常不受时间、空间条件的限制，且不需控制条件或操纵被调查的对象，涉及范围广，手段多样，便于实施，因而适用于现状研究和描述性的研究。调查结果的可靠性取决于研究者对各种主观偏差的控制和被调查者所提供的资料的真实性。在对学前儿童的研究中,调查对象主要为儿童的家长与教师。

(一) 调查的类型

根据研究课题的性质不同,调查研究可分为现状调查、相关调查、原因调查和追踪调查四种类型。

学前教育心理学中的现状调查旨在了解儿童发展中某些特征或方面的发展现状,或学前教育中某些现象、问题的基本现状。例如为了了解儿童入小学前后每日活动量的差别所进行的"大班幼儿与一年级小学生 24 小时活动的调查"。通过现状调查,可把握研究对象的现实状态,开展有针对性的教育和帮助,同时也可以从中发现实际问题,以改进今后的教育教学工作。

相关调查旨在探讨两个变量相互联系的性质和程度,如"惩罚与幼儿侵犯性行为的关系调查"就属于这类调查。进行相关调查研究时,首先要获取两个变量的数据资料,通过计算其相关系数来判断两个变量之间存在的关系。

幼儿教育中的原因调查主要在于了解儿童的某种现象或特征形成的原因,如"幼儿合作行为成因调查"等。值得注意的是,原因调查的结果仅仅反映产生某一现象有哪些原因,或有哪些主要原因,但这些原因是如何对现象产生影响的则很难调查清楚,要确证这种因果关系还需其他研究方法的配合与互证。

对追踪调查来说,它是通过对同一组幼儿的同一特征用同一种标准进行反复的观测,以探讨儿童某种特征随时间推移而变化发展的情况,有助于了解不同年龄阶段的儿童在某些方面的发展特点和规律。如"幼儿口头语言和书面语言发展关键时期的调查"等。追踪调查是一种纵向研究方法,研究周期一般随研究目的不同而异,短则几十天、几个月,长则几年、几十年。由于研究周期较长,因此,在对调查资料进行分析时,一定要充分考虑时间因素对结论的影响。

(二) 学前教育心理研究中常用的调查方法

学前教育心理研究中常用的调查方法主要有问卷法、访谈法、活动产品分析法及情境法等。

在学前教育心理研究中,问卷法的使用主要是通过幼儿家长或教师来进行的。由于学前儿童的特殊性,研究者在调查了解幼儿某一特征(如生活自理能力)的发展变化状况时,一般主要通过对其家长或教师的调查来进行。问卷法也常用于对教师的教学或家长对幼儿教育的态度、措施等方面的调查。问卷设计的合理性是这种方法的关键。

目前,情境法在幼儿教育心理研究中的使用逐渐增多。这是一种让幼儿处于设计好的活动环境或问题情境中,对其进行观察或问卷调查,从而获得有关反映信息的研究方法。它常用于思想品德、价值观念及社会行为等方面的研究,特别适合于对幼儿园儿童的研究。

情境法的类型主要有活动情境法和问题情境法两类。

活动情境法是指在教育活动过程中创设一定的情境或控制一定的条件,然后对幼儿在情境中的行为表现进行观测并加以研究的方法。如对幼儿诚实行为的研究。而问题情境法则是向幼儿提供事先设计好的一个两难问题情境,要求幼儿对情境中的问题做出回答,以此考察幼儿道德判断水平或情绪反应。如美国发展心理学家科尔伯格设计的道德两难故事情境"海因兹偷药"便是如此。

另外，情境法还可以采用移情、投射灯形式进行研究。如果想了解幼儿心理倾向和态度，可设计情境让幼儿通过绘画、角色扮演等形式表现自己的内心状态。由于情境法创设与生活、学习相似的研究背景，让幼儿在没有外在压力的条件下，有机会表现真实的行为，因此，该法能测量幼儿在真实情境中真实的情绪反应，探索其内心深层的变化并能高效率地收集有关资料，且所获资料具有比较价值。

综上所述，由于调查法是一种间接的研究方法，其使用过程及数据资料的获得与分析受研究者和被研究对象的主、客观态度的影响，因而在使用调查法时应充分考虑到它的优点和不足，做到扬长避短。

四、测量法

测量法是研究者根据研究的需要，采用标准化的测量工具，按照规定的程序，通过对研究对象的实际测定来收集有关的数据资料并加以分析，以此揭示教育活动的效果，探索教育活动规律的一种研究方法。在幼儿园教育教学过程中，教育者对幼儿不断地施加各种教育影响，这种影响既有积极的，又有消极的。通过测量可以找出教育实践中的不足，为改进教学提供反馈信息。

测量法是通过一定的测量工具来完成的。一般来说，测量要具备四个基本要素，即测量对象、测量内容、测量规则和测量工具。

（一）测验的类型

测验是测量的工具，在教育研究中，测验的种类很多，按行为目标和测验内容的不同，可以将测验分为智力测验、成就测验、能力倾向测验和人格测验四种类型。

学前教育心理研究中，智力测验的运用较为广泛，它既可以了解幼儿思维、动作及认知等方面的现状水平，也可用来考察研究或实验效果。常用的智力测验工具主要有中国比奈量表、韦克斯勒幼儿智力量表、瑞文测验、画人测验及中国儿童发展量表等。其中，中国儿童发展量表主要用于测量儿童的语言能力、认知能力、社会认知能力和身体素质及动作技能发展状况等内容。对上述智力测验，研究者可根据自己研究的需要从中加以选择使用。

成就测验也称成绩测验，主要用于测试个人在经过某种正式教育或训练之后对知识技能掌握的程度，即被试的学习效果，它是在教育领域（主要是学校教育）中使用最多、最广泛的一种测验，可作为对个人学力水平进行评定的一项重要指标。在学前教育心理研究中，成就测验的使用很少，其主要原因是由于幼儿教学与学校教育不同所致，当然也与目前缺乏适合于幼儿教育的成就测验有关。

能力倾向测验主要用于测量研究对象能力发展的可能方向及在某个方面能力发展的潜在可能性。如音乐能力倾向测验等。

人格测验是指针对研究对象的个性倾向性方面的测试，包括对人的兴趣、态度、意志、情绪、性格、气质等方面，其内容多涉及人的个性和社会性等方面的问题。如，可用于儿童的人格测验——儿童统觉测验，它采用投射法原理，通过对图片中人物、景物等内容的描述与想象，来了解幼儿内心世界的变化及个性状况。

除了上述测验以外，还有一类测验在当今社会越来越为人们所关注，这就是创造力测验。如，托兰斯创造性思维测验（TTCT）等。这类测验目的在于了解一个人的创造力潜能，它不同于智力测验，其测量结果反映的是思维的流畅性、变通性和超乎寻常的独特性等。由于创造力测验的历史不长，测验的标准化程度不高，尽管取得了一些有价值的测试资料，但离实际应用——预测和控制人的创造行为还有相当距离。因此，在使用创造力测验时应充分注意它的适用范围及局限性。

（二）学前教育心理研究中的自编测验问题

上述测验大都属于标准化测验，由于目前我国用于学前教育心理测验的标准化工具为数不多，且大多集中在测定儿童的智力方面，这很难充分满足我们对学前儿童心理与教育问题研究的需要。在这种情况下，适合于研究者特定需求的自编测验应运而生。

自编测验是一种由研究者根据研究的需要自行制作测量工具并在特定的时间和条件下使用的测验，如皮亚杰设计的守恒测验。这种测验针对性、灵活性较好，且操作较简便，能较好地对儿童某种心理品质、特殊心理状态和活动能力进行测定。

但应注意，自编测验并非研究者随意编制的测验，它的编制过程也应符合标准化测验的编制过程，仅在某些方面有所取舍而已。正因为如此，自编测验在使用时其应用范围和结果可信度等均存在一定的问题。

综观测量法，虽然它具有其他研究方法所不具备的自身优势，但它测定的往往是人的各种心理特征，所研究的对象是有思想、有感情的活生生的人，其心理特征会随主观意志、外界刺激的变化而变化，尤其对学前儿童来说更是如此。因此，只有将测量法与其他方法相结合，走多层次、多方面、多角度研究之路，才能使幼儿教育心理研究更为客观、可靠。

小　结

教育心理学是“研究学校情境中学与教的基本心理规律的科学”。这个定义包含两层含义：

（1）教育心理学的研究对象是学校教与学情境中人（教师和学生）的心理现象。

（2）教育心理学的基本任务是揭示学与教的基本心理规律。教育心理学是一门应用心理学，是一门理论性与应用性相结合的综合性学科，既具有基础性，又具有实践指导性。

教育心理学作为一门独立的学科诞生于19世纪末20世纪初。一般以桑代克1903年出版的《教育心理学》作为教育心理学正式独立的主要标志。

教育心理学的发展历程大致经历了四个时期：20世纪20年代以前的初创期，20世纪20—50年代的发展期，20世纪60—70年代的成熟期和20世纪80年代以后的完善期。

一百多年来，教育心理学已发展成一门内容充实、方法成熟的科学。进入21世纪以来，教育心理学的发展显现出几个新趋势：

（1）关注教与学两方面的问题，教学心理学兴起。

（2）关注影响教育的社会心理因素，教育社会心理学兴起。

（3）关注实际教学策略和元认知研究。

（4）关注年龄特点、个别差异与个性化教学研究。

学前教育心理学大致在20世纪80年代走向独立，其发展大致经历了从一种教育思想（理念）到一个理论与实践相结合的研究领域再发展到一门独立学科三个基本阶段。其发展源于两种力量的推动：一是教育心理学体系的结构性分化；二是现代幼儿教育科学体系的结构性整合。

学前教育心理学可以界定为研究学前教育，特别是幼儿园教育情境中学习与教学的心理现象及其发展变化的科学；它是教育心理学的一个分支学科；它是一门偏向社会科学，偏向应用性的综合科学。

学前教育心理学独立时间较短，还未形成比较成熟的学科体系，基本上沿袭教育心理学的体系结构，主要研究幼儿学习心理、幼儿教学心理和幼儿教师心理。

学前教育心理学的重要作用包括测量与描述、预测与控制、理解与说明。幼儿教师和研究人员可以充分发挥学前教育心理学的作用，使幼儿教育实践和理论研究建立在科学原理与方法之上，减少教育行为的盲目和风险。

学前教育心理学的研究方法基本上与心理学的其他分支通用，只是在具体操作技术上有所偏重。学前教育心理学的主要研究方法包括观察法、实验法、调查法和测量法等。

思 考 题

一、单项选择题

1. 教育心理学的发展历程大致经历了四个时期，廖世承编著的《教育心理学》是我国最早而且影响较大的一部教育心理学教科书，它编写于（　　）。

A. 初创期　　B. 发展期　　C. 成熟期　　D. 完善期

2. （　　）的著作《爱弥尔——论教育》被世人誉为“儿童宪章和儿童权利宣言”。

A. 欧文　　B. 裴斯泰洛齐　　C. 福禄培尔　　D. 卢梭

3. 德国著名的教育家（　　）创立了第一所现代幼儿园，形成了第一个相对独立的幼儿教育体系。

A. 桑代克　　B. 卢梭　　C. 福禄培尔　　D. 欧文

4. 学与教相互作用的过程是一个系统过程，该系统包含学生、教师、教学内容、教学媒体和（　　）五种要素，由学习过程、教学过程和（　　）过程这三个过程交织在一起。

A. 教学模式；评价/反思过程　　B. 教学环境；评价/反思过程

C. 教学环境；总结/反思过程　　D. 课堂环境；评价/反思过程

5. 19 世纪末 20 世纪初，在欧美儿童研究运动和实验教育运动中，（　　）的《教育心理学》的出版标志着教育心理学作为心理学的一个分支正式独立。

A. 桑代克　　B. 华生　　C. 福禄培尔　　D. 皮亚杰

6. 皮亚杰采取独创的（　　）系统地研究了幼儿认知发展的主要方面，以一个生物学家特有的视角和思维方式提出智慧源于动作，其本质是适应。

A. 辅导法　　B. 测量法　　C. 访谈法　　D. 临床法

7. （　　）是出于特定研究课题的需要而进行的，它有确定的观察对象与明确的目的，是一种积极、主动地对特定事物加以考察的举动。

A. 日常观察　　B. 科学观察　　C. 临床观察　　D. 现场观察

二、名词解释

教育心理学　幼儿教育心理学　观察法　测量法　幼儿教育心理实验

三、简述题

1. 简述教育心理学研究的基本内容。

2. 教育心理学的发展历程大致经历了哪几个时期?

3. 教育心理学具有哪些发展趋势?

4. 推动学前教育心理学的创建是哪两种力量?

5. 学前教育心理学的发展历程大致经历哪几个阶段?

6. 学前教育心理学研究的基本方法有哪些?

四、论述题

1. 结合实际谈谈学前教育心理学与教育心理学、学前教育学、学前心理学等相关学科在研究对象上的区别和联系。

2. 阅读一篇幼儿教育心理学方面的研究报告,分析其中所采用的研究方法及其相关操作技术。

3. 试论学前教育心理学的基本任务。

4. 结合实际论述学前教育心理学的作用。

五、案例分析题

1. 根据幼儿教育心理实验的原理,剖析恐惧学习实验的利弊。

华生的恐惧学习实验

1920 年,华生应用了条件反射对一个 9 个月大的名叫艾尔伯特的婴儿做了情绪实验,证明恐惧情绪是可以通过条件反射后天习得的。实验的程序如下图所示:

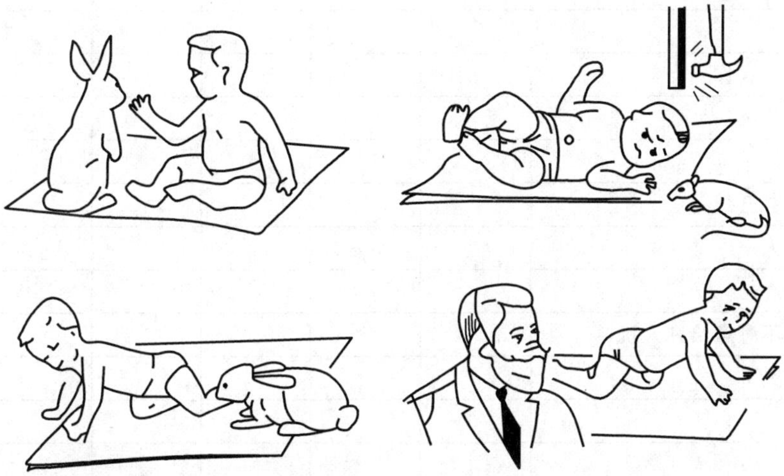

实验开始时,小艾尔伯特对巨大声响表现出本能的恐惧反应,而对于兔子、白鼠、狗和积木等并不害怕。实验过程中,研究者反复向艾尔伯特同时呈现白鼠和巨大声响。在白鼠与声音总共 7 次的配对呈现后,即使不出现声音时,艾尔伯特也对白鼠表现出极度的恐惧。

随后研究者发现,小艾尔伯特对白鼠的恐惧泛化到了许多相似事物上:他开始对狗、白色皮毛大衣、棉花、华生头上的白发以及圣诞老人面具等毛茸茸的东西都感到恐惧。实验还发现,以条件反射程序习得的恐惧,具有跨情境的稳定性,即小艾尔伯特对上述事物的恐惧在实验室环境以外也能被观察到;此外,在停止实验 31 天后,艾尔伯特的恐惧仍未消退,说明了这种习得情绪的持久性。

(摘自 http://www.psychinese.com/show.php? contentid=4003)

2. 根据下列幼儿的自我评价表设计一份简要的测量方案。

目的:考察幼儿的自我评价能力。(通过让幼儿回答教师的问题,让幼儿对自己的优点、缺点和能力进行评价,然后与教师对幼儿的评价相比较,统计幼儿评价与教师评价的一致性,并由此判断幼儿自我评价能力发展的情况。)

指导语:我说一些关于你的事,你听我说得对,你就说对,你听我说的不对,你就说不对。

幼儿自我评价表

评价项目	幼儿自我评价			教师评价		两种评价是否一致
	不知道	否定	肯定	否定	肯定	
爱帮助小朋友						
学习时爱动脑子						
爱在大家面前表演节目						
老师提问爱回答						
对别人有礼貌						
做错事能承认						
喜欢和小朋友玩游戏						
和小朋友游戏时爱出主意						
做值日生时认真						
来幼儿园时不哭						
吃饭吃得干净						
好多小朋友都喜欢你						
做什么事都爱争第一						
爱护小动物						
做事情时喜欢自己想办法						
有时打人或骂人						
爱抢别人玩具						
有好玩的玩具不愿意给别人玩						
为一点小事就哭						
爱发脾气						
上课时不专心						
爱告状						
能用积木搭好多东西						
跑步快						
穿衣服又快又好						
会用筷子						
喜欢幼儿园						
爱看电视动画片						

参考答案：

一、单项选择题

1. B　2. D　3. C　4. B　5. A　6. D　7. B

第二章 幼儿教师心理

学习目标

1. 识记

◆ 教师能力的层次;教师能力的种类;教师人格的含义;幼儿教师职业角色。

◆ 情绪劳动的含义;情绪管理的概念。

◆ 师幼互动的概念;师幼互动;应激的概念。

◆ 教师专业成长的界定。

2. 领会

◆ 幼儿教师的人格特点;幼儿教师的角色结构。

◆ 教师情绪劳动;幼儿教师情绪劳动的特点;幼儿教师职业压力的表现。

◆ 影响师幼互动行为的因素;幼儿教师应激的对策。

◆ 教师专业成长的过程;新手教师与专家教师的区别。

3. 应用

◆ 幼儿教师情绪管理的内涵;幼儿教师职业压力的疏解。

◆ 有效互动型教师的心理特征。

◆ 专家型幼儿教师的成长;如何缩小新手教师与专家教师之间的差异。

建议学时

4 课时

老师导学

学前教育是教育系统的基石,而幼儿教师是幼儿园教育的主导。无论是从社会建设的角度还是从个体发展的角度,幼儿教师都肩负着崇高的使命。幼儿教师的能力、人格、情绪劳动及专业成长等都与学前教育工作密切相关。为此,我们必须从多视角去理解幼儿教师的心理及其与教育行为的关系。

本章论述幼儿教师心理的一般特点和成长规律。学习者首先应对幼儿教师的心理素质有个整体的了解;理解情绪劳动的含义和幼儿教师情绪劳动的特点,掌握情绪管理的内涵;懂得幼儿教师压力的成因和应对方式。理解师幼互动的含义、类型和影响因素,掌握有效互动型教师的心理特征。理解幼儿教师的专业成长及其过程,重点掌握新手教师和专家教师的差异及缩小差异的方法,理解专家型教师的成长。

从毕生发展视角来看，个体发展是系统而连续的过程。学前儿童处于学习最初阶段，其学习虽然与学生有共同性，但在学习方式与教学模式上，学前儿童具有独特性。无论在身体方面，还是在认知、情感、社会性等心理方面，学前儿童都处于不成熟阶段，可塑性较大，对幼儿教师存在很强的依赖性。幼儿教师的教育能力、人格品质、情绪状态等都会对幼儿学习与发展产生深远影响。

有调查研究发现，理想的幼儿教师包括以下主要特征：

（1）有先进的教育理念和较高的教育能力。

（2）掌握先进的教育手段和技术。

（3）高水平的活动设计能力。

（4）与幼儿进行高水平互动的能力。

（5）与家长沟通的能力。

（6）对环境的设计和使用能力。

（7）对问题和幼儿进行研究的能力。

显然，学前教育心理学在完善幼儿教师的能力结构，提升幼儿教师能力水平和优化幼儿教师能力品质方面具有独特作用。

研究内容上，学前教育心理学介绍了学前儿童学习心理、幼儿教学心理和幼儿教师心理。幼儿教师学习学前教育心理学的基本知识，把握学前儿童学习和幼儿教学心理的基本规律及特点，有助于增进师幼互动的针对性与有效性，提高教学实践的效能，同时也提高教师的心理素质。

研究方法上，幼儿教师长期与幼儿生活在一起，有条件系统地研究幼儿，但由于方法的欠缺，失去了很多研究机会。学前教育心理学可帮助幼儿教师初步掌握基本的心理学研究方法，指导幼儿教师科学地研究幼儿的学习，有利于幼儿教师总结经验，促进教学方法的改进，提高专业素养。

第一节　幼儿教师心理素质概述

幼儿教师是促进幼儿身心健康发展的保育者与教育者，其心理素质如何直接影响着幼儿教育的效果。幼儿教师的工作性质及其职业特点，决定了他们必须具备良好的心理素质。

结合幼儿园教育实践的需要，我们认为，幼儿教师心理素质主要表现在以下三个方面。

一、幼儿教师的能力结构

幼儿教师的能力是幼儿教育活动的重要因素，对幼儿的发展、幼教事业的发展都起着关键作用。

（一）教师能力的含义

目前，关于教师能力的概念有很多种表述，其中有代表性的看法有以下几种。

第一种观点认为，教师能力是教师在教育教学活动中形成并表现出来的、直接影响教育教学活动的成效和质量，决定教育教学活动的实施与完成的某些能力的结合。

第二种观点则坚持，教师能力是教师在教育教学活动中表现出来的、直接或间接影响教育教学活动的质量和完成情况的个性心理特征。

第三种观点则认为,教师能力是教师符合教育教学活动要求,影响教育活动效率的个性心理特征的综合,是一种综合能力。

第四种观点却强调,教师能力是多种能力的合理整合和特殊发展,是在实践中发展起来的、反映教师职业活动要求的能力体系。

总的来说,幼儿教师能力是幼儿教师在教育教学活动中形成并表现出来的、直接或间接影响教学活动的成效和质量,决定教育教学活动的实施与完成的某些能力的结合,是从事幼儿教育教学活动所必需的专门能力。

(二)幼儿教师能力的层次

宏观层面,幼儿教师应具备以下几种能力:观察和了解儿童的能力;组织能力;向儿童进行教育的能力;语言表达能力;思维力、想象力和创造力;艺术表达能力;教育评价能力;自学能力。

微观层面教师能力主要是领域教育能力。例如,在健康领域,幼儿教师应具备一定的心理健康教育能力:正确评价幼儿心理健康状况的能力;了解幼儿心理特征的能力;情绪的自我调节能力;建立民主、平等的师生关系的能力。

而数学领域,教师的能力要求是:利用和创设数学教育环境的能力,包括提供宽松和谐的精神环境、创设相关的物质环境及善于利用生活环境;指导幼儿数学操作活动的能力,包括对幼儿数学认知发展水平和特点的把握与评估能力、对幼儿操作情况的观察能力、对指导方式随机灵活运用的能力;具备一定的数学教育科研能力。

(三)幼儿教师能力的种类

基于幼儿园保教结合的特点,现代幼儿教师必须具备多种能力。

1. 观察与领悟能力

要了解幼儿,教师就必须具备敏锐、细致的观察能力和对幼儿行为的领悟能力。幼儿对周围现实的情绪反应以及思想、情感和行为带有明显的直率性、鲜明性和天真性。但随着年龄的增长,幼儿的内心活动就变得日益复杂和隐蔽了。这就需要教师善于在幼儿的细微表现中洞察其内心世界,从而进行有针对性的教育。

一个具有良好观察力和领悟力的幼儿教师,她善于从幼儿的细微外在表现中洞察其内心的真正变化,并能够正确地理解到这些变化在实质上意味着什么。这样的教师能够很容易地就把幼儿假装的注意与真正的注意区分开来,能够由幼儿在教育教学活动中所表现出的一系列特征(如眼神、面部表情、身体姿态等),准确估计出幼儿当时的心理状态(如对讲解领会如何,是否在积极参与活动,是否喜欢某一玩具等)。“仿佛什么也没看,其实什么都看到了!”这是每个幼儿教师都应该具备的境界。

2. 言语表达能力

在幼儿教育工作中,言语是传递知识、影响幼儿的重要手段。由于幼儿的思维形象具体,富于感情色彩,并具有跳跃性,幼儿教师要借助言语的力量唤起幼儿思想情感上的共鸣,引发他们的求知欲,使他们受到道德的启迪,产生美的感受,就应该使自己的言语表达简单通俗、生动形象、确切明了、富于表达力与感染力,并时常伴随有适当的面部表情与手势。

幼儿教师在日常的教育教学过程中,必须坚持说普通话,力争使语音准确,语调亲切,语速恰当,语法正确,为幼儿言语发展创造良好的条件。

3. 人际交往能力

幼儿教师与幼儿、同事、领导、家长之间的和谐人际关系,直接或间接有利于幼儿教育教学活动的组织与开展。其中,和谐的师幼关系尤为重要。

由于幼儿的人际交往态度与交往方式和成人有很大的不同,幼儿教师在处理师幼关系时不能照搬成人交往模式,而应表现出相应的灵活性与创造性。这无疑需要幼儿教师具备较强的人际交往能力。

4. 组织管理能力

幼儿教师面对的是自我控制不强、主动好奇、随意性很强的幼儿群体,每天均要组织好他们开展丰富多彩的活动,如体育锻炼、作业、散步及生活活动等,而且要使活动安排做到动静交替、科学合理,活动过程做到活而不乱、管而不滞,富有启发性、创造性,这就需要教师具有一定的组织和管理能力,以确保各项活动的顺利进行。

5. 教育科研能力

为提高幼儿教育的科学性,深化教育改革,推广教育实践成果,幼儿教师还应该具有一定的教育科研能力。幼儿教师应该具备的教育科研能力主要表现为:会概括总结自己的教育实践经验;会收集、整理、利用各种教育资料;会学习、筛选、评价、运用教育研究成果;掌握一定的教育科学研究方法;能够比较敏锐地发现教育过程中存在的问题;能够研究和分析所发现的问题,并提出解决问题的方法等。

二、教师的人格特征

(一)教师人格的涵义

教师人格是指教师个人稳定、持久的整体素质,是教师个人行为和品质的高度统一的集中表现,核心是教师的德行品质、专业精神,这是“一种能使教师个人担负起其教师角色的品质”,从而可以较好地履行教育的责任义务和形成良好的教育行为。

教师人格或德行作为一种教育力量、手段,不仅对儿童发展具有重要影响,对教师本人而言,教师人格会产生一种对教育实践乃至对教师职业的内在价值,成为教师敬业乐教的内在动力。教师要在自己的工作实践中,在日常的教育情境中,有积极的自我意识,要不断反思和自我调控、调整行为,严格自律,为人师表,要将终身自我教育和自我人格完善作为职业生涯的推动力。

教师人格修养的基本内容,主要涉及教师对儿童、对自己的工作,及对专业发展所应有的职业品质和人格修养。教师对儿童要真诚、友善、公正,要尊重、热爱儿童,这是做好教育工作的关键。

(二)教师的人格特点

一项研究曾以“对我最有帮助的教师的人格特点是什么”为题,对1—12年级的学生进行调查,结果发现“合作、民主的态度”和“亲切、照顾别人”是最受学生欢迎的教师品质,而不受学生欢迎的教师的主要人格特征是:脾气暴戾、没有耐心、不公平,偏爱某些学生、不愿帮助学生、不合理地要求学生、忧郁、不友善、讽刺或嘲笑学生、外表令人讨厌、顽固、缺乏耐心、啰唆、言行霸道、骄矜自负、缺乏幽默感等。显然,教师的人格特征具有鲜明的职业特色。

基于文献研究与实践反思,我们认为幼儿教师的职业人格包括下列几个方面。

1. 同理心强,富于爱心

在幼儿眼里,整个世界充满着活力、新奇和未知,他们的思维方式和行为习惯与成人截然不同。幼儿教师要真正理解幼儿的所思、所想和所感,就需要学会站在幼儿的角度来看待幼儿，领悟幼儿言行后面的心理动因，设身处地地想幼儿之所想。

教师的爱是开启幼儿心灵的钥匙，爱是幼儿身心健康成长的基础条件。这种爱表现为教师对全体幼儿都一视同仁、悉心爱护，不仅喜欢聪明、听话的幼儿，而且更要爱护那些智力水平不高的、淘气的幼儿，给他们以更多的帮助与关心，使他们在爱的抚育下健康成长。这种爱不是一种暂时的肤浅的爱，而是一种发自内心的持久的深沉的爱，这种爱是一种对人性的关怀，是一种对幼儿主体性的尊重，它应该深深地植根于幼儿教师的性格素质之中。

2．有恒负责，细心周到

幼儿教育往往会影响个体的终身发展。幼儿的身心发展是一个长期的过程，它决定了幼儿教育工作的长期性，需要幼儿教师做出长期不懈的努力。因此，幼儿教师必须具备强烈的责任心和持之以恒的工作精神。同时，幼儿教育任务的全面性和细致性，要求幼儿教师处事细致周到。幼儿教师肩负着保育与教育幼儿的双重任务，既要关心幼儿在德、体、智、美等方面的发展，又要关心其身体健康，忽视任何一个方面均有碍于教育任务的完成。

另外，由于幼儿身体发育远未完善，机体抵御力相对较差，容易感染疾病或受到伤害，而又好动、情绪化、自我控制能力较低，如果照顾不周全、不细致，就有可能对幼儿的身心发展产生不利影响。

3．外向乐群，和蔼可亲

和谐的师幼关系是幼儿教师干好幼儿教育工作的必要前提。和谐师幼关系的建立有赖于幼儿教师主动接近、热情对待每一个幼儿，多与他们进行思想、情感和行为上的沟通，尊重他们的意愿和需要，关心他们的成长，在日常的交往中表现出对他们无微不至的关心和爱护，以赢得他们的亲近、信任和爱戴。而要做到这些，无疑需要幼儿教师具有外向乐群、和蔼可亲的性格素质。

4．情绪稳定，自制力强

由于幼儿社会化程度不高，知识经验缺乏，自我控制力低，情绪冲动易变，所以常常会表现出在成人看来是无理、荒唐、不讲礼貌，甚至是存心捣乱的行为。幼儿教师在面对幼儿的“无理取闹”甚至“大胆冒犯”的时候，应该克制自己，以冷静沉着的方式来解决问题，而不能以粗暴的方式对待幼儿，挫伤其自尊心。

此外，幼儿教师应该时刻保持乐观向上的情绪，以精神饱满、充满热情的姿态出现在幼儿面前，精神不振、情绪不佳往往会给幼儿带来压力与不安，对他们的情绪状态产生消极影响。

5．想象力强，敢于创新

幼儿期是想象最为活跃的时期，想象贯穿于幼儿的各种活动之中。幼儿在教育活动中常表现出令人赞叹的想象力。幼儿教师如果想象力不强，就可能无法理解幼儿的所思所想。此外，幼儿教师要想使自己所设计或组织的教育活动能够真正吸引幼儿，充分激发他们的参与热情，也必须具备丰富的想象力。如创编生动活泼的表演游戏，讲述栩栩如生的寓言故事等。

6．严于律己，以身作则

幼儿教师的劳动具有示范性，能够在不知不觉中对幼儿产生影响。“身教重于言教”，对于幼儿教育来说尤其如此。幼儿教师应该在各方面为幼儿做出表率，做到思想进步、品德高尚、举止文明……而要做到这些，幼儿教师就必须在日常生活中严于律己，以身作则，真正做到要求幼儿做到的自己首先做到,要求幼儿不做的自己坚决不做。

三、幼儿教师的角色

幼儿教师的角色生成是多维的,但作为教学活动组织者的幼儿教师角色更值得研究者们深思。

(一) 幼儿教师的角色定位

有学者以加德纳的多元智能理论作为视角来重新审视幼儿教师角色,认为幼儿教师角色应该有所转变,具体地说,由知识的传递者向学习的引导者转变、由课程实施者向课程研究者转变、由权威的统治者向平等的合作者转变。

也有学者认为,幼儿教师的角色随着教育的转型而在发生着变化。在封闭式教育转型为开放式教育的背景下,幼儿教师既是知识的输出者,又是幼儿自主学习的引导者;在继承式教育转型为创新教育的背景下,幼儿教师要由书本知识的复制者转变为幼儿创造能力的培养者;在职前教育转型为终身教育的背景下,幼儿教师既是知识的给予者,更是幼儿学习方法的给予者。

(二) 幼儿教师的职业角色

格兰布斯(J. D. Grambs)则将教师角色分为两大类:“教学指导者”角色,包括了所有与教学活动和过程有关的幼儿教师行为;“社会文化传播者”角色,与幼儿教师职业的公共性、教育的文化传播和社会控制功能有关。

吴康宁也提到类似观点,认为幼儿教师在学校中的角色主要有两种:社会代表者(相对于幼儿而言,具有社会规范性)和同事(相对于其他幼儿教师而言,具有个人独立性)。他认为这两个角色是幼儿教师永恒的双重角色,也是在不同时间里交替扮演的完全相悖的两个角色,从而也导致了幼儿教师最大的角色冲突。

教师在教学中扮演何种角色,有赖于他们对教师职业所持的态度;教师对他们所扮演角色的理解差异,直接导致他们在教学方法上的不同。芬斯特马赫(G. Fenstermacher)和索尔蒂斯(J. F. Soltis)认为,教师在教学中的角色主要有以下三种。

第一种是执行者。教师只是尽可能地用最好的技能和技巧来使学生掌握某种学习。

第二种是治疗者、辅助者。教师在这里扮演的是辅助个体达到高水平的自我实现的角色。

第三种是解放者。教师在于完善个体的心智,是知识渊博、有理智和有道德感的人类发展者。

(三) 幼儿教师的角色结构

1. 教师是幼儿人格的塑造者

幼儿期是人身心急剧发展的时期,也是人心灵最敏感、可塑性最大的时期。在这个时期,幼儿人格培养对其一生来说都是至关重要的。

为了更好地适应将来的社会,幼儿需要接受各种形式的教育,如接受失败与挫折的教育,接受与人合作、和谐相处以及友爱、忠诚的教育,接受在任何条件下都能保持独立人格、自尊、自强、自信、自立的教育,接受追求真理、主持正义的教育等。人格的发展完善伴随着生命的始终,而幼儿时期则是人格形成的关键期。对幼儿进行各种形式的教育,培养幼儿健全的人格,是每位幼儿教师义不容辞的责任。

2. 教师是幼儿的养护者

幼儿阶段处于个体初步发展时期,其身心发展水平较低,不仅对父母依恋,对教师也有依恋行为。这就要求教师不仅是一个教学工作者,还要起到养护者的作用。这种养护不仅包括生理、生活上的照料,更包括对孩子积极的情绪、健康的人格和社会品质与行为乃至知识技能等方面的关爱、呵护。教师不仅是幼儿权利的保障者,也为幼儿的发展创设适宜的气氛和环境。

比如:午睡时,一个小女孩突然大叫,老师赶忙跑到小女孩的床前,想看看发生了什么事情。小女孩睁大眼睛看着老师说:"我梦到我从滑梯上摔下来了。"原来小女孩是叫着老师的名字醒过来的。老师突然心头一热,抱着小女孩说:"不怕,有老师在,没事的,睡吧。"她抱着小女孩慢慢睡着了。此时,老师无比感动。她感动,因为孩子们喜欢她;她感动,因为孩子们信任她;她感动,因为孩子们依恋她。

从这个片段可以看出,对于幼儿来说,教师就是"安全港湾";对于教师来说,幼儿的信任更加激发了责任感与使命感。

3. 教师是幼儿的榜样

埃里克森(E. H. Erikson)等人研究指出,幼儿阶段儿童的一个重要的心理特征是"自居作用",即幼儿模仿心目中的重要人物,如父母、教师等的言语、动作、表情,并以他们的形象来认同自己的行为。

教师是儿童心目中的亲近者与权威者,因而成为儿童心目中主要的学习榜样之一。因此,教师可以利用自己的榜样行为引导幼儿良好品质的形成与发展。显然,教师的"身教"胜于"言传"。

4. 教师是沟通幼儿与社会的中介

幼儿园是幼儿走入社会的第一站。幼儿要学会在幼儿园与同伴交往,适应群体生活,他们对社会的认识,对社会规范、要求的把握,以及社会行为、社会性品质的形成与发展等,都离不开教师的指导。

幼儿园教育包含着冲突、亲密和依赖三种成分。教师作为幼儿的榜样,更容易被幼儿接受的是身教。幼儿教师的角色是复杂多样的,这是由幼儿的年龄特征和幼儿教育规律所决定的。幼儿教师有时是幼儿的教育者,有时是学习者,有时是朋友、玩伴,有时又是"平等中的首席",有时是倾听者,有时是倾诉者。此外,幼儿教师还担当着幼儿的养护者、榜样以及沟通幼儿与社会的中介者等多重角色。这无疑促进了教师的反思与控制意识和能力的形成。

第二节　幼儿教师的情绪劳动

教师的人格特征与角色特点取决于教师的劳动特点。根据现代人力资源理论,教师的劳动属于情绪劳动。情绪劳动的关键是情绪管理,包括教师情绪的自我管理和对幼儿情绪的有效调控。为此,教师要学会控制应激,对日常生活中的焦虑保持一种更好的认识,对所处的情境及其变化做现实的判断,运用各种有效方法合理缓解情绪劳动的压力。

一、情绪劳动的界定

情绪劳动(Emotional Labor)是指个体管理自身的感受,以产生能够迎合他人心理状态的公共可见的表情和身体表达。

情绪劳动的概念最早由社会学家霍赫希尔德(A. R. Hochschild)于1983年提出,该概念的提出最初是针对服务行业的。在服务行业,企业往往会要求员工在与顾客互动的过程中,要遵循组织制订的某些规则,在适当的场合展现适当的情绪或行为,从而使顾客对企业形成良好的印象。例如,护士需要对病人表现出关怀和慈爱;饮食业服务员需要向顾客展示友好和热情;警察在犯人面前需要表现出镇静和刚毅等。也就是说,企业组织要求员工在工作时要有恰当的情绪表现(Emotional Display)。这种情绪表现被视作员工工作内容中不可分割的组成部分,即员工在工作中付出体力和智力的同时还被要求付出情感。

我们可以从以下几个方面理解情绪劳动的内涵。

(1)在情绪劳动过程中,情绪是以商品的形式出现的,员工会因为自己恰当的情绪表现而得到工资、物质或精神奖励。由于员工付出情绪劳动以获取工资,因而情绪劳动具有商品交换的价值。

(2)从内部来看,情绪劳动是在对个人情绪有充分认知的基础上进行的,情绪劳动主体清楚地知道自己目前的情绪状态,如积极的或消极的、高兴的或悲伤的等。

(3)从外部来看,组织的情绪规则、岗位角色要求的情绪规则或特定社会文化传统下隐形的情绪规则是为人所知的,无论是领导、顾客还是员工自己都非常明白这些规则。

(4)在情绪管理的过程中是否付出了心智努力是区别情绪劳动与非情绪劳动的标志。

二、教师的情绪劳动

近年来,研究者对教师情绪越来越重视。

情绪是教学的核心。教师、学生、学校行政人员在不同的时间和场合,有时满怀希望、喜悦与荣耀,有时感到忧虑、挫折与怀疑。这些情绪没有独立于他们的生活,更无法从行动中或理性反省中抽离。教学活动需要教师表达个人情感,其情感也经常隐藏在行动中。因此,教学不仅是技术或认知的工作,也是情绪实施的工作。教师在学校教育和教学工作中要付出大量的情绪劳动,因此教师也不可避免地成为当今社会为数众多的情绪劳动者大军中的一员。

1. 教学是以人际互动为基础的

教师从事的是关于人的工作。离开师生间的人际互动,言传身教根本无从发生。而情绪是人际互动的产物,人际关系的亲疏远近是影响个体情绪产生和变化的社会基础。师生间的人际互动能够加深双方的情绪理解,使双方建立起密切的情感纽带。

2. 在教学中,教师情绪是负载着特定功能的

无论教师运用的情绪激励手段是正面的(如讲笑话、开玩笑)还是负面的(如训斥、发脾气),其目的都是为了吸引学生对课堂教学的心理投入,维持学生积极的情绪状态,从而保证教学活动的顺畅进行。

3. 教师的情绪活动处于控制之中

虽然看起来教师没有直接的情绪监督者,是他们自主控制自己的情绪活动,但这只是教

师将其专业规范内化之后的表象而已。一旦教师对自己的情绪控制不当，其情绪活动不符合专业规范的要求，就会引发他人对其专业素养是否合格的质疑。于是，原本属于教师私人领域的情绪感受和表达便成为他们的工作内容之一，其必须要接受专业规范的隐性控制。

有教师直接点明了个中奥妙：你要把情绪看成是你的工作内容之一，不能只凭个人兴趣，而要换一种思维：你要调动这种情绪，让它有利于学生学习。正是由于上述原因，我们说教师也是情绪劳动者。

从事情绪劳动，意味着教师必须按照某种特定的要求来管理自己的情绪感受和表达，这些要求就是情绪法则。情绪法则是文化社会或组织情境中那些界定或重构情绪的准则和规范体系，通过建立管理情绪交换的权利和义务感引导情绪活动，它们通常是隐性的。教师的专业实践中不乏此类情绪法则。

三、幼儿教师情绪劳动的特点

海克(Heck)和威廉姆斯(Williams)曾指出，教学是一种情绪上很容易枯竭耗损的职业。幼儿教师的情绪运用可能有益，也可能有害；其情绪运用可能为幼儿的幸福成长创设良好的心理环境，也可能抑制幼儿的健康成长。

（一）幼儿园组织氛围

幼儿园是幼儿教师情绪的舞台，幼儿教师在这个舞台上形成了多样的情绪与感受，而幼儿园的组织氛围也影响着他们对工作的理解和表现。“学校作为一个复杂的社会组织，其组织氛围是教师个体心理调节器，对个体行为既有助长作用，又有削弱作用。”这里所谓的组织氛围包括制度合理性、幼儿教师的自主参与权、幼儿教师的工作负荷、付出回报、评价体系、管理方式、内部沟通等。

传统以物为本的管理理念深刻地影响着幼儿园的外压式强制管理体制，成员缺少内部沟通，教师因交流透明度低而产生疑虑和隔膜，组织凝聚力和士气下降，幼儿教师没有专业自主参与权，缺乏心理自由，尊重的需要得不到满足，主观能动性不高，加上工作时间长、任务重、要求高，幼儿教师的劳动强度与回报不成比例，她们常常感到情感枯竭、焦虑、紧张、冲突，表面和谐，却内在汹涌，严重影响情绪劳动的质量；还有些幼儿园派系林立，由于竞争、背景等因素，在猜忌、不信任的气氛中，与人的互动也自然产生了一些心理上的疏离感，比如有的老师就认为“幼儿园一些制度过于死板，但我们只是敢怒不敢言，而且还只能在心里面生气，指不定传到什么人耳朵里，还得装得若无其事，笑脸迎人。”

有些幼儿园气氛融洽，教师间凝聚力强，专业发展气氛浓厚，相互支持，幼儿教师在这样的幼儿园文化中有良好的专业成长环境和情感支持系统。

（二）幼儿教师职业承诺

幼儿教师职业承诺指的是幼儿教师对其职业的认同及其从事教学、研究的意愿和原因，包括感情承诺、规范承诺和继续承诺。其中，感情承诺是指对幼儿教师职业的认同，以及对该职业有感情上的依赖。

幼儿教师的感情承诺显著影响幼儿教师的情绪劳动行为。幼儿教师对本职工作越是认同和感情上依恋，越使她们能够将其本职工作视为对生命很有意义和价值的工作，从而主观上更愿意去调动内在经验去调节情绪。致力于改变内心感受而使其与外在情绪表现一致的工作者，似乎比较关心他人的感受，愿意以真诚的情绪表达与他人互动。

对于幼儿教师来说，当她对教师职业角色能认同并投入，外在表现出的情绪将会与内心感受较为一致，而且无需经过刻意的压抑来表演情绪。此时所带来的对孩子的爱和对幼儿园的安全感、归属感等，会将其角色所期待的规范内化为教师的个人信念或价值的一部分。而对于感情承诺低的幼儿教师，由于其对本职工作认同感低，比较不容易认同工作赋予的情绪规则，没有表现出适宜的情绪而产生了情绪偏离。幼儿教师对本职工作的积极性和责任感，使得她们从内心接纳幼儿教师这项职业："工作不能受自己情绪影响，要开开心心面对工作，我热爱这份工作"；"抹掉刚才不开心的事，面带微笑走进去，孩子们又和我没仇，我不能把情绪带入工作中；工作归工作，不愉快的事先放一边"。

（三）幼儿教师的人际互动和人际行为

幼儿教师的情绪不仅存在于教师个人内心之中，也隐藏和表现在人际互动与人际关系之中，其情绪运用可能与同事、家长建立伙伴关系，也可能保持距离，造成疏离。

人们在工作场所中能善用情绪，除了个人本身的情绪控制能力外，还依赖两个方面：一是职业对情绪的要求；二是所在组织中员工之间如何互动，以帮助或隐藏情绪的表达和理解。

教学是一种"爱的劳动"，这种情绪劳动是正向的，它与一般工作的情绪劳动多偏向处理他人负向情绪是不同的。教育工作与其他行业不同，它特别需要有一种无条件的爱。爱是教育工作的出发点。孔子曰："爱之，能勿劳乎？忠焉，能勿悔乎？"热爱学生，能不为他们操劳吗？忠于教育事业，能不无怨无悔地教诲学生吗？可见，爱的付出是需要许多心力的，教师职业是一项充满爱的情绪劳动职业。

（四）幼儿教师的薪金待遇

教师待遇的提高，使得幼儿教师对待幼儿教育工作更加重视。待遇是最外在、最直接的回报方式，重视和尊重教师的基本权利，理解和支持教师的工作，就应给予她们相应的待遇。幼儿教师也是凡人，有着普通人的物质需要。依据著名心理学家马斯洛的需要层次理论，在基本的生活得到保障之后，每个人会从内心产生受尊重和自我实现的需要。

四、幼儿教师的情绪管理

"踢猫效应"是指人的不满情绪和坏心情，一般会沿着由等级和强弱组成的社会关系链依次传递，由金字塔尖一直扩散到最底层，无处发泄的最小的那个元素，则成为最终的受害者。在幼儿园师幼关系中，最小的元素当然是孩子，幼儿教师不健康的心理不仅会制约自身的成长，影响身体健康，而且会直接影响幼儿的心理发展，在潜移默化中影响到幼儿的健康成长。显然，情绪管理对幼儿教师的心理健康十分重要。

所谓情绪管理（Emotion Management），即在客观认识自我情绪情感特征的基础上，有意识地培养健康、积极的情绪情感，建立科学的情绪宣泄和控制机制，自觉克服和消除负面情绪的影响。

幼儿教师职业的特殊性决定了其情绪管理的特殊内涵，它包括两个层面的内容：一是学会自我安慰、自我宣泄和自我调适，自觉摆脱焦虑、悲伤、灰暗、不安等不良情绪影响；二是自觉养成健康积极的情绪情感。

教师在专业化道路上的不断迈进不仅意味着自身知识技能和素养的提高，还意味着能够更加谨慎、更加严格地控制自己的情绪以及与他人的情感联系。

五、幼儿教师的职业压力症

幼儿园教师保教兼顾，对幼儿的身心、学习、情绪、精神等各个方面要全面地照顾和指导。因此，教师的心理压力和身心不适应状况也就经常容易产生。国外的调查研究表明，教师的“燃烧度”(为职业的献身精神、疲劳度)远远超过了医院的护士。

(一) 幼儿园教师的职业压力

我国有研究者通过量表调查发现，幼儿教师工作中排名前十位的压力依次为：学生的安全责任，新形式对教师越来越高的要求，教学工作量大，班主任工作繁琐、任务重，上级检查、突击任务多、疲于应付，社会、家长对教师的期望值高，课改与实际操作的矛盾，经常加班或将工作带回家做、休息时间不够，参加优质课评比、上公开课，学校的各种考核、指标的完成。

在保教工作中，幼儿园教师的压力主要来自下列几个方面：

1. 保教工作负担过重

一位教师这样描述幼儿园一天的保育任务：幼儿园的工作就是这样，每天有擦不完的屁股，系不完的鞋带，处理不完的纠纷……我如果上早班，早上七点半就必须到幼儿园，加上叫自己的孩子起床，收拾一下，吃过早饭，匆匆七点到幼儿园。忙完一天的工作，还不能回家，要接着上幼儿园的特长班，一直到晚上七八点，回家吃过晚饭，还要准备明天的教案、计划、讨论成果等，如果有时候遇到什么特殊任务还得进幼儿园加班，连周末都泡汤。

显然，幼儿教师的工作负担不仅是身体负荷，更主要的是心理负荷。

2. 幼儿园安全责任巨大

一位幼儿园副园长这样描述她的体验：每天从孩子们一入园，我们的神经就开始绷得紧紧的，生怕谁又把谁抓了，谁又把谁咬了，更别提什么摔断骨头、弄个大口子缝针的事。到了家长来一个一个把他们接完，一个都没少，一个个都好好的，我们的神经才敢放松下来，但也累得不想说一句话了。

3. 工作上面临不断磨难的困扰

幼儿教师职业的特殊性在于所面对的对象。由于孩子年龄小，加之独生子女备受父母关注、疼爱，面对班级中30多名幼儿以及身后的家长，幼儿教师往往感到一种重要的社会责任赋予双肩，很多幼儿教师把幼儿能不能得到发展的责任归咎于自己，压得自己喘不过气来。

而有些幼儿园为了满足家长的需要，开设各类兴趣班、周六班、加时班，使教师们始终处于疲惫的状态。有些幼儿园尝试开展“小班化教育”研究，但又考虑到教育的成本，由一位教师承担20～25名幼儿在园一日生活中的保教工作，教师从早到晚像抹了油的转盘，始终处于连轴状态。因此，在这样一种高压的环境中，身心疲惫的幼儿教师难免会对所从事的这一职业产生动摇。

【知识拓展2-1】 幼儿教师心理健康问题

1. 社会压力带来焦虑感和紧张感

在独生子女占绝大多数的现实社会里，家长对孩子往往具有很高的期望，给予很细致的生活护理，进而对老师也会提出很多很高、很细致的要求。当今社会的不断改革，家长对幼儿教育的希望是千差万别的：有的认为幼儿教育应该像西方一样“自由发展”，有的则希望及早让孩子学识字、数学、绘画……个别家长把孩子的教育责任全部推给幼儿园，这些对幼儿教师的工作提出了千差万别而具体的要求，挑战了幼儿教师的适应能力，加之幼儿教师低龄化，会让她们产生茫然、焦虑和压力。

2. 工作压力带来抱怨和倦怠感

幼儿园从某种角度上讲，是培养幼儿良好心理素质，发展社会交往能力的最佳场所，这一重要的任务也就自然而然地由幼儿教师担负着。幼儿教师在园中要积极引导幼儿参加集体活动，注意培养幼儿的良好心理素质；幼儿的心理承受能力差，又容易受到外界的不良影响，教师在顾及幼儿心理发展的同时，还要注意自身的心理发展水平。然而，就目前的状况来看，幼儿教师大多都是中等师范毕业的，年龄普遍偏低，自己的心理尚在成熟完善阶段，在出现突发状况时，往往容易措手不及，久而久之，会产生倦怠感。这些会给她们的心理上造成较重的心理负担。

3. 角色压力带来失衡感和无助感

幼儿教师绝大多数是女性，社会对她们的要求是年轻漂亮、满面笑容、全心投入。实际上，幼儿教师的工作无比繁忙，待遇往往不高，女性还要承担家庭中大部分的家务劳动和子女的抚养任务，这常使得幼儿教师失衡于为人师表和妻子、母亲、女儿等社会角色中，使她们失落、忧虑、自责和无助，缺乏安全感。另外，女性虽然细心，对小孩子会有一种天生的耐心和责任感，但女性也喜欢攀比，争强好胜，在竞争过程中，表现往往比较含蓄。近年来发现幼儿教师往往有共同的身心健康问题：声音嘶哑、听力下降、腰部酸痛、情绪低落、心情烦躁。

（二）幼儿教师“职业压力症”的主要症状及成因

教师的身心疲倦过度，对幼儿的观察、教育能力就会在无形之中降低，对幼儿的心理辅导、管理指导等精神维持能量也会随之变得低下，当然随之而来的是教育、教学方法的不灵活或出现失常现象。有些教师使用粗暴的体罚等急躁的情绪、行为来对待幼儿，实则是一种身心疲倦、压力增大后所产生的“危险信号”。如不注意解决，就会形成教师的“职业压力症”，侵蚀教师的身心健康。当教师出现“职业压力症”时，会有以下一些情绪和行为的异常现象：

（1）幼儿园提高教育要求，加快教学改革时，教师情绪较紧张、不安、易怒、易燥，动辄会责怪或迁怒于幼儿。

（2）神经高度兴奋、失眠、食欲不振，女性教师生理不顺、自律神经系统失调等。

（3）在教育工作中，喉咙易嘶哑，情绪充满了忧郁或攻击性。

（4）容易神经过敏，对教学活动产生厌倦感、无力感或无可奈何感，当独自一个人时易多愁善感、身心失调。

（5）在教育活动中反应迟钝、回避责任、对幼儿冷漠、自我中心主义强烈。

因此，在幼儿园心理健康教育中，减少教师的职业压力及心理不适感，有效地保障教师的身心健康，是幼儿园教育教学取得成功的重要保证。

（三）幼儿教师职业压力的疏解

教师的心理健康是幼儿心理健康的先决条件之一，因此教育心理学今后对教师的心理素质和精神健康的研究将会变得越来越重要。

要帮助教师减轻职业压力，改善心理不适应问题，可以从以下几方面着手：

（1）幼儿园中开辟供教师专用的静养、休息室以及专用的研究室，以减少对教师身心的干扰。

(2) 建立教师的心理咨询、心理辅导的机制,促进教师的精神健康。

(3) 改善幼儿园教育的气氛和环境,对教师的教育教学活动提供信息、资料、进修体制等方面的支援。

(4) 提高教师自我修养的水准,提高教师的心理素质。

(5) 幼儿园的组织、行政部门等要倾听教师的要求、心声,加强教师群体间的沟通交流。

(6) 教师要注意自身的劳逸结合,加强体育锻炼,使工作、娱乐、休息锻炼及心理调节有机地协调起来。

【知识拓展 2-2】 心理健康的标准

世界卫生组织(WHO)提出的心理健康标准为:

(1) 具有健康心理的人,人格完整,自我感觉良好,情绪稳定,且积极情绪多于消极情绪;有较好的自我控制能力,能保持心理平衡;自尊、自爱、自信,有自知之明。

(2) 能够独处,有充分安全感,能保持正常人际关系,能受到别人的欢迎和信任。

(3) 对未来有明确的生活目标,有理想,有事业追求,能踏实工作,不断进取。

第三节 师幼互动与幼儿教师心理

教师的劳动在师幼互动中展开,师幼互动构成了幼儿园教育过程中最重要的社会活动。作为一种特殊的人际互动,师幼互动充分体现了幼儿教师情绪劳动的特点。师幼互动的方式及其结果直接影响教师的心理状态,如何有效地展开师幼互动是每一个幼儿教师每一天必须面临的挑战。

一、师幼互动

师幼互动,简单地说,是指教师与幼儿之间的互动。广义的师幼互动包括在幼儿园所有情境中发生在教师与幼儿之间的交互作用。狭义的师幼互动特指发生在幼儿园教育活动中教师与幼儿之间的互动。

(一) 师幼互动的类型

基于不同的分类标准,师幼互动行为可以区分为多种不同的类型。

以互动过程中施动者(即开启互动的主体)与受动者(即提供反馈信息的主体)的主体构成可以区分为教师开启的师幼互动与幼儿开启的师幼互动。

依据施动行为及反馈行为的实现方式可以区分为言语型师幼互动与非言语型师幼互动。言语型互动是指以语言为主要手段,间或附带有目光、表情、姿势、动作的互动;非言语型互动是指单纯借用目光、表情、姿势、动作而不伴有语言的互动。

(二) 影响师幼互动行为的因素

影响师幼互动行为的最主要因素有如下几种。

1. 幼儿自身所具有的特征

(1) 气质倾向与行为特征:国外的研究结果证实,幼儿的气质倾向与行为特征直接关系着他们与教师进行互动的情况。开朗、外向且行为积极的幼儿受到教师的关注和反馈的机会最多,而比较内向、不爱表现的幼儿得到的关注、反馈最少;班级中与教师关系亲近的幼儿,多是积极追随老师的思路、遵守班级规则并且能够控制自己行为的幼儿,行为被动、不愿意多接触教师的幼儿则会导致教师对他们漠不关心,而过度活跃、经常出现纪律问题的幼儿多在师幼互动中处于被拒绝的消极状态。

(2) 早期人际关系经历:幼儿早期的人际关系与幼儿园师幼关系密切相关。在所有早期的人际关系经历中,幼儿与父母之间形成的亲子关系状况是师幼关系的基础。埃里克森指出,幼儿尤其是低年龄的幼儿指向教师的行为模式、对教师的信任程度与情感亲疏程度几乎是既定的幼儿与父母互动的翻版。在进入幼儿园前,幼儿与父母亲之间的情感依恋状况,关系着他们与教师进行互动过程中所表现出来的自我价值感与行为动机。此外,幼儿在托儿所中与养护者之间形成的关系和互动经历也会潜在地影响幼儿园中的师幼关系。

2. 教师自身所具有的特征

(1) 教育观念:卡根(Kagan)等人通过研究得出结论,与奉行"以教师为中心"观念的教师相比,奉行"以儿童为中心"教育观念的教师在与单个幼儿或小组幼儿进行互动的时间更长,频次更多,对幼儿的行为更为敏感,反馈较为及时,而她们与幼儿之间形成的师幼关系也相对亲密。

(2) 教育水平:豪斯(Howes)等人的研究表明,幼儿教师所受的教育水平与师幼关系有一定关联。受教育水平高的教师,对幼儿要更细心、更亲近一些,而受教育水平较低的教师则可能较粗心,对幼儿比较疏远。

(3) 反省能力:郝忆的研究认为,教师特征中对师幼关系状况有重大影响的是教师的反省能力。如果教师能时时考虑到幼儿园内发生的每件事情对于幼儿发展的意义,那么教师就会对幼儿采取积极的支持性的行为,会与幼儿形成和谐的师幼关系。反之则不然。

3. 师幼互动行为的外部特征

师幼互动的频次与时间是影响师幼关系形成的两个主要外部特征。格林斯基(Glinski)等人认为,高频率的积极的师幼互动行为本身就是师幼之间安全依恋关系的典型标志,幼儿与教师互动的时间总量影响着师幼互动的质量,并进而影响师幼关系的性质。

4. 师幼互动行为的客观环境

影响师幼关系形成的客观环境主要涉及幼儿园班级的规模、教师和幼儿人数的比率、教师人选的稳定性等方面。豪斯等人的研究还表明,教师与幼儿人数的比率越低,班级规模越小,教师和幼儿之间形成安全依赖的可能性越大。而且豪斯等人对4岁幼儿的研究发现,在1~4岁经常更换教师的班级中侵犯性强的幼儿比例高,师幼关系不和谐的也较多。

(三) 师幼互动中教师的应激

1. 应激(Stress)及其过程

一般地讲,对人类的应激是指人的心理和生理上的适应能力的一种需求。应激本身无所谓好与坏;它是对应激源强度的间接反应,并且是对心理/生理阻抗的直接反应。典型的应激包括三个阶段:

(1) 警觉阶段,引起机体的警觉反应和低水平的抵御,随后调动机体的防御机制进行进一步的抵抗。

(2) 抵抗阶段,通过改变适应的程度进行抵抗。

(3) 衰竭阶段,由于持续的适应性反应无效而造成衰竭,并产生生理与心理上的崩溃。

如果应激水平适中，或者一个人有较强的抵抗力和较高的适应技能，就会避免第(3)阶段的出现。持续、高强度的反应则会危及个人的身心健康、安全感、自尊心及心情的安宁程度等。

2. 幼儿教师应激的成因

从本质上看，教师是一种具有应激性的职业。幼儿教师由于受幼儿园的物理环境、人际环境、管理环境及个人心理环境等因素的影响，经常会处于高强度的压力与应激状态。

具体来看，幼儿教师心理应激成因有以下几点：

(1) 幼儿教师与幼儿之间的关系不良：幼儿教师的教育对象年龄较小，对世界充满好奇心，但辨别是非能力较差，经常做一些不该做的事。加上幼儿自控能力较差，经常发生“明知故犯”的事情。教师面对这种情况如不能接纳，并采取压制的方法，就会使自身处于高度紧张状态。虽然师生冲突是双方互动的结果，但教师拥有主动权。

(2) 幼儿教师的角色冲突：教师在社会公众的眼中，应是具有一定威望且有教养的人，家长期望教师要为他的学生树立好的榜样。因此，教师时刻以榜样的姿态，标准化、规范化的形象出现，即：教师要付出大量的情绪劳动来满足社会的需要。同时，教学活动又要求不断创新，对教师的教育能力、教育方法、人格特点等心理素质有较高的要求。幼儿教师经常会出现教学上的“高原现象”。

(3) 社会及人际关系压力：随着社会竞争的激烈，幼儿园的各种开放、考评、验收以及各个部门的检查等经常使教师处于紧张状态，目前不少幼儿园进行的改革使得很多教师不适应，时常忧心忡忡。而且，随着教育改革的不断深入，社会对幼儿教师的学历、知识结构等提出了更高的要求，但幼儿教师缺乏进修和继续教育的机会。

3. 幼儿教师应激的对策

幼儿教师个人必须增强化解心理应激的自觉性。心理应激是主客体交互作用的产物。在应激源与应激反应之间存在许多中介因素，如：个体的认知评价、人格特征、个人经历、应对能力、社会性支持等均可以起到重要的调节作用。因此，幼儿教师自身可以通过改变认知评价、应对能力等中介因素，使用科学合理的方法调试或宣泄过重的心理压力。

(1) 悦纳自己，善待自己。俗话说，解铃还需系铃人。“心病”是自己的问题，大多数的心病都与人的自我认识、自我观念有关。不少幼儿教师在工作中产生较强的心理应激反应是对自己缺乏了解所致。她们的教学工作不能从实际需要出发，目标定的太高或过于理想化，最终难以避免失败，导致付出与成就不相符，心理失衡。因此，应该针对自身的不足，不断地充电，通过广泛的学习来开阔自己的视野，培养自己的兴趣，提高自身素质；培养豁达、乐观的人生态度，遇到挫折和困难时要充满信心和希望，始终保持愉快的心境。

(2) 友善待人，乐观对事。幼儿教师除了要和幼儿建立良好关系外，还要和同事、家长建立融洽的关系，维持和谐的社交活动。这不仅能使幼儿教师更好地展开工作，也有利于维护其自身的心理健康。幼儿教师要争取社会和家庭的支持，当感到身心不适时，向亲友或同事敞开心扉，把自己的郁闷说出来，这样不仅使自己的紧张得到缓解，也得到亲友或同事的理解与支持。

(3) 自我放松、自我疏导。合理控制自己的情绪，学会用积极心理学的知识来解释日常教学工作中所面临的困境，可以对减低应激有所帮助；简单的放松技术，即先使身体紧张，然后再放松，也能起较重要的作用；冥想技术可以使身体和内心都变得平静，因此也是相当有效的。放松和冥想能够使人保持一种镇定的状态，从而可以对应激情境进行充分的想象而不惊慌，在实际的应激情境中有效地运用应付策略。

(4) 尽力保持以问题为中心。具有以问题为中心的人在面对应激情境时都能保持较低水平的忧郁；而以情绪为中心的人(那些更在意自己的感觉而不是关注于分析问题的人)通常都不能有效地处理问题。但对一些以情绪为中心的人来说，分心策略(通过参与像体育运动这类快乐的活动来转移注意力并提高自我控制的感觉)比沉默思考策略(不断地交谈或思考关于事情有多困难)或消极避免策略(参与一些比较危险的逃避现实的行为中，像酗酒和吸毒，或变得攻击他人)都更有效。

二、有效互动型教师的心理特征

美国心理学家瑞安斯(Ryong)对教师人格和其与教师有效性关系的调查可能是最早的系统研究。

他设计了一个专门的教师特征评价量表，并发现成功的教师是友善的、理解的、温暖的、敏感的、系统的、有想象力的和热情的(一种不屈不挠的优秀类型)，但这些品质的重要性似乎随着所教儿童年龄的增长而减弱。换句话说，中学生似乎比小学生能更好地适应那些在这些品质上较差的教师。这是可以理解的，因为儿童的年龄越大，他们对自己学习的责任性就越强，他们与成年人的关系就有更大的灵活性。

如何与幼儿有效互动呢？下列几个方面的因素较为重要。

(一) 教师对儿童宽容尊重

尽管瑞安斯的研究有比较广泛的性质，但在这些品质和教师的成功之间的相关并不是很高。这可能是由于儿童有较好的学习动机或较好的灵活性，或者也可能是他们对儿童的消极影响要经过一段时间才能表现出来，也可能还存在一些瑞安斯没有测量到的其他品质。

罗森谢恩(B. Rosanshine)对父母—子女关系与教师—学生关系的研究表明，对儿童的学习采取一种不苛求的态度可能就是这些品质之一。一个总受到教师批评的儿童，尤其是如果他们已经倾向于有较低的自尊，将对自己的能力失去信心，并产生认输的结果。因此一个对工作认真负责但确信只有通过压力才能使儿童达到一定标准的老师，可能会比那些工作不太认真，但却更倾向于让儿童根据个人的不同水平来发展的老师，对儿童的长远发展有更不良的影响。

(二) 教师的情绪安全感

情绪上的成熟性应是有效互动型的教师应具有的另一种品质。这意味着不要让儿童的行为扰乱了自己的情绪。教师与儿童交往时，特别是那些没有经验或在维持秩序方面缺乏能力的教师，经常表现得只考虑自己而不为对方考虑。将强烈的语言应用到儿童身上也许并不合适，因为儿童的经验还不足以使他们做到充分的共情，即设身处地为教师着想。尽管是这样，如果教师表现出被儿童的行为所困惑，那么这只可能使事情变得更糟，而且会使那些故意找茬的儿童感到幸灾乐祸。另一方面，如果教师对儿童所使用的阴谋策略无动于衷，那么他们很快就会发现儿童对这些策略失去了兴趣，并且他们能很快并有效地处理任何偶尔产生的新的问题。

这种情绪上的安全感是与心理学上所说的自我力量相连的。自我力量是高度自尊与自信的结合，它也包含着镇静的内容，保证人们平静和客观地处理问题。对于教师来说，这种品质不仅有助于其处理日常教学的问题，也有利于其应对职业生活中其他方面的挑战，比如与学生家长和同事们的关系，在职业和提升问题上的决策，突然性的危机（可能是产生于运动场上的偶发事件或是检查者的突然造访），或是处理与园长或学校其他管理者的关系。更重要的是，自我力量可以使教师超越失败和失意，因为它们与成功和成就一样，都是其教育生涯中不可避免的。自我力量使教师从失败中吸取教训，不因失败而产生自罪感和惩罚自己，同时也使他们体验到成功的乐趣，但也不会因沾沾自喜而丧失正确判断事物重要性的能力。

（三）教师的职业态度

有证据表明，有效互动型的教师具备一种“良好的职业态度”。这意味着他们对责任感和勤奋工作有积极的态度，他们对自己角色的认识不仅仅局限在所教的课程上，也不仅仅局限在 8 小时工作时间内，而且他们对自己的专业和教师在社会上的地位也有积极的态度。

奥立佛（R. A. Oliver）和巴彻尔（H. J. Butcher）的研究表明，现实的职业生涯使教师逐渐降低了以儿童为中心的热情，更加保守，更加心肠硬。这可能并不是由于教师失去自己的理想，更多的原因可能是他们发现自己不是工作在一个理想的环境中，这些环境不可避免地与他们理想中的有很大出入。针对这些情况培养相应的协调能力可能是一个成功教师的重要品质。

科蒂斯（G. A. Cortis）在一项对教师最初二十年教学生涯的纵向研究中发现，那些对职业最满意并似乎在职业上进步最大的教师都能够将学校利益放在个人利益之上，并且为了在学校内部建立一些使儿童感到安全和自信的政策，他们会尽量减少与同事之间的分歧。相反，科蒂斯发现不成功的教师更倾向于自我取向，表现出更多的支配性、怀疑和攻击，这些品质决定了他们不能为大多数人的利益做出妥协和让步。

（四）教师的教学风格

教学风格是指教师偏爱的教学技术。

布雷卡曼（N. A. Brickman）提出高创造性—低创造性的教学风格。一个高创造性的教师既可以在正规也可以在非正规的教学情境中发挥作用，其特征是他们能认识到各个儿童的需求，并有能力使学习任务与这些需求相匹配，他们也愿意从儿童身上学习并使他们充分利用自己的技能。

高创造性的教师能够以一种灵活和有刺激性的方法安排学习环境，并允许儿童利用自己所学的知识做出正确的选择，保持他们的兴趣，帮助他们发展和决策与问题解决密切相关的自信、独立性和责任感。高创造性的教师也会培养出高创造性的儿童，甚至在主要以课程教学为主的学习环境中发现并安排高创造性的工作。

（五）灵活使用不同的教学方法

不论使用什么教学方法，教师都可以成为一个善于交谈和善于倾听的人。教师应根据不同性质的教学内容采取不同的方法，不同的教学风格能带来不同的结果。我们还缺少必要的证据说明儿童更长久地偏爱哪一种教学风格，但我们知道，如果他们不能明确别人对自己有何种期望或者他们的学习经常被别人打断，则他们就会对学习产生厌倦，尤其是对那些需要特别集中注意力和复合思维的学习任务上。

这些发现使我们清楚地认识到另一种教师品质，这就是灵活性，即根据所教课程和所教儿童来调整教学方法的能力。如果教师过于僵化，或坚持认为自己的方法是最正确的，而那些对此怀疑的人都是错的，那么他们就将剥夺儿童许多可能的学习经验，并造成不利的影响。大多数教师从不放弃新的方法，并将有价值的新观点和新技术应用到教学中。如果这些新观念看起来像是与以前被摒弃的旧观念有所相似，那么教师仍应去尝试它们。在教育上并不存在唯一的真理，如果一个人不善于听取对立的观点或别的观点，他就会变得越来越无知。

第四节　幼儿教师的专业成长与培养

20 世纪 80 年代后期，我国开始加大教师专业化教育制度的改革，教师专业化的观念成为社会共识。教师的专业发展是一个持续终身的过程。

一、教师专业成长的界定

教师专业成长，又称为教师专业发展，通常指所有的旨在形成教师所需的专业知识、技能以及其他教师专业品质的活动。

从时间上讲，它贯穿于教师整个职业生涯的始终，包括职前培养、入职教育和在职培训各个阶段；从内容上讲，它包括正规的课程和个人的学习与反思。

教师专业成长这一概念隐含着对“教师”的三种基本看法：教师即专业人员；教师即发展中个体；教师即学习者和研究者。

教师专业成长是一个持续不断发展的过程，是一种状态，又是一个不断深化的过程。教师专业成长就是“教师在整个专业生涯中，依托专业组织，通过终身专业训练，习得教育专业知识技能，实施专业自主，表现专业道德，逐步提高自身从教素质，成为一个良好的教育专业工作者的专业成长过程”，也就是教师从一个“‘普通人’变成‘教育者’的专业发展过程”。

二、教师专业成长的过程

一个专业教师的成长是经由关注自身、关注教学任务，最后才关注学生的学习以及自身对学生的影响这样的发展阶段而逐渐递进的。弗勒（F. Fuller）提出了教师专业成长过程中的四阶段模式，即：教学前关注、早期生存关注、教学情境关注、对学生的关注。

本尼尔（Benner）把教师的专业发展分为五个阶段：新手阶段、高级新手阶段、胜任阶段、精熟阶段、专家阶段。这一描述着重分析了教师从入职初期到成为专家型教师的成长过程，反映了教师生涯中必须经过的几个阶段。

根据弗勒的阶段分类，幼儿教师专业成长可归纳为以下三个阶段：

1. 关注生存阶段

这个阶段的教师非常关心自身生存的适应性，时刻关心这样的问题：儿童喜欢我吗？同事喜欢我吗？领导是否觉得我干得不错？

2. 关注情境阶段

当教师感到自己完全能生存时就进入了关注情境阶段。教师开始越来越关注儿童的学习成绩。如何安排好一堂课的内容？班级大小、时间压力和备课材料是否与教学情境有关？有研究者认为，这个阶段的教师比较关心八个问题：课堂纪律；激发动机；因材施教；评价学习;与家长的关系;教学组织与管理;备课;处理学习个别问题。

3. 关注儿童阶段

这一阶段,教师开始考虑个别差异,认识到不同儿童有着不同的社会和情感需要,有些材料不适合于某些儿童。总之,教师成长过程实际就是从新手到专家的成长过程。

三、幼儿教师的专业教育

教师的专业成长根本上说是新手到专家的过程,新手与专家之间存在着一定的差别。因此,必须加强幼儿教师的专业教育,将新手培养成专家。

(一)新手教师与专家教师的区别

专家与新手在对问题的感知方式、认知策略及长时记忆与短时记忆的信息存储等方面,都存在着巨大的差异。通过对专家与新手的这种直接对比研究,揭示出差异的方方面面,有助于为新手向专家的快速转换提供可行的途径和参照体系。专家—新手方式的研究不仅涉及专家教师与新手教师在教学上的差异,还体现在不同能力水平的学生在具体问题解决的差异上。现在,对专家教师与新手教师的对比研究已经扩展到教师对时间的感知上。专家教师对时间的把握往往具有惊人的精确性,而新手教师则表现为频繁地看表,并担心课堂中意外事件的出现,不断地对教学计划进行修改,并且这种修改既不准确也不灵活。应该说,专家—新手这种直面剖析式的对比研究确实让我们看到了专家与新手之间的差距所在。

1. 活动计划的差异

专家教师的课时计划更多在头脑里,简洁灵活,并以儿童为中心,有一定预见性。而新手教师的课时计划更多在一些细节上,并且考虑不周到。

比如下面一个例子:我是刚参加工作一年的新老师。一堂拓印课,我先示范了一下,在纸后贴的是一个圆形,拓好后举起来问幼儿:“我们变出一个什么了?”之前,不管是在写教案还是在演练的时候,我都认为他们会说“圆形”。想不到第一个就说“像饼干”。当时的感觉就是血往头上涌啊涌的,后来我索性每个拓出来的图形都问问他们像什么东西了。这样的事情只有亲自上过课的老师才会有感受,连听课的老师也无法体会。自从“饼干事件”以后,我每次的教案写得更认真了,对问题的思考也更全面了。

2. 活动过程的差异

(1) 活动规则:专家教师制定的活动规则明确并能坚持执行,而新手教师则较为含糊,有时不能坚持下去。如,上课关键阶段有人进教室,新手教师就难以应付。

(2) 吸引儿童注意力:专家教师有一套完整的方法来吸引儿童的注意力。

(3) 知识呈现:专家教师通常以导入的方式将先前知识与现有知识联系起来。

(4) 课堂练习:专家教师把练习当成检查儿童学习的手段,而新手教师把练习当成必经的步骤。在辅导中,新手教师往往对时间把握不准或延时,只顾自己关心的儿童,忽略其他儿童,练习无反馈,把儿童安静当成最重要的事。

(5) 家庭作业检查:专家教师有一套检查儿童作业的规范化、自动化的常规程序。

(6) 教学策略的运用:专家教师提的问题更多并给予反馈,也能根据儿童的非语言线索来判断和调整教学。如,对待儿童分心的问题。

3. 课后评价的差异

新手教师多关注对问题是否解释清楚,板书如何;而专家教师多讨论儿童理解新材料的情况如何,很少关注课堂管理。

当前许多有关专家—新手的研究大多停留在对两者静态的分析上,更多的是描述专家与新手问题解决的差异,进一步探讨造成这种差异的原因,而对于采取何种措施,促使新手尽快向专家角色(某一领域)转变,这方面的研究相对而言比较少一些。当然,这其中有一个发展的问题,只有真正进行教学干预,才能更好体现出该理论的价值,这应是我们努力的方向。

(二)如何缩小新手教师与专家教师之间的差异

缩小新手教师与专家教师之间差异的方式很多,但是关键在于新手教师的培养与训练。

1. 训练新手

有研究者认为,对新手教师备课的认知控制,主要是通过教学策略训练,并具有积极的效果。他以76名主修早期幼儿教育的学生为被试,分为8组安排到学校里见习。实验小组进行认知控制训练,包括定向、模仿和复述。结果表明,受过教学策略训练的教师,教学效果比较好。

2. 对教学经验的反思

反思性实践(Reflective Practice)或反思性教学(Reflective Teaching)对教师的成长十分重要。

有研究者提出一个教师成长公式:经验+反思=成长。如果教师满足于获得经验而不对经验进行深入思考,那么其发展将受到极大限制。皮特森指出,正是教师专业知识的质量和反思能力使他们成为了专家教师。

3. 外部支持

(1) 合作教师:将新手教师安置到那些经验丰富而又肯于指导合作教师的班上,使新手教师得到支持、指导和反馈。

(2) 指导教师:从理解角度,帮助新手教师把教学实践与各种知识基础联系起来,形成关于教学的有效图式。

总之,教师是教人者也是学习者,更是自我教育者,也是研究者,这是专家教师的内涵所在。

(三)专家型幼儿教师的成长

专家型幼儿教师的成长需要一个比较长的发展过程,关键在于培养教育监控能力和形成自我效能感。

1. 专家型教师应具备一定的教育监控能力

教育的监控能力,指教师为达到预定的教育目标,在教育过程中将自己所进行的教育活动和行为本身作为意识的对象,不断进行积极、主动、自觉的计划、监察、反馈、评价、反思和调节能力。

按照维果茨基的理论,在自我调节与控制过程中,言语或符号在很大程度上扮演着一种行为先行者的角色。社会言语不断向内部言语转化,语言符号变得隐蔽、快速和简约,形成个体的内部言语来指导和控制自己的活动和行为。元认知理论,强调教师教育的自我监控能力的重要性。

2. 加强教师的自我效能感

班杜拉(A. Bandura)提出,自我效能感(Self-Efficacy)指个体应对或处理环境事件的有效性。具体地说，自我效能感指个体在执行某一行为操作时对自己能够在什么水平上完成该行为活动所具有的信念、判断或主体自我把握与感受。

教师的自我效能感至少包括以下几点：

（1）在认知和情感方面，教师对自己所从事工作价值的认识以及对教师主体的主观判断和自我把握。

（2）教师对自己教育能力的信念。相信自己有能力的教师，可以积极、有效地影响幼儿。

（3）教师在教育活动中认识到自己的主体性、积极性和创造性。

另外，个人教育效能感是一个重要概念，指教师对自己是否具备能够有效地教育、引导幼儿，给予其积极的影响，从而促进幼儿良好发展的教育能力的知觉、信念或自我把握与感受。个人的教育效能感与一般的教师教育效能有时是不一致的。如新手教师，他们一般的教育自我效能感很高，甚至过高，但个人教育效能感却较低。为了提高教师的自我效能感，应注意：

（1）积累成功的教学经验。

（2）替代性经验，通过观察学习或想象那些和自己能力接近的教师教学，也能够提高自我效能感。

（3）他人言语劝说和评价，特别是鼓励。

（4）保持良好的情绪和生理状态，因为紧张或焦虑会降低教师的自我效能判断。

小　结

幼儿教师的心理素质主要体现在能力结构、人格特点及角色三个方面。幼儿教师能力是幼儿教师在教育教学活动中形成并表现出来的，直接或间接影响教学活动的成效和质量。教师人格指教师个人稳定、持久的整体素质，是教师个人行为和品质的高度统一的集中表现。幼儿教师的职业人格包括同理心强，富于爱心等方面。诸多研究者对教师角色类型进行了划分。

情绪劳动是指个体管理自身的感受，以产生能够迎合他人心理状态的公共可见的表情和身体表达。在教育教学中，作为情绪劳动者的教师需要遵循一定的情绪法则。幼儿教师的情绪劳动有其特点。幼儿教师的情绪管理包括两个层面。幼儿教师要明确情绪管理的内涵。幼儿教师要学会疏解职业压力。

师幼互动是指教师与幼儿之间的互动，影响师幼互动的主要因素是幼儿和教师自身特征及师幼互动的外部特征和客观环境。应激指人心理和生理上的适应能力的一种需求。典型的应激过程包括警觉、抵抗和衰竭三个阶段。教师要了解应激的成因，掌握应激对策。教师要保持有效的师幼互动。

教师专业成长一般经历关注生存阶段、关注情境阶段和关注儿童阶段。教师的专业成长根本上说是从新手到专家的过程，新手与专家之间存在着一定的差别。我们必须加强幼儿教师的专业教育，缩小新手教师与专家教师之间的差异，将新手培养成专家，造就更多的专家型幼儿教师。

思考题

一、单项选择题

1. 教师在于完善个体的心智，是知识渊博、有理智和有道德感的人类发展者，这体现了教师(　　)角色。

A. 执行者　　B. 治疗者　　C. 辅助者　　D. 解放者

2. 在影响师幼互动行为的因素中，教师自身所具有的特征不包括(　　)。

A. 教育观念　　B. 教育水平　　C. 观察能力　　D. 反省能力

3. (　　)即在客观认识自我情绪情感特征的基础上，有意识地培养健康、积极的情绪情感，建立科学的情绪宣泄和控制机制，自觉克服和消除负面情绪的影响。

A. 情绪劳动　　B. 情绪管理　　C. 情绪宣泄　　D. 情绪动机

4. 如果应激水平适中，或者一个人有较强的抵抗力和较高的适应技能，就会避免(　　)的出现。

A. 警觉阶段　　B. 初始阶段　　C. 抵抗阶段　　D. 衰竭阶段

5. 以下除(　　)外，都表现出新手教师与专家教师的区别。

A. 活动计划的差异　　B. 活动过程的差异

C. 课后评价的差异　　D. 活动内容的差异

二、名词解释

教育能力　师幼互动　情绪劳动　踢猫效应　应激

三、简答题

1. 幼儿教师能力的种类有哪些？
2. 影响师幼互动行为的因素有哪些？
3. 幼儿教师的职业人格包括哪些方面？
4. 幼儿教师应该扮演哪些角色？
5. 试解析幼儿教师情绪劳动的特点。
6. 幼儿教师心理应激的成因有哪些？
7. 幼儿教师应如何应对心理应激？
8. 幼儿教师专业成长经历几个阶段？
9. 新手教师与专家教师的差别主要表现在哪些方面？
10. 缩小新手教师与专家教师之间差异的方式主要有哪些？

四、论述题

1. 结合当前我国幼儿园教学现状，谈谈教师在教学中的执行者、辅助者、解放者三种角色承担过程中面临的主要问题。
2. 结合实际，谈谈有效互动型教师有哪些心理特征。
3. 举例说明幼儿教师疏解职业压力的对策。
4. 结合实际，说说幼儿教师情绪劳动的特点。
5. 结合当前我国幼儿教师教育改革的趋势，谈谈将新手教师培养成专家教师的设想。

五、案例分析题

结合案例《认识水的特征》的教学过程,谈谈幼儿教师教育能力的特点与培养(可从新手教师与专家教师之间的差异以及专家型教师成长等方面分析)。

案例

认识水的特征

在一次让幼儿认识水的特征的活动中,为了让幼儿能在兴趣的引导下,在充分动手操作的过程中感受水的"流动"、"透明"、"浮力"这三个特征,我为孩子们准备了一个盛满水的大盆,并将与孩子们一起收集的塑料玩具、玻璃球、高矮大小不同的小瓶子等放入其中,让孩子们在自由探索中感受水的特征。

活动中孩子们兴趣高涨,但我很快发现孩子的兴趣集中在用小瓶等容器装水比多少上,而不是认识水"流动"、"透明"、"浮力"的特征上。看到这一情景,我意识到自己应由观察者转换为引导者的身份了。

于是,我参与到孩子们的活动中,边用小瓶子装水边用"神秘"、"兴奋"的语气说道:"小瓶子不但能装水,还能变魔术呢!"孩子们的兴趣立刻被吸引过来了。

看到孩子们的眼光集中到我的身上,我拿起两个高矮不同的小瓶,把高瓶装满水,矮瓶不装水,然后把两个瓶子放在身后将高瓶中的水倒入矮瓶一部分,而后我口中说着"变变变",把两个都装有水的小瓶出示在孩子们面前,这时就有个别反应快的小朋友抢先说道:"老师你把高瓶里的水倒入矮瓶里了。""噢,那你现在再看看,又怎么样了?"我开始顺势将话题引入到对水的特征的发现上,将矮瓶里的水又倒回高瓶里。"水是怎么过去的?"我边演示边问。"流过去的。"孩子们七嘴八舌地说道。"对,水是会流动的,小朋友们一起试一试。"

在孩子们用容器盛水又倒出、感受水的流动时,我偷偷将一枚五彩的玻璃球放入了一个盛满水的小瓶中,"你们看我的小瓶子中有什么?"我举起瓶子让小朋友观察。"我看到一个漂亮的小玻璃球。""是玻璃球。"……孩子们瞪大眼睛凑到瓶子前面,认真地说道。"可是我们为什么能看得这么清楚?""因为水是透明的。"水的又一个特征从孩子们的口中说了出来。"水面上有一只塑料小鸭子,这只塑料小鸭子为什么能在水面上?"我又引导道。"水有浮力。""许多东西都浮在水面上。"孩子们你一言我一语地说出了水的第三个特征。

参考答案:

一、单项选择题

1. D　2. C　3. B　4. D　5. D

第三章 学习的概述

学习目标

1. 识记的内容

◆ 学习的四层含义、学习策略。

◆ 应答性与操作性条件作用。

◆ 意义学习与先行组织者。

2. 领会的内容

◆ 不同心理学流派的主要学习理论。

◆ 儿童学习策略的发展。

3. 应用的内容

◆ 不同心理学流派学习理论对学习实质的解释。

◆ 加涅的学习结果分类、奥苏伯尔的知识学习分类、学习意识水平分类的标准和内容。

◆ 学习过程的模式理论，特别是加涅的学习记忆模型、维特罗克的学生学习生成模型和我国古代的学习过程结构模式。

◆ 儿童常用的学习策略。

建议学时

6 课时

老师导学

"学习"是人们日常生活中常用的一个词。人的心理主要是通过学习得到发展的。作为研究教育情境中一般心理规律的教育心理学，学习无疑是核心概念，构成了整个心理学的逻辑起点。

本章概述了学习的基本知识。学习难点在于对学习含义的理解，在于对加涅的学习记忆模型、维特罗克的学生学习生成模型、奥苏伯尔的知识分类思想的理解。

学习者在自学时，首先应领会学习的概念以及儿童的学习，了解学习的分类及学习理论的产生与发展阶段，熟悉主要的学习理论、学习策略的界定以及儿童常用的学习策略；重点掌握不同流派的学习理论对学习实质的解释，以及加涅、维特罗克和我国古代对学习过程的解释；掌握加涅、奥苏伯尔等心理学家对学习的分类思想，熟悉儿童学习策略的发展阶段。

学习是人类的第一需要。正是学习锻造了人类智慧，也塑造了人类文明。教育的使命是创造和传播文明，而这一使命只有人类的学习才能完成。尽管学习是一个古老的多学科研究的交叉领域，然而，正是教育心理学把学习引进科学的殿堂，才使之成为现代社会的典型特征——学习型社会。

学习型社会也称为学习化社会，是法国的埃德加·富尔于1972年首先提出的，其基本内容是："教育不再是某些杰出人才的特权或某一特定年龄的特殊活动，而是越出了传统教育的规定界限，在时间和空间上，正日益朝着包括个人终身和整个社会成员的方向发展。"

建立一个无人不学、无时不学、无地不学，全民学习、终身学习的学习之邦，是我国全面建设小康社会的目标，也是中国社会持续发展的重要手段。国民学习能力是最具有国际竞争力的实力基础，善于学习的民族是未来最有希望的民族。中国政府要把沉重的人口负担转化为丰富的人力资源优势，就必须全面开发人力资源，全面提升人的学习能力。

第一节　学习的概念

"学习"一词，我国古代文献中早已有之，如"学而时习之，不亦说乎"、"学而不思则罔，思而不学则殆"。这是我国古代儒家教育心理思想中的学习观点，在一定程度上揭示了学习与练习、学习与情感、学习与思维的关系，显示了我国古代学习心理思想的丰富性。但究竟什么是学习？它的实质是什么？

一、学习的含义

人们认识学习的含义是从了解学习与个体生存之间的关系开始的。个体要维持其生存，就必须针对环境的不断变化采取不同的应答行为，即不仅个体不能离开某一环境，还必须不断适应环境。然而，个体的先天本能行为只能适应一些固定不变的外界环境，并不能保证适应外界环境多种多样的变化，只有依据后天的行为经验所获得的习得行为才能适应不断变化的外界环境。可见，学习是从个体不断适应环境的需要开始的，是个体对环境的一种适应活动。

（一）学习的一般含义

我们认为，学习的概念有广义和狭义之分。从广义上说，学习是人和动物在生活过程中通过实践或训练而获得由经验引起的相对持久的适应性的心理变化，即有机体（人和动物）以经验方式引起的对环境相对持久的适应性的心理变化。

这一定义体现了学习的四个特点：

1. 学习是动物和人所共有的心理现象

虽然人的学习是相当复杂的，与动物的学习有本质的区别，但不能否认动物也有学习。

2. 学习不是本能活动，而是后天的习得性活动

虽然由于物种进化的不同，学习水平差异很大，但一切个体的学习活动都是后天由于经验或实践引起的，而不是由于成熟或损伤、药物等暂时状态引起的。

3. 任何水平的学习都将引起适应性的行为变化

学习引起的行为变化不仅有外显行为的变化，也有内隐行为或内部过程的变化，即个体内部经验的改组和重建。这种变化不是短暂的，而是相对持久的。

4. 不能把个体一切变化都归之为学习

只有通过学习活动所产生的变化才能称为学习。

必须说明的是,为什么我们不采用“行为变化”而采用“心理变化”呢?因为“心理”一词虽然是传统的概念,但心理学作为一门独立的科学沿用至今,它已不是旧的内容。心理现象不但包括个体的内部过程或内隐行为,也包括个体的外显行为,采用“心理变化”可以避免有所偏向,并能突出心理的中介作用。

狭义的学习主要是指人的学习。虽然学习是人和动物普遍存在的现象,但人类的学习无论是功能、动力、形式和内容,还是学习的机制,都与动物的学习有着本质的不同。

(二)人类的学习

长期以来,心理学家和教育学家力图揭示人类的学习过程。由于人和动物的学习有类似之处,早期许多心理学家如桑代克、华生、苛勒等就用动物做学习的实验,从中总结出一些规律用以解释人的学习过程。然而,人的学习是一个十分特殊的过程——掌握过程,跟动物的学习有着本质上的区别。

1. 人类的学习是在劳动等社会实践活动中掌握个体和社会经验的过程

人除了同动物所共有的种族经验和个体经验以外,还有另一类经验,即以个体经验加以掌握的人类社会积累起来的社会经验,人类通过所独有的活动——劳动,创造了人类的物质财富,同时也积累了大量的知识经验,即精神财富。这些知识经验也同样是以劳动为基础或凝聚在生产过程和产品中,或贮存在人的头脑中和记载于书本里。后人如果不去掌握这些知识经验,生产劳动就无法进行,科学技术就不会发展,人类社会就会停滞不前。

2. 人类的学习是通过语言交际的中介作用掌握人类历史经验的过程

从某种意义上说,人类的学习是人与人之间的一种交际活动,语言交际是个体掌握人类社会历史经验的必要条件。有了言语的交际,人类的学习就可以超越狭隘的直觉限制,逐渐扩大个体掌握知识经验的可能性。人的学习总是在同其他人的交际中发生的,是通过语言的中介作用掌握人类历史经验的过程。人类学习的这一特点不仅使人的行为、知识经验完善起来,而且还创造人类所特有的行为方式和能力。

3. 人类的学习是有目的的、自觉积极主动的过程

动物的学习不存在自觉的目的和计划,而人不是消极地适应环境,或被动地承受人类的经验,而是在积极的作用和改造周围世界中获得知识经验的。没有学习者的积极的、主动的活动,就不可能掌握人类所积累起来的社会历史经验。虽然,人有时也有被动的、不自觉的、没有明确目的的学习情况,但那不是人类学习的主要形式,也不能体现人类学习的本质特征。因此,学习的自觉性、意识性才是人类学习的本质特点。

由此可见,人类的学习是在社会生活实践中,以语言为中介自觉、积极主动地掌握个体和社会经验的过程。它与动物学习相比,不仅在其内容和数量上,而且在其过程上都具有本质上不同的性质和特征。

(三)学生的学习

学生的学习是人类学习的一种特殊形式,是在教师指导下进行的,以掌握书本上的间接经验为主的,为参与未来生活实践做准备的,有目的、有计划、有组织的特殊认知活动。一个人从幼儿到青少年的绝大部分时间都是在学校中度过的,其主要任务是学习。学生在学校中的这种学习,与人类的学习有着共同的特点,也有其特殊性。

1. 学生的学习是一种特殊的认知活动

学生的学习主要是集中在一段时间内掌握前人所积累的文化、科学知识即间接经验来认识客观世界的过程，因此它与劳动者、科学家通过实践直接去探索尚未发现的事实与真理的认知活动不同。尽管学生在学习活动中也可能有所发现，但主要的和大量的知识还是学习前人积累起来的间接经验。掌握人类所积累的间接经验，虽然也需要通过一定的实践活动去获得一些直接经验，但学生学习过程中的这种实践是服从于一定的学习目的，并多半是验证性的、练习性的，它在任务、性质或要求上与劳动者、科学家的实践活动都有所不同。

2. 学生的学习是在教师的指导下进行的

跟人们日常生活中的学习不同，学生的学习活动是在教师的组织和指导下进行的。教师是经过教育和训练的专职教育工作者，能按照一定的教育目的和要求，遵循一定的规律，有计划、有组织地进行教育和教学。学生在教师指导下的学习，其目的任务比较明确，学习要求具体，内容丰富而系统，形式灵活多样，时间安排科学，同时也能取得良好的学习效果。学生的这种学习同人们日常生活中通过交往而进行的学习和自学在目的、内容和效果等方面都有明显的区别。在教师指导下进行的学习，是学生学习的一个重要特点。

3. 学生的学习是为参与未来的生活实践做准备的

学生在学校里学习系统的科学知识，形成技能，发展智力，形成科学的世界观和道德品质，都是为参与未来的生活实践准备的。学生的学习实际上是一种社会化的过程，他们不仅要学习科学知识，更要学会做人，掌握社会行为规范。由于学生的学习是为了将来参与社会实践做准备的，他们对学习的重要性和紧迫性往往认识不足，因而必须对学生经常进行目的教育，培养和激发其学习动机，以充分调动他们的学习积极性。

可见，学生的学习既不同于人类历史经验的形成过程，也不同于在一般条件下人们所进行的学习，是一种特殊形式的学习。

（四）儿童的学习

儿童的学习属于狭义的学习范畴。儿童的学习指儿童在教育环境中掌握系统科学文化知识和社会经验的活动。

1. 儿童学习的特殊性

儿童的学习是一个不断自我改变、自我更新的发展过程。学习可以通过行为变化表现出来，但这种行为变化有其特殊性，主要表现在：

（1）是经过一定的练习后出现的。这种变化因学习类型的不同而表现在不同方面，有某种动作技能的形成（如学会演算），有某种态度的获得，也有认知能力的提高（如认字水平），这些变化的实质是儿童内在能力或倾向的变化。

（2）是后天习得的，不是生理成熟、衰老等因素导致的。生理成熟、衰老等因素导致的行为变化过程是非常缓慢的，而学习导致的行为变化的速度相对较快。

（3）具有稳定性。这种变化相对可以保持较长的时间，而因药物引起的行为变化持续时间较短。

2. 儿童学习的特点

儿童学习是整个人类学习的组成部分，儿童学习具有人类学习的共同特点，但又有不同于人类一般学习的特点。

首先，儿童学习的过程是儿童认识客观世界的过程，也是适应客观世界的过程。在这一点上，儿童学习和成人学习是一致的，都是为了生存和发展的需要而学习的。

其次，儿童在学习各种知识和技能的同时，还要学会学习的各种基本行为，如听课、练习等；而成人学习时会搜索自己所需要的各种知识，一般不需要更多的学习方法。虽然儿童的大量学习是在自我激励、自我引导中进行的，但是大多数儿童的学习需要成人的有效帮助，在促进儿童学习发展方面成人往往充当着向导的作用，教师是儿童学习的重要指导者。

因此，儿童的学习主要有以下特点：

(1) 儿童的学习是在学校的教育环境中进行的。学校教育具有特殊的帮助儿童学习的功能，是一种有目的、有计划的培养人的活动。儿童的学习根据学校教育培养目标的要求，按照一定教育计划来完成学习任务，学习安排具有严密的计划性。

(2) 儿童的学习具有间接性。儿童所学习到的知识，大多都是通过教育者传授的，并非直接获得。因此，儿童的学习具有间接性。

(3) 儿童学习必须依赖教师的指导帮助。对于儿童来说，任何新的学习内容，都是陌生的、不熟悉的，因此，儿童的学习必须依赖教师或家长的指导、帮助。

(4) 儿童的学习是高效的。在学校学习环境中，儿童学习材料的结构与内容，是根据教育目标的要求来设计和进行的，它要求儿童必须在有限的时间内，了解和掌握人类几千年积累的丰富知识。所以，儿童在学校的学习也是一种高速、高效的学习过程。

(5) 儿童学习的内容是全面的。儿童的学习内容是十分广泛的，包括语言、社会、科学、健康、艺术各领域的教学以及各种良好习惯的培养等，都是为了儿童以后的成长和发展打下良好的基础，教师不能让儿童只偏向于某一领域的学习而轻视其他能力的培养。

(6) 儿童学习的主动性与被动性并存。儿童的学习，一方面是被动的。在学校里，主要依赖老师的安排，老师可以说是无所不包、无所不管；在家里，也大都是在家长的督促下完成学习任务的。另一方面，儿童又能通过自己的探索、与同伴的游戏以及与成人的交流中，不断认识世界，学习到新的知识。

二、学习的分类

学习现象是非常复杂的，涉及不同的学习对象、内容、形式、水平等，因此，研究者们从不同的学习理论观点和角度出发，划分了各种类型的学习。下面介绍几种较有代表性的分类。

(一) 雷兹兰的进化水平分类

由于有机体进化水平及学习本身的繁简程度不同，可以将学习分成不同的类型。雷兹兰(Razran)在对多种有关资料进行综合分析的基础上，依据进化水平的不同将学习分为四大类，每一类又包含一些子类别。

1. 反应性学习

一种最简单的学习，包括习惯化和敏感化。腔肠动物可以产生此类学习。

2. 联结性学习

主要指条件反射的学习，包括抑制性条件作用(不重复被惩罚的动作的学习，腔肠动物即可形成该学习)、经典性条件作用(可发生于简单动物身上，如蚯蚓)、操作性条件作用(在低等脊椎动物身上可产生)。

3. 综合性学习

把各种感觉结合为单一的知觉性刺激，包括感觉前条件作用(即S–S学习)、定型作用

(对复合刺激反应,而不对其中的个别刺激反应)和推断学习(客体永久性观念的运用)。

4. 象征性学习

一种思维水平的学习,主要为人类所特有,包括符号性学习、语义学习和逻辑学习。这三种学习是言语学习的三个阶段。

(二)学习的意识水平分类

儿童无需系统地学习语词和语法规则,就能不知不觉地学会说母语;围棋新手看大量的棋谱,即使不加点拨,棋艺也会有所长进。这些学习过程都有一个共同的特点,就是发生于不知不觉中,并非刻意地、有意识地去学习。换言之,就是学习过程发生在学习主体意识参与水平较低的情况下。

美国心理学家雷伯(A. S. Reber)根据学习的意识水平不同,将学习分成内隐学习和外显学习。内隐学习(Implicit Learning)是指有机体在与环境接触的过程中不知不觉地获得了一些经验,并因之改变其事后某些行为的学习。例如,人们能够辨别哪些语句符合语法,却不一定能够说出这些语法规则是什么。相反,外显学习(Explicit Learning)则类似于有意识的问题解决,是有意识的、做出努力的和清晰的、需要付出心理努力并需按照规则做出反应的学习,包括一个试图形成任务的心理表象,搜寻同功能系统的知识的记忆,以及试图建立和检验任务操作的心理模型。例如,学习物理中的牛顿运动定律。

内隐学习的现象出现在很多领域,如第二语言的学习、社会行为的习得以及运动技能的完善。在一项普通的接球运动技能的研究中,发现其背后也蕴涵着复杂的规则:当控制好某个角度的线性变化、增长速率时,则无论球的抛射角度、发射速率、接球者的起跑方向及始发速度如何变化,运动员都能准确地接到球。运动场景的复杂多变决定了其背后内含规则的复杂性。人们通常很难言传,而只能说多练几次就会有感觉了。这种直觉就是内隐学习抽象的结果。

研究证明,学习复杂任务时,人们常常以内隐的知觉方式进行,所以,教育应当适当地引入内隐学习。比如,让儿童先到体现数学概念的具体游戏中去玩,然后再接触完全外显的符号化的概念。

【知识拓展3-1】 内隐学习与外显学习

1967年,美国心理学家雷伯最先提出内隐学习一词,将其定义为一种有别于外显学习的、无意识地获得刺激环境中的复杂知识的过程。此后,研究者们都试图从各个角度将内隐学习和外显学习进行区分,所以多年来内隐学习和外显学习一直被定义为两种泾渭分明的学习模式。可是,近年来的研究却发现二者或多或少存在某些联系。

(一)内隐学习和外显学习的区别

内隐学习概念的提出,提醒了人们:学习这种心理现象远比我们千百年来习以为常的更为复杂,除了外显的、有意识的、可以内省监控的形式,还存在内隐的、无意识的、难以觉察的形式。可见,内隐学习和外显学习的区别是内隐学习之所以能成为独立概念的重要基础,也是理解内隐学习与外显学习关系的逻辑起点。

1. 表现特征不同

二者在表现特征上的不同有:

(1)内隐学习是自动的,外显学习是需意志努力的。

(2) 内隐学习是稳定的,外显学习是易变的。内隐学习从学习过程到学习结果都是稳定的,不易受其他内、外因素的影响。而外显学习会受到年龄、智力、情绪、个性、动机、氛围……种种变量的影响。

(3) 内隐学习是深层的,外显学习是表层的。内隐学习与外显学习在最终获得的知识方面存在差异。所谓深层,是指内隐学习获得的是刺激内部的潜在的深层结构;而所谓表层,说明外显学习获得的是特定的刺激或是刺激间某些表浅的规则。

2. 实验手段不同

二者表现特征上的区分,是证明内隐学习独立于外显学习而存在的前提。但唯有用实验的手段将它们分离出来,才能真正确立内隐学习的独立地位。

任何一种实验操作都依赖于作为前提的实验假设,内隐学习的实验也是如此。有研究者在扬弃直接测量的两条假设的基础上,提出了证明内隐学习独立存在的分离逻辑假设:直接测量和间接测量都同等程度地对意识知识敏感,而当对某一特定的刺激维度,间接测验表现比直接测验来得更敏感时,可以发现无意识学习(内隐学习)的存在。目前,研究中多采用人工语法范式和加工分离程序,来实现对任务操作中的内隐学习成分和外显学习成分的分离。

3. 神经生理学基础不同

内隐学习和外显学习的神经生理学基础是不同的。研究发现,内隐学习和外显学习激活不同脑部区域,此外,某些神经受损伤或脑功能缺失的病人,虽然外显认知系统的功能发生紊乱,但是内隐认知系统却仍保持正常。

(二) 内隐学习和外显学习的联系

自20世纪80年代以来,越来越多的研究者发现二者并非完全独立,并开始致力于探索二者在哪些方面有联系。

1. 都具有学习特异性

所谓学习特异性,即指学习过程会对各种信息进行特异的编码,导致对学习效果的测量依赖于学习和测量的情境、方式、上下文关系等因素的一致性。它体现的是学习和测验时的各种因素的一致性会影响学习的效果,如果一致性程度高,学习效果好,反之学习效果则较差。

2. 都具有注意需求性

注意需求性是指,学习过程需要一定的注意资源和注意选择。外显学习需要注意的参与,这无可非议。而作为自动的,无需意志努力的内隐学习也存在着注意的需求性。分心任务的研究发现,分心任务妨碍了被试对序列的内隐学习,这说明内隐序列的学习仍需要一定的注意能量。

此外,还有其他一些学习类型的划分,如依据学习主体进行的分类等。而对学习进行分类最有影响力的,是加涅的学习结果分类和奥苏伯尔的知识学习分类,我们将在下一节学习理论中详述。

【知识拓展3-2】 学习主体分类

根据学习主体即学习者的不同,可以将学习分为动物的学习、人类的学习和机器的学习。

人类的学习和动物的学习有相似之处，都是有机体对环境的一种适应。但二者在本质上是不同的，这主要表现在：

(1) 从学习的功能与动力来说，动物的学习仅限于消极适应环境变化，以满足其生理需要；而人类的学习则是主动适应并改造自然和社会环境，以满足其生理的和社会的需要。

(2) 从学习的形式与内容来说，动物主要是以直接的方式来获取个体的经验，或者主要依靠其先天遗传的种族经验，在学习内容的质与量方面也不可与人类相提并论；而人类可以在社会实践活动中，在与他人交往的过程中以间接的方式获取经验，并能对事物及其关系加以概括、抽象。

(3) 从学习机制来看，动物的学习主要局限于第一信号系统，学习环节较为简单；而人类的学习主要是第一信号系统与第二信号系统的协同作用。第二信号系统给人的学习带来了新的学习机制，也使得人类的第一信号系统不同于动物，并发展了更为高级的心理功能。

动物的学习和人类的学习虽有共同点，但本质是不同的。既不能抹杀二者的区别，把人的学习导向生物学化的方向，也不能盲目、绝对地否认二者的连续性、共同性，把人的学习导向社会学化的方向。

机器的学习主要指计算机的学习，它是人工智能的一个活跃的研究领域。人工智能就是把人的某些智能赋予机器，把人的某些思维活动物化，让机器模拟人的某些智能，以代替和扩展人脑的某些功能。所以，人工智能也称为机器智能或智能模拟。机器的学习过程实际上就是一个随着经验的积累而不断改善其操作，并使之表现出智能的过程。

机器的学习的研究涉及很多方面，如怎样形成概念，如何识别和理解图像等。20 世纪 80 年代中期，研究者用神经网络这种计算机系统来模拟大脑的活动。神经网络不仅可以模拟人类来进行多种形式的学习，而且还可以用于发现和预测人类大脑所不能做的。通过将人的思维活动物化，并对人的某些认识活动进行精确的定量的研究，有助于了解人类的学习，揭示人类思维的内在机制。

但是，人工智能不等于人的智能的复制，机器的学习也不能等同于人类的学习，二者有本质的区别。机器本身是人造的，工作程序是人编的，工作过程中是受人控制的。因此，机器不具有人的主观能动性，尽管具有自动性，但也需要有人的干预，绝对的超人的自动化是不存在的。此外，机器也不具有人的思维的社会性，不能模拟人的社会意识。机器不具有主观世界，没有人类所特有的自我意识、情感、兴趣及其他心理活动等。

第二节　学习理论

学习是如何发生的？有哪些规律？学习是以怎样的方式进行的？近百年来，教育学家和心理学家围绕着这些问题，从不同角度，运用不同的方式进行了各种研究，试图回答这些问题，也由此形成了各种各样的学习理论。

一、学习理论的产生和发展

人类研究学习活动有着悠久的历史。人类通过学习掌握了基本的生存技能，使自身和社会得以持续地发展。随着社会的发展，语言的产生，人类学习范围的迅速扩大，一些思想家、哲学家和教育家们在前人的基础上总结和发现学习的规律，并对学习的意义、作用、条件、本质及规律等做了深入的探讨，从而形成了一些思想观点和学说。但是，由于古代学者的思想观点和学说建立在经验总结和思辨之上，所以我们只能称之为学习心理思想。直到 1898 年桑代克提出“联结说”以后，人们才把建立在科学实验基础之上的描述和解释学习过程、性质和规律的心理学原理或学说称之为学习理论。

（一）学习理论的产生

受进化论和当时的机能主义的影响，美国心理学家桑代克于 1896 年开始从事动物的学习实验研究，于 1898 年在其博士论文中公布了著名的动物学习实验——猫的迷笼实验，描述了动物学习的“尝试错误”过程，在此基础上提出了世界上第一个学习理论——学习的联结说，用“问题情境”与“反应”的“联结”来解释学习的过程，提出了学习的三大定律和若干副律，并于 1903 年出版了心理学史上的第一本《教育心理学》著作，成为学习理论和教育心理学的创始人。

在桑代克之后不久，俄国生理学家巴甫洛夫在动物的唾液分泌实验中发现了条件反射现象，在实验和理论研究的基础上创立了著名的条件反射学说。条件反射学说在生理学界和心理学界都产生了极其深远的影响。它传到美国后，对心理学的影响极大，成为行为主义心理学研究学习问题的理论和实验基础。

1913 年，美国心理学家华生创立了行为主义心理学派，反对心理学研究意识、观念等内部心理过程，而主张心理学采用客观的研究方法研究动物和人的外显行为，以达到预测、控制和改变行为的目的。行为主义心理学家认为，行为的变化和行为的塑造是由学习引起的，因此学习就成了行为主义心理学研究的核心内容和重点问题。几乎所有的行为主义心理学家都研究学习问题；几乎所有的行为理论都与学习理论有关。所以，行为主义的学习理论很多，其中以华生的学习习惯说、赫尔（K. L. Hull）的系统行为理论和斯金纳的操作性条件作用学说为代表。但因他们所研究的主要是条件作用式的学习，实验研究的被试大多数是动物，采用的实验方法主要以配对刺激法为基础，对学习过程的理论理解是刺激与反应的联结，即“S-R”。所以，行为主义的学习理论可称为“刺激—反应的联结说”。

与行为主义同时代研究学习问题的是德国的格式塔心理学派。该学派强调心理活动的整体性和认知性，注重知识经验对知觉对象的组织作用，主张从人的知觉现象入手研究人的认知过程，是最早的认知心理学派。格式塔心理学创始人之一苛勒（W. Kohler）对大猩猩的学习进行了大量实验研究。根据实验观察，他认为，动物的学习是一个“顿悟说”，形成了早期的认知学习理论，促进了认知学习理论的发展，并引发了教育心理学的学习理论关于学习是顿悟还是试悟问题的一场争论。

当格式塔心理学传入美国以后，受其影响最大的美国正统的行为主义心理学家托尔曼（E. C. Tolman）用格式塔心理学的认知观点修正了行为主义的学习理论，提出了学习的“认知—期待说”，认为学习过程不是学会简单的动作反应过程，而是在头脑中形成“认知—期待”和“认知地图”的过程。托尔曼的观点标志着早期折中主义学习理论的产生，也促进了折中主义学习理论的发展。

不论是桑代克的“试悟说”引发的行为主义学习理论，还是格式塔心理学的“顿悟说”引发的认知学习理论，甚至托尔曼的“认知—期待说”引发的早期折中主义学习理论，都体现了学习理论产生阶段的主要特征：一是主要研究动物的学习过程，以动物实验为基础来发现学习的基本特征；二是学习实验均是为严格控制的实验室实验；三是都解释了直接经验的学习过程，尚不能恰当地说明学生间接经验的学习。所以，它们对学生课堂知识学习的指导作用不尽如人意。

（二）学习理论的发展

20世纪下半叶以来，由于计算机科学、人工智能科学、信息论、控制论、系统论、脑神经科学和学校教学改革的影响，学习理论研究的主要方向转到了对学生的知识学习过程的研究。这时的学习理论家们积极探索学生知识学习过程的特点和规律，总结课堂教学的经验，提出各种适于课堂教学的模式和方法，对学校的课堂教学产生了相当大的指导作用，学习理论的研究也进入了一个新的发展阶段。

20世纪50年代，人们提出了“机器学习”的设想，计算机科学的发展使这一设想成为可能，由此出现的新兴科学技术领域——人工智能和计算机模拟向心理学提出了挑战，彻底动摇了行为主义在心理学界的地位，取而代之的是应运而生的认知心理学。认知心理学将人看作一个信息加工系统，并与计算机进行类比来探索人类认知活动的具体过程和环节，从而提出了一些信息加工的认知模式。但是，学习，这一人类最为复杂的认知过程，对于人工智能科学和计算机科学来说，其研究任务似乎显得十分艰巨，直到20世纪70年代认知科学的诞生才为学习理论研究开辟了一条崭新的道路，力图将复杂的学习现象划为各个具体的学习认知模式，并编制了一些简单的学习程序。不过，距离达到人类那种自主独立的学习的模拟目标还有相当遥远的路程。

20世纪60年代，在美国兴起了一种强调人的潜能的自主发挥，提倡人的“自我实现”，与行为主义心理学根本对立，又与其他心理学派有重大分歧的心理学派别——人本主义心理学。这一学派的代表人物是马斯洛（A. H. Maslow）和罗杰斯（C. R. Rogers）。他们根据自己的心理学思想，提出了与行为主义和认知心理学不同的学习理论。第一，人本主义心理学家所提倡的学习理论，不是从验证性研究中得到原则后做成的推论，而多半是根据经验原则提出观点与建议；第二，他们的学习理论，不是对片面行为或者语言学习的解释，而是扩大到对学习者整个人成长历程的解释。因此，它成为了学习理论发展中又一个独立的学派。

这个时期，心理学学派不断涌现并趋于成熟，它们对学习问题也提出了各自的看法。相继出现的主要的学习理论有：布鲁纳的认知结构学习理论，奥苏伯尔的认知同化学习理论，加涅的信息加工学习理论，班杜拉的社会学习理论和人本主义的学习观等。它们都表现出了当时学习理论研究的一些特点和未来的发展趋势。

（1）学习理论研究的对象是人类间接经验的学习过程，特别是学生的知识学习，注重研究学习与发展这一发展心理学和教育心理学的永恒主题，以符号学习、言语学习、概念学习、问题解决学习等作为学习理论研究的主要内容。

（2）学习理论研究的重点是学生学习的认知过程，并与教学理论和教学实践紧密结合在一起，为学生的学习和教师的教学提供更直接的指导和参考，从中发现和提出学习的具体认知模型。

（3）学习理论的研究方法更加科学，较多地采用自然实验、现场研究、出声思考、口头报告等更能反映实际学习过程中认知特征的方法。

（4）学习理论的研究更注重学习的内部心理条件，如：内部学习动机、原有知识的结构和元认知功能等。

二、行为学习理论

行为学习理论(又称条件作用理论)都把环境看作刺激,把伴随而来的有机体的行为看作反应。因而,他们关注的是环境在个体学习中的重要性。特别是华生(图 3-1)在 1913 年发表了《行为主义者心目中的心理学》一文,标志着行为主义心理学的诞生以后,行为主义心理学更为重视学习过程的研究,认为学习就是行为的变化过程,是一定的刺激与一定的反应形成联结的过程。

图 3-1 约翰·华生
(John B. Watson, 1878—1958)
美国心理学家,行为主义心理学的创始人,广告大师。

早期的行为学习理论主要是桑代克的联结说、巴甫洛夫的经典条件作用理论和华生的行为习惯说;后期主要有格思里(E. R. Guthrie)的接近条件作用理论、赫尔的系统性行为理论和斯金纳的操作性条件反射学说。

(一) 桑代克的学习联结说

学习的联结说是桑代克于 1898 年提出的,后经行为主义心理学家的进一步发展,逐渐演变成用刺激与反应的联结来解释学习过程的完整的条件作用学习理论。

桑代克通过大量有关动物学习的实验研究,尤其是猫的迷笼实验发现,饿猫逃出迷笼做出正确的反应所花的时间会随着实验次数的增多而减少,即起初饿猫费时甚多,随后进行尝试费时减少,但这种变化是缓慢而不规则的。他认为,饿猫在迷笼中是在进行"尝试错误"的学习,经过多次的尝试错误,就学会了打开笼门的动作。后来,他又进行了人类学习实验,依据实验材料,发展了学习的联结说,又称"尝试错误说"(简称"试误说")。在他看来,"学习即联结,心理即联结系统","学习即结合,人之所以长于学习,即因形成许多联结"。

在总结早期实验的基础上,桑代克认为,学习有两种基本情况:一种是新反应的获得,即刺激与反应间的联结;另一种是刺激与反应间力量的变化。这两种学习的实质都是使某刺激与某一特定的反应之间按照一定的规律形成联结,并使其联结的力量得以巩固的过程。进而,桑代克把这些规律概括为学习的三大定律:准备律、练习律和效果律。

准备律是对学习者学习动机的描述,是指学习者在学习开始时的预备定式,而不是指学习者的知识或成熟准备,学习者是否会对某种刺激做出反应,同他是否已做好准备有关。练习律有两种形式:使用律(一个已形成的可变联结若加以应用,其联结力量就会加强)和失用律(一个已形成的可变联结若不予使用,其联结的力量就会减弱)。换言之,所谓练习律是指反应重复的次数越多,刺激与反应之间的联结便越牢固。后来,桑代克又提出,练习本身并不会无条件地增强刺激与反应之间联结的力量,一般说来,只有当学习者发现重复练习能获得满意效果时的练习才会有助于学习。没有强化的练习是没有意义的。因此,桑代克在他后期的理论中把准备律和练习律从属于效果律。效果律是桑代克学习三大定律中最主要的定律,因此决定学习的最重要因素是学习者的行为后果,凡是导致满意行为反应后果的刺激与反应的联结就会加强,凡是带来令人烦恼的行为反应后果的刺激与反应的联结就会被削弱。

桑代克发现的尝试错误现象的确是一种普遍存在的事实,也是人类解决问题的一种途径或方式。但人类的尝试错误决非盲目的，通常是有目的的，因此，我们在教学中应要求儿童尽量运用学过的知识或经验去解决问题，而不是让儿童盲目地对待疑难问题。

（二）巴甫洛夫的经典条件作用理论

1902 年，俄国生理学家巴甫洛夫（图 3-2）发现了条件反射现象。为了解释这一现象，他在实验的基础上提出以高级神经活动为基础的条件反射理论，认为条件反射的形成是中枢神经系统内形成了"暂时神经联系"。尽管他本人并没有概括他的学习理论，但是他的条件作用原理本身就是一种学习的理论，并对后来的各种学习理论产生了重大的影响。

图 3-2　巴甫洛夫

（Ivan P. Pavlov，1849—1936）

俄国生理学家、心理学家、医师、高级神经活动学说的创始人，高级神经活动生理学的奠基人，条件反射理论的建构者，曾荣获诺贝尔奖。

按照巴甫洛夫的条件作用原理，学习的实质就是通过条件刺激与非条件刺激的配对引起条件反射的过程。条件反射形成（学习）的高级神经活动机制是，条件刺激在中枢神经引起的兴奋与非条件刺激在中枢神经引起的兴奋之间形成"暂时神经系统联系"。由于巴甫洛夫关于条件反射的实验研究是相当细致又很系统的，涉及条件反射的形成、消退、自然恢复、泛化和分化以及各种抑制现象。因此，后来的心理学家根据他的条件作用实验和原理概括出了巴甫洛夫学习理论中的几个学习律，即习得律、消退律、泛化律、辨别律和高级条件作用律。

条件作用的确是一种普遍的学习现象，但它只是一种简单的学习形式，在动物和婴儿的学习中表现得尤其突出。例如教师和家长可在非条件刺激的基础上，通过训练幼儿建立条件反射，学会对语言刺激和其他信号刺激做出反应。此外，条件反射的泛化、分化和消退现象也可以用于教育教学中。例如，幼儿在掌握性质相似的知识时容易产生泛化现象，为了避免这一现象的出现，教师可以采用对比教学法，让幼儿反复比较各种内容之间不同的关键所在，及时产生分化？以便加以掌握。另外还可以利用条件反射消退原理来矫治儿童的不良行为习惯。在教学中合理地运用一些条件作用原理固然可以，但要特别避免用条件反射来解释任何复杂的学习过程。不论人类的学习机制如何，就学习形式来说不仅仅限于条件作用式学习。

需要说明的是，华生作为行为主义的创始人，对学习理论乃至整个心理学领域的发展都起到了非常重要的作用。但其"学习习惯说"既没有提出解释学习过程的心理机制的学说或假设，也没有什么创新的概念，都是借用了巴甫洛夫有关条件作用的术语。他所提出的学习定律和影响学习过程的因素也并没有超越联结派的传统和动物心理学的研究成果。在某种意义上说，他的学习习惯说只是一个不完善的、不健全的学习观点。因此，本节不再专题介绍华生的学习理论。

（三）格思里的邻近性条件作用学习论

格思里提出的邻近性条件作用学习论与前面几位心理学家有所不同。桑代克等人的条件作用学习理论对学习的解释，与他们进行的动物学习实验的安排是完全相对应的，他们提出的学习机制都是其实验程序的反映。但格思里不是直接描述可观察的事件，而是描述他假想的情境。

格思里假定一个刺激情境可能有数百万个刺激要素，在任何一次尝试中，有机体只是对其中某些刺激要素做出反应。因此，格思里虽然把学习看作是一次性完成的刺激与反应之间的联结，而且学习还是一种“全或无”的联结，但是他对“刺激”和“反应”这两个术语的理解与众不同。他认为，人们通常把整个刺激情境看作是一种刺激，而实际上，刺激情境是由时时刻刻在发生变化的大量刺激要素构成的。有机体在某一时刻只是对刺激情境中的某些刺激要素做出反应。所以格思里的“刺激”概念等同于环境中影响感觉接收器的那些特征。至于“反应”，格思里关心的是动作（如投篮时的各种肌肉动作），而不是行动或行动的结果（如整个投篮的过程和球是否投中），因为行动是动作的复合体，是无法描述的。

由此可见，格思里对学习的实质可理解为，学习是肌肉动作与各组刺激要素之间形成的联结。只要有机体对一组刺激要素做出一个动作，便在它们之间形成了联结，学习也就完成了。如果有机体接下来做出另一个动作，那就说明了有机体形成了一个新的联结，或者说发生了新的学习，这样前一次的联结也就凋谢了。根据邻近原理，有机体在某种刺激条件下最后做出的反应，是它以后遇到这种刺激时做出什么反应的最佳预测者。由于格思里把他的学习律建立在刺激—反应联结的邻近上，也就是说，在学习中起最主要作用的机制是暂时联系，即刺激与反应之间的紧密联系，因此，被称为“邻近性条件作用学习论”。

格思里提出他学术生涯中唯一的一条学习律，并用它来解释一切有关的学习问题，这就是：“刺激的某一组合，如果曾伴同过某一动作，那么，当这种刺激组合再次出现时，这一动作往往也会随之发生。”为了证明这一观点，他设计了一个特制的迷箱并用猫做逃离迷箱的实验来加以证明。结果发现，猫在每次获得释放的动作基本是相似的，即重复它第一次获得释放时所采取的动作。也就是说，一旦猫采取某一动作（口咬或爪子抓等）获得了迷箱开门这一刺激组合时，以后猫进入迷箱遇到同样的刺激组合将会采取与上次相同的动作（口咬或爪子抓等）来逃离迷箱，并阻止形成新的刺激与反应之间的联合，而采取这种始终如一的反应方式。

应该承认，格思里对学习理论的发展起了重要的促进作用。虽然他早期的理论观点与华生和巴甫洛夫的学说很相似，但经过多年的发展之后，形成了自己的独特性。但由于某些原因，他的学习理论并没有得到应有的重视。

（四）斯金纳的操作性条件作用学习论

20 世纪 30 年代，进入新行为主义时代。新行为主义者的代表人物斯金纳继承华生所强调的科学、客观、控制、预测等行为主义心理学的传统，也采取其根据动物实验以建立刺激与反应联结学习理论的研究取向，并参照桑代克的试误学习理论及效果律等，建立起独具特色的操作条件作用学习论。

20 世纪 20 年代末，斯金纳就开始了动物学习的实验研究。他的动物实验装置被称为“斯金纳箱”。早期的斯金纳箱结构简单，在一个木箱内装有一个供操作用的按键或杠杆，还有一个提供食物强化的食盒。动物一触按键或压杠杆，食盒就会出现一粒食物，对动物的动作给予强化，从而使动物按压杠杆的动作反应概率增加。斯金纳认为，这种先由动物做出一种操作反应，然后再受到强化，从而使受强化的操作反应的概率增加的现象是一种操作性的条件反射。这种反射与巴甫洛夫的经典条件反射不同。经典条件反射是由条件刺激引发反射的过程，写成公式是 S–R；而操作条件反射是首先做某些操作反应，然后得到强化的过程，写成公式是 R–S。

由此，斯金纳进一步提出，人类和动物有两种习得性行为：一种是应答性行为，通过建立经典反射的方式习得；另一种是操作性行为，通过操作式条件反射获得。据此又进一步提出两种学习：一种是应答性条件作用学习，指个体行为中本来就具有某种刺激与反应的联结，现经过刺激替代的方式，从而建立起新的刺激与反应的联结，这种刺激的替代学习就是巴普洛夫的经典条件作用；另一种是操作性条件作用学习，指实验者就个体在刺激情境中自发性的多个反应中选择其一施予强化，从而建立刺激与反应的联结。这两种学习形式都反映了学习的实质仍是刺激与反应之间联结的形成，且同样重要。其中，操作式学习更能代表实际生活中人的学习情况。因此，斯金纳认为学习过程就是分别形成两种条件反射的过程。

后来，斯金纳不断改进"斯金纳箱"的结构，进行了一系列强化程序的研究，并发展了桑代克的效果律，提出了其学习理论的核心部分——强化原理。他认为，强化是增加某个反应概率的手段，强化在塑造行为和保持行为中是不可缺少的，学习者学习的效果与强化安排有极大的关系。一般来说，提高学习者学习效果的最佳强化安排是，在学习者学习某一行为的最初时使用连续强化安排，然后使用固定间隔强化安排，最后使用变化比例强化安排。在某种意义上说，斯金纳在强化安排方面的实验研究是他对心理学的最大贡献。

20 世纪 50 年代，斯金纳依据他的强化原理，提出了程序教学和机器教学，对当时教学改革产生了极大的影响。在他看来，对学生的正确学习效果必须给予及时的强化，以鼓励学生继续进行学习。在课堂教学中，教师不可能对每一位学生都给予及时的强化，教学机器则可以提供给学生进行个体化学习，并及时得到强化。斯金纳用教学机器把教学内容编制成直线性的程序，该程序首先将教材分成一个个有逻辑联系的小单元，依次呈现给学生，供他们学习。每个单元学完后，就呈现一些测试题来检测学生的学习效果。如果做对了，教学机器就主动呈现下一单元的教学内容；如果出现错误，则要返回到先前学过的内容，重新进行学习。这种利用教学机器所进行的教学就称为"程序教学"。

虽然斯金纳的学习理论在思想上存在一些错误，始终坚持行为主义的观点，做一个顽固而坚定的行为主义者，但是他的强化性教学的观点和方法、操作技能培养和训练的方法以及程序教学的设计等对教学实践有一定参考价值。

三、认知学习理论

认知心理学探讨学习的角度与行为主义者相反。他们认为，是个体作用于环境，而不是环境引起人的行为。环境只是提供潜在刺激，而这些刺激是否受到注意或被加工，取决于学习者内部的心理结构。可见认知学习理论要研究的是个体处理其环境刺激时的内部过程，而不是外显的刺激与反应。认知学习理论主要有格式塔心理学的学习顿悟说、勒温（K. Lewin）的认知结构学习理论、奥苏伯尔的认知同化学习理论和加涅的信息加工学习理论。这里主要介绍其中三种。

（一）格式塔心理学的学习顿悟说

学习顿悟说是由格式塔心理学创始人苛勒提出的。他以大猩猩学习实验研究为基础，用格式塔心理学的思想观点解释了学习过程中的各种现象，并对桑代克的试误说提出了尖锐的批评，对当代的认知学习理论产生了深远的影响。因此，有人把格式塔心理学的学习顿悟说也称为苛勒的学习顿悟说。

苛勒认为学习的实质是知觉的重新组织。这种知觉经验变化的过程不是一个渐进的

"尝试错误"的过程,而是主体借助于问题情境中各种事物之间的关系而突然领悟的过程。简而言之,学习就是一个"顿悟"过程。

格式塔心理学从两个方面分析了顿悟产生的原因:一方面,强调刺激情境的整体性和结构性。因此,在布置实验情境时,强调整个问题情境要能让动物直接知觉到。另一方面,假定脑本身有一种组织的功能,能填补缺口或缺陷。他们认为,人的学习也是这样。如果一个人看不出呈现在他面前的问题,找不出各事物之间的联系,那么他对事物的知觉就还处在无组织的、未分化的状态,因而也就无所谓学习。只有当学习者观察到整个学习情境并领会了其中的事物关系以后,学习者才会在内心积极地加以组织,从而形成一个良好的心理模式。

格式塔心理学把知觉组织的作用归于脑的先天本能,这显然是强调主观决定作用,是一种"先验论"的看法,为学习的研究带上神秘的色彩。但他们强调有机体与环境的相互作用及有机体的能动作用,并强调知觉经验的组织作用,把学习看成是一种积极主动的过程,这是合理的。

值得一提的是,许多学者往往把格式塔心理学注重的"顿悟"与桑代克关注的"尝试"绝对对立起来,以表明其冲突,事实上,格式塔心理学并没有把像黑猩猩那样"戏剧性"地解决问题看作是顿悟的唯一方式。他们把通过试误的学习过程解释为一系列小的、部分的顿悟。从这个意义上说,顿悟与试误在学习过程中并非对立,只是不同学习理论流派从不同角度解释同一现象的两个不同术语而已。

格式塔心理学的学习顿悟说为后来认知学习理论的发展奠定了基础,对指导教学实践有重要的参考价值。学习顿悟说与启发式教学的观点基本一致。在教学中,教师向学生提供某种问题情境,让学生通过知觉,观察和理解其内在联系或一定的关系,并调动学生学习的主观能动性,启发他们总结和概括出一般的原理,这样可以培养学生的观察能力和独立思考能力。所以在教学中,教师仍然需要以帮助学生理解知识为主,而不是要求学生进行单纯的练习或盲目的复习。

(二)奥苏伯尔的认知同化学习理论

美国心理学家奥苏伯尔(图 3-3)反对把动物学习规律和人类在机械条件下的学习规律不加分析地推论到学校课堂教学中去,自 20 世纪 50 年代中期起,他就致力于对有意义语言材料的学习和保持的研究,从而创立了二战后世界性教学改革热潮中颇有影响的有意义语言学习理论,又称"认知同化学习理论"。

图 3-3 奥苏伯尔

(David Ausubel,1918—2008)

美国教育心理学家,认知心理学的代表人物,皮亚杰的追随者。他在心理学和学习领域最大的贡献之一是发展和研究有意义学习理论和先行组织者。

1. 知识学习分类

奥苏伯尔从两个不同的维度对学习进行分类(图 3-4),根据学习进行的方式,分为接受学习和发现学习;根据学习的内容和学习者原有知识的关系,分为机械学习和有意义学习。

他认为,在接受学习中,所学的内容是现成的,或多或少以定论的形式提供给学生,并不依靠学生的独立发现,只要求学习者能把所学内容与已有认知结构联系起来。在发现学习中,不是把所有内容提供给学生,而是

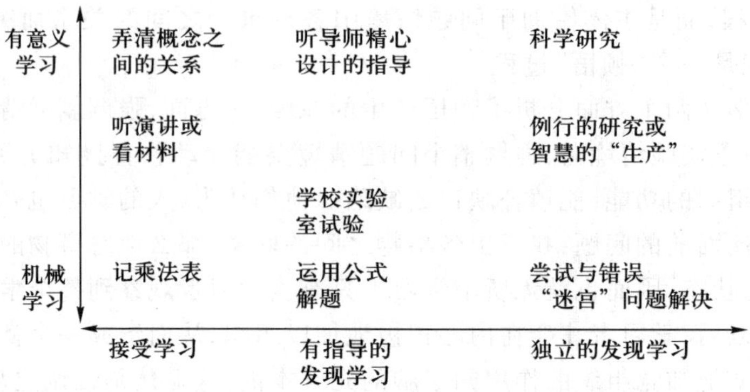

图 3-4　学习性质与形式分类及其举例

让学生自己去探索解决问题的原则和方法，进而获得知识。

而机械学习是指获得任意的、人为的和字面的联系的过程，如记乘法表、迷宫学习等；有意义学习则是指语言文字符号所表述的新知识能够与学习者认知结构中已有的有关旧知识建立一种实质性的和非人为的联系。所谓实质性联系，指新知识与学习者原有知识网络（即认知结构）中已有的符号、表象、概念和命题建立联系。比如，对于初学汉字的幼儿来说，他学“狗”这个字，就必须把这个汉字符号与头脑认知结构中已有狗的表象联系起来，这就形成了实质性联系。假如学习者认知结构中缺乏相应的知识储备，将会导致机械学习。所谓新旧知识建立非人为的联系，是指新知识与学习者原有知识结构中有关观念建立合理的或合乎逻辑的联系。比如，新学的命题“狗是哺乳动物”，只要学习者认知结构中对“狗”和“哺乳动物”这两个概念的意义有一定的了解，知道它们是特殊与一般的关系，就会自然地形成这种非人为的联系。

奥苏伯尔认为，学生在课堂教学中的学习应以有意义的接受学习为主，其学习的实质就是新知识与学习者认知结构中已有的适当观念建立非人为的和实质性的联系。

在他看来，接受—发现，机械—意义，这两个划分学习类型的维度之间并不存在某种对应关系，彼此独立，接受学习可能由于对学习内容不理解而采取机械学习的方式，或者由于理解而采取有意义学习的方式。发现学习也可能是有意义的，也可能是机械的。

他还根据学生的学习内容及认知过程的复杂程度，把有意义学习分为三大类：

（1）符号学习：也称代表性学习，是指学习单个符号或一组符号所代表的事物和意义。其主要内容是词汇学习，儿童的词汇学习是将词汇的音、形、义联系起来。此时儿童对词汇的记忆具有机械性，以后随着词汇量的增大，意义性将不断增强。

（2）概念学习：是用某种符号概括同类事物的共同本质特征的过程，它以符号学习为前提，又为命题学习奠定基础，因此它是有意义学习的核心。掌握概念就是掌握区别于它类事物的关键特征。概念学习有两种不同的形式，一种是概念形成，即学习者从大量同类事物的不同例证中独立发现事物的关键本质特征，从而获得概念的过程，它是一个发现学习的过程。另一种是概念同化，即以定义的方式直接向学习者呈现同类事物的本质特征，学习者利用原有的知识经验来理解和掌握这个新概念的过程，它是一个接受学习的过程。

（3）命题学习：就是若干概念组成的句子的意义，通过句子来理解各个概念的含义及其结构关系。对于学习者来说，具有潜在意义的新命题的学习，总是在与学习者的认知结构中的原有的适当观念建立了实质性的和非任意的联系以后,学习者才获得命题的心理意义。

2. 认知同化学习理论

认知同化学习理论的核心思想是,有意义学习必须以学习者原有的认知结构为基础。因此,“影响学习的最重要因素是学习者已知的内容”。为了识别和控制有意义学习的变量,奥苏伯尔围绕这一原理,从教学的角度研究了认知结构,发现认知结构对新知识获得和保持的影响因素主要有三个,即原来知识对新知识的可利用性、新旧知识之间的可辨别性和原有知识本身的稳定性。为了提高学习效率,发挥认知结构中这三个变量在新知识学习中的积极作用,促进学习的有效迁移,奥苏伯尔提出了“先行组织者”的教学策略。先行组织者简称组织者,是指先于新学习材料呈现之前呈现的一种在概括和包容水平上都高于新学习材料的引导性材料,其主要功能是为了在学习者能够有意义地学习新知识之前,在他们“已经知道的”和“需要知道的”知识之间架设起桥梁。而且这种组织者也有助于学生意识到,只有把新的学习内容的要素与已有认知结构中相关的部分联系起来,才能有意义地学习新的内容。

认知同化学习理论既强调在认知结构中通过新旧知识的联结而形成有意义的接受学习,又主张在学习过程中鼓励学生的内在学习动机并采取先行组织者的教学策略促进学生的学习。这对我们反思传统教学方法有借鉴意义。

(三)加涅的信息加工学习理论

加涅(图 3-5)是 20 世纪最有影响的著名教育心理学家之一。他认为,学习是一个有始有终的过程,这一过程可分成若干阶段,每一阶段需进行不同的信息加工。在各个信息加工阶段发生的事件,称为学习事件。学习事件是学生内部加工的过程,它形成了学习的信息加工理论的基本结构。与此相对应,教学过程既要适应学生的内部加工过程,又要影响这一过程。因而,教学阶段与学习阶段是完全对应的。在每一教学阶段发生的事情,即教学事件,这是学习的外部条件。教学就是由教师安排和控制这些外部条件构成的,而教学的艺术就在于学习阶段与教学阶段的完全吻合。

图 3-5 加涅

(R. M. Gagne,1916—2002)

美国教育心理学家,原是经过严格的行为主义心理学训练的心理学家。信息加工学的代表人物,1974 年获桑代克教育心理学奖,1982 年又获得美国心理学会颁发的“应用心理学奖”。

加涅认为,学习的模式是用来说明学习的结构与过程的,它对于理解教学和教学过程,以及如何安排教学事件具有极大的应用意义。他提出了影响深远的信息加工的学习模式,即“学习记忆模型”,我们将在下一节“学习的过程”中详述。

加涅几乎终身从事学习分类的研究工作,认为人类的简单低级的学习是复杂高级学习的基础。他根据学习活动的复杂性程度把学习由低级到高级分为八类:

(1) 信号学习:巴甫洛夫的经典条件反射,它是有机体学会对某信号刺激做出概括性反应的过程。

(2) 刺激反应学习:桑代克的刺激与反应的联结学习,它是学习者学会对某个刺激获得准确反应的过程,这显然不包括斯金纳的 R-S 操作条件反射学习。

（3）连锁学习：运动联想学习，它是一系列刺激反应动作的联合。

（4）言语联想学习：言语的连锁学习，它与第（3）类学习一样，只不过它是语言单位的联结。

（5）辨别学习：学会对许多貌似相像但又不同的刺激做出不同的识别反应。

（6）概念学习：在对刺激进行分类时，对事物抽象特征的反应。

（7）原理学习：概念的连锁学习，它使个人能用一类行动对一类刺激做出反应。

（8）问题解决学习：加涅认为，它是原理学习的自然扩展，发生在学习者的内部。

后来他又对这八类学习进行了修正，将前四类学习合并为连锁学习，将概念学习分为具体概念和定义概念的学习，因此变成了六类学习：连锁学习、辨别学习、具体概念学习、定义概念学习、规则的学习、解决问题的学习。

后来，加涅指出根据学习活动的复杂性程度对学习所进行的分类对学校学习不适合。于是，他根据学生学习的结果进行分类：

（1）言语信息：技能陈述用语言文字表达的知识，这既包括知识又包括能力，其知识用来回答世界是什么，能力要求主要是记忆。

（2）智慧技能：即运用符号办事的能力。这里知识是用来回答怎么办的，对学生的能力要求主要是理解和运用概念、规则，进行逻辑推理。

（3）认知策略：即个体对自身的认知加工过程进行内部调节与控制的能力，它是学生学会如何学习的核心成分。

（4）动作技能：即习得的用来协调自身肌肉活动的能力。

（5）态度：即习得的并能决定个人行为选择的内部状态。

这五种学习又分为三个领域，前三种学习结果属于认知领域；第四种学习结果属于动作技能领域；第五种学习结果属于情感领域。加涅的五种学习结果分类的思想已得到全世界的公认，把人类的学习结果分为认知、情感和动作技能几乎成了一切学习与教育心理学家的共识。由于学校的教育目标也就是学生学习的结果，因此这一分类对教师确定教育目标有直接的指导意义。

四、建构主义的学习理论

建构主义学习理论，也译作结构主义学习理论，最早提出者可追溯至瑞士心理学家皮亚杰。皮亚杰认为，儿童在周围环境相互作用的过程中，逐步构建起关于外部世界的知识，从而使自身认知结构得到发展。在某种意义上，皮亚杰的这种建构主义学习理论完全可以列入认知学习理论流派。但由于后来的建构主义学习理论家在其学习理论的研究过程中，发现对于人类学习这一复杂的认知过程不应该只存在唯一标准的理解，所以他们在各自的理论中加入具有自己特色的内容，从而使整个建构主义学习理论出现了三种不同的倾向：认知倾向的建构主义学习理论、社会文化倾向的建构主义学习理论和行为倾向的建构主义学习理论。

建构主义学习理论在形成和发展的过程中虽然出现了各种不同的倾向，但他们的整个理论基础还是存在很多一致性。在此仅介绍其共同主张。

（一）建构主义学习理论对学习的理解

三种建构主义学习理论都认为学习不是知识由教师向学生的传递，而是学生建构自己的知识的过程，学习者不是被动地吸收新信息，而是主动地建构信息的意义，这种建构不可能由其他人代替。这意味着学习是主动的、积极的，学习者不是被动的刺激接受者，他们必须对外部信息做主动的学习和加工。这绝不同于行为主义学习理论所描述的S–R联结过程。而且，知识或意义也不是简单地由外部信息决定的，所谓意义都是学习者通过新旧知识经验间反复的、双向的相互作用过程而建构成的。其实，每一个学习者都在自己原有经验系统的基础上对新信息进行编码、分析、检验和批判，并将其与其他信息联系起来，以便在保持简单信息的同时建构起自己对复杂信息的理解，当然学习者原有的知识也会因新信息或经验的进入而发生调整和改变。由此可见，学习既不是简单的信息积累过程，也不是简单的信息输入、存储和提取的过程，它包含了新旧经验之间双向的相互作用，以及在此基础上产生的冲突而引发的观念转变和结构重组。在此意义上，建构主义学习理论与认知主义的信息加工学习理论是有所不同的。

（二）建构主义学习理论对学习者的理解

在怎样看待学习者的问题上，建构主义学习理论认为，学习者在任何时候都不是空着脑袋走进课堂的。他们在日常生活中，或以往的学习中已经形成了丰富的经验，即使有些问题他们并没有接触过，也没有现成的经验，但当问题出现时他们往往也可以基于相关经验，并依靠已有的认知能力形成对问题的解释。也就是说，他们遇到这些问题不都是胡乱猜测，而是从他们的经验背景出发，推断出符合逻辑的假设。所以，教学不能无视学生的这些经验，另起炉灶，而是要把现有的知识经验作为新知识的生长点，引导儿童从原有的知识经验中“生长”出新的知识经验。由于经验背景的差异，学习者对问题的理解常常各异，因此教师不能只做简单的知识呈现者，而应重视学生自己对各种问题的理解，倾听他们现在的想法，洞察他们这些想法的由来，并以此为依据引导学生丰富和调整自己的理解。当然，建构主义学习理论在强调和着力研究个体自我发展的同时，并没有否定外部的引导作用，并不提倡取消教师的影响，而是说教师的教学不只是径直地交给学生某些知识，更重要的是帮助学生进行知识的处理和转换。

（三）建构主义学习理论对知识的理解

同时，建构主义学习理论一般都认为，知识虽然包含真理性，但它只是对现实的一种更可能的解释或假设，并不是问题的绝对正确的最终答案。相反，它会随着人类的进步而不断地被“革命”掉，并随之出现新的假设。而且，更重要的是，这些知识在被个体接手之前，它对个体可以说是毫无权威可言的。因此，建构主义学习理论家指出，教师的教学不能把知识作为预先决定的东西交给学生，不能用对知识正确性的强调作为学生接受的理由，不能用科学家或课本的权威来压服学生。学生对知识的接受只能靠自己的建构来完成，以他们自己的经验、信念为背景来分析知识的合理性。

由此，我们可以把建构主义学习理论概括为，“在整个教学过程中，作为知识意义的主动建构者的学生并不是教师传授知识的被动接受者，而是在一定的社会文化背景下，利用已有的知识经验，借助教师或学习伙伴的引导和帮助，充分调动自身的积极性、主动性和首创精神，最终达到有效地对当前所学知识进行意义建构的过程”。

建构主义学习理论在与别的理论进行整合的过程中，的确对学习和教学提出了不少新的解释。可以说，这是学习理论在杜威、维果茨基、皮亚杰和布鲁纳等人的思想基础上的又一次大综合和大发展。

第三节　学习的过程

无论动物还是人的学习都会存在一定的过程，但人的学习是一个更为复杂的过程。学习是如何发生的？如何进行的？它的结构是什么？这些历来是古代哲学家、教育家和心理学家共同探讨的问题，他们都从不同的角度或不同的侧面对学习过程做过描述。下面介绍几种有代表性的观点。

一、中国古代的学习过程观

中华民族素有重视教育、善于学习的优良传统，在探索学习的本质、总结学习的经验、认识学习的规律、指导学习的实践中，积累了极为丰富的思想资料。我国学者乔炳臣、潘莉娟从“知行统一”的哲学思想、从古代学者的治学论著中，将各方论述的优点和共性问题进行了分析、总结与提高，用网络技术归纳成一个结构模式（见图3-6）。

图3-6表明，构成这个学习过程结构模式的主线有两条：一条是围绕智力因素展开的，包括学、思、习、行在内的生理条件对“知行统一”过程发生的作用，其中学与思又分为博学、审问、慎思、明辨四个阶段；另一条是围绕非智力因素展开的，包括情、意为主的心理条件对“知行统一”过程发生的影响作用。这两条主线是构成人才主体要素的根本，体现着学习者自身的内在因素，即物质因素和非物质因素。物质因素是决定学习者发展状况的生理条件和遗传因子，它是决定人才成长和创造性能力培养的物质基础，能否得到充分利用是学习好坏的关键。非物质因素是指学习者心理、精神方面的主观条件，它对人能否成才或发挥创造潜能有着重要意义，是人的智慧、能力能否得到充分表现与发展的重要支柱。

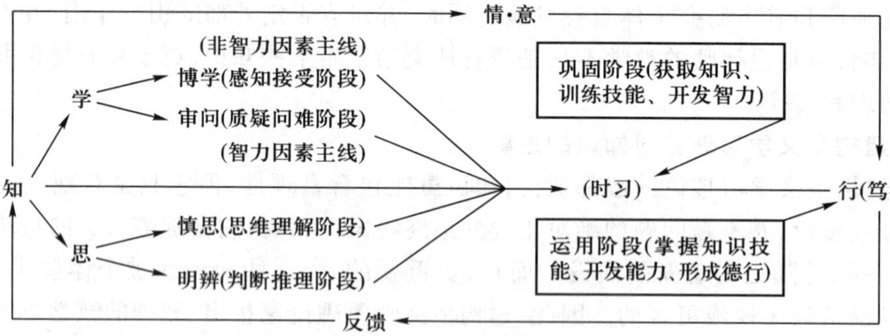

图3-6　学习过程的结构模式图

可见，这两条主线反映的知、情、意、行过程，正是人才成长不可缺少的综合要求，构成了全面、系统、完整的学习过程。围绕智力主线展开的学、思、习、行活动，又可分为博学、审问、慎思、明辨、时习、笃行六个阶段，而且前四个阶段都要与“时习”直接发生联系，促使学习及时达到巩固记忆、熟练技能、开发智力的目的，为笃行奠定基础。“笃行”是完成学习过程的暂时终结，是掌握知识技能、发展能力、形成德行的集中表现。由“行”到“知”是一个学习反馈过程，它表明，学习是由低层次向高层次，由量变到质变的循环往复过程，这正是“知行统一”观的科学反映。

二、信息加工的学习过程观

自从信息论、控制论和计算机模拟引进心理学以及认知心理学的发展,心理学家就尝试着把人的学习过程比拟为机器处理信息的过程,用信息加工理论来模拟学习过程的结构,并采用信息流程图来描绘学习的一般过程。

(一)加涅的学习记忆模型

加涅认为,学习是一系列认知过程,这些过程把来自环境的刺激转化为获得一种新能力所需的信息加工的几个阶段,也就是说,学习是学习者通过自己对来自环境刺激的信息进行内在的认知加工而获得能力的过程。他提出了一个较为完整和系统的学习与记忆的信息加工模型,以便形象地反映学习与记忆的内在过程(见图 3-7)。

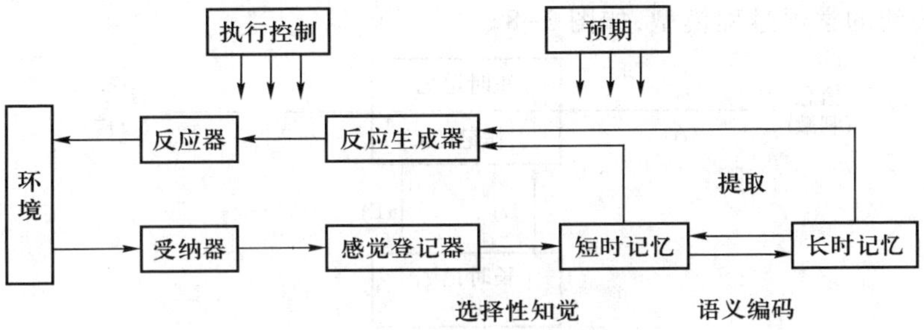

图 3-7　加涅的学习记忆模型

从图 3-7 的模型可以看出,学习是由加工、预期、执行控制三个系统协调活动的过程。

1. 加工系统

加工系统又称作操作系统,它由受纳器、感觉登记器、工作记忆(短时记忆)、长时记忆、反应生成器和反应器构成。来自外部环境的刺激作用于受纳器,受纳器将接收到的信息传递至感觉登记器。信息在此处只保留 1 秒左右或者只有几分之一秒,在这一阶段绝大多数信息未能受到注意,只有一小部分信息被注意选择而进入短时记忆加工系统。信息进入短时记忆便被编码和贮存。但短时记忆对信息的贮存时间很短,一般只有 30 秒左右,而且容量极为有限,只有 7 加或减 2 个信息单元,这个数量又称记忆广度。如果学习者能进行复述,信息就能保持较长时间,即进入下一个加工阶段——长时间记忆加工阶段,否则就被遗忘。与短时记忆相比,长时记忆对信息的保留时间很长,且贮存容量大。存储在长时记忆中的信息如果要使用,就必须通过提取,提取的信息构成反应生成的基础。反应生成器对这些信息进行组织并指引反应器做出反应,这包括人的所有肌肉活动和腺体分泌。对学生的学习活动来说,主要的反应器是书写中的手臂及发声器官。

2. 执行控制系统

在图 3-7 中,执行控制系统的箭头不与任何一个操作成分直接连接,这意味着它对整个加工系统进行调节和控制。学习活动作为一个信息加工过程,需要自我的调节和控制。比如,通过对感觉系统的调节可以使之选择适当的信息加以注意等。这种对信息加工过程的内在调节控制能力,加涅称为"认知策略",它决定哪些信息从感觉登记器进入短时记忆,如何进行编码,采取何种提取策略等。

3. 预期系统

预期系统是信息加工过程中的动机系统，它与执行系统一样，不包括在完整的信息加工过程中，但对加工过程起定向作用。其预期的事项通常是指学生期望达到的目标，即为学习的动机。正因为任何学习活动都是指向一定目标的活动，都对学习有某种期望，如读完一段文章或完成文后的问题等。这些目标有时是学校或教师确定的，有时是学生自己设定的，它会影响学生的努力程度和注意水平。如果学习者对达到预期目标有强烈愿望，即处在较高的动机状态，他就能集中注意，专心学习，选择行之有效的学习策略。同时，教师的反馈也具有强化作用，它是对学生期望的一种肯定。如果预期目标成功实现，就会令学习者感到满足、愉快，从而也能增强学习的信心，使其更加努力地投入到下一个学习活动中去。

（二）梅耶的学习过程模型

美国教育心理学家梅耶（R. E. Mayer）在加涅的学习信息加工模型基础上进行简化，提出一个极为简约的学习过程模型，如图 3-8。

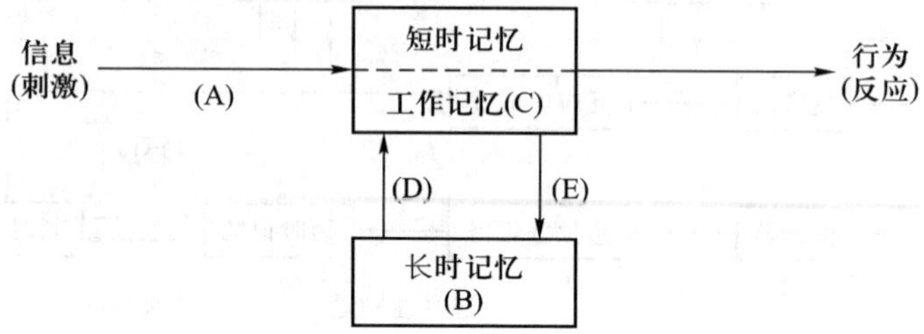

(A: 注意　B: 原有意识　C: 新知识的内部联系
D: 新旧知识之间的联系　E: 新知识进入长时记忆)

图 3-8　学习过程模型

图 3-8 显示，学习活动始于学习者的注意（A），通过注意，学习者选择了与当前学习任务有关的信息材料，并将有限的心理能量集中在相应的活动上，同时与新信息有关的存储在长时记忆中的原有知识（B）被激活，新信息进入工作记忆系统，学习者找出新信息各部分的内在联系（C），与此同时，与新信息有关的处于激活状态的原有知识和新信息产生联系（D）。最后，新信息进入长时记忆中存储起来（E）。

如果将梅耶的学习模型进一步简化，我们会发现它事实上是“S-O-R”简式，即刺激（Stimulus）—个体的生理、心理（Organism）—反应（Response），主要是与“刺激—反应”（S-R）的行为公式相对应。只是梅耶将认知过程“O”假设为注意、短时记忆、长时记忆的加工活动。新信息被学习者注意后，便进入短时记忆系统，被激活的原有知识也进入短时记忆系统，新旧知识相互作用。在学习过程中强调新旧知识的联系，是梅耶学习系统的最大特点。

三、建构主义的学习过程观

美国加州大学的教育心理学家维特罗克（M. C. Wittrock）及其同事吸收了当代信息加工心理学的研究成果，结合中小学数学、科学和阅读等学科教学，对学生的学习过程进行大量的研究，提出了学生学习的生成过程模式。

（一）基本观点

学习生成过程模式是依据下列两个基本观点提出的：

首先,在维特罗克看来,学习过程中,人脑并不是被动地学习和记录输入的信息,而是主动地构建对输入信息的解释。这表现为主动地选择一些信息,又无视一些信息,并从中进行推论。

其次,人们在生成所知觉事物的意义是,总是与以前的经验相结合。也就是学习者对事物意义的了解,总是涉及其原有的认知结构与认知过程。

(二) 学习生成过程

维特罗克也把人的记忆系统分为瞬时感觉记忆、短时工作记忆和长时记忆。他认为,学习是学习者从外部选择性地知觉新信息,然后进行主动的建构并生成意义的过程。新生成的意义经过归类进入长时记忆。

具体地说,学习过程经历如下流程:

(1) 长时记忆中的影响个体知觉和注意的各种信息以及以特殊方式加工信息的反应倾向被激活进入工作记忆。

(2) 获得知识和反应倾向实际上构成了学习者的学习动机,维持学习者对感觉经验的选择性注意,指引学习者进行选择性知觉。

(3) 选择性知觉的新信息进入工作记忆。

(4) 新信息与原有相关知识发生联系。

(5) 新的意义的主动建构,这是学习的关键一步,建构是要对照来自内部和外部经验进行检验,如果发现不成功,应该回到感觉信息,重新尝试。

(6) 成功的建构即达到对意义的理解,新习得的意义经过归类,纳入长时记忆的适当部分,或同化到原有认知结构中,导致长时记忆中原有认知结构的重组,或顺应原有的认知结构,与新信息构成包容性更大的新认知结构。

生成模式包括四个主要成分,即生成、动机、注意和先前经验。生成指形成新知识的内在联系(文内联系)和新知识与已有经验之间的联系(文外联系)。动机指积极生成这两种联系的愿望,并且把生成练习的成效归因于自己的努力程度。注意是指引生成过程方向的因素,它是生成过程指向有关的课文、相关的原有知识和经验。先前经验包括已有的概念、反省认知、抽象知识和具体经验。

上述理论模式都从一定程度上勾画出了学习过程结构的轮廓,但毕竟人的学习是一个十分复杂的过程,要彻底地揭示学习过程的结构及其意义和实质,还有待进一步的研究分析。

第四节　学习策略

近年来,随着信息社会的发展与社会竞争的日益激烈,学习理念得以广泛普及,关于如何学习的问题成了教育心理学中一个相当热门的课题。学习策略、元认知等方面的研究为学会学习提供了理论和实践的指导。在这一节里,我们将着重讨论学习策略及其分类,以及儿童常用的学习策略。

一、学习策略的界定

在有关学习策略的研究中,学习策略的界定始终是一个基本的问题。

（一）学习策略的含义

关于学习策略，有的研究者认为是指具体的学习技能，如复述、想象等；有的认为是指较为一般的自我管理活动，诸如计划、领会、监控等；还有的认为是组合几种具体技术的复杂计划。甚至有的认为与元认知、认知策略、自我调节的学习等术语的含义相互重叠。

综合这些不同的看法，我们认为，所谓学习策略，就是学习者为了提高学习的效果和效率，有目的、有意识地制订的有关学习过程的复杂的方案。

学习策略并不简单地等同于具体的学习方法，而更多的是学习方法的选择、组织和加工。为了能够选择和运用适当的学习方法，学生必须首先掌握大量可供选择的学习方法。

（二）学习策略的特征

上述学习策略的界定明确了其四个方面的特征（见表3-1）。

表3-1　学习策略的特征

特征	解释
主动性	一般学习者采用学习策略都是有意识的心理过程。学习时，学习者先要分析学习任务和自己的特点，然后根据这些条件，制订适当的学习计划。对于较新的学习任务，学习者总是在有意识、有目的地思考着学习过程的计划。只有对于反复使用的策略才能达到自动化的水平。
有效性	所谓策略，实际上是相对效果和效率而言的，一个人在做某件事时，使用最原始的方法，最终也可能达到目的，但效果不会好，效率也不会高。比如，记忆一系列英语单词表，如果一遍又一遍地朗读，只要有足够的时间，最终也能记住，但是保持时间不会太长，记忆也不会很牢靠。如果采用分散复习或尝试背诵的方法，记忆的效果和效率一下子会得到很大的提高。
过程性	学习策略是有关学习过程的策略。它规定学习时做什么不做什么、先做什么后做什么，用什么方式做、做到什么程度等诸方面的问题。
程序性	学习策略是学习者制订的学习计划，由规则和技能构成。每一次学习都有相应的计划，每一次学习的学习策略也不同。但是，相对同一种类型的学习，存在着基本相同的计划，这些基本相同的计划就是我们常见的一些学习策略，如PQ4R阅读法。

二、学习策略的分类

许多学者对学习策略的成分和层次提出了自己的看法，并对学习策略做出不同的分类。在此主要介绍迈克卡（Mckeachie）等人对学习策略的分类。他们认为，学习策略可以分为认知策略、元认知策略和资源管理策略三种（见表3-2）。

表 3-2　学习策略的分类

学习策略	认知策略	复述策略	如重复、抄写、做记录、画线等
		精细加工策略	如想象、口述、总结、做笔记、类比、答疑等
		组织策略	如组块、选择要点、列提纲、画地图等
	元认知策略	计划策略	如设置目标、浏览、设疑等
		监控策略	如自我检查、集中注意、监控领会等
		调节策略	如调整阅读速度、重新阅读、复查、使用应试策略等
	资源管理策略	时间管理策略	如建立时间表、设置目标等
		学习环境管理策略	如寻找固定地方、安静地方、有组织的地方
		努力管理策略	如归因与努力、调整心境、自我谈话、坚持不懈、自我强化等
		学业求助策略	如寻求教师帮助、伙伴帮助、使用伙伴/小组学习、获得个别指导等

（一）认知策略

认知策略是加工信息的一些方法和技术。这些方法和技术能使信息较为有效地从记忆中提取。认知策略可以分为复述、精细加工和组织三种。

1. 复述策略

复述策略指在工作记忆中为了保持信息，运用内部语言在大脑中重现学习材料或刺激，以便将注意力维持在学习材料之上的策略。在某些简单的任务中，如查找一个电话号码，人们会用到复述策略。为了在长时记忆中建立信息，人们也需要复述策略。

2. 精细加工策略

所谓精细加工策略，就是通过把所学的新信息和已有的知识联系起来，以此来增加新信息的意义，也就是说我们应用已有的图式和已有的知识使新信息合理化。

以前有一个私塾先生，每天自己到山寺庙里与一个和尚饮酒，而让学生背诵圆周率（$\pi=3.14159265358979323846 26\cdots$），学生们总背不会。一天，有一个学生编了一个顺口溜，学生们很快就背会了，结果使先生大吃一惊。这个顺口溜是："山巅一寺一壶酒，尔乐苦煞吾，把酒吃，酒杀尔，杀不死，乐尔乐。"

3. 组织策略

组织策略指整合所学新知识之间、新旧知识之间的内在联系，形成新的知识结构的策略。组织是学习和记忆新信息的重要手段，其方法是将学习材料分成一些小的单元，并把这些小的单元置于适当的类别之中，从而使每项信息和其他信息联系在一起。

假如你周末上街买食品，东西很多很杂，你难免不丢三落四，但如果你把这些东西组织起来，按照主食、蔬菜、肉类、水果、饮料、调味品归类，这些东西就会变得有意义，容易记住。

（二）元认知策略

元认知策略是指控制信息的流程，监控和指导认知过程进行的策略。元认知策略是利用认知过程中获得的知识，通过确立学习目标与计划，监控学习过程和评估学习结果等手段来调节语言行为。概括起来,元认知策略大致可分三种。

1. 计划策略

计划策略指根据认知活动的特定目标,在一项认知活动之前计划各种活动,预计结果、选择策略,想出各种解决问题的方法,并预估其有效性。包括设置学习目标、浏览阅读材料、产生待回答的问题以及分析如何完成学习任务。给学习做计划就好比是足球教练在比赛前针对对方球队的特点与出场情况提出对策。不论是完成作业,还是为了应付测验,学生在每一节课都应当有一个一般的“对策”:预测完成作业需要多长时间,在考试前复习笔记以及使用其他各种方法。

2. 监控策略

监控策略是指在认知活动的实际过程中,根据认知目标及时评价、反馈自己认知活动的结果与不足,正确估计自己达到认知目标的程度、水平;根据有效性标准评价各种认知行动、策略的效果。包括阅读时对注意加以跟踪,考试时监控自己的速度和时间等。这些策略使学生警觉自己在注意和理解方面可能出现的问题,以便找出来,并加以改进。

3. 调节策略

调节策略是指根据对认知活动结果的检查,如发现问题,则采取相应的补救措施,根据对认知策略的效果的检查,及时修正、调整认知策略。调节策略与监控策略有关。例如,在阅读困难或不熟的材料时放慢速度,测验时跳过某个难题先做简单的题目等。调节策略能帮助学生矫正他们的学习行为,补救他们理解上的不足。

(三) 资源管理策略

资源管理策略是辅助学生管理可用环境和资源的策略,包括:时间管理策略、学习环境管理策略、努力管理策略、学业求助策略。其中,学习环境管理策略主要是善于选择安静、干扰较小的地点学习,充分利用学习情境的相似性等。努力管理策略主要指掌握一些方法来排除学习干扰,使自己的精力有效地集中在学习任务上。这里重点阐述时间管理策略和学业求助策略。

1. 时间管理策略

时间是极其重要的学习资源,有效的时间管理可以促使学习,并增强自我效能感;无效的时间利用则削弱信心,降低学习效率。时间管理策略就是通过一定的方法合理安排时间,有效利用学习资源。

2. 学业求助策略

学习不是一个人的事情,必须与他人进行有效的合作,在遇到自己解决不了的问题时,更需要向他人寻求帮助。学业求助策略是指当学生在学习上遇到困难时,向他人请求帮助的行为。它是一种重要的社会支持管理策略。

他人的帮助如同课本一样是重要的学习资源。学业求助不是自身能力缺乏的标志,而是获取知识、增长能力的一种途径,是一种重要的学习策略。

三、儿童学习的常用策略

(一) 儿童学习策略的发展

研究者认为,儿童学习策略的发展要经历以下三个阶段。

第一阶段:儿童不能自发地产生策略,而且,即使别人教给他们某种策略,他们也不能有效地使用。雷斯(Reese)将这种情况称作调解的缺乏(Mediational Deficiency),即指年幼儿童因缺少产生策略及有效应用策略的心理装置,而不能对认知活动进行合理的调节。

第二阶段:虽然儿童仍不能自发地产生某种策略,但却可以在他人的指导下学会某种策略,从而提高认知活动的反应水平。弗拉维尔(Flavell)将这种情况称为产生的缺乏(Production Deficiency),即指儿童已具有使用某种策略的能力,但如果离开外力的帮助,自己不能产生策略。

第三阶段:儿童可以自发地产生并有效地使用策略。初、高中时期,某些青少年在他们熟悉的知识领域,可以在无人指导的条件下,自觉运用适当的策略改进学习,而且能根据任务的需要来调整策略。

(二)儿童常用的学习策略

1. 复述策略

复述是儿童认知活动尤其是记忆中非常重要的一种存储策略,也是儿童运用较多的策略之一。许多心理学家曾对此有过较为深入的研究,发现当要求幼儿记住呈现的图片时,虽然他们在记忆时看不见图片,但主试却能清楚地观察到幼儿的唇动(以唇动作为幼儿复述的指标),表明幼儿在通过复述的方式进行记忆。

由于幼儿还很难自主地采用内部语言的方式进行复述,因此,在活动中我们经常可以观察到幼儿的喃喃自语,这就是幼儿出声复述的体现。在某些情况下,幼儿能够运用复述策略,只是使用频率较低,如3~4岁儿童中有43%,6~7岁儿童中有79%能够复述。此外,幼儿自发复述倾向于从头到尾地进行。可见,在幼儿时期,复述策略已有一定的发展。

2. 组织策略

认知策略中的组织策略,也是幼儿学习策略中运用较多的策略之一。组织策略是指找出要识记或者回忆的材料所包含项目间的意义联系,并依据这些联系进行记忆的过程,包括对信息存储和提取两方面的系统化。研究表明,儿童自发地使用组织策略似乎要到10~11岁,但这种策略可能在年龄更小的幼儿身上已经存在了,如果学习的量少,年幼儿童也会使用组织策略。归类策略是其中较常用的策略之一,幼儿在形成概念、发展思维的过程中,其归类能力已得到了较好的发展:3岁学前儿童已掌握了基本类概念,具备了一级分类能力,能按一定的类别标准分类;5岁后依类概念分类迅速发展;6岁儿童基本掌握了上级类概念,能进行二级分类。

例如,教儿童记住二十四节气,把每个季节的节气归为一组,编成二十四节气歌:春雨惊春清谷天,夏满芒夏暑相连,秋处露秋寒霜降,冬雪雪冬小大寒。这样就把二十四个节气都记住了。

3. 表象加工策略

学习任务中配对联想学习是很普遍存在的,在配对联想学习中需要产生心理表象,把这些心理表象联系起来并赋予它一定的意义,这样的记忆效果远远优于机械重复记忆,这就是属于表象加工策略。莱文(Levin)把表象加工策略区分为“引入的表象策略”(学习者自己形成和引入的表象)和“供给的表象策略”(外界提供给学习者的表象)两种。前者适合于高年级儿童和成人,后者则适合于年幼儿童,因为他们还不能有效地产生表象,但可以使用提供给他们的表象。幼儿的思维发展正处于前运算阶段,由于符号功能的出现,幼儿能够凭借象征性格式在头脑里进行“表象性思维”。

如，幼儿识记“老鼠—酒”、“狗—皮鞋”等一些对偶词时，可以分别把它们想象为“老鼠在偷酒喝”和“狗脚上穿着一双皮鞋”。这样的识记方式也正符合幼儿学习活动的想象性特点。

此外，认知策略中还包括组块策略等信息加工策略，组块策略在幼儿时期也已经开始萌芽，但在幼儿的学习活动中表现较明显和突出的是以上三种信息加工策略。

小　结

学习是一种十分复杂的过程，有广义和狭义之分，狭义的学习是指人类的学习，其中，学生的学习与儿童的学习均有其特殊性。依据不同的标准，可以将学习分为不同的类型。

教育家和心理学家对学习问题不断深入地研究，形成了各种学习理论，比较有影响力的，主要有条件作用学习理论、认知学习理论以及建构主义学习理论等。

人类的学习过程一直是教育家和心理学家共同探讨的问题之一，其中有代表性的主要有中国古代的学习过程结构模式、加涅的学习记忆模型和梅耶的学习过程模型、学生学习的生成模型等。

学习策略能提高学习效率，给学习以指导。因此，了解学习策略的定义、特征、分类，掌握儿童学习策略发展的阶段与常用的学习策略是十分有益的。

思 考 题

一、单项选择题

1. 下列有关学习的说法不正确的是（　　）。

A. 学习是一种适应性活动　　B. 学习可以通过相应的行为变化得以体现

C. 动物也具有学习行为　　D. 所有的行为变化都是由学习引起的

2. 按照加涅的学习结果分类的观点，将学习分为言语信息、智慧技能、认知策略、动作技能和（　　）。

A. 信号学习　　B. 态度　　C. 辨别学习　　D. 概念学习

3. 把学习分为接受学习和发现学习的心理学家是（　　）。

A. 奥苏伯尔　　B. 潘菽　　C. 布卢姆　　D. 布鲁纳

4. 信息加工学习理论的代表人物是（　　）。

A. 奥苏伯尔　　B. 加涅　　C. 布卢姆　　D. 布鲁纳

5. 学习策略具有主动性、有效性、过程性和（　　）。

A. 操作性　　B. 监控性　　C. 结构性　　D. 程序性

二、名词解释题

学习　学生学习　儿童的学习　内隐学习　应答性条件作用学习　操作性条件作用学习　有意义学习　先行组织者　学习策略

三、简答题

1. 简述学习的基本含义。

2. 比较人类学习与动物学习的区别。

3. 学生学习具有哪些特点？

4. 你认为哪种学习的分类最接近于幼儿的学习？

5. 比较应答性条件作用学习与操作性条件作用学习的异同点。

6. 请简要回答建构主义学习理论对学习、学习者和知识的理解。

7. 奥苏伯尔的知识学习分类的依据是什么？

8. 学习策略有哪些类型？

四、论述题

1. 比较行为学习理论与认知学习理论关于学习实质的解释。

2. 试比较学习的四层含义，加深对学习含义的理解。

3. 结合实例，试比较加涅、奥苏伯尔、雷伯等心理学家对学习的分类。

4. 请结合自身学习的实际过程，比较几种不同的学习过程观。

5. 举例说明儿童常用的学习策略。

五、案例分析题

1. 阅读案例1，回答下列问题：

(1) 请你从奥苏伯尔的认知同化学习理论的角度帮助李老师分析产生这一现象的原因。

(2) 如果你是李老师，你要怎么做才能帮助儿童更好地理解故事内容？

案例1

语言活动：春姑娘来了

李老师是位新老师，今天她要为中班的小朋友组织一个语言活动"春姑娘来了"，为此她做了精心的准备：配图、故事磁带、表演用的头饰……可是活动开展得并不顺利，当她问小朋友在图上都看到了什么时，有的小朋友说看到了树，有的小朋友说看到了蝴蝶，有的小朋友说看到了河，还有的小朋友说看到了小熊……而当李老师说是春姑娘来了时，很多小朋友都一脸茫然。

2. 阅读案例2，回答下列问题：

(1) 请你运用学习心理原理分析案例2中的日常发现是否正确。

(2) 如果这种发现是事实，那么它属于哪种学习类型？

案例2

婴儿的推理与记忆

在日常教养过程中，人们发现：婴儿理解事物，不凭推理，也不需要解释，凭他们的智慧自然会在生活情境中领悟事理。婴幼儿的记忆是凭印象记住，他的脑子像摄影机摄取形象，录音机录取声音一样。脑的记忆区犹如一卷慢慢感光的底片，感光几次就记住了。

3. 阅读案例3，回答下列问题：

(1) 结合自己的教育实践，判断案例3中关于大班幼儿复述存在的问题及其成因是否具有代表性。

(2) 运用教育心理学有关原理，分析案例中关于大班幼儿复述技巧的培养策略的科学性。

案例 3

大班幼儿创造性复述技巧的培训策略

语言是思维的工具，是幼儿社会化、个性发展的重要标志。关注、研究幼儿的语言很有必要，而复述活动是检查阅读理解、培养孩子语言表达和思维能力的好方法。如何有效培养大班幼儿在故事教学中的创造性复述技巧，让我们的故事“教”与“学”更轻松、更有效，是一个值得关注的问题。

问题描述

1. “背诵”式复述

背诵故事在大班幼儿中尤为突出。平时，检查孩子对故事的理解、掌握，让其复述故事，通常班上不少孩子都能按照一个版本背诵下来。一听，似乎效果不错，整齐划一，但“这”只是背诵故事，显现的只是孩子的记忆能力，而复述是阅读、记忆、说话的综合体现。

2. “识字点读”式复述

让有些孩子上来讲故事，他会主动问：可不可以拿书？原以为他想借助书上的图片帮助理解故事，其实不然。仔细观察，你会发现：原来孩子认识很多字，他是以“识字点读”的方式，完成他的复述。若没有幼儿用书的协助，或是提供的是没有文字的教学图片，他则无法复述。

3. 无顺序式复述

笔者还发现：让大班孩子复述故事，他们中不少人会把复述故事当做概括故事的主要内容，而且条理不清，重点不突出，没有感情。究其原因，主要是对文本的理解严重欠缺，在复述前缺乏对故事的整体感知。

另外，有不少孩子根本不会讲故事，让其复述故事，他会念“儿歌”代替；要是让其复述指定的故事，他干脆摇头或是害怕地一言不发……

原因分析

孩子复述能力的欠缺，是读、思、记、说能力的整体欠缺，包括学习情感与态度的欠缺，而大班幼儿复述能力欠缺的一个重要原因是教师的指导欠缺。

1. 概念模糊，目标不明确

文中提到的复述，指大班幼儿在理解故事文本的基础上，创造性地运用自己的语言，有重点、有条理地将故事内容叙述出来。它不同于“背诵”，不是机械地“识字点读”式的讲述，也不是无序地、简单地将“知识点”的串联。我们不能仅凭主观经验，对幼儿语言能力加以笼统的评价。不能只关注孩子对故事内容的记忆，要考虑孩子对故事文本的解读、情感的把握以及在复述原文基础上的再创造。不能放任孩子，不管其会讲或不会讲，说过了就完事，导致不会讲故事的孩子越来越多。

2. 形式单一，活动不丰富

在日常故事教学中，不少教师让幼儿一遍又一遍地倾听故事，从听录音到教师的讲述，或是观看视频讲述，然后根据教学目标，提出设定的一组问题（落实知识点）。接着，为了检测孩子对故事的掌握情况，请个别幼儿情境表演，或是让个别背诵式讲述故事。该模式运用在一节语言课上，似乎比较完整，形式丰富，但长此以往，不管故事内容有无区别，格式化地套用这种模式，就成了定式。孩子会渐渐感到乏味，因无趣而游离在课堂之外，自然也就达不到复述的要求。

3. 群体切入,个体不关注

尽管从总体上看,许多幼儿的复述能力处于同一水平,但构成复述能力的要素却存在较大的个体差异:不同的家庭背景,不同的性格,不同的语言基础,其他教学横向渗透的深浅……为此,对孩子的复述训练,应关注个体差异,采取分层培训。

培养策略

孩子的复述技巧是逐渐提升的,我们应整合幼儿日常生活中的某些教学环节,循序渐进地指导孩子在复述活动中认知、模仿、迁移、创造,提高孩子的说话能力。

1. 课外干预

(1) 巧设"晨间谈话",为复述作"铺垫"。

孩子平时的"说话",与其复述能力是联系在一起的。为此,我们应该抓住"晨间谈话"这一时机,巧设谈话内容,以"句式"训练为依托:从"单句"到"复句",从"要点回答"过渡到"完整回答",让孩子在"谈话"中操练、习得说话能力,为复述作铺垫。

(2) 构建"区角活动",为复述作"催化"。

为有效培养孩子的复述能力,可以积极构建"语言区"、"表演区"。在语言区,投放具有创造性的文本故事书,引导孩子有意识地阅读,该阅读更多的是让孩子根据图片,发挥想象,自由表达,以提高孩子的胆识,促使其敢说。教师关注的是其表达是否符合语言逻辑,是否沿着事情发展的顺序。在"表演区",根据故事内容设置场景,投放所需道具,如动物头饰、服饰等,让孩子在表演、观看、点评中"温故而知新",为复述作"催化"。

2. 课内干预

(1) 在解读、梳理文本中,提升认知层次(简要复述)。

复述是让孩子把故事的内容用自己的话说出来。因而这一训练就要求引导孩子认真"阅读"故事,熟悉故事内容,达到阅读的认知层次。帮助孩子梳理故事内容,可以采用以下方法:

① 用教学图片。一般进行故事教学,都有与其内容匹配的图片,而图片反映的往往是本故事中最重要的部分。我们利用图片帮助孩子学习故事,同样也可以利用它来帮助孩子梳理故事内容,让孩子在教师的引导下,结合图片,获取复述的重点。

② 利用所提问题。在幼儿复述故事前,按故事发展顺序提出一组具体问题,这些问题不仅能引领孩子对故事进行有效的阅读,也是教师帮助孩子梳理文本的抓手。引导孩子在观看图片的基础上,回顾一些重要、具体的问题,接着,在教师的指导下,借助这些带有顺序性的问题进行简要复述。

(2) 在模仿、迁移训练中,提高说话能力(详细复述)。

模仿:

大班孩子正处于语言习得期,他们是在"操习"他人的语言中模仿、迁移、习得自己的语言的。故事文本的语言已为幼儿提供了一个很好的范本,为此,教师应根据教学目标,挖掘文本内涵,并有效"解读",让情感化的讲述(听录音或教师讲述)帮助孩子理解故事内容;在整体把握的基础上,突显重点句段,教师带着情感讲述、渲染,吸引孩子进入角色,在认真倾听的基础上,让孩子模仿语感、语句。

迁移:

语言的内化迁移是孩子故事学习的难点。那么,如何帮助孩子进行“迁移”训练呢?

① 鼓励幼儿大胆替换词句。大班幼儿正从模仿语言阶段向运用语言阶段迈进,对此,在教学中鼓励幼儿在不改变原文大意的情况下,可以增删词句或段落,允许幼儿大胆替换词句,向幼儿提出一些要求:谁能说出与故事中意思一样的词(句)? 这个词(句)还可以怎样说? 等等。原意没有改变,但表达更生动了。这样可以使幼儿在对文本理解的基础上,进行简单的艺术创造。

② 指导幼儿补充式复述。幼儿喜欢为故事主人公创造出情境,喜欢用自己的思维方式解决故事中的问题。抓住这一特点,我们可以鼓励并指导幼儿在复述故事时加入自己的改编和续编内容。对语言表达欠缺的幼儿,提出问题后引导他们讨论,按照他们的思路,将故事情节发展下去;对表达较强的幼儿,直接提出改编和续编要求,引导幼儿探索解决问题的多种途径,为故事编出多种结局。这体现了幼儿对故事情节的大胆想象和合理推测,更好地促进了幼儿的创造性思维能力和语言表达能力的发展。

(3) 在激发、维持中,丰富语言积累(创造性复述)。

激发、维持孩子的复述热情,让孩子喜欢复述、主动复述,不仅体现了孩子的主体地位,而且对培养其复述能力起到事半功倍的作用。

① 取多种形式,呵护情趣。创造性地引导复述,为复述注入情趣,最好的方法就是采取多种形式,让孩子在多彩的活动中,轻松、快乐地复述。如创设情境,引导孩子在表演中复述,在交际中复述;又如看实物说、观察生活说、教师开个头孩子接着说等。

② 激发求异思维,强化成就。孩子在学习的过程中需要一定的成就感来强化他们的学习动机。因此,在复述的过程中,要善于抓住他们的闪光点,及时给予肯定和表扬,激发幼儿的求异思维。如:同一个情节、同一个人物,编出不同场景;根据提供的图片,想出不同的童话故事;同一个场景、同一个动作,用不同的句式和语言来描述……鼓励幼儿在求异创新中丰富语言积累。

参考答案:

一、单项选择题

1. D　2. B　3. A　4. B　5. D

第四章　学前儿童学习的概述

学习目标

1. 识记的内容

◆ 婴儿学习与幼儿学习、习惯化与去习惯化。

◆ 学习准备与关键期。

◆ 学习动机、学习情境与学习品质。

2. 领会的内容

◆ 婴、幼儿学习方式的发展及主要方式。

◆ 学前儿童认知发展的特点。

◆ 幼儿学习的途径及分类。

3. 应用的内容

◆ 学习与发展的辩证关系。

◆ 脑的发育、认知发展、学习动机与学前儿童学习的关系。

◆ 学习情境、家庭教养方式对学前儿童学习的影响。

建议学时

6 课时

老师导学

学习可以在日常生活中自然地进行，但更多的是通过有计划的教育进行，幼儿园教育就是幼儿学习的指导过程。幼儿学习既不同于婴儿学习，也不同于小学生的学习，有着自己的特点。这里，“学习”泛指幼儿在适应环境过程中所进行的各种学习，既包括科学知识的学习，也包括各种生活技能的学习。幼儿学习受其内外两种因素的影响。本章将对幼儿学习方式及特点、学前儿童学习的影响因素予以论述，学习难点在于幼儿学习方式的发展，应重点掌握幼儿学习类型与特点、学习与发展的辩证关系、影响学前儿童学习的内外部因素。

近半个世纪来，大量婴儿发展研究表明，婴儿早在生命之最初，掌握语言之前，就已经具有比我们原先所认为的更强的能力和更丰富的经验。婴儿自出生开始就能在这个富有意义的世界里进行感知和行动，甚至连新生儿都能很快学会利用他们赖以生存的环境资源。

研究证实，婴儿出生时并非只有一系列自动化的条件反射，他们还是这个富有意义的环境的行动者。婴儿世界是一个充满强大的能力、丰富的经验和惊人地快速学习的世界。

学前儿童学习及其发展主要体现在学习方式上。《辞海》对“方式”的解释是“某种活动采用的方法和活动形式”。从心理学的角度来理解，学习方式就是指个体为接受和保持新的经验（信息和技能）所采用的方法和活动形式。

儿童的学习方式是怎样的，不同的心理学派的观点是不一样的。从幼儿学习行为的角度出发，幼儿的学习方法有观察学习、操作学习、模仿学习、倾听与表达学习、交往学习、合作学习、体验感受学习、探索发现学习等。在幼儿实际学习的情境中，这些学习方式是交融在一起的，幼儿需要同时采用多种学习方法来完成活动。

学前儿童学习方式的研究可以从两个方面切入，一个是学前儿童发展阶段所表现出来的年龄特点，即研究儿童学习方式的共性；另一个是对儿童个体的学习方式的研究，即研究儿童学习方式的个体差异性。

第一节　学前儿童学习的基本方式

无论是从种系进化，还是从个体发展，人的学习都是一个不断进步的过程。人类的婴儿生来就是一个乐于学习的“探险家”。在环境诱导和内在好奇的双重驱动下，婴儿从来到这个世界那一刻起，就开始学习的发展进程。

一、婴儿学习的基本方式

婴儿学习是指婴儿在与客体相互作用的过程中获得经验或由此引起个体倾向与能力变化的过程。

大量研究证实，人类胎儿在妊娠末期已可接受言语、乐音等外界刺激并获得经验，且该经验能保持到出生后并对其行为产生明显的影响。这表明人类个体在胎儿期已能进行颇有成效的学习，学习活动最早发生的时间是胎儿末期。

婴儿一生下来就有学习能力。这种能力的最根本特点就是明显地倾向于认识环境中某些特定的联系，其最初几周内的学习活动明显地受着这种具有种系特点的倾向性的制约。3 个月时婴儿已能顺利进行各种学习活动，学习范围和种类越来越广泛，学习技能越来越多样，并且能对社会性刺激和非社会性刺激进行记忆和学习。如，3 个月婴儿可以进行操作性条件反射的学习，而且经过适当复习后这种学习效果可保持 4 周之久。

此后，婴儿的信息编码能力迅速发展起来，这使得婴儿能够更快、更有效地从外界获取更多的信息，进行卓有成效的学习。6 个月以后婴儿的学习能力又有了新的发展，表现为：再认能力的继续加强（长时记忆能力继续发展）；社会性认知和社会性学习长足进步（出现了“认生”现象）；学习的重要因素之一——分类能力也获得了显著的发展，使婴儿的学习更加接近于概念学习。10～12 个月的婴儿已能进行基本的数概念学习，能进行高级的、对现实世界事物的分类。

（一）婴儿学习方式的发展

婴儿学习的最早方式表现为习惯化与条件反射的形成。

1. 习惯化与去习惯化

习惯化与去习惯化是一种在婴儿时期经常出现的、二者有着密切联系的学习现象。习惯化是指个体不断地或重复地受到某种刺激而对该刺激的反应减少的一种现象；去习惯化是指在习惯化形成以后，由于一种新刺激的出现，个体的注意力立刻转向新刺激，对新刺激的反应恢复和增加。同时，习惯化与去习惯化的方法是用来了解尚处于前言语阶段的婴儿是否具有分类能力以及是如何进行分类的一个极其有效的技术手段。

习惯化与去习惯化的具体定义：在刺激呈现一段时间以后，当婴儿的注视时间明显地少于开始时注视的时间，并下降至原来注视时间的50%时，则可认为对该刺激形成了习惯化；这时呈现新的刺激，如果注视时间与前一时刻相比突然上升，且上升的幅度显著，则可认为此时去习惯化发生。

有研究表明，出生仅2天的婴儿就可形成视觉的习惯化和去习惯化。婴儿对视觉刺激所形成的习惯化及去习惯化的情况，说明婴儿不仅能区分两种不同的刺激，而且对先前呈现的刺激能记忆，这为分类创造了条件。

习惯化具有两个鲜明的特点：

(1) 能够引起习惯化的刺激必须是连续多次重复出现，出现时必须持续一段时间。

(2) 能够引起习惯化的刺激必须是婴儿能产生选择性定向反应的刺激，如光线、颜色、形状、声音等。那些不能引起婴儿选择性定向反应的刺激，如室温，则不会引起习惯化。

从早期婴儿学习的观点看，习惯化与去习惯化现象给我们的启示是：

首先，单调的、不断作用的刺激引起婴儿厌烦，失去兴趣，不利于学习经验的及时增长。

其次，单调的、不断作用的刺激不利于婴儿提高对外界刺激的选择性和接受上的灵活性。

第三，习惯化与新异反应性的适当运用是促进婴儿学习的有效手段。经常更换环境刺激物和玩具，可以保持婴儿的活跃、兴趣状态。较长时间以前熟悉了的刺激物，在间隔一段时间以后再出现时，也能起到一定的新异性作用。

2. 经典条件反射与操作条件反射

(1) 经典条件反射：经典条件作用是一种普遍的学习现象，但它只是一种简单的学习形式。在动物和婴儿的学习中表现得尤其突出。

新生儿的神经系统发展十分迅速，出生后不久，通过喂奶与乐音的前后出现，多次重复后，婴儿在听到乐音时吮吸加速，这就是在吮吸无条件反射基础上建立了条件反射，乐音成了条件性刺激。这也是婴儿最早的学习方式。

3个月婴儿能很快形成条件联系，包括延缓性的、分化性的和消退性的条件联系。3~6个月婴儿能在社会交往中建立延缓性条件反射。当刺激物延迟出现，如母亲离开，他们会等待做出反应。同时，他们还会形成分化性条件反射，如5个月婴儿能区分倒置的人脸照片。6~12个月婴儿出现了辨别不同人脸的认知能力。他们会区分熟人、依恋对象和陌生人，并产生对陌生人的焦虑反应。

1岁婴儿还会学会辨别数量，能容易地区分2个和3个物体，随后能区分4个和5个。研究指出，婴儿明显地偏爱直立与平放的人的正常面孔。婴儿还会形成条件反射的消退，已经建立的条件联系，如果长时间不予以强化，即会消失。

(2) 操作条件反射：操作条件反射与经典条件反射不同。经典条件反射是婴儿自然出现的一种学习方式。操作条件反射可以说是在教育者影响下婴儿形成的条件反射学习方式。

经典条件反射以基础反射为重。在建立条件反射时，其基础反射是天生的神经反射。比如强光会引起眨眼，那么使铃声与强光同时出现，可以形成铃声引起的条件反射。经典条件反射是应答性反应，这种反应主要出现在婴儿早期。

操作条件反射以奖励某种行为作为重点。随着幼儿年龄的增长，在幼儿学习中，起作用的条件反射强化方式，更多的是操作条件反射，而不是经典性条件作用。操作条件反射的强化物，可以是物质的，也可以是精神的。对婴儿来说称赞、夸奖等作为强化手段的力量，逐渐胜过物质形式的强化。比如，孩子学会谦让，为满足精神的需要，高高兴兴地选个小梨，而把大梨让给奶奶。那就是他放弃了物质利益，而获得精神上的满足。

操作条件反射表现出婴儿学习的主动性。婴儿的许多习惯和行为都是通过自身的操作习得的，其中蕴涵着某些主动性。出生几天的婴儿就产生了操作条件反射的学习。

研究者发现，出生 3 天的婴儿为了听母亲的语声而“主动”改变了吮吸频率。这说明新生儿具有形成操作条件反射的能力。

在日常生活中可以经常观察到 3 个月婴儿的操作条件反射。实验者用绳带把响声的玩具与婴儿的腿联结起来，每当婴儿动腿，玩具装置就发出声响并旋转起来。玩具的变化引起了婴儿的注意和兴趣，于是他不断地踢腿，以使玩具旋转和发出响声。

5 ~6 个月后，婴儿能学会做出某种行为以引起父母注意。例如，敲打玩具或把玩具扔在地上，父母就走过来照顾他，从而强化了他们的这一行为。因此，成人应该根据教育的要求，从婴儿类似的主动行为中辨别出，哪些行为应予以强化，哪种行为不去强化，从小就培养孩子形成良好习惯。

（二）婴儿学习的主要方式

美国远西实验室的研究者通过观察发现，3 岁前儿童的主要学习方式是学习图式、因果关系、使用工具以及理解空间。

1. 学习图式（Learning Schemes）

学习图式是婴儿学习，特别是 1 岁前婴儿发现学习的基础性学习方式。通过使用图式，例如敲打、伸手购物、说话等方式，婴儿获得对周围事物的有价值的信息。图式学习帮助婴儿发现应该如何最佳地使用物体，以及如何运用新的、有趣的方法使用物体。图式包括三种：

（1）简单图式：敲打、抓、握、够物等发现物体性质的动作图式，有助于婴儿对物体进行初步的分类：硬的物体如积木，软的物体如棉花球，黏性的物体如贴纸；有的物体是可以摇动的，有的物体是可以推的。

（2）混合图式：婴儿同时运用几种简单图式去探索，学会运用综合方式解决新问题。

（3）社会性图式：社会性图式就是人际交往图式，例如，婴儿理解听音乐与舞蹈之间的关系，说再见与离开之间的关系，上床准备与睡觉之间的关系。同时他们还能正确使用茶杯、筷子等带有“社会使用规则”的物品。

2. 因果关系（Cause and Effect）

几个月的婴儿不知道他扔一个玩具，玩具会掉到地上，发出响声；扔一个球，球会滚很远。随着年龄增长，婴儿逐步明白了事件及由事件所引发的结果之间的联系。

婴儿对因果关系的学习与他们不断探索、体验和实验密不可分,正是通过他们的体验与探索,他们逐步建立了事物之间因果联系的图式,并对这种因果关系形成清楚的认识。

3. 使用工具(Use of Tools)

工具是实现期望的重要中介。婴儿常用的工具有哭喊,手的动作,养育者,或是某一个物体。通过使用工具,婴儿学会借助工具拓展自己的力量。婴儿使用工具经历以下阶段:

(1) 将自己的身体作为工具:几个月婴儿的探索活动主要借助自己的身体。如当他哭喊时,总能引发养育者的抚育反应。经过多次重复,婴儿就学会了“哭喊是一种重要的方式”。当他们需要养育者关注时,他们就借助哭喊这一方式。

运用自己的身体作为工具,还有几种情况:用自己的手去够物体;向需要的物体方向蠕动;推动物体;使用他们的嘴作为工具去保持或抛弃物体。

(2) 将养育者作为工具:婴儿另一种显示“使用工具意识”的方式是让他人为自己做事。婴儿常常让养育者为自己捡玩具,为玩具上发条,替自己取物品,或为自己打开密封容器。7~8 个月的婴儿还不会走路,但他会让养育者带他到远处去探索。使用他人作为工具,是婴儿认知与学习发展中的重要一步。

(3) 将物体作为工具:年龄大一些的婴儿开始自己使用物体作为工具。例如,婴儿能发现如何使用小棒去够一个离自己稍远的物体;为够床底下的鞋子,用自己的脚作为工具;为拿到书架高处的玩具,他会搬一个小椅子,站到椅子上去取玩具,甚至把一个算盘作为小推车去运玩具。随着思维能力的发展,婴儿逐渐能想出以物体作为工具的新用途去达成目标。

4. 理解空间(Understanding Space)

距离、运动、视角等也是早期学习的重要方面。婴儿通过撞击物体,将物体挤成紧密的形状,从不同角度观察物体,学会空间关系;当婴儿去够物体的时候,他们就开始学习距离概念;当他们开始运动的时候,他们能发现影响运动的障碍物;他们会发现有些空间过小,不适合填放东西,如钻到小桌子底下,他们就很难出来;他们同样也会发现当一个球滚到远处时,看上去变小了,而滚到离自己近的时候,看上去就变大了。婴儿就像小科学家,不断地通过探索与发现来了解物体的空间。

实际上,学习是整合的,婴儿的学习方式也是整体的。例如,当一个孩子一步步向楼梯爬行时,他的学习方式就有几种:发展图式(使用脚);学习因果关系(踩到楼梯上会发出声响);使用工具(踩楼梯弄出声响会引起成人关注)。

二、幼儿学习的基本方式

(一) 幼儿学习方式的发展

幼儿学习的发展不仅表现在学习内容的不断深化上,而且反映在学习方式的复杂化上。总的来说,幼儿的学习方式是由单纯的刺激—反应联合学习或机械学习向中介性的联合学习发展。

1. 换位

邱纳(M. R. Kuenne)曾做过图 4-1 那样的两个刺激条件的换位实验。先对学习者进行训练,使之能从两个刺激图形中选出较大的一个正方形。训练达到一定标准后,再给以测验刺激。测验有两种,一种是近测验,所用刺激图形的面积和训练刺激图形相差不大;另一种是远测验，图形面积相差很大。换位反应（或相对反应）是指选择“较大的图形”，绝对反应则是选出和训练中的正刺激图形同样大小的图形。测验结果证明，在近测验中3岁儿童和6岁儿童都显示有换位反应，远测验时，3岁儿童的换位反应就变得很少了。同时还已查明，5岁儿童差不多都能自发性地运用语言，或在被提问时运用语言。

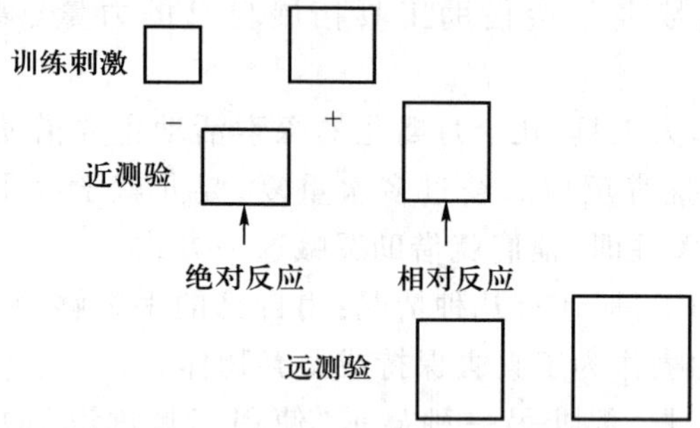

图 4-1　两种刺激条件的换位实验

2. 辨别换位学习

肯特勒（H. H. Kendler）等人做了图4-2所示的辨别换位学习测验，在学习方式的发展变化上有所阐述。

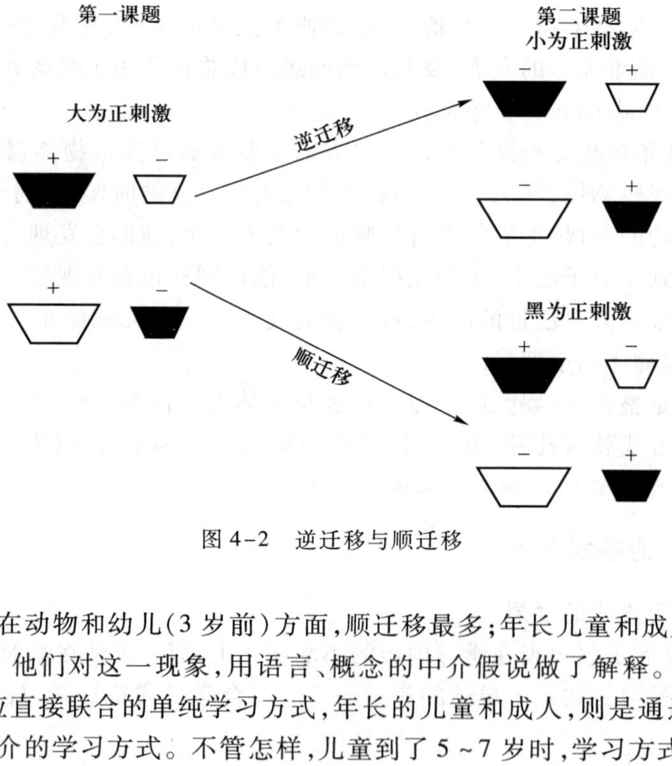

图 4-2　逆迁移与顺迁移

据测验结果，在动物和幼儿（3岁前）方面，顺迁移最多；年长儿童和成人，则逆迁移大大增加（见图4-3）。他们对这一现象，用语言、概念的中介假说做了解释。即幼儿的学习方式是把刺激和反应直接联合的单纯学习方式，年长的儿童和成人，则是通过语言、概念系统的发展，采取了中介的学习方式。不管怎样，儿童到了5～7岁时，学习方式上就有了变化。

3. 概念学习

奥斯勒（S. F. Osier）和菲维尔（M. W. Fivel）曾对6、10、14岁儿童做过一个实验：把表面贴有图画的纸盒每次给他们看两个，两个纸盒上的图画某一个刚好和另一个能拼合，要他们把能拼合的纸盒指出来。

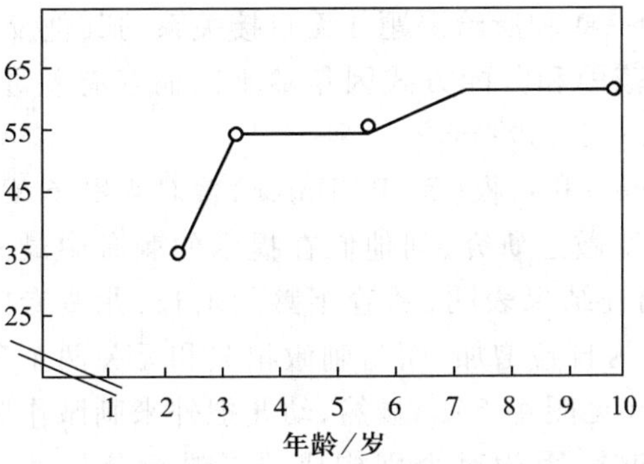

图 4-3　逆迁移人数百分比发展变化

从学习过程的分析中发现，他们有的是属于能一下解决问题的激进型，有的是渐进型。前者反映了假说检证型的学习方式，多属高级智力组；后者则为单纯的刺激—反应联合学习方式。从儿童概念学习的发展情况看，8～11 岁儿童可以采用以某种分类为基础的学习。

4. 解决问题的学习

考察一下儿童在解决复杂问题时的行为方式，可以看出从幼儿期到儿童期有显著变化，即从单纯手段转到假说检证手段。

维尔(M. W. Weir)曾采用概率的问题解决测验，对儿童的反应进行过分析。把三个选择项左、中、右并列在一起，其中一个为“正”按钮(但有 66% 或 33% 随机强化)，其余两个为“误”按钮，要被试者自由选择按动按钮，尽量多地射出弹珠。这个问题并没有百分之百的正确解决方法，但可利用它来分析儿童比率(最后的 20 次试验)。如图 4-4 所示，年龄与正确反应率之间有马鞍形关系，3～5 岁儿童与成年人的正确反应率比中间年龄的高。

维尔对这一结果是这样解释的，3～5 岁幼儿单纯以得到报酬为最高目标，依此采取手段。成年人则在假说检证之后，采取了最后强化的概率作为最大数，作为选择的依据。与此相对，7～15 岁的儿童，则模糊地采用了成年人的手段，又不能大胆放弃自己的方法，结果是左→中→右或者右→中→左这样的对位置的刻板式反应加多，正确反应率就减少了。

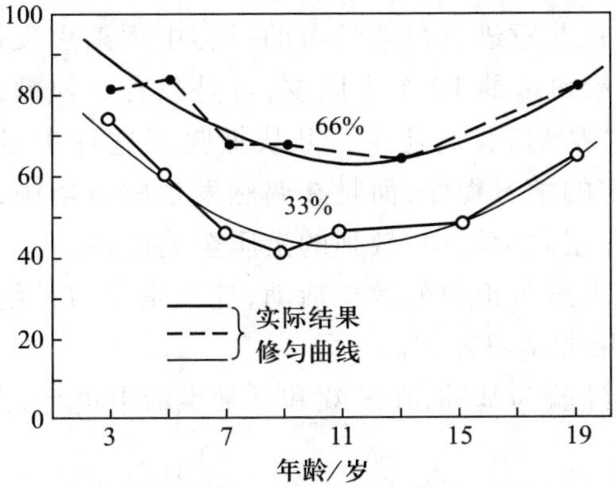

图 4-4　最后 20 次试验的正确反应率

5. 偶发学习

幼儿有时也会得到一些和所给课题并无直接关系的其他反应和信息。这就是所谓“偶发学习”。儿童的注意范围和分配方式因年龄不同而互有差异，偶发学习也因此而存在一定的差异。

德拉克(J. F. Druker)和哈根(E. P. Hagen)曾对4岁、6岁、8岁3个年龄阶段的儿童做过研究，问他们在提示的刺激中最先见到的是哪个部分。调查结果表明，随着年龄的增长，儿童专门指向刺激有关的探索行为日益增加，而与刺激相关和无关两个项目的探索行为日益减少(见图4-5)。显然，幼儿把外来刺激作为一个模糊的整体进行知觉，因为对个别构成要素进行分析性学习，对4~8岁的儿童来说还太难。

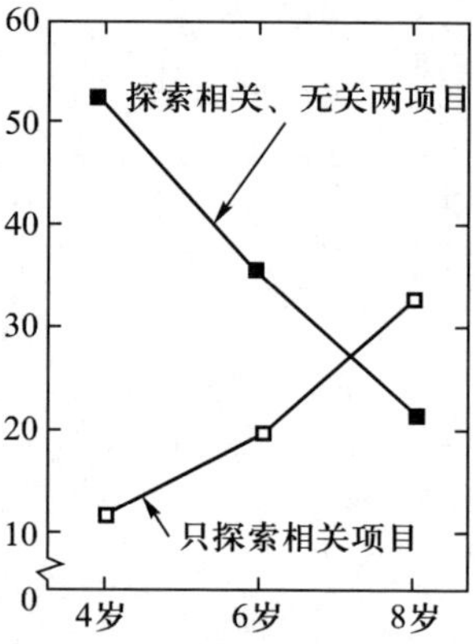

图4-5 探索的发展变化

综上所述，儿童的学习过程是由刺激联想向刺激—中介—反应这样的中介性学习的发展过程。其中，“较大的”这一语言线索，就是作为中介在起作用。

儿童大约在6~7岁时，是学习方式发展上的一个重大转变期。采取刺激—反应理论立场的人，很重视这一时期儿童由单纯刺激—反应的联合学习向以语言、概念为中介的联合学习的发展变化。

由单纯联合学习或机械学习向中介性的认识的学习发展，是由什么来起作用的呢？主要就是语言。里兹(H. W. Reese)曾说过，5岁以前，儿童的语言还不具有中介机能，即处在“中介缺失”的阶段。

有人从发展过程考察儿童学习，把幼儿学习划分为三种方式：自然学习(Naturalistic LearnIng)、非正式学习(Informal Learning)、结构化学习(Structured Learning)。

自然学习主要是儿童在日常生活中自主萌发出来的。通过感官的摸、嗅、尝、看等，儿童学会积极地与周围的环境互动学习。例如，晓梅(3岁)正在吃橘子，然后抬头告诉老师说：我吃了2瓣，并且伸出两个指头；在进入幼儿园后儿童开始了解自己所在班级的情况：班上有几个老师，班上小朋友的总数，男孩女孩各多少人；在洗手时，知道1个小朋友用1条毛巾，在轮流洗手、如厕中理解“先后顺序”的概念。

非正式学习是成人在儿童进行自然学习的过程中逐渐引发而进行的学习。例如，唐唐(3岁半)有一包糖要分给班级的10个小朋友，可是只有8块糖，在他分发到最后一块时发现不够了，这时老师问：“唐唐，我们还少了几块糖呢？”这种学习不像结构化学习那样由成人计划好活动、遵循固定的学习程序，而是在偶然发生的情境中，成人抓住某一学习契机进行引导。因此，在儿童非正式学习中，教师的素质至关重要。

结构化学习即是成人进行正规的教学活动，让儿童学习系统的数学知识。这是在儿童6岁入小学以后主要使用的学习方式。

幼儿的学习以直接经验为基础，在游戏和日常生活中进行，大多处于自然学习和非正式学习阶段。

不管怎样，在这一时期前后，复杂的学习和思维渐渐有了可能，但不能把它固定在6~7岁这一年龄期限上。这种转变是由学习者和学习内容之间的相互作用来决定的。可以肯定的是，这是由未分化到分化的、结构的，由直观的到概念的，由特殊的到一般的这样一个顺序的发展阶段。

（二）幼儿学习的基本方式

幼儿学习的方式随着语言的发生及其在心理活动中作用的增长而有所变化。幼儿学习方式主要有：观察模仿学习、语言理解学习、操作尝试学习等。幼儿对不同的学习内容，会采取不同的学习方式。

1. 观察模仿学习

观察是幼儿学习的主要方式。幼儿主要通过感官直接接触，包括视觉、听觉、触觉、嗅觉、味觉等，即广义的观察来学习。幼儿的观察学习常常与模仿相联系。幼儿的模仿学习，比婴儿要多得多。年幼的孩子主要模仿一些表面的现象，4岁前的幼儿，别人做什么，他也要做什么。4岁以后幼儿的模仿，开始逐渐内化。

幼儿的模仿学习，大量用于行为与态度方面。幼儿常常在无意中学习，特别是不自觉地模仿亲人和教师的举止行为，在这里，潜移默化的影响特别明显。

幼儿园教师常常为幼儿树立榜样让他们学习，收效较好。比如，老师说："小刚走得真好，挺起胸来像个小解放军。"孩子们随即以小刚为学习的榜样。但是幼儿也会模仿一些不良行为，甚至养成习惯，教师在这方面需要注意与引导。

2. 语言理解学习

语言理解的学习，用于在成人讲解和指导下对行为与态度的学习。与婴儿相比，幼儿大量使用语言理解的学习方式，包括倾听、提问、对话等。与成人相比，幼儿的学习更多依赖从感性入手的方式，而不是从理性入手的方式；从归纳入手，而不是从演绎入手的学习方式。成人苦口婆心的讲解，幼儿常常听不进去。其中的重要原因，就是过多使用抽象说教的方式，或是从某一件事做演绎推论的方式。

有位实习教师这样谈到她所带的幼儿和她的指导教师：和小毛头打交道真是很有道道，今天有个小家伙就是不肯吃饭，嘴巴一直闭着，我很生气，说话的声音也就大了些。指导老师走过来，对我说："对他，你喊破喉咙都没有用的，来，我来。"只见她拿了个小凳子，轻轻地坐下来，对小家伙说："宝宝来，老师帮你吹一吹汤，宝宝很乖的，一定吃得又快又好。"没想到，他的小嘴真的就芝麻开门了。

倾听学习是指儿童通过听觉器官对声音的感知而进行的学习。倾听学习是一种特殊的语言理解学习。通过倾听可以辨别语音，学习语言，进行言语活动。听成人或同伴讲故事，感知自然界的各种声音，如雷、雨、风的声音，水流动时的声音等，辨别各种物体的声音，如敲击木头、铁、瓷制品的声音等，机器运转时发出的声音，如钟表的声音等，动作发出的声音，如拍手、走、跑、跳的声音，各种鸟、昆虫、家禽、家畜的叫声等。倾听学习不仅可以使儿童辨别各种声音，而且可以发展儿童的空间方位和距离知觉。倾听学习必须要有一个相对安静的环境，尤其是在听故事的时候，应养成儿童注意倾听的习惯。在我国的幼儿园教育中，一方面，儿童倾听式的学习所占的比重最大，以致造成了与其他方式的学习严重失调的局面。另一方面，儿童说的机会很少，只能听不能说的现象普遍存在。听总是与说相联系的，听是说的基础，儿童应在倾听的基础上发展其用语言指称、描述、发问等的语言表达能力。

3. 操作尝试学习

操作学习是幼儿重要的学习方式，对物体的探究与发现，对周围世界的探索都离不开幼儿的操作活动。尽管2岁后幼儿的言语在不断发展，但操作活动，特别是实物操作活动作为幼儿主要的活动方式，其重要性一点也没有减弱。

（1）操作活动是幼儿探索世界的主要方式。在操作、摆弄物体的过程中，幼儿会发现操作与物体结果之间的因果联系，这成为幼儿探索自身与物体、物体与物体之间关系的重要方式。同时，通过操作，幼儿不仅通过感知觉，而且通过改变物体的部分属性，从不同视角来观察物体。幼儿通过改变物体外部直观的作用来获得对物体更深刻的认识。如幼儿玩积木不但会增加其操作的乐趣，获得愉快感，而且能促进其对形状、颜色及图案等的学习和掌握，了解事物，把握物体的属性。

（2）幼儿的操作学习还可以弥补语言理解和表达的不足。比如，当幼儿不能理解成人的讲解时，成人可以让幼儿跟随着某种动作来理解语言描述的内容；当幼儿不能通过语言来表达自己的思想时，他常常利用操作活动来辅助。例如，当教师只让幼儿想一想“把石头、塑料和纸放到水里会怎么样”时，幼儿很难回答，他需要通过操作活动才能直观地感受和思考。

（3）幼儿的学习很多体现在运动方面，而操作学习是提高幼儿运动技能最为重要的方式。在学习方式上，操作学习是以幼儿的动作来获得经验的学习，即“动作经验”，学习动作是学习的载体；而言语学习是通过幼儿对语词的理解与把握，学习的是“语言经验”，以语言作为学习的载体。在学习内容上，有些操作学习的知识、技能是言语学习所无法获得的，比如学习舞蹈、游泳、滑冰，甚至玩具、工具的使用，都要靠操作学习去掌握。

（4）操作学习会使幼儿获得成就感与自我价值感。在操作物体的过程中，幼儿通过自己的操作活动，引发物体一系列变化。这不仅能促进幼儿对因果关系、事件相关关系的认识，从而提高其认知与智力水平，而且能通过自己的主动操作活动，获得主体的经验，认识到自己在“改造”外部物体中的重要作用。比如，“是我上了发条，机器猫才动起来。”“是我操作电动汽车，它才可以向前、向后走。”“瞧，这是我搭的高楼大厦。”因此，操作活动可以增强幼儿的主动控制感和自我价值感。

操作学习作为学习方式，又可分为：

（1）手把手的操作：在学习一些运动技能时，需要这种方式。如握笔的姿势，拿球拍的姿势等，均需要成人对幼儿手把手地教学。单纯观察或语言讲解，不能使幼儿细致地观察，准确地把握动作。

（2）尝试错误的操作：幼儿在摆弄物体时，有时会自发地尝试错误性质的操作。经过尝试错误，可能出现“顿悟”，获得某种学习成果。

例如，一个幼儿在玩沙子，他把沙子装到漏斗里，一边装，一边漏。他用手指塞到漏斗的底部，把沙子堵住。漏斗里的沙子满了以后，他把漏斗放到一个瓶子上面，想让沙子漏到瓶子里。可是，他的动作慢，沙子漏得快，沙子总是漏到瓶子外面。幼儿尽量加快动作速度，还是赶不上。突然，幼儿“开窍”了。他把漏斗直接放在瓶子上面，然后再装沙子，沙子很快就装满了瓶子。

（3）模仿示范的操作：跟着示范者的动作一步一步、一个动作一个动作地学习。

（4）反复练习的操作：幼儿在反复练习中，动作变得熟练。多次重复的动作会养成习惯。

第二节 幼儿学习的途径与类型

一、幼儿学习的途径

幼儿学习主要通过两个途径来实现：一是指向周围环境的及物活动，即在活动中学习；另一个是借助人际互动完成学习，即在关系中学习。

（一）活动中的学习

幼儿的学习方式，往往是综合性的，在某种学习活动中，兼有几种学习方式，特别是语言、观察和操作学习的结合。

活动是幼儿学习和发展的源泉与基础。幼儿在与周围环境相互作用的过程中主动建构着自己的学习与发展，这种相互作用就是活动。幼儿作为活动的主体，积极主动地与周围环境中的人和物互动，感知周围事物，形成对人与物的基本认识与态度。幼儿的各种学习方式都离不开活动。活动对于幼儿发展所具有的重要意义，决定了幼儿教育必须以活动为主要教育途径，而非“教师讲授，幼儿被动听讲”为主的上课。将幼儿教育的本质定位于活动，就要求教师转变教育观念，调整自己的教育行为，积极为幼儿创设丰富的活动环境，支持并引导幼儿去积极探索周围环境，允许幼儿根据自己的兴趣、以自己的方式作用于环境，帮助幼儿在活动中获得发展。

游戏是幼儿进行学习和发展社会性、情绪及认知能力的基本活动。游戏让幼儿有机会了解世界，在群体中与人互动，表达与控制情绪，发展想象能力。维果茨基指出，有游戏才有发展，象征性游戏可以促进幼儿象征能力的发展。游戏是幼儿练习新能力的舞台，它在幼儿的学习中具有重要地位和作用。

（二）关系中的学习

在游戏或日常生活中，儿童个体经常与他人有某些联系，如，同伴游戏、交流、合作、冲突等。这些联系或关系本身也代表着儿童的一种学习，这种学习对于儿童个体来说，是向他人学习；对于儿童之间来讲，则意味着互相学习或共同学习。在此，我们将其统称为关系中的学习。与他人关系中的学习主要体现在以下几个方面：

1. 同伴游戏中的学习

儿童之间以其内在的现实动机和行为共同构建的活动为同伴游戏。我们常常把游戏作为教育教学的手段，但实际上，儿童游戏本身便是学习。在同伴游戏中，儿童之间对游戏有着共同的理解和追求并以他们自己的方式建构着游戏的程序和规则。同时，在游戏当中相互监督对规则的执行，这种从共同建构游戏程序与规则到开展游戏的过程是儿童非常重要的共同学习。

2. 交往学习

交往表现为人与人之间在一定的相互关系基础上的互相交流和沟通，从而达到相互理解、相互影响和协调行动的过程。从交往对象上看，儿童的交往包括亲子交往以及进而扩展到与生活中的其他成人的交往、同伴交往、师幼交往（特指教育机构）。在亲子交往中，不仅培养和建立了家长和孩子之间的感情，同时，也使儿童接受了家长的价值观和待人接物的态度。当然，在一定程度上，儿童也改变着家长。在同伴交往中，同伴之间通过互相传递经验、沟通思想和意见，使他们彼此互相理解并形成良好的人际关系，提高人际适应能力。在师幼交往中，教师通过组织指导、帮助对话等教育行为，以讲述、操作、演示等教育手段比较全面地影响着儿童，同样，也影响着教师。可见，交往学习是一种典型的互相学习。

3. 合作学习

合作常常表现为两个以上的人分工承担不同的责任而共同从事或完成某项活动。在合作游戏的活动中（比如跳大绳、抛接球、接力跑等），分工和明确责任是前提，配合是关键。对于儿童来说，合作本身就是学习。通过合作，他们认识到分工的意义并学会分工，理解了明确责任和尽职尽责的重要性，并逐渐学会相互配合。

4. 冲突中的学习

冲突是指处在一定关系中的人与人之间在思想、意见、做法等方面的不一致或不协调，进而引发为语言或行为上的对抗。一般来讲，人与人之间在思想意见以及做法等方面的不一致和不协调总是存在的，但冲突却往往是由于情绪激动等因素所导致的一种暂时状态。冲突总是令人不快的，因此，避免冲突和冲突发生后恰当地解决冲突应该是教育者的重要职责。儿童在游戏中冲突也是在所难免的，但在冲突中学习又是其发展的契机。年龄较小的儿童常常因玩具材料的占有和使用权而发生冲突，学会谦让、分享、轮流等就会避免许多冲突；年龄较大的儿童常常因活动的参与权、活动规则的制订和执行等而发生冲突。学会协商、谅解、讨论等也会使他们避免许多冲突。同时，正确地、恰当地处理和解决已经由冲突而升级为语言或行为上的对抗，可以使儿童学会如何用正确的手段解决冲突。所有这些无疑是有利于儿童身心健康的。

二、幼儿学习的类型

第三章已介绍了学习的多种分类。从幼儿园教育实践的角度，幼儿学习适合按学习内容和学习方法进行分类。

（一）按学习内容分类

按学习内容，幼儿的学习可分为以下四类：

1. 知识学习

知识学习是获得知识的一般意义的过程，即掌握知识的本质属性，并将具有共同特征的同一类事物以语词来加以概括。

2. 技能学习

技能学习是通过练习去逐步掌握动作活动模式的过程。

3. 社会性学习

社会性学习是指人在社会实践活动中获得社会性经验并改变其行为的过程。

4. 创造性学习

创造性学习是指旨在保护和培养个体创造性的学习过程。它强调儿童学习的主体性和能动性，强调自我建构、自我发现在学习中的重要作用。

（二）按学习方法分类

按学习方法，幼儿的学习可分为发现学习和接受学习。

1. 发现学习

发现学习是由学习者通过亲自参与、独立思考、独立探索去发现知识。教师的角色是要激发学习者对探究问题的兴趣，并为他们提供合理的学习环境。当学习者有需要时，教师可以按他们的兴趣和能力，向他们做出启发性的提示，引导他们做进一步的探索和发现。这种学习方式有助于学习者发展观察性、注意、想象、思维、解决问题等能力，但需要较充分的时间才能完成学习。如，大班幼儿学习“5 的组成”，教师可以先鼓励幼儿在操作各种材料中自己去发现一些规律，然后再总结。

2. 接受学习

接受学习是由教师按预定的目标和步骤，以教材为中心，向学习者传授有系统的知识。这种学习方式使学习者处于被动的位置，不能充分发挥个人的能力和兴趣，但好处在于可以在较短时间内完成学习，使学习者接触到大量的资料和知识。

值得说明的是，在两种学习方式之间还有一些中介方式，主要表现为有指导的发现学习，即在教师指导下，幼儿独立探究的学习方式，其中既有接受的成分，又有发现的成分。发现学习和接受学习这两种学习方式并不存在谁优谁劣的问题，关键在于幼儿在学习中的主体性和有意义性。发现学习关不意味着就一定是有意义的学习，同样可能是机械的、被动的学习，如那种类似于小白鼠走迷宫般的“发现学习”只能算是机械学习，因为学习进程中只有盲目的试误，而没有主体积极的思维分析。只有在学习中积极地消化、吸收，并转化为自己的知识结构，那么，这种学习方式才是有效的。

第三节　幼儿学习的特点

幼儿的学习除一般人类学习的共性外，还有其特殊性，具体表现在以下几个方面。

一、活动性与游戏性

幼儿的学习是在具体的实践活动中进行的，尤其是在游戏活动中进行的。对于幼儿来说，游戏不仅是一种玩耍，也是一种学习、工作和生活。游戏是幼儿主动参与的快乐活动过程，是幼儿的各种活动的最自然的融合形式，是各类活动赖以进行的最好载体。在游戏过程中，幼儿可以发展动作技能、言语能力、问题解决能力以及想象力和创造力，而且还可以使他们了解个人和环境的关系，疏解情绪，促进情感和社会性发展。

贝特森(Bateson)强调，游戏的贡献是学会学习，即“第二学习”。幼儿的游戏与学习是相辅相成的，甚至是互为一体的，从某种程度上讲，儿童的游戏就是一种隐形的学习。之所以说游戏是幼儿进行学习的最佳方式，是因为幼儿学习过程的无意性与内隐性。

幼儿的学习以无意性为主，幼儿在学习过程中的记忆，往往是无意记忆；幼儿的联想，往往是无意的自由联想。幼儿的学习有很大的随机性。

对于幼儿学习的无意性特点，可以从两个方面对待：一方面，避免过多要求幼儿有意性的学习。注意力不集中是幼儿的年龄特点，这个年龄的孩子，往往不能按照成人的要求去集中注意力。要他注意听讲，他却去看窗外的小鸟。这就是因为，这个年龄的孩子的注意力是以无意注意为主。也就是说，他会注意外界那些有声有色的、新奇的和活动的东西，这些东西都是他在无意中被吸引的，是被动的注意。即使如此，无意注意在这个年龄段，稳定集中的时间也比较短暂，这和幼儿大脑的生理发育程度有关，是不可强求的。另一方面，幼儿无意学习的特点，可以使幼儿轻松地学到东西，在学习中不费力。幼儿的无意学习，需要教师有意识地创造条件加以引导。适宜的学习环境和条件，对幼儿的无意学习可以起到很好的引导作用。

内隐学习也是幼儿学习的重要特征。内隐学习是在偶然的、意想不到的条件下，尤其是当刺激结构高度复杂，关键信息不明显的情况下产生的，它是在无意识状态下，无目的、自动化的加工活动，具有随意性，学习活动能自发进行，无需耗费心神。

许多教师都有这样的经验：润物细无声的方法，潜移默化的教育，对于培养幼儿的行为习惯非常有效。

二、直观性与操作性

幼儿的学习通过对实物、模型以其形象性的言语的直接感知、对学习材料的直接操作来获取基本的经验与基本的态度。幼儿通过一系列有目的、有意识的动作，摆弄、操作实际物体如玩具、工具、日常用品，联系相关的技能；通过教师生动形象的言语描述以及相应的动作来形成对事物的有关认识。

通过采用恰当的直观方式与操作活动，幼儿的心理不断地由低级向高级发展。所以幼儿学习的课程应该以真实的经验和实践为基础，教师应尽可能地创设条件让幼儿动手操作、直接观察和实践，让他们获得亲身的经历和体会，并能用自己的话说出事情发生的过程，这样的学习对于幼儿来说是有意义的。

直观形象性是幼儿学习的突出特点。直观形象的学习内容，幼儿比较容易接受。抽象的学习材料，幼儿难以接受，而在语言指导下使用直观材料或实际活动则最适合幼儿。事物形象与语言相结合，语言中绘声绘色的描述，能激活幼儿头脑中的形象，有助于幼儿理解与记忆。无言语的机械练习或单凭口头说教，都不符合幼儿的学习特点。

三、指导性与模仿性

幼儿的学习活动是在教师的指导下，通过对教师以及其他同伴的模仿而获得的。这反映了幼儿学习活动的依赖性及活动方式的未定型性，同样也表明教师在幼儿的学习习惯以及其他良好行为习惯形成方面起到非常重要的作用。

在教学活动过程中，教师通过有目的、有计划的教育要求、教学大纲，以及丰富的教育内容和活泼、生动的组织形式，最大限度地利用并发挥各种教育因素的影响，引导幼儿积极、主动地参与学习活动，使幼儿得到全面、和谐的发展。

幼儿学习离不开教师的指导，是因为：

（一）学习主动性需要成人保护

幼儿是主动的学习者。从直接接触的客体及社会经验中，从文化传承中，幼儿都会主动地构建他们对周围世界的了解。从出生开始，儿童就积极地与客体交往，不断构建对事物的认识。幼儿会积极地从观察及参与人际活动中学习（包括与父母、教师、同伴等的互动），从亲自操作及思考过程中（观察周围的人、事、物，思考、提问及提出答案）学习。

幼儿的学习主动性表现为：

1. 好奇

对什么事情都想知道个究竟，了解是什么，为什么。事物的新颖性，可以引起幼儿的学习主动性。

2．好问

对不了解的事物都要提出问题，甚至打破沙锅问到底。这一方面是受好奇心的驱使，另一方面是幼儿对提问没有心理障碍，不像成人那样有各种思想顾虑。

3．好探究

幼儿好动手，通过动手了解事物。

4．好模仿

幼儿喜欢模仿，通过模仿学习。

幼儿学习的主动性常常被忽视，甚至被扼杀，因为成人往往希望按照社会的要求，或成人的理想和愿望去塑造孩子，为幼儿设计学习目标和要求。从成人的眼光看，幼儿在学习中主动性的表现，常常不符合成人的要求，所以有意无意地扼杀了幼儿的学习主动性。幼儿过多提问，大人忙于自己的事情，常常会表现出厌烦，或随口乱答，也会打击幼儿的学习主动性。

幼儿往往摄于成人的权威，或在成人规定的许多行为规则面前，或学习主动性多次被打击后，不敢大胆地表示自己的需求与愿望，不敢发挥自己的主动性。

在正确的教育和引导下，幼儿的学习主动性会逐渐增长。教师应当充分利用幼儿的学习主动性，在环境中设置能引起幼儿好奇心的事物，促使孩子去观察、学习与探究。

（二）学习积极性依赖兴趣激发

幼儿往往是为了“好玩”而学习。幼儿愿意做有趣的事情，他们的学习积极性也主要是从兴趣出发的。没有兴趣的学习，幼儿往往不能坚持进行；有兴趣的学习，幼儿可以坚持较长时间。有些家长反对或甚至禁止幼儿游戏，强迫幼儿“学功课”，带来的学习效果并不好，那是因为他们不了解幼儿这种学习特点。对一些无意义的学习，幼儿常常自发地加以游戏化，反而产生了学习兴趣。只有根据幼儿学习的这种特点，提高趣味性，才能更好地调动幼儿的学习积极性。

四、情绪性与依存性

幼儿学习过程，一方面具有明显的情绪启动性，另一方面又对环境具有高度的依存性。

个体的经验和情感体验在幼儿学习中的作用十分明显。幼儿与中小学生以及成人不同，主要不是依靠语言和文字符号来学习。幼儿的学习主要以行为实践为主，直接参与的经验是幼儿学习的要素，幼儿教育应该以其真实的经验和真实的事件为基础。在幼儿一日活动中，无论是教师指导的活动，还是幼儿游戏与自由活动，都应尽可能地给予幼儿动手操作、直接观察和实验的机会，让他们获得亲身的经验和体验，并能够给自己的语言、操作等方式表达与表现。在真实的日常生活情境中，通过幼儿的体验与主动参与学习，效果最佳。家长和教师往往忘记了幼儿学习的这一特点，过多使用说教的方式，特别是说一些“你将来会如何”等的话，幼儿不能理解与想象这些话的内容，以致大人苦口婆心的教育不能收到预期效果。

幼儿亲身的经验往往与情绪体验相联系。情绪在幼儿心理活动中的作用甚至大于理智，幼儿的许多活动是情绪性的而非理性的。实验证明，不同的情绪状态对幼儿的智力操作有不同的影响。适中的愉快情绪使智力操作达到最优。适中的愉快情绪不仅使幼儿获得良好的活动成果，而且，让孩子获得良好的情绪体验，如成就感、成功的喜悦、自信心等。这些体验，又反过来成为幼儿进一步学习的动力。幼儿在活动中受到尊重，不受打击，恰当的鼓励与赞赏，都能使他获得适中的愉快情绪。重视幼儿在学习中的体验，是幼儿教育中的重要问题。

同时，幼儿的学习对环境具有很高的依存性，受环境的影响很大。幼儿需要安全的环境，包括物质和心理的安全环境，更重要的是心理的安全氛围。处于安全及受尊重的群体环境中，幼儿才能获得最佳的发展与学习。马斯洛的需要层次理论指出：除非个体的身体及心理两方面的安全感能被满足，否则不可能产生学习行为。儿童的心理是敏感而脆弱的，只有在安全的环境中，他们的身体需要才能得到满足，心里才有安全感。在受尊重的环境中，幼儿才不会有压抑感。因此，教育必须为幼儿提供健康、安全的物质与心理环境。

丰富的、有挑战性的环境，才能使幼儿获得更多的信息加工材料，并能激发其思维的活跃。

第四节　学前儿童学习的影响因素

依据学习与发展的辩证关系，影响学习的因素主要包括学生的认知方面的因素，非智力因素（如学习动机、人格因素等），以及社会因素（如教师等）。结合学前儿童学习的实际，影响学前儿童学习的因素可以分为内、外两个方面。

一、学习与发展的辩证关系

要探讨影响学习的因素，就要首先了解学习与发展的辩证关系。

（一）发展对学习的制约作用

心理学意义上的发展是指个体身心各方面随着年龄的增长而不断完善、日趋复杂化的过程，它包括个体的生理发展和心理发展两部分。这两者都对学习产生着制约作用。

（1）学习需要以个体的生理发展为自然前提，个体的生理发展，特别是中枢神经系统的成熟为有效的学习提供物质的可能。实际教育经验表明，学习并不以教育者的主观意志为转移，教育并非万能。在一定阶段上，学习什么，从何开始，都为学习者相应的生理发展水平所制约。如果学习要求过早过高，从时间上看，是不经济的，而从效果上看，则往往是低效的。

（2）学习必须依赖于个体心理发展的已有水平。我们知道，学习的实质是心理结构的构建过程。心理结构的构建是通过同化和顺应作用，将主体新获得的经验和其已有的经验结构相整合而实现的。因此，欲进行有效的学习，学习者原有的心理结构必须具备适当的知识、技能和一定的学习动机。而且无数事实证明，学习者没有相应的学习能力，就不会有好的学习效果，脱离儿童心理发展水平的教学是徒劳无益的，它无异于拔苗助长，势必造成学习的浪费甚至失败。

当然，学习受制于儿童的个体发展水平只是学习和个体身心发展关系的一个方面。更重要的是，个体的发展必须通过学习来实现。

（二）学习对发展的促进作用

前面已经讲过，无论个体的生理还是心理发展，都对学习具有一定的制约作用。同样，学习对个体发展的促进作用也表现在两个方面。

(1) 个体的生理发展是具有生物学意义的,受“用进废退”的自然法则支配,因而学习可以促进个体的生理发展,现代较多的动物和人类学习实验已证明了这一点。华特(White)和海尔特(Held)的研究,以典型托儿所的始终一贯和比较平淡乏味的环境作为基准,创设了三种不同的环境影响。第一种是在通常的医院托儿所环境的基础上,每天增加保育员的20次管理;第二种是在小床上面显示多种形状的颜色,以提高婴儿的兴趣和增加头部转动,此外还提供头部和颈部活动的额外机会以及额外的管理;第三种是将假奶头放在婴儿恰好看得见的小床栏杆上,以刺激他去抓握,同时还增加额外的管理。结果发现,经过第二种和第三种环境的婴儿,追视物体的能力(视觉机能)比第一种环境影响下的儿童发展较早。这说明,适度的学习和训练可以明显地促进人类个体的生理发展。

(2) 个体心理发展的实质是个体在同客观现实相互作用的基础上,通过学习获得各种经验,并运用各种经验去调节人的行为,从而不断构建心理结构的过程中实现的。经验的获得和运用即学习,是个体心理发展所必须经历的途径。也就是说,个体的心理发展是在一定的学习需要的基础上实现的,是在学习过程中通过不断构建心理结构而实现的。人类的早期教育实验也说明学习可以促进个体心理发展。

二、影响学前儿童学习的内部因素

由于学习受制于个体已有的身心发展状态,依据学习与个体身心发展的辩证关系,学生的身心发展水平乃是学习准备的重要标志。所谓学习准备,又称学习的准备状态或学习的准备性,指的是学习者在从事新的学习时,他原有的知识水平和心理发展水平对新的学习的适合性程度。这里的适合性包括三个因素:

(1) 个体生理因素的发展,特别是脑神经系统的发育与成熟,这是学习准备的物质基础。

(2) 个体智力因素的发展,包括智力与技能两方面,这是接受教育的重要条件。

(3) 个体非智力因素的发展,如学习动机、学习态度以及兴趣等,这些方面不仅影响学生的学习成绩,而且关系到学生的学习热情和意志品质。

这三大因素概括起来也就是个体的身心发展状态,处理好它们之间的关系是儿童顺利地接受学校教育、取得理想学习效果、发展良好个性的重要保证。

(一) 脑的发育对学前儿童学习的影响

个体的生理发展为有效的学习提供物质的可能,而大脑是人类学习得以发生的最关键的物质基础。研究证实,人类胎儿在妊娠末期已可接受言语、乐音等外界刺激并获得经验,且该经验能保持到出生后并对其行为产生明显的影响。这表明人类个体在胎儿期已能进行颇有成效的学习,学习活动最早发生的时间是胎儿末期。

1. 脑的神经系统发育

人的大脑从婴儿期到儿童期在不断发育和增长,并在青年期完成成长的过程。这个过程不是直线的,而是分阶段的。人脑有大约100~150亿个神经细胞,大脑的秘密主要就在于这些神经细胞。突触是电信号从一个神经细胞传递到下一个神经细胞的地方。

学习的脑功能体现之一就是使其神经细胞的树突刺变得更为丰茂,树突和别的神经细胞的轴突接触(突触)更多。越是孜孜不倦地学习,而且知识渊博的人,其脑神经细胞之间的联系网络越是复杂。

脑科学的研究提出大脑神经突触生长呈倒U状的模型假说。即人在出生后的前20年里神经突触密度的变化呈倒U形，刚出生时低，童年期达到高峰，而成年后则又降低下来。因为突触的增多是学习过程的细胞机理，突触密度变化的倒U型现象就不是一个简单的事实，它表明神经突出密度与智力水平是直接关联的。从出生到10岁，随着突触联系和密度迅速增加，与此相关的技能和能力也随之迅速发展，一直持续到成年后才逐渐衰退。假定这个倒U状模型存在的话，似乎可以得出这样一个结论：突触生长高峰期的童年是学习收获最多和智力发展最充分的时期。

2. 关键期

实际上，大脑的发展是具有一定的关键期（Criminal Period）的。在此期间，脑对某种类型的信息输入产生反应，以创造和巩固神经网络。

关键期，是习性学理论中最著名的概念之一，它是指由生物学因素决定的、个体做好最充分准备来获得新的行为模式的发展时期。后来的研究者更偏爱使用"敏感期"这一术语，敏感期是指个体比其他时候更容易获得新行为模式的发展阶段。

近30年来脑科学家对"关键期"的研究已取得相当大的进展。其科学结论简要说来就是，脑的不同功能的发展有不同的关键期，某些能力在大脑发展的某一敏感时期最容易获得，如人的视觉功能发展的关键期大约在幼年期；对语言学习来说，音韵学习的关键期在幼年，而语法学习的关键期则大约在16岁以前。此时相应的神经系统可塑性大，发展速度特别快，过了这个关键期，则可塑性与发展速度都要受到很大的影响。

此外，对不同的人来说，脑的不同功能发展的关键期也并不完全一致，存在着一定的个体差异，在脑的不同发展上有着不平衡性。在教育中要抓住关键期，让诸如视觉、听觉、语言等能力都适时打开"机会之窗"，使脑的不同功能得到及时的发展。

【知识拓展4-1】 关键期

"关键期"这个概念是英国学者戴维·休伯尔（David H. Hubel）等人提出来的。他们的研究发现，将出生后的小猫或小猴子用外科手术缝上眼皮，数月后打开，这些动物就无法获得视觉信息，尽管它们的眼生理机制是正常的，而且这些动物在视皮层上的结构也有异于正常的动物。休伯尔等人由此提出了一个视觉机能发展的关键期概念。

在关键期内，婴幼儿比较容易学习某些知识经验或形成某些行为。如果错过了这一时期，在较晚的阶段要想弥补，则非常困难，甚至是不可能的。个体发展的关键期与脑发展的关键期有关。这也是脑的发展最快速、最有效的时期。脑部高级神经网络的形成有一定时间期限，不同区域的脑神经网络有不同的构建期，并在不同的时期达到成熟。因而，在人生早期的生活经验中，不同年龄对各种事物有不同的敏感性——即我们经常说的"学习关键期"，它能帮助婴幼儿在不同区域的脑神经网络发育与成长。

研究表明，出生后5个月是脑电活动发展的重要阶段；1～3岁期间，儿童脑电活动逐渐成熟，脑电图也复杂化；4～20岁这个年龄段中，脑功能发展存在两个明显加速期，第一次是在5～6岁，个体脑的机能在一定程度上呈现一个飞跃。上述脑的结构和机能在幼儿期的发展并非处于纯粹自然的状态，它在很大程度上受环境和教育的影响与制约，特别是早期环境、教育和学习经验对儿童大脑发育有深远影响。

其次，由于幼儿期脑的发展尚未定型，可塑性强，如果具备良好、积极的教育环境，幼儿的脑具有较好的修复性。对婴幼儿脑损伤的研究发现，脑一侧半球受损后，通过适宜的学习与反复训练，另一侧半球可以产生替代性功能，使脑损伤获得一定程度的修复。例如，5岁以前任何一侧的损伤都不会导致永久性的语言功能丧失，因为语言中枢可以在适宜的早期语言训练下较快地移向另一半球，克服言语障碍。

最后，研究还发现，婴幼儿具有巨大的学习潜力。婴儿在3个月时便能进行多种学习活动；1岁儿童能学会辨认物体的数量、大小、形状、颜色和方位；幼儿具有很强的模仿力、想象力和创造力。幼儿期还是个体心理多方面发展的关键期：2～3岁是个体口头语言发展的关键期；4～6岁是儿童图像视觉辨认、形状知觉形成的最佳期；5～5.5岁是掌握数概念的最佳年龄；5～6岁是儿童词汇能力发展最快的时期，同时也是好奇心、求知欲、想象力、创造性等重要的非智力品质形成的关键时期。

（二）认知发展对学前儿童学习的影响

认知发展涉及人在知觉、记忆、思维、语言、智力等方面功能的发展变化。

1. 学前儿童认知发展特点

根据皮亚杰的发生认识论，儿童的认知发展从开始到成熟，要经过四个阶段：感知运动阶段（0～2岁）；前运算阶段（2～7岁）；具体运算阶段（7～11岁）；形式运算阶段（11～15岁）。幼儿处在前运算阶段，其认知发展有下列的特征：

（1）自我中心：在这个阶段，幼儿的思维以自我为中心。幼儿总是从自己的角度去看事物，不能够从别人的观点或角度去看问题。例如，如果他吃着的苹果很甜，他会认为别人吃着的苹果也一定很甜，即使别人吃着的其实是个酸苹果。

（2）只能片面地看事物：前运算阶段的幼儿往往片面地看问题，把注意力集中在事物的一个方面，而忽略其他方面的重要性，结果就产生不合逻辑的推理。皮亚杰的液体守恒实验很有名，这个实验正好表明幼儿只会片面地看事物这个特点。

（3）不理解事物的可逆性：前运算阶段的幼儿，还未能理解事物的可逆性。例如在液体守恒实验中，我们可以看出幼儿没有认识到倒水操作是可逆的。如果他们能够形成这个概念，即懂得把水从高而窄的杯子倒回原先那只矮而宽的杯子里，使水恢复原状，就能认识到两只杯子里的水其实是等量的。

（4）无逻辑性的转换推理：前运算阶段的幼儿往往凭着直觉去考虑事物之间的关系，不能正确地区分出事物之间存在着的本质联系和偶然联系。当两件事连续发生时，幼儿就会以为第一件事是引起第二件事的原因。例如当幼儿拉开窗帘，看见窗外突然下雨时，他就会认为拉开窗帘引起窗外下雨，不知道拉开窗帘和窗外下雨这两件事只是偶然联系。

（5）能通过语言认识事物：语言是一种符号，代替具体的事物。幼儿进入前运算阶段，已能开始用语言代替具体的事物。例如，幼儿能用“花”这个词来代替具体的花的形象。这个进展表现出幼儿认知活动的广度和速度都较之在感知运动阶段时有了很大的扩展。在这个阶段，幼儿已能通过别人的描述或讲述，扩展自己对环境中事物的认识，掌握语言后，幼儿的认知发展在性质上已有了改变。

（6）能做出延迟模仿：在前运算阶段，幼儿能够做出延迟模仿。延迟模仿的意思是，幼儿能依靠记忆把先前看过、听过或感受过的事物模仿出来。这较之在婴儿阶段时只能把呈现在眼前事物的动作或形态当场模仿出来，已有了显著的进展。

（7）能进行象征游戏：前运算阶段是玩象征游戏的高峰期。在游戏中，幼儿既能表现出延迟模仿的能力,也显示他们已懂得使用具体象征物,即以物代物。如幼儿将一根竹棍夹在两腿间便兴致勃勃地玩起骑马的游戏来,一块积木一会儿是搭房子的“砖”,一会儿是擦皮鞋的“刷子”,一会儿又是“香喷喷的蛋糕”等。前运算阶段的幼儿能进行象征游戏,是婴儿早期不可能做到的事,显示这个阶段的幼儿认知能力的进展。

2. 认知发展与学前儿童学习的关系

在发展与学习的关系上,皮亚杰认为应该以发展为主,学习为辅。无论输入什么信息,倘若未形成适当的认知结构,就不可能正确地加工信息。恩格尔曼的实验阐明了这一点。

恩格尔曼通过言语教给6岁儿童理解11岁才能理解的“沉浮原理”的定律。当然,为了使儿童理解“沉浮原理”也要涉及密度的概念。

所谓定律就是:(1) 凡浮于水面上的物体,均比等量的水的密度要小;如果下沉则要比等量的水重;(2) 水银也是如此;(3) 沉浮与物体的重量无关。

从这些儿童学习后的测验中发现,他们虽然能正确回答问题,可是他们的思维仍停留在6岁儿童的前运算阶段上。例如,他们说大蜡烛下沉,小蜡烛能浮起。或者说,有的肥皂下沉,有的肥皂浮起,等等。由此可见,经数周训练教会语言性定律并未能将6岁儿童的水平提高到11岁儿童的水平。

倘若用皮亚杰的观点解释这个例子,就是说,智力发展不能超越任何一个发展阶段。所以说发展制约学习,就是从这个意义上来讲的。

英海尔德(B. Inhelder)等人设计过一个实验装置,用透明的玻璃瓶分三层排列,最上层和最下层是形状和大小完全一样的玻璃瓶,中间一层是与上下两层玻璃瓶一一对应并联通的形状各异(如不同高度和宽度)的玻璃瓶。当最上层玻璃瓶中装满等量的液体后通过底部的龙头慢慢地流入中间的瓶,再由中间的瓶又注入最下层的瓶中。这一装置可使儿童进行水在容器的高、宽两维上和容积(水的量)上的比较,使他们逐渐懂得上、下两层瓶子中的水量是相等的。研究发现:

(1) 那些处于前运算阶段初期的儿童没有一个人能够成功地学习作为物质守恒初级概念之基础的逻辑运算。只有12.5%的儿童从前运算阶段的初期上升到中期水平,大多数儿童(87.5%)没有表现出任何真正的进步。

(2) 一些在实验开始时处于前运算阶段中期水平的儿童中,有77%的儿童从实验的练习中得益,在真正的运算结构的基础上获得守恒的概念。只有23%的儿童不能理解守恒。

(3) 对于一开始便处于具体运算阶段初期的儿童,在实验情境中的进步是比较普遍的和完全的。他们中86%的被试理解了守恒,其中64%的儿童能够运用可逆性来论证守恒。可见,同一个学习内容对于处于不同发展水平的学习者来说,学习效果是不同的。学习者原有的认知结构决定着当前学习的效果。“为了学习构造和掌握一种逻辑的结构,主体必须首先学习一种更加基本的逻辑结构,然后加以分化并使之完成。换句话说,学习不过是认识发展的一个方面,而这一方面是由经验促进和加速的。”

英海尔德等人认为,学习在一定范围内虽然能更促进其发展,但仍有一定的限度。不论怎样对儿童予以直观教学或详加讲解,前运算水平的儿童仍不能获得真正的结果,充其量,最多达到两个阶段之间的水平。中间阶段的许多儿童,经过训练,能达到具体运算水平。具有具体运算水平的儿童,也能达到将其逻辑结构较顺利地应用于复杂的事物之中。

从上述两个实验可以看出,认知发展水平制约着学习。认知发展是幼儿学习的基础,这就提醒我们在开展幼儿的学习活动时要充分考虑幼儿已有的发展水平，不要人为地“拔苗助长”。另一方面，教师也应精心组织幼儿的学习活动，促进幼儿认知发展，从而使认知发展与幼儿学习相辅相成，互为促进，形成一个良性循环。

【知识拓展4-2】 认知风格与学习方法

人们接受信息、进行学习，要借助不同的感觉器官，如凭耳朵听，用眼睛看，用手摸等。不同的人对不同的感觉器官和感知通道有不同的偏爱，有些人更喜欢通过视觉的方式接受信息，也有一些人更喜欢通过听觉了解外在世界，还有一些人更习惯通过动手（或身体运动）来探索外部世界，从而掌握有关信息。心理学的有关研究表明，不同认知通道的学习效果是有差异的。一般地，只使用视觉通道，仅能记住材料的25%，只使用听觉通道，能记住材料的15%，而视听结合，使用多通道参与学习活动，则能记住材料的65%。不同感知觉类型的学习者，在学习上有不同的表现，所应采用的学习策略也各不相同。从感知觉方面看，认知风格主要有视觉型、听觉型、动觉型三种类型：

1. 视觉型

视觉型儿童善于通过接受视觉刺激而学习，喜欢通过图片、图表、录像、影片等各种视觉刺激手段接受信息、表达信息。他们将所听到的事情想象成图像，将所要说的话以形象来取代。他们通过观察所学到的，往往比从交谈、聆听或是实际习作中所学到的东西还要多。在学习上，他们通过自己动手涂写，要比阅读文字或聆听语言更有效。这种类型的学习者喜欢阅读，而且能够比较容易地从书本上吸收知识。他们能将所读的文章轻而易举地记住，并转换为口语，因而在复述或书面测试中容易取得好成绩。他们一般都很自信，而且具有很强的自制力，学习有自主性和计划性，有时还具有创造性。但由于过于认真而缺乏一定的表现力，举止呆板，书呆子气很重。由于过于自信，他们也会表现出一种自负的倾向。

2. 听觉型

听觉型儿童善于通过接受听觉刺激进行学习，喜欢通过讲授、讨论、听磁带录音等口头语言的方式接受信息。

这种类型的儿童学习时一般都能认真听讲，能够按时完成老师布置的任务，但是他们的劣势在于过多地注意原有的知识，有时可能会影响他们潜力的充分发挥。

3. 动觉型

动觉型儿童喜欢通过双手和整个身体运动进行学习，如通过做笔记、在课本上画线、亲自动手操作等来学习。他们不喜欢老师整堂课地讲解和板书，也不擅长言语表达。他们往往在体育、自然、课外活动等需要他们动手操作、实验的学科中表现得较为突出。这类学习者往往比其他学习者有着更大的发展潜力。这种类型的儿童做事一般都比较守信，而且一旦集中于某事，就会做出很好的成绩。但是由于他们的情绪不稳定，忽冷忽热，虽精力旺盛，但由于热衷于太多的事项，最后常常是一无所成。

上述三种类型的认知风格各有长处。我们要了解儿童属于哪一种类型，充分发挥优势，弥补不足。

（三）动机发展对学前儿童学习的影响

非智力因素包括学习动机、学习态度以及兴趣等。其中，幼儿动机发展是制约幼儿学习的主要因素。

1. 学习动机及其种类

动机是引起和维持个体的活动,并使该活动朝向某一目标进行,以满足个体需要的内部动力。学习动机是发动、维持个体学习活动,并使之朝向一定目标的内部动力机制。人类的学习动机是复杂多样的,根据不同的维度可把学习动机分成各种不同的种类。这些不同的分类可以使我们对学习动机的本质和特性有一个更全面的认识和了解。

(1) 内部动机与外部动机:根据动机产生过程中需要和诱因哪个起主要作用,动机可分为内部动机与外部动机。内部动机是指学生对学习活动本身发生兴趣而产生的学习动机,学习活动本身就能使其得到满足,学习成功就是一种强化,无需外力的作用,也不必施以外部的报酬和奖赏而使之产生某种荣誉感。如孩子们从生活中知道木头和纸片等可以浮在水面上,小石子和钉子等会沉在水底,而轮船那么大却可以在水面上,这推动他们去了解浮沉的奥秘,这就是内部动机。与此相反,外部动机是在学习活动以外的、由外部的诱因而激发出来的动机,如学习是为了得到教师的表扬、父母的嘉奖或学习是为了避免学习失败的惩罚等。

(2) 辅助性动机与主导性动机:根据动机在学习活动中的地位和所起作用的大小,可分为辅助性动机与主导性动机。在一段时期内或一种活动中,总有一些或一种动机处于支配地位,发挥着主导作用,这种动机称为主导性动机。其他动机处于从属地位,只起辅助作用,这类动机称为辅助性动机。当辅助性动机与主导性动机之间的关系比较一致时,活动动力会得到加强;如果彼此冲突,活动动力将会被减弱。

另外,根据学习动机起作用的范围可将学习动机划分为一般动机与具体动机,前者在许多学习活动中都表现出来,后者在某一具体学习活动中表现出来;根据动机所指向的不同内容,可将动机划分为直接性的学习动机和间接性的学习动机,前者指向学习活动本身,后者指向学习活动的结果;根据学习动机的作用的久暂不同,可将学习动机划分为间接的远景性动机与直接的近景性动机,前者与学生的人生观、价值观、世界观密切联系,后者直接与学习活动及其结果相关联。

2. 学习动机与学习的关系

学习动机是强还是弱,都会影响学习的成效。叶克斯(Yerkes)和多德森(Dodson)通过动物实验发现,动机强度与学习效率之间呈倒U型关系。在各种活动中适中的动机水平,有最高的工作效率;随着课题难度的增加,这种适中的动机水平有逐渐下降的趋势。如图4-6所示。

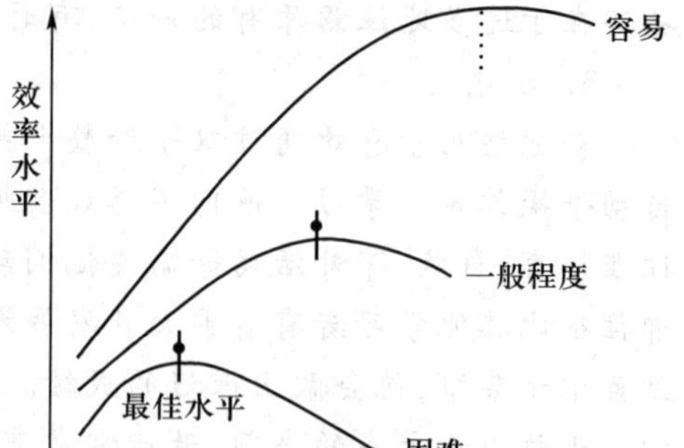

图4-6 动机强度与工作效率的关系

学习动机作为一种学习结果,强化学习行为本身,促进学习—动机—学习的良性循环。成功学习的结果一方面是知识、技能的获得与掌握;另一方面是求知欲、自信心等心理品质的发展和提高。这些都可以大大满足人的各种社会需要,如求知、自尊、获得他人赞扬等,并促使人把通过进一步的学习以获得更高程度的满足,当做一种新的、迫切的需要,从而产生强烈的学习动机。

因此,动机并非绝对是学习的先决条件,它与学习之间存在着显而易见的互为因果关系。美国教育心理学家奥苏伯尔就明确指出:“动机与学习之间的关系是典型的相辅相成的关系,绝非一种单向的关系。”因此,当学生尚未表现出对学习有适当的兴趣或动机之前,教师没有必要推迟学习活动。对于那些尚无学习动机的、尤其是年龄较小的学生,教学的最好方法是,把重点放在学习的认知方面而不是动机方面,致力于有效地教给他们掌握有关知识,让他们获得成功的体验。学生尝到了学习乐趣,就有可能产生要学习的动机。

三、影响学前儿童学习的外部因素

影响学前儿童学习的因素还有诸如学习情境、家庭环境、社会环境等外部因素。在此主要介绍学习情境以及家庭教养方式对幼儿学习的影响。

(一)学习情境对学前儿童学习的影响

要理解人的学习就必须考虑一个事实——学习产生于某些特定的情境之中。由此可见,学习情境对学习有着重要的影响。

1. 学习情境的含义及其理论依据

学习情境主要是指通过想象、手工、口述、图形等手段高效学习的方式。学习情境通常伴随时代的发展会有不同程度的创新,适宜的学习情境往往具有悬疑性或活动性、生活性、真实性、复杂性、情感性、典型性、主体性等特征,其理论依据是情境学习论。

情境学习(Situated Learning)是由让·莱夫(Jean Lave)和爱丁纳·温格(Etienne Wenger)于1990年前后提出的一种学习方式。

情境学习理论认为,学习不仅仅是一个个体性的意义建构的心理过程,更是一个社会性的、实践性的、以差异资源为中介的参与过程。知识的意义连同学习者自身的意识与角色都是在学习者和学习情境的互动、学习者与学习者之间的互动过程中生成的,因此,学习情境的创设就致力于将学习者的身份和角色意识、完整的生活经验以及认知性任务重新回归到真实的、融合的状态。

正是基于对知识的社会性和情境性的主张,情境学习理论告诉我们:学习的本质就是对话,在学习的过程中所经历的就是广泛的社会协商,“学习的快乐就是走向对话”。

简单说来,情境学习是指在要学习的知识、技能的应用情境中进行学习的方式。也就是说,你要学习的东西将实际应用在什么情境中,那么你就应该在什么样的情境中学习这些东西。“在哪里用,就在哪里学。”比如,你要学习做菜,就应该在厨房里学习,因为你以后炒菜就是在厨房里。再如,你要学习讨价还价的技巧,就应该在实际的销售场合学习,因为这一技巧最终是用在销售场合的。

为什么要这样学习呢?因为在莱夫和温格看来,学习不能被简单地视为把抽象的、去情境化的知识从一个人传递给另外一个人;学习是一个社会性的过程,知识在这个过程中是由大家共同构建的;这样的学习总是处于一个特定的情境中,渗透在特定的社会和自然环境中。

显然,情境学习强调两条学习原理:第一,在知识实际应用的真实情境中呈现知识,把学与用结合起来,让学习者像专家、“师傅”一样进行思考和实践;第二,通过社会性互动和协作来进行学习。

2. 学习情境与学前儿童学习的关系

研究表明,积极创设教学情境对于儿童在学习中的作用是十分明显的。对于学前儿童更是如此。

（1）学习情境能把学科知识和学前儿童的经验、自然和生活的现实的距离拉近，以形象直观展现抽象的科学概念，使呆板的科学知识转化为鲜活的现实场景，使知识活化，引导儿童主动、愉快地进行学习。

（2）学习情境能把学前儿童的认知活动和情感活动结合起来，可以解决逻辑思维与形象思维难以协调发展的问题，提高思维品质。

（3）学习情境能把学前儿童要学习的学科知识和现实的问题联系起来，可以解决学科知识原理与生产生活实际脱节的问题，提高了分析问题、解决问题的能力。通过角色扮演、假装游戏，学前儿童能够在假定的学习情境中锻炼分析问题、解决问题的能力。

（二）家庭教养方式对学前儿童学习的影响

家庭是儿童成长的第一驿站，父母的教养方式在子女发展过程中的作用是深刻而长远的，在子女的认知发展、性格形成、自我概念、心理健康等多方面具有不可忽视的影响。

早在19世纪末，弗洛伊德就不同教养方式对孩子的影响进行了研究。他认为对于孩子的教育问题，父母应该有各自的特殊角色安排与分工，一般情况下父亲负责提出制定孩子应该遵守的规则与纪律，母亲则全面管理孩子的生活，为孩子提供其所需要的温暖与博爱。

1. 家庭教养方式及其类型

1955年，心理学家鲍德温（Baldwin）为家庭教养方式划分了两个维度，分别是情感温暖—敌意和依恋—干涉。1957年，希尔斯（Sears）把鲍德温的思想与学习理论相结合，加之自身的理解与感悟，总结归纳出教养方式中存在的两个重要概念：温暖与控制。然而，最具影响的还当属1991年美国心理学家鲍姆林德（Baumrind）的研究。

鲍姆林德在采用家庭式观测调查与实验室的观察研究之后，总结推出有关父母教养方式的两个维度，即要求和反应性。其中要求指的是父母采取的一种自上而下的标准，这一标准是针对孩子的个性发展而设立的，在设立标准的时候一定要考虑，标准要适合孩子的自身行为。当这一标准制定好之后，父母负责监督并鼓励孩子去达到这些标准。反应性指的是一种自下而上的反应，指针对父母设定的标准，孩子所能接受的爱的程度以及对于不同孩子的需求，父母的敏感程度。

我国学者白燕将父母教养方式分为启发诱导型、溺爱娇纵型、放任自流型和专制型；而刘金华把父母教养方式划分为：拒绝型、严厉型、溺爱型、期待型、矛盾型和分歧型。

2. 家庭教养方式对幼儿学习品质的影响

一般来说，学习品质是指儿童学习的倾向、态度、行为习惯、方法、活动方式等与学习密切相关的基本素质。

学习品质是指幼儿具有的那些用于支持其取得学习成功的因素。学习品质主要表现为主动性、目标意识、专注程度、独立性、想象和创造能力、抗挫折能力、坚持性和好奇心等。幼儿的学习品质主要分为学习行为、学习态度、学习能力。其中，学习行为是指幼儿在日常学习中所表现出来的一切活动；学习态度是幼儿对学习的评价和行为倾向；学习能力是指幼儿顺利完成学习行为所必需的主观条件。

学习贯穿人的一生。终生受益的往往不是知识技能本身，而是建构知识、获得技能的方法和发现问题、解决问题的能力。幼儿阶段是培养学习品质的关键期。在中小班即3～5岁的时候，幼儿学习品质初见端倪，还处于萌芽期，到了大班即5～6岁的时候，幼儿的学习品质逐步形成，并且对学习质量产生直接影响。

学习品质为人的一生的发展奠定基础，学习品质的好坏决定了儿童现在和今后的学习和发展的质量。幼儿在活动过程中表现出的积极态度和良好行为倾向是终身学习与发展所必需的宝贵品质。因此，要充分尊重和保护幼儿的好奇心和学习兴趣，帮助幼儿逐步养成积极主动、认真专注、不怕困难、敢于探究和尝试、乐于想象和创造等良好的学习品质。任何忽视幼儿学习品质培养，单纯追求知识技能学习的做法都是短视而有害的。

研究结果发现，不同的家庭教养方式对幼儿的学习品质具有明显影响，具体表现为：来自启发诱导型家庭教养方式的幼儿在学习品质上处于最高水平，溺爱娇纵型次之，放任自流型则基本处于最低水平。看来，在一种轻松自由的环境下幼儿自主无忧的探索、思维，再加上家长的适时诱导，最有利于幼儿学习品质的发展。

因此，我们首先倡导启发诱导型的教养方式。启发诱导型的教养方式符合孩子的心理特征，他们受心智发展水平的局限，其分辨是非、独立思考问题的能力都较差，若不管其对问题是否理解，只一味地采取简单粗暴的填塞式的灌输方法，势必会挫伤他们的主动性、积极性，使家庭教育过程受阻，家庭教育目的也将落空。父母要对幼儿多进行积极引导，有目的地指导，帮助幼儿感知、了解、积极面对生活中的问题。

其次，父母要转变自己对孩子的教养类型，尽量减少溺爱娇纵型教养方式，既要爱孩子，又要适当对孩子放手。父母必须掌握幼儿身体及心理发展的规律和特征，根据幼儿身体及心理发展特征，采用适合其健康发展的教养方式。例如 3 岁的幼儿便有非常强的独立意识，一心想要摆脱父母的各种约束，任何事情都想“自己来”。由于幼儿的年龄比较小，再加上能力不足，父母经常是什么事都替孩子做，这样就导致幼儿一碰到困难就想找父母帮忙，不利于幼儿独立性的培养。父母通过学习幼儿方面的一些书籍，就可以及时掌握各个阶段幼儿的发展特点，了解孩子的独立意识，该相信他们的时候就一定相信他们，放手让他们做一些他们有能力做并且又能做好的事情，这样幼儿可以得到更多的乐趣。父母只需适时地给予指导并鼓励孩子就可以了。

最后，我们要遏止放任自流型和专制权威型，放任自流型和专制权威型的教养方式比较极端，教养方式不足取。著名教育家陈鹤琴说：“家庭教育，对父母来说首先是自我教育。”父母自身所具备的人格修养在孩子成长过程中会潜移默化地影响到孩子。这是由于孩子早期主要通过模仿父母的行为举止、思维方式、个人性格等各个方面来学习的。所以，不管或管理过度死板严格，将不利于孩子良好学习品质的养成。因此，父母要不断加强自身个性的修养，从自身做起，为幼儿树立一个良好的榜样，再通过合理的教育方式对孩子进行教育引导。

小　结

学习活动最早发生于胎儿末期。婴儿的学习不断发展，主要表现为两个层次：习惯化与去习惯化、经典条件反射与操作条件反射。幼儿的学习主要包括换位、辨别换位学习、概念学习、解决问题的学习、偶发学习；幼儿学习方式主要有观察模仿学习、操作尝试学习、语言理解学习等。

幼儿学习主要有在活动中学习和在关系中学习两个途径。幼儿学习的种类很多，按学习内容可分为技能学习、概念学习、社会性学习和创造性学习；按学习方式可分为发现学习和接受学习。

幼儿学习有自己独特的特点：活动性与游戏性、直观性与操作性、指导性与模仿性、情绪性与依存性。

学习与发展是一种辩证关系。影响学前儿童学习的主要因素包括大脑发育、认知发展、动机发展等内部因素，以及学习情境和家庭教养方式等外部因素。

思 考 题

一、单项选择题

1. 婴儿学习的最早方式表现为习惯化与(　　)。

A. 条件反射的形成　B. 模仿　C. 社会化　D. 观察

2. 从发展过程考察儿童学习，把幼儿学习划分为三种方式：自然学习、非正式学习和(　　)。

A. 正式学习　B. 社会学习　C. 观察学习　D. 结构化学习

3. 幼儿学习的种类很多，按学习内容可分为技能学习、知识学习、社会性学习和(　　)。

A. 态度学习　B. 发现学习　C. 创造性学习　D. 接受学习

4. 按学习方法，幼儿的学习可分为(　　)。

A. 发现学习和接受学习　B. 外显学习与内隐学习

C. 模仿学习与创造学习　D. 言语学习与操作学习

5. 叶克斯和多德森的研究发现，动机强度与学习效率之间呈(　　)。

A. U 型关系　B. 倒 U 型关系　C. V 型关系　D. 倒 V 型关系

二、名词解释题

婴儿学习　习惯化与去习惯化　幼儿学习　学习准备　关键期　学习动机　学习情境　学习品质

三、简答题

1. 婴儿最早的学习方式有哪些？
2. 简述幼儿学习方式的发展。
3. 幼儿学习的基本途径有哪些？
4. 为什么说操作学习是幼儿重要的学习方式？
5. 影响幼儿学习的内部因素主要有哪些？
6. 影响幼儿学习的外部因素主要有哪些？

四、论述题

1. 试论述学习与发展的关系。
2. 举例说明动机与学习的关系。
3. 举例说明教养方式对幼儿学习的影响。
4. 举例说明幼儿学习的特点。

五、案例分析题

1. 阅读案例1,思考:小明父母的态度和行动对吗?请从操作学习及幼儿学习特点的角度分析小明的这一类行为,并为小明的父母提出科学的教育建议。

案例1

幼儿玩插塑

小明是个3岁零3个月的孩子,十分活泼可爱,父母很喜欢他。可令其父母不解的是,小明无论做什么事情之前从不爱多思考。比如,玩插塑时,让他想好了再去插,而他却是拿起插塑就开始随便地插,插出什么样,就说插的是什么。在绘画和解决别的问题时也是这样。夫妇俩认为这样不好,便总是要求孩子想好了再去行动,可小明却常常做不到。小明父母时常为此而烦恼。

2. 阅读下列短文1,思考幼儿最佳学习方式应该是哪种呢?请结合我国当前幼儿园教育中"小学化"倾向,谈谈杰克·布鲁纳的观点及其启示。

短文1

关于幼儿学习问题的思考

幼儿在幼儿园中整日地进行着积木建筑、"糕点"制作之类的各种游戏。这是否在浪费时间?这些时间可否用来从事正规的学习?

许多家长对于幼儿园眼下这种"尽是游戏"的做法感到失望,要求"改革",认为应在幼儿园中加强对幼儿的读、写、算基本三会教学。

此论当否?一些有识之士的回答是否定的。19世纪德国教育家福禄培尔提出的关于幼儿应通过游戏而学习的理论,虽然年久日长,但依然是无可厚非的。伦敦内城区教育当局负责幼儿教育的官员安·柏纳德特强调说,眼下各地幼儿园"在读、写、算基本三会教学方面并不是无所作为的,只不过它们不是像某些家长所期望的那样——以正规的方式进行罢了"。

布尔玛希高等教育学院首席讲师杰克·布鲁纳(Jackie Brunner)指出,人们对幼儿所进行的"游戏"的理解存在着众多偏见。她说:"人们通常觉得游戏是微不足道的,因而在他们那里,游戏一词具有贬义的色彩。殊不知,就孩子们来说,这就是工作!"人们有所不知,玩弄积木之类不仅有助于孩子们掌握数码,而且能帮助他们掌握数码之间的各种关系。遗憾的是,时至今日,仍有许多受过传统教育的成人还不正视——诸如5的平方这一抽象概念是建立在25块积木(每块积木长1宽1)构成的长5宽5的正方形实物基础上的——这样一些客观存在。

当然,入园幼儿的背景情况会有不同,所具优缺点亦有差异,例如有些孩子从来没有读过或读懂过一本书;有些孩子则从来没有玩过橡皮泥、积木之类,等等。这就要求幼儿教师对具体情况具体分析,对不同的幼儿提供不同的材料,实施有所差异的教学方法。例如,有些孩子由于家住没有公园配套的公寓中,平时很少有机会在户外玩耍。对于这些孩子来说,为他们创造室外游戏场所,进行各种室外游戏,从而发展他们的身体敏捷性等素质,就显得十分重要。而对乡村幼儿园的孩子,多些室内游戏也未尝不可。再如,有些孩子很早就已开始了阅读的学习,做教师的就不必一刀切,与其他孩子"一视同仁",而可开些小灶(如让他们看些图文结合的故事)。如果一刀切,常会使这些孩子兴味索然。

总之,幼儿的学习主要应当是通过游戏而进行的学习,幼儿园应当让幼儿满怀信心地、主动地利用各种材料学习,唯其如此,他们日后才有可能成为学校中自信的学生。另一方面则还应因材施教,诚如杰克·布鲁纳所说:“要让幼儿各取所需。一个良好的教师应当区分不同理解水平的儿童,促使他们达到各自可能达到的各级水平。”

(来源:1987 年 7 月 26 日〔英〕《星期日泰晤士报》,张伟平编译。)

3. 短文 2 是一位学前教育专业本科生在幼儿园实习后的总结,运用相关理论观点剖析这篇短文的可取之处与偏颇之处,重点思考幼儿学习与游戏是什么关系?

短文 2

对幼儿学习的理解

众所周知,游戏、学习、劳动是人一生中的三种基本的实践活动形式。很多人认为,游戏是学龄前儿童的主导实践活动;学习是学龄儿童的主导实践活动;劳动是成人的主导实践活动。其实,学习和劳动虽然不是幼儿的社会义务,但也是必不可少的活动。

所谓学习,实质上就是学、思、习、行的总称。人是一个能动的个体,学习是学习者主动建构的过程。学习的过程就是积累与贯通相结合的过程,即学习必须由浅入深、由表及里地下长期积累的工夫,只有融会贯通,才能达到学习的效果。可见,贯通必须以积累为基础,积累必须以贯通为归宿。

3 岁以后早期开发的幼儿已掌握了口语,各种心理过程仍以无意性为主,但有意性也开始发展,这就为其进行有目的、有系统的学习提供了条件。

但是,幼儿的学习活动与入小学后的正规学习有所区别。小学学习的内容难度增大了,而在学习时间方面,幼儿园儿童每天是 1 个小时至 1 个半小时,每节课的学习时间为 25 分钟至 30 分钟,而小学生则是 4 个半小时至 5 个小时,每节课的学习时间为 40 分钟至 45 分钟。

幼儿的学习活动是对小学这种正规学习的一种准备,这种准备不仅包括知识,更重要的是让幼儿学会学习,即是要重视和培养幼儿良好的学习态度、学习习惯、学习策略和学习技能。

幼儿园以游戏为基本活动,意味着把游戏作为幼儿园教育的基本组织形式,让幼儿在游戏中学习,寓教育于游戏中。

在某一教育阶段,以什么样的活动作为教育的基本组织形式,并不取决于人们的主观愿望,而是该阶段儿童身心发展的特点和教育的特点所决定的。

幼儿的学习往往要运用游戏、观察事物等生动具体的形式,有时学习与游戏之间甚至没有什么严格的界线。尤其是针对年龄较小的幼儿,学习活动要较多地通过游戏进行,幼儿才会比较容易接受。

随着幼儿年龄的增长,其学习活动也不断发展起来,表现在:

小班幼儿:把学习当作游戏看待。

中班幼儿:能把学习和游戏区分开,学习仍然以游戏形式为主。

大班幼儿:能按学习任务进行活动,学习仍可采用游戏形式。

4. 根据幼儿操作学习原理,分析案例 2 中幼儿“实验操作”的学习价值。

案例 2

大班幼儿学习活动:神奇的纸杯

活动目标:

(1) 能积极参与探索活动,关心周围生活的科技产品。

(2) 了解纸吸水后易变形的特点,并知道用涂蜡的方法,可以保护纸不透水。

(3) 在操作活动中仔细观察,善于发现问题,有初步的比较分析能力。

活动准备:

纸折的杯子、纸杯、毛笔、融化的蜡、水桶、盆子。

活动过程:

(1) 游戏——引出问题

① 引导幼儿注意到前面摆放的纸杯,提问:小朋友想想,老师这里摆这么多杯子要干什么呢?

② 交代游戏名称:今天,老师要请小朋友用这些杯子来玩"纸杯运水"的游戏。

③ 交代游戏玩法:老师把小朋友分成男孩队和女孩队,每人先拿一个杯子在水桶后站好。当老师喊:"开始!"小朋友就拿杯子去装水,然后再运到对面的盆子里面。我们来比比看,哪队的小朋友能最先将盆子装满水。

④ 幼儿游戏。

(2) 讨论——关注问题

① 提出问题:为什么女孩队没有男孩队装的水多呢?

② 讨论得出结论:原来是女孩队用的纸杯有问题——漏水。

③ 进一步追问:男孩队的杯子也是纸杯子,为什么就不漏水呢?

④ 引导幼儿观察男孩队用的纸杯,并抠一抠、刮一刮男孩队用的纸杯:看看你们能发现什么?

⑤ 在孩子发现纸杯上有"白白的东西"的基础上,引导幼儿猜测:这个白白的东西是什么呢?(蜡)小朋友想想纸杯上为什么要涂蜡?

(3) 实验操作——探索并解决问题

① 引起实验兴趣:纸杯上涂了蜡就真的不透水了吗?我们也来试试看。

② 教师演示实验:你们看,老师这里有两盆融化了的蜡,这两盆蜡是老师用一根根的蜡烛把它融化的。(教师边演示边讲解)先拿起纸杯,在融化的蜡里转一圈,然后再提起来等底部的蜡快干时,再用毛笔蘸蜡,从上到下均匀的涂开,把纸杯外面的每一个地方都要涂到。

③ 幼儿实验操作:

第一,将幼儿分成男孩组和女孩组:看哪组的小朋友把纸杯涂得又均匀又好。

第二,幼儿操作时,提醒幼儿注意安全,不要将蜡滴在自己或别人身上。

第三,提醒幼儿一定要等蜡在纸杯上干了后,再试水。

④ 纸杯试水:鼓励幼儿将涂好蜡的纸杯再去装水检验。

(4) 小结——加深对问题的理解

今天我们发现了纸杯不漏水的秘密,原来是纸杯上面涂蜡,它就不会漏水了!小朋友回去后,可以向别的朋友介绍这个秘密。也可以再去看看家里的纸杯,是不是上面也涂了蜡呢?

参考答案:

一、单项选择题

1. A 2. D 3. C 4. A 5. B

第五章 幼儿知识学习与教育

学习目标

1. 应识记的内容

◆ 知识的定义与类型以及知识的表征与表征方式。

◆ 知识学习及其类型，知识的同化与顺应。

◆ 知识理解、知识整合、知识迁移、概念形成、概念同化的定义。

2. 应领会的内容

◆ 知识的类型及表征，知识学习的过程。

◆ 知识理解的基本过程和类型，知识整合及其过程。

◆ 幼儿知识整合的可能性与重要性。

◆ 知识迁移的影响因素。

◆ 概念学习的基本方式及幼儿概念学习的特点。

3. 应会用的内容

◆ 幼儿的知识理解、知识整合及其教育指导。

◆ 知识迁移的实现。

◆ 幼儿概念学习水平的检测方法和指导方法。

◆ 幼儿错误概念的成因及纠正，概念学习的指导。

建议学时

6 课时

老师导学

知识学习是现代教育心理学最富成就的领域。近 20 年来，建构主义的知识观与学习观对我国幼儿教育实践产生了深远的影响。本章以建构主义学习理论为指导，着重阐述知识学习的过程及其对幼儿教育的启示，并以概念学习为重点介绍幼儿知识的特点及其教育指导。通过学习本章，重点掌握知识的类型及表征、知识学习、知识理解的基本过程和类型以及知识整合、概念学习的基本过程和方式，幼儿概念学习水平的检测方法和指导方法等。学习的难点在于幼儿知识理解的教育方法与措施、幼儿知识整合的教育方法与措施、知识迁移的实现、幼儿概念学习的教育方法与措施以及概念的含义和结构、概念学习的方式等。

幼儿要不要识字?

人的知识来自于直接经验的积累与间接经验的理解。幼儿的知识学习主要依靠直接经验的积累,在条件成熟的前提下,也不排除间接经验的理解。

学前儿童对间接经验的理解主要基于图画解析与文字解读。如是,某些父母为了使自己的孩子处于"领先"地位,过早让孩子认字,甚至不惜以物质引诱或武力强迫。虽然孩子在"照存"下,能记住不少生字,可这种在压力下的学习,孩子不会认为学习是自己的事情,会认为学习不是享受而是苦差事。等到孩子真正入学,由于老师传授的内容几乎都知道,孩子又拿高分,其吃老本的情况会掩盖许多学习上的问题。

有朋友会说,难道在入学前一个字也不教?答案当然是"否"。教育不是绝对的,要根据孩子的实际情况因材施教,同时,教育也要适应孩子的最近发展区。比如,如果孩子以前未认字,但到了入学前为了幼小衔接,就需要教孩子认一些字。让孩子逐步适应间接经验的学习是非常重要的,否则真的难于跟上几乎和直接体验无关的小学学习。

问题的关键不是幼儿要不要识字,而在于怎样对待幼儿识字。识字不是幼儿知识学习的唯一途径,文字也不是知识的唯一载体。

幼儿知识学习还有更好的选择,你说呢?

第一节　知识及其学习概述

一、知识概述

人类对知识的探究由来已久。传统的观点把知识界定为人们在改造世界的实践中所获得的认识和经验的总和。这种界定肯定了知识的稳定性和明确性。幼儿教育各个领域涉及的知识基本是该领域内相对确定、达成共识的内容。这些知识是人类长期积累的较为可靠的经验体系。

然而,这样界定知识,不能揭示出认知活动中主体与客体的动态关系,并且容易使知识固定化。正如亚里士多德的经典命题随着伽利略在斜塔上丢落的小球而被否定,作为科学之典范的牛顿力学也在爱因斯坦的相对论面前露出自己的缺陷,知识总在不断地进化和更新,人总在试图对世界做出更准确、更完整、更深刻的理解和解释。

因此,在幼儿教育中,我们不应把知识作为事先已经断定了的结论和解释教给儿童,不要用知识的"权威"去"压服"儿童,而应该把知识当成是一种看法,一种解释,让儿童去理解,去分析,去鉴别。在不可超越、无可挑剔的"权威"面前,儿童就不可能有展现自主性和创造性的空间。

(一) 什么是知识

知识是什么?心理学界一直有争议。有些心理学家将知识定义为对具体事物和普遍原理的回忆;还有一些研究者将知识定义为由信息构成的、存储于长时记忆中的表征。这类定义比较强调知识的结果,未能反应知识产生的来源,因而只是对知识的现象描述。西方许多心理学家倾向于把知识视作言语信息,即用言语符号来标志某种事物或表述某些事实。这种解释又使得知识的含义过于狭窄,也不能全面说明知识的本质。

知识就是主体通过与其环境相互作用而获得的信息及其组织。知识既能够以经验或理论的形式存在于人脑中，也可以记录在书籍、报刊和各种音像制品之中，成为人类的知识。

从本质上说，知识（Knowledge）是人对事物属性与联系的能动反映，是通过人与客观事物的相互作用而形成的。人在与外界相互作用的现实活动中，获得来自客体的各种信息，用一定的方式对这些信息进行加工和组织，形成对事物的理解，从而形成知识。

但是，知识不同于数据（Data）和信息（Information）。数据是客观世界的、相对零散的事实，是信息的重要组成部分。信息由一条条合乎语法、语义的消息组成，信息给知识的建构提供了必要的材料。

从某种程度上说，知识是经过个人主观建构的信息。个人在加工信息、获得知识的过程中加入了自己的某些观点和解释。信息本身是客观的、可以共享的，而知识却带有主观色彩，是以前学习的结果，并影响以后的学习。

知识不简单等同于能力，但知识是能力发展的重要基础。能力是更稳定的心理特性，对人的活动有更普通、更一贯的调节作用，而能力的发展依赖于知识的获得，它是知识、技能进一步概括化和系统化而形成的高度整合性的心理结构，是个体通过对知识、技能的广泛迁移应用而实现的。

因此，如何拓展幼儿的生活经验，形成深层的、灵活的、有用的知识，如何提高知识获得的效果和效率，是幼儿园教育活动的首要问题。

（二）知识的类型

知识存在于哪里？知识一方面存储在个体的头脑中，成为个体知识或主观知识，同时又可以通过文字符号等表述出来，传播开来，成为公共知识或客观知识，而人可以通过学习和交往活动，借助于公共知识来发展自己的个体知识。

1．陈述性知识和程序性知识

美国心理学家安德森（J. R. Anderson）从信息加工的角度，依据知识的状态和表现方式，把知识分为陈述性知识（Declarative Knowledge）和程序性知识（Procedural Knowledge）。

陈述性知识是关于"是什么"，是对事实、定义、规则和原理等的描述。

程序性知识则是关于"怎么做"的知识，如怎么进行推理、决策或者解决某类问题等。

陈述性知识容易被人意识到，而且人能够明确地用词汇或者其他符号将其系统表述出来。例如，幼儿可以说出"笔"是用来写字的。而程序性知识体现在实际活动中，个体到底有没有程序性知识不是通过他的回忆而是通过他的活动才能判断。同样对物体"笔"，幼儿不仅可以说出笔的作用，而且能告诉你如何使用笔来写字这一过程，这就意味着他具有了这方面的程序性知识。程序性知识是与一定的问题相联系的，在一定的问题情境面前，它会被激活，而后被执行，这一过程几乎是自动进行的，不需要太多的意识。

陈述性知识和程序性知识在实际的学习和问题解决活动中是相互联系的。在实际活动中，陈述性知识常常可以为执行某个实际操作程序提供必要的信息。例如，当壶里的水烧开了的时候，就把火关掉，而水是否已经烧开了呢？这就需要陈述性知识来提供信息。反过来，程序性知识的掌握也会促进陈述性知识的深化。

另外，陈述性知识还常常是创造的基础，专家对问题的灵活解决常常与他的丰富的经验有关。在学习中，陈述性知识常常是学习程序性知识的基础。比如，儿童先背诵加减法口诀，然后学习加减法计算，而且在计算时还要边读口诀边计算。

儿童学习常常从陈述性知识的获得开始，而后进一步加工消化，成为可以灵活、熟练应用的程序性知识。当然，程序性知识并不都是高级的，比如，拿杯子喝水就很简单。

梅耶在安德森的基础上，将陈述性知识称为语义知识，并将程序性知识分为两类：用于具体情境的"程序性知识"和有关学习、记忆、问题解决的一般方法的条件性知识(Conditional Knowledge)。后者用来确定何时、为何要应用陈述性和程序性知识，解决的是"什么时候，为什么"的问题。例如阅读时，条件性知识决定我们何时需要详细阅读某一段落或者跳过某一段落。条件性知识与陈述性、程序性知识密切相关。条件性知识实质是"有关……的知识"，同时也属于程序性知识。

2. 显性知识和隐性知识

英国科学家、哲学家波兰尼(Planyi)依据知识与言语的关系，把知识分为"显性知识"(明确知识)和"隐性知识"(缄默知识)两种形态。

所谓显性知识(Explicit Knowledge)是指用"书面文学、图表和数学公式表述的知识"，通常是用言语等人为方式通过表述来实现的，所以又称为"言明的知识"(Articulate Knowledge，明确知识)。

隐性知识(Implicit Knowledge)是指尚未被言语或其他形式表述的知识，是"尚未言明的"或者"难以言传的"知识。例如，我们能够从成千上万甚至上百万张脸中认出某一个人的脸，但是在通常的情况下，我们却说不出是怎样认出这张脸的。教学中这种现象也广为存在，每次的学习方法交流会中，学生提出的方法大同小异，但是效果却大不相同。这便是波兰尼的著名命题："我们知晓的比我们能说出的多。"

显性知识与隐性知识的存在是相对而言的，只是由于显性知识的特点，人们更容易识别它。过去由于把显性知识当成是知识的全部，没有突出它的"显性"特征，因此，隐性知识也没有得到足够的重视，尚处于"缄默"的状态。但是，两者之间却能够相互转化。

对儿童而言，隐性知识比显性知识更重要。因为隐性知识相比显性知识，更加深植于儿童的无意识之中，即使儿童后来长大成人，这些无意识中的隐性知识依然会存在于其心灵深处。因此，反思幼儿园教学材料中的隐性知识已刻不容缓，这对教师和幼儿获取正确的知识意义重大。

(三) 知识的表征

表征(Representation)是信息在头脑中的呈现方式。根据信息加工的观点，当有机体对外界信息进行加工(输入、编码、转换、存储和提取等)时，这些信息是以表征的形式在头脑中出现的。表征是客观事物的反映，又是被加工的客体。同一事物，其表征的方式不同，对它的加工也不相同。

1. 知识的表征

知识的表征(Knowledge Representation)指知识在头脑中的表示形式和组织结构。知识是通过个体与信息甚至是整个情境相互作用而获得的，个体一旦获得知识，就会在头脑中用某种形式和方式来代表其意义，把它存储起来。例如，我们用"狗"这个词代表那样一类擅长跑、嗅觉灵敏的动物，但有时说起狗，我们头脑中就会浮现出狗的形象。不同类型的知识在头脑中以不同方式表征，例如陈述性知识以概念、命题、命题网络、表象或图式表征，其中概念、表象和图式既是陈述性知识又是程序性知识，而程序性知识主要以产生式表征为主。

2. 知识的表征方式

（1）概念：幼儿重点学习的就是概念。概念代表着事物的基本属性和基本特征，是一种简单的知识表征形式。比如“正方形”即包含了这样一些特征：有四条相等的边，是一个平面图形，是一个封闭图形，等等。特征本身又是由更基本的成分组成的，如知觉特征（绿色）、功能特征（用于凿洞）、关系特征（表弟是某人的姨的孩子）等。

（2）命题：命题（Proposition）是意义或观念的最小单元，用于表述一个事实或描述一个状态，通常由一个关系和一个以上论题组成，关系限制论题。例如在“电脑坏了”这一命题中，“电脑”是论题，即命题谈及的话题或主题，而“坏了”则是这一命题的关系，对我们所知道的有关电脑的全部情况的这一主题做了限制，使得我们只注意到电脑坏了这一情况，而不关注电脑的其他情况。

命题用句子来表达，但是命题不等于句子，一个句子可以包含一个或多个命题。如果命题之间具有相互关系，则可以构成命题网络（Proposition Network）。两个或多个命题常常因为有某个共同的成分而相互联系在一起，从而构成了命题网络，或称为语义网络。命题按层次网络结构存储，相互有联系的信息组成网络。

在图 5-1 中，动物之间的分类知识就呈现出网络层级结构。例如“金丝雀”与其他“鸟”所共有的特征（“有翅膀”、“能飞”、“有羽毛”），则存储在上位“鸟”概念中，而不是与“金丝雀”或其他任何一种“鸟”一起存储。“金丝雀”水平虽不存储“鸟”的那些特征，但有连线与之相通，仍可得到“鸟”的特征。由于上级概念的特征只出现一次，无须在其他所有的下位概念中再存储，这样的分级表征可以大大节省存储空间，体现出“认知经济”原则，因而学习成效可以大为提高。命题和命题网络是陈述性知识的主要表征方式。

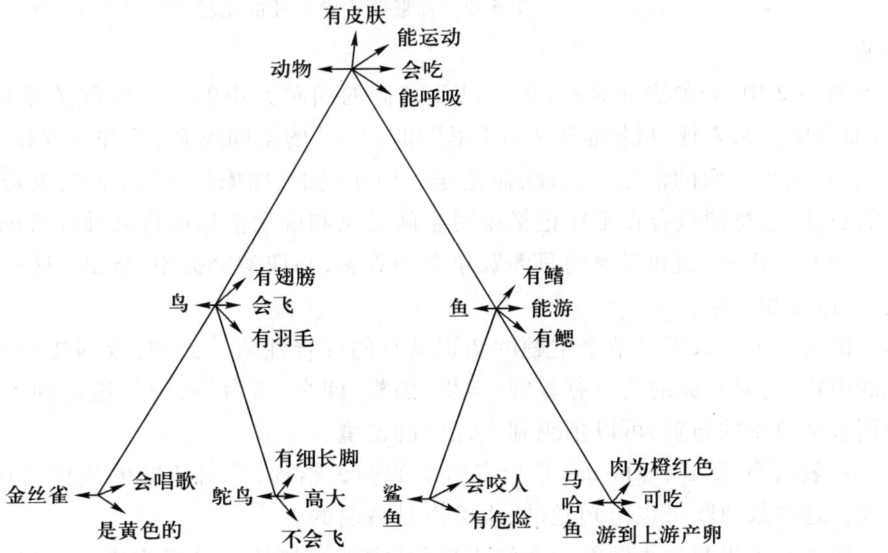

图 5-1　命题网络

一些研究表明，信息并非总是有层次的，概念是层次组成的观点也发生了一定的变化。例如，老虎在动物概念的层次结构中更接近于哺乳动物而不是兽，但是人们一般却倾向于把老虎看作兽，而不是哺乳动物。熟悉的信息可能既存储在它的概念中，又存储在最概括的水平上。如果一个经常喂鱼吃东西的人，那他可能会把“吃东西”既和“动物”存储在一起，又和“鱼类”存储在一起。这样的结构并没有动摇命题是有组织的、相互联系的核心思想，虽然有些知识可能是按照层次结构来存储的，但还是有些信息肯定能没有按照系统的方式来组织。

(3) 表象：表象(Image)是人们头脑中形成的与现实世界的情境相类似的心理图像。E·加涅(加涅的女儿)认为，表象是对事物的物理特征做出连续保留的一种知识形式，是人们保存情境信息与形象信息的一种重要方式。当我们形成表象时，总是试图回忆起或者重新建构信息的自然属性和空间结构。

例如，判断“大象比狮子大”时，我们可能不假思索地说对，但是回顾做出判断的过程，你就会发现，这个短短的时间里，头脑中出现了大象和狮子的模样，并在头脑中将这两个表象进行了比较，好像看到了这两个动物一样。又如，表达“书在桌上”时，人们可能在头脑中想象出一幅熟悉的画面，即用表象的形式来表达，当然这个句子也可以用命题的形式来表征，如图 5-2 所示。

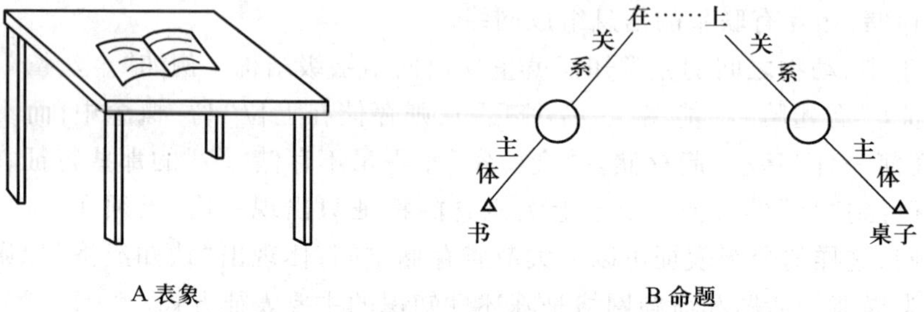

图 5-2　命题与表象表征的比较

图 5-2 中，表象表征对书、桌子以及它们的相对大小的三维空间关系提供了明确的信息；而命题网络表征，虽然也表示了“书”和“桌子”的空间关系，但并不提供有关“书”和“桌子”相对大小方面的信息。因此，命题是一种连续的、抽象的表征，而表象是一种连续的、模拟的表征，它特别适合在工作记忆中对空间信息和视觉信息进行某种经济的表征。

(4) 图式：命题和表象均只涉及单个的观念，心理学家提出“图式”这一术语，用来组合概念、命题和表象。

图式表征了人类对某个主题的知识具有的综合性质。比如，教师在头脑中都有关于教室的图式，与它相关的信息有教师、学生、黑板、课桌、讲台等，记住这样的图式，我们可以预想到整个教室的布置，可以预想到上课时的情境。

一般认为，图式(Schema)是指有组织的知识结构，是对范畴的规律性做出编码的一种形式。这些规律既可以是知觉的，也可以是命题的。

图式是关于某个主题的一个知识单元，它包括与某主题相关的一套相互联系的基本概念，构成了感知、理解外界信息的构架结构。这样，图式就并不仅仅是命题表征的扩展，因为命题并不对知觉的规律性做出编码，它只是表征事物的抽象含义，而图式则表征了特殊事物间的共同点。这种共同点即可以是抽象命题水平的，也可以是知觉性质的。例如，在“树”这一图式中，既包含了树是水土保持卫士的抽象特征，也包含了树的高度和形状等知觉特征。

(5) 产生式：我们的日常活动通常包含着一些决策，比如：幼儿园里如果看到其他小朋友玩玩具,我也喜欢玩那个玩具;如果口渴了,我就找水喝;如果出汗了,就需要毛巾。做出这些决策时,我们通常需要先确定当时的情境和条件,然后采取相应的行为。

产生式(Production Rule)包含了“如果某种条件满足,那么就执行某种动作”的知识,它表明了所要进行的活动以及发生这种活动的条件。它与前面概念和命题网络的表征方式不同,具有自动激活的特点,一旦存在、满足了特定的条件,相应的行动就会发生,这常常不太需要明确的意识。

一个产生式的结果可以作为另一个产生式的条件,从而引发其他的行动,这样,众多的产生式联系在一起,就构成了复杂的产生式系统。同时它还是程序性知识的主要表征方式。程序性知识在获得之初是以命题网络的形式表征,在变式练习的条件下,就转化为产生式的表征方式。一旦条件满足,行为自动激活,这就解释了熟练技能自动执行的心理机制。

二、知识学习概述

(一)什么是知识学习

知识的学习有广义和狭义两种理解。

广义的知识学习既包括个体对知识的发现,也包括个体对知识的接受。应该说,人类最初的知识确实是来源于人类的直接发现,是对人们长期的实践活动中各种经验的概括和总结。但是,社会的发展使得每个人不可能也没有必要去重复人类知识形成的曲折历程,而可以依赖于活动的间接经验,在较短的时间内充分地利用人类创造的全部知识财富来武装自己的头脑。

间接经验的学习主要依赖于知识掌握的过程,这就是狭义的知识学习。儿童的知识学习主要是把人类的知识转化为个体知识的过程。

所谓知识的掌握,是指在知识传递系统中儿童对知识的接受及占有,也就是通过一系列心智活动在头脑中建立起相应的认知结构的过程。对此,我们可以这样理解:

首先,知识的掌握发生在知识的传递系统中。知识传递系统是由教师、儿童及传递知识的教学媒体三个基本要素构成的。在知识传递系统中,教师和儿童分别是知识的传授者和接受者,而知识及其媒体则是传授与接受的对象和手段。教师的任务就在于依据信息的传递规律,赋予知识的掌握规律向学生进行传授;儿童的任务则在于接受所传授的知识,以构建自己的认知结构。因此,知识传递过程的成效,取决于教师和儿童借助于一定媒体的协同作用。

其次,虽然儿童在知识传递系统中扮演着接受者的角色,儿童对知识的学习是一种接受学习。但是,知识的学习必须经过儿童的一系列心智活动,对传输中的信息进行加工改造,才能实现。因此,儿童对知识的接受是一种积极主动的构建过程,而不是消极被动的“接收”过程。

再次,知识的掌握是通过新知识的获得及新旧知识的整合,从而在头脑中建立起相应的认知结构而实现的。只讲新知识的获得而不重视新旧知识的整合,学生获得的知识必定是零散的、不系统的;只讲新旧知识的整合,而不重视新知识的获得,则整合必定是空洞的、无根基的。我们认为,只有在获得新知识的基础上,通过新旧知识的整合作用,才能建立起系统化、一体化、网络化的知识结构。这就是我们确立的知识掌握的接受—构建观。

（二）知识学习的类型

现代认知派对言语信息的认知感兴趣，加涅把言语信息分为三类，即符号、事实及有组织的知识；奥苏伯尔把言语信息即陈述性知识的学习分为机械学习和有意义学习两类。其中有意义学习分为符号学习、概念学习和命题学习三类。

1. 符号学习

符号学习指学习单个符号或一组符号的意义，或者说学习符号本身代表什么。符号学习的主要内容是词汇学习，即学习单个语言符号的意义。例如汉语的字词教学和英语单词的教学，就属于词汇学习。由于词汇所代表的事物和观念是约定俗成的，而个体最初对此一无所知，因此必须通过学习来建立符号与其所代表的事物之间的等值关系。比如，通过反复的学习，儿童可以用“狗”或“dog”来代表他所看到的具体的狗。

当然，符号不限于语言符号（词），也包括非语言符号（如实物、图像、图表、图形等）。因此，对瓜果树木的认识、对几何图形的认识等，也属于符号学习。同时，符号学习还包括事实性知识的学习，即学习一组符号（语言或非语言）所表示的某一具体事实。如历史课中历史事件和历史人物的学习，地理课中地形地貌和地理位置的学习，均属于事实性知识的学习。

2. 概念学习

概念学习指掌握概念的一般意义，实质上是掌握同类事物的共同的关键特征和本质属性。如“鸟”有“前肢为翼”和“无齿有啄”这样两个共同的关键特征，其他如体型的大小、羽毛的颜色、是否能飞等均属无关特征。如果掌握了这两个关键特征，就是掌握了这个概念的一般意义，这就是概念学习，“鸟”就成了代表概念的名词。可见，概念学习比符号学习更为复杂，但需以符号学习为前提。学生在掌握概念时，其学习往往是分步的，一般是先达到符号学习水平，再提高至概念学习水平。

3. 命题学习

命题学习指学习由若干概念组成的句子的复合意义，实质上是学习表示若干概念之间的关系的判断。命题由句子来代表，组成句子的词实际上都代表相关联的概念。所以，学习命题，必先了解组成命题的有关概念的意义。例如，学习“圆的直径是它的半径的 2 倍”这一命题时，如果没有获得“圆”、“直径”、“半径”等概念，便不能获得这一命题的意义。可见，命题学习必须以符号学习和概念学习为基础，它旨在反映事物之间的联系和关系，是一种更加复杂的学习。

学生知识的学习，不外乎学习概念，学习由概念构成的命题，学习代表概念和命题的符号。应该注意的是，符号学习、概念学习和命题学习，其学习过程和条件既有相同之处，但也有不同之处。一般而言，在符号学习中，概括活动不占主导地位，只需在直观的基础上进行直觉概况即可。而概念学习和命题学习，则必须经过直观、概括、具体化三个基本认知过程才能完成。

（三）知识学习的过程

知识学习是一个非常复杂的过程。基于建构主义的知识学习观，我们把知识的学习过程划分为知识的生成与理解、知识的整合与深化、知识的应用与迁移三个阶段。

知识学习的每个阶段都遵循知识的双向建构的过程。从建构观点看，个体获得知识的过程不是简单的知识从外到内的传送转移过程，不是学习者原封不动地接受、占有知识，而是学习者建构自己的知识的过程，这种建构活动是通过新信息与原有知识经验之间双向、反复的相互作用而完成的，即知识同化与顺应的双向建构过程。

1. 知识的同化

在知识建构过程中，学习者需要以原有知识经验为基础来同化新知识。对新信息的理解总是依赖于学习者原有的知识经验，学习者必须在新信息与原有知识经验之间建立适当的联系，才能获得新信息的意义。

比如，在学习“三角形”时，儿童要将这一名词（符号）与他们看到过的各种不同形状的三角形物体联系起来；在学习“直角三角形”时，需要联系自己有关“直角”和“三角形”的知识以及生活中的一些实际经验。离开了与这些知识经验之间的联系，这些名词就成了没有意义的符号。如此，学习者通过将新知识与原有知识经验联系起来，从而获得新知识的意义，并把它纳入已有认知结构的过程，就叫做知识的同化。

同化过程涉及感知、判断、推理、记忆等一系列复杂的认知活动。一旦学习者在新知识与原有观念之间建立了逻辑的联系，他就可以利用相关的背景知识对信息做出进一步的推论和预期。因此，知识的同化过程实际上是一个不断建立联系、做出推论的过程，学习者正是通过这种联系和推论活动将外在信息转化成“自己的”知识。

2. 知识的顺应

与此同时，随着新知识的同化，原有知识经验会因为新知识的纳入而发生一定的调整或改组，这就是知识的顺应。

当新观念与原有知识之间可以融洽相处时，新观念的进入可以丰富、充实原有知识。有时，新观念与原有知识之间有一定的偏差，这时，新观念的进入会使原有观念发生轻微的调整。更有甚者，有时新观念会与原有观念之间完全对立，比如小学生学习地球的形状，这会与他们的日常经验相冲突，这时，学习者需要转变原有的错误观念，原有观念会发生更为明显的顺应。

同化意味着学习者联系、利用原有知识来获得新观念，它体现了知识发展的连续性和累积性。顺应则意味着新、旧知识之间的磨合、协调，它体现了知识发展的对立性和改造性。通过同化解释新知识的意义是原有知识发生顺应的基础，而真正的同化也常常离不开顺应的发生，因为只有改变了原有的错误观念，解决了新旧知识之间的冲突，新观念才能与原有知识体系协调起来，从而真正一体化。显然，知识建构一方面表现为新知识进入，同时又表现为原有知识的调整改变。同化和顺应作为知识建构的基本机制，是相互依存、不可分割的两个侧面。

综上所述，知识的建构是通过新、旧知识之间充分的、双向的相互作用而实现的。在获得新知识时，学习者需要充分调动有关的知识经验，分析、组织当前的新信息，生成对信息的理解、解释。同时，学习者要反省新知识和旧知识的一致性，鉴别、评判它们的合理性。

下面结合幼儿学习及其教育指导，分别介绍知识学习的三个阶段。

第二节　知识理解与幼儿教育指导

一、知识理解概述

学习者学习知识的最终目的是为了更好地理解世界，灵活地适应世界，这就是说，知识的学习不只在于能够背诵多少概念、原理,更主要的是所获得的知识的质量,看它能否灵活地被迁移运用到各种相关的情境中。为了达到这一目标,学习者需要对知识形成深层的、灵活的理解,而不只是字面的、表层的、僵化的理解。由此,“为理解而学习”构成了现代学习和教学理论的一条重要信念。

(一)什么是知识理解

在心理学中,理解有广义与狭义之分。广义的理解意指一切揭露事物本质的过程,也是个体逐步认识事物的联系、关系、本质、规律的一种思维活动。而狭义的理解特指个体利用已有的知识去认识新事物,或把某个具体的事物纳入相应的概念和法则中去的过程。由此推之,理解就是知识的应用问题,是抽象知识的具体化过程。

一般而言,知识理解主要指学生运用已有的经验、知识去认识事物的种种联系、关系,直至认识其本质、规律的一种逐步深入的思维活动。它是学生掌握知识过程的中心环节。

(二)知识理解的过程

维特罗克认为,知识的理解就是学习者生成信息的意义过程,即是通过原有认知结构及相关知识经验与从环境中接受到的感觉信息的相互作用而实现的认知过程。

关于知识的生成过程参见第三章“学习的概述”第三节“学习的过程”。

二、幼儿的知识理解及教育指导

受认知发展水平的制约,幼儿的思维具有直观性与形象性的特点,知识理解也处在感性层面,即具有情境性与直观性。

(一)知识的情境性与情境性教学

布朗(J. S. Brown)、柯林斯(A. Collins)和杜吉德(P. Duguid)首次提出并界定了“情境性学习”的概念。他们认为,传统的教学实践暗含了这样一种假定:概念性的知识可以从它们的被学习和应用的情境中抽象出来,而正是这种假定极大程度地限制了教学实践的有效性。基于相关研究结果,布朗等人得出了一个结论:情境通过活动来生成知识,即知识是情境化的,并且在部分程度上是它所被应用的活动、背景和文化的产物。

情境性教学是情境性学习观念在教学中的具体应用。

首先,这种教学应使学习在与现实情境相类似的情境中发生,以解决儿童在现实生活中遇到的问题为目标。学习的内容要选择真实性任务,不能对其做过于简单化的处理,使其远离现实的问题情境。由于具体问题往往都同时与多个概念理论相关,所以,他们主张弱化学科界限,强调学科间的交叉。

其次,这种教学的过程与现实的问题解决过程相类似,所需要的工具往往隐含于情境当中,教师并不是将已准备好的内容教给儿童,而是在课堂上展示出与现实中专家解决问题相类似的探索过程(甚至有人主张教师不要备课),提供解决问题的原型,并指导儿童的探索。

最后,情境性教学不需要独立于教学过程的测验,而是采用融合式测验,在学习中对具体问题的解决过程本身就反映了学习的效果,或者进行与学习过程一致的情境化的评估。

由于概括能力有限,幼儿的知识理解离不开具体情境的支持,显然,情境性教学是促进幼儿知识理解的有效教学模式。

(二)材料的直观性与直观教学

幼儿处在感知运动水平和象征性思维水平,还没有摆脱自觉行动思维的束缚,知识理解必须借助直观材料才能进行。直观教学不仅降低了知识理解的难度，而且有助于知识的记忆，因为幼儿的形象记忆优于符号记忆。

直观可分为实物直观、模象直观和言语直观三种，与其对应的直观教学形式也有三种。

1. 实物直观

实物直观即通过直接感知实际事物而进行的一种直观方式。观察各种实物标本、演示各种实验、到工厂或农村进行实地参观访问等都属于实物直观。

实物直观的优点是给人以真实感、亲切感，所得到的感性知识与实际事物间的联系比较密切，因此有利于激发幼儿的学习兴趣，调动幼儿的学习积极性，在实际生活中能很快地发挥作用。

其缺点是由于实物直观的本质属性与非本质属性联系在一切，并且由于受时空与感官特性的限制，许多事物的特征与联系难以在实物直观中直接被觉察。因此它不是唯一的直观方式，还必须有其他种类的直观。

2. 模象直观

模象即事物的模拟性形象。所谓模象直观，即通过对事物的模拟性形象直接感知而进行的一种直观方式。例如，各种图片、图表、模型、幻灯片和教学电影、电视等的观察和演示等。

模象直观的优点是可以人为地排除一些无关因素，突出本质要素；并且可以根据观察需要，通过大小变化、动静结合、虚实互换、色彩对比等方式扩大直观范围，不受实物直观的局限，提高直观效果。因此它已成为现代化教学的重要手段，是现代教育技术学研究的重要内容。

但是，由于模象只是事物的模拟形象，与实际事物之间有一定距离，因此要使通过模象直观获得的知识能在幼儿的生活实践中发挥更好的定向作用，一方面应注意将模象与幼儿熟悉的事物相比较，同时，在可能的情况下，尽量使模象直观与实物直观结合进行。

3. 言语直观

言语直观是在形象化的语言作用下，通过幼儿对语言的物质形式（语音、字形）的感知及对语义的理解而进行的一种直观形式。

言语直观的优点是不受时间、地点和设备条件的限制，可以广泛使用；同时也能运用语调和生动形象的事例去激发幼儿的感情，唤起幼儿的想象。但是，言语直观所引起的表象，往往不如实物直观和模象直观鲜明、完整、稳定。因此，在可能的情况下，应尽量配合实物直观和模象直观。

案例“动植物间的依存关系”（见知识拓展 5-1），在看图排列和感受食物链这个环节中，教师使用动物的图片属于模象直观。教师用箭头来表示动物之间的食物链关系，一方面体现了链条的形象性，另一个方面也是言语直观和模象直观的结合。这些都有利于帮助幼儿理解“动植物间的依存关系”。在遮图讨论和探究“动植物间的依存关系”这个环节中，通过遮挡某个动物，让幼儿发现食物链之间真正的“依存”，是上一个环节的深化。而最后的排列食物链，则是给幼儿一次实践的机会，也是教师对于幼儿知识理解程度的检验。总之，这个案例的重点在于了解食物链，难点在于理解这种“依存关系”，根据幼儿的实际情况和活动内容，灵活地使用直观教学形式，将有助于幼儿更好地进行知识理解。

【知识拓展5-1】　案例:大班科学、语言活动“动植物间的依存关系”

活动目标

(1) 感知破坏生态平衡将带来的危险后果,树立初步的生态保护意识。

(2) 能用较连贯的语言清楚地表述动植物之间的关系。

(3) 了解常见的食物链,指导动植物之间存在相互依存的关系。

活动准备

(1) 幼儿和家长共同收集关于食物链的资料,积累相关知识经验。

(2) 幼儿操作材料(各种动植物小卡片)每组一套。

(3) 教学挂图《谁吃掉谁》。

活动过程

(1) 看图排列,感受食物链。

——出示猫头鹰、田鼠、大米三张图片。幼儿讨论:它们之间有什么关系? 谁会吃掉谁?

——请个别幼儿尝试将三张图进行排列,用箭头表示它们之间的关系:猫头鹰→田鼠→大米,并用较连贯的语句表述清楚:猫头鹰吃田鼠,田鼠吃大米。

——出示啄木鸟、虫、大树、老虎、羚羊、草六张图片,引导幼儿讨论:它们之间谁又会吃掉谁? 有什么关系?

——请个别幼儿尝试将三张图进行排列,用箭头表示它们之间的关系:啄木鸟→虫子→大树;老虎→羚羊→草。

——小结:在大自然中,动植物都是需要生存的,你吃我,我又吃它,它再吃其他生物,就像一条长长的链条一样,把这种生物与那种生物紧密地联系起来,这就是食物链。

(2) 遮图讨论,探究动植物之间的依存关系。

——教师挡住食物链中的某张图片,幼儿讨论:如果没有这种动物或植物会发生什么? 如没有猫头鹰,老鼠会成灾,吃掉大量粮食;没有青草,羚羊都会饿死,老虎也没有食物;没有啄木鸟,虫子就会吃掉大树……

——共同归纳:食物链当中少了任何一个环节,就可能乱套,产生严重后果。

(3) 分组操作探究,排列不同的食物链。

——幼儿分组操作动植物小图片,教师指导:这些动植物之间的食物链是怎样的? 幼儿对图片进行排列,排除不同的食物链,并观察哪条食物链最长;拿掉其中一张图,请幼儿想想会发生什么事。

——幼儿交流各组的发现。

——教师总结提升:大自然很有趣,动植物生活在一起,谁也离不开谁。所以,我们要保护花草树木,不要刻意去破坏。

活动建议与提示

(1) 活动开始可以用幼儿熟悉的智力游戏“老虎、棒子、鸡”导入,很自然地过渡到人、动物、植物三者间的依存关系。

(2) 分组操作的动植物小图片可以投放到区角,供幼儿自主排列食物链。

(3) 活动的重点是了解常见动植物之间的食物链,从而知道动植物之间存在相互依存的关系;活动的难点是理解这种依存关系,由于受生活经验的局限,幼儿对食物链的理解比较困难。

第三节 知识整合与幼儿教育指导

一、知识整合概述

(一) 什么是知识整合

整合(Integrate),也称综合,是把不同类型、不同性质的事物组合在一起,使它们成为一个整体。因此,整合是整体形成的环节和过程。整合的核心是联系的建立。

知识的整合即是知识的系统化。知识系统化的实质就是,将互相关联的知识组成网络状的知识体系。换句话说,就是把有联系的知识组合起来形成一个网状的结构。

知识之间发生联系的原因有两种:一种是千差万别的个别事物与内隐于其中的一般规律之间的联系(表里、层次、水平)。另一种是一事物与另一事物之间的依存关系(条件、成因、结果)。

例如,动物与其生活的环境相联系,即动物要适应生活环境(这就是一个一般规律)与这个一般规律的个别事件(如猫能爬树,捉耗子,非常机灵敏捷;马跑得特别快;狮子和老虎既有力又灵活,善于小心翼翼地悄悄走近猎获物,突然袭击等)的知识之间的相互联系。这样就把原本看似毫不相干的零散知识(动物、环境、动物要适应生活环境的各种具体表现的知识)连接成一个彼此关联的网络状的"知识群"。因而,知识系统化的核心就是要反映事物和现象的简单联系和规律。

(二) 知识整合的过程

知识整合的过程也就是知识系统化的过程,即把零散知识转化为一个有机的知识系统的过程。

在知识系统化的过程中,首先要确立一个核心经验(即反映现实相应方面的主要联系的那些观念和初级概念),这个核心经验就是整个知识系统的关键;其次,以这个核心经验将有关知识贯穿起来,其他的知识则是核心经验的延伸、扩展或具体化,始终围绕着这个核心经验,并且随着核心经验的发展而不断地变换着联系方式。

例如,以动物的身体构造依赖于生存环境作为了解野生动物的一个知识体系的核心;把反映物体在空间运动的基本属性的知识看作了解无机界的一个知识体系的核心;把构建物体的形状与用途间的联系当作儿童创造性学习的一个核心等。

研究表明,向幼儿传授有关实物和现象的知识时,关键是引导他们理解现象之间的简单联系和规律性,而在提供有关现实的知识体系时,则需引导幼儿抓住知识体系中的核心经验,因为核心经验具有扩展性和延伸性。

二、幼儿的知识整合及其教育指导

(一) 幼儿知识整合的可能性与重要性

俄罗斯儿童心理学家查包洛塞兹、波特吉雅科夫就儿童知识系统化的可能性做过深入而系统的研究。他们发现,就认识潜力来说,学前儿童的主要思维方式(即直觉行动思维和直观形象思维)并不比学龄儿童的抽象逻辑思维弱。在良好的教育影响下,学前儿童在直观的形象中也能反映事物的共性,也能发现事物的本质联系和相互依存关系。例如,水的三态变化,植物的生长与空气、阳光、土壤的依存关系都是可以在一种直观的形式中显示给儿童的。

这也就是说,幼儿园中作为知识体系核心的揭示事物本质联系和关系的知识,不是反映在概念的形式中,而是体现在儿童摆弄物体的活动中,呈现在表象的形式中。如此,也就从理论上解决了幼儿知识整合的性质及层次问题。

知识整合不仅有助于幼儿知识的系统化,形成良好的知识结构,而且有利于幼儿认知的整体发展,形成相对稳定的认知结构,有效地发挥其同化与顺应机能。具体表现在下列方面。

1. 知识整合有利于幼儿知识结构中新旧知识之间的相互作用

奥苏伯尔认为:学习是否有意义,主要取决于新知识与已有知识之间是否建立了联系。无疑,以核心经验建构的知识网络与新知识发生相互作用的可能性,要比没有由一个核心经验连接起来的那些片段和互不连接的知识广泛得多。

2. 知识整合有利于提高幼儿的认识潜力

系统化了的知识,可以引导儿童一步步理解周围世界的复杂联系和关系。在这个过程中,幼儿随意运用结构上越来越复杂的那些知识的能力得到了急剧的发展。换言之,即幼儿内部活动有了量和质的发展,从而为形成复杂的思维活动形式打下了基础。

3. 知识整合有利于培养幼儿用深入、联系的眼光看待事物的思维方式

幼儿掌握那些反映现实某方面隐蔽的重要联系的知识体系时,根本改变了他们分析周围实物和现象的方法,使他们形成了探索隐蔽的内部联系和关系的定向。同时,他们观察事物的外部特征和联系的方法也有了本质的改变,无论事物的外部或内部特征,儿童都是从这个事物所存在的那个体系的观点出发开始进行分析的。

比如,幼儿在日常生活中玩水时,可能就不会去注意有沉浮的现象,或者尽管也有接触沉浮的现象,但没有深入地探究。而在教师提供的学习情境中,幼儿就能明确地、有意识地把这些现象连同在生活中获取的经验集中起来,去探究不同物体在水中的沉和浮。再加之教师提出的启发性问题,幼儿还会进行更多的探究,获得更多的发现。比如玻璃瓶会沉到水里,怎样让它不沉下去?木块不会沉下去,有什么办法让它沉下去呢?这些问题的思考有助于幼儿养成良好的思维方式。

(二)知识系统化教学:一日生活经验的合理整合

幼儿园知识系统化教学是在儿童先前知识的基础上,引导儿童发现各知识之间的联系并概括出本质规律,且以该本质规律为中心环节,把其他零散的知识按层次连接为体系的过程。在系统化知识体系里,儿童不仅要认识事物的外部特征,而且要理解其隐含的本质规律;不仅要知晓个别零散的知识,而且要把握知识之间的联系,由此构成由表及里、由此及彼的立体状知识网络结构。

1. 学习活动中的知识整合

学习活动中的知识整合具体表现在多个层面:把认知、情感、运动技能等方面的发展结合起来;把教师的指导与幼儿发现、探究和体验结合起来;把计划的学习情境与变化的学习情境结合起来;把室内的学习活动同室外的、园外的学习活动结合起来;把先前的活动与当今的活动和将要进行的活动结合起来,使各种学习活动产生多维度的联系。应避免学习活

动目标单一、内容单一、形式单一的现象,避免各种活动之间封闭、割裂甚至抵触的现象。

2. 生活活动中的知识整合

晨间锻炼、用餐就寝、散步、日常劳动等都是与生活直接关联的活动。对于幼儿来说,身体的发展、基本的生活习惯和生活能力的形成是最为重要的学习目标,因此,生活活动在幼儿知识整合中占据重要的地位,对幼儿的学习与发展有特殊的意义。而且,现实生活对幼儿知识结构具有渗透作用、综合作用。生活就是一种综合性的活动,生活活动中涵盖了多领域的知识学习。

3. 游戏活动中的知识整合

游戏也是知识整合的重要方式。游戏对幼儿发展的价值从来就不是单一的。智力游戏绝对不可能只发展智力,就像角色游戏也有智力的价值一样。幼儿会把广泛的生活内容反映在游戏活动之中,也会把丰富的学习内容反映在游戏之中。游戏不只是教学借助的一种手段,游戏更有它自身的价值。作为知识学习重要活动之一的游戏,应充分发挥幼儿在游戏中的主动性和创造性,鼓励幼儿参与多种游戏,鼓励幼儿在游戏中反映生活,反映学习到的知识和能力。

第四节　知识迁移与幼儿教育指导

知识的应用与迁移关系十分紧密,将所学的知识用于解决同类或类似课题,既是检验学生对知识的理解、保持以及迁移的一种手段,同时,知识的应用也可以提高学生的迁移能力。

知识的应用实际上就是人们运用自己已有的知识解决同类或类似问题的过程,如果人们能够顺利地使问题得到解决,那么实质上就实现了知识的迁移。因此,在现代认知心理学中,知识的应用和知识的迁移属于同一性质的问题,或者说,人们正是通过知识的应用而实现知识的迁移。

知识的应用何以能够促进知识的迁移,这是心理学家们十分关心的问题。现代认知心理学认为知识的应用可以提高认知结构的可利用性、可辨别性以及清晰性与稳定性。这一方面可以使人们已有的陈述性知识得到优化,使人们的已有知识经验在头脑中得到很好的存储,在人们要解决有关问题时,保证能够及时地提取,来回答有关的问题;另一方面,它还有助于所掌握的陈述性知识向程序性知识的转化,人们通过练习可以使有关知识进一步得到熟练,从而形成有关的技能,这就实现了陈述性知识向程序性知识的转化,这样,人们在遇到有关问题时,就能够根据有关条件顺利地得出某种结论,使问题迎刃而解,此乃“熟能生巧”的道理。

一、知识迁移概述

知识迁移就是“一种学习对另一种学习的影响”。在学习这个连续过程中,任何学习都是在学习者已经具有的知识经验和认知结构、已获得的动作技能、习得的态度等基础上进行的。这种原有的知识结构对新的学习的影响就形成了知识的迁移。知识迁移受到两个方面因素的影响。

1. 来自学习者的因素

就学习者而言,除了学习者的智力水平会影响迁移外,重要的还有以下几个方面:

(1) 学习者的学习心向。学习者在学习过程中,若有积极的想迁移的心向,则易迁移;反之,则不易发生迁移。

(2) 学习者已有知识的丰富程度与概括水平。研究表明,具体而丰富的经验对于迁移的产生是非常必要的,迁移往往随着练习中所提供的具体事例数量的增加而增加。专家之所以具有较强的迁移能力,除了具有高水平的认知结构以外,拥有大量的具体经验也是其中的原因之一。同时,学习者已有知识的概括水平越高,也越容易发生迁移。

依奥苏伯尔等人的见解,存储于学生长时记忆中的原有知识是其学习新内容的重要内部条件。原有知识的概括、抽象能力越强,对事物本质的把握就越深刻,在学习新知识时容易发生下位学习,下位学习是很容易发生迁移的,自然迁移的范围也就越广,效果越好;那些越具体的、越肤浅的概括,由于概括水平较低,对本质把握不够,知识迁移的范围就越窄,效果就越差。

(3) 学习者的认知技能和策略。学习对象的共同要素、已有经验的概括水平都是影响迁移的重要条件。但是,如果客观存在的共同要素没有被学习者概括内化,或者学习者所拥有的、具有潜在可迁移性的经验不能够被激活、应用,那么条件最终也不能促进迁移的发生。在充分条件下实现迁移的另一个重要因素就是学习者主观认知技能和策略的运用,具体来说有两方面的内容:

一是分析概括的能力。学习者分析概括能力的高低是决定迁移能否产生的重要因素之一。分析与概括能力高的学习者能有效地根据自己已有的知识经验对当前复杂的问题进行分解,概括出问题所隐含的原理、规则和新旧学习情境之间本质上相同或相似的条件,加强对新旧知识之间关系的识别,促进迁移的产生。因为学习者平时如果善于将所学的知识做抽象度较高的加工,不但易于产生下位学习,而且能提高其理论思维的水平和逻辑能力,这样,自然容易产生迁移现象。

二是元认知水平。在学习过程中,元认知策略的使用可以使学生意识到学习的目的、要求和任务以及自己原有的能力知识水平、学习风格等影响学习的因素;体验到自己所拥有的可选择的学习方法,以及方法的适用范围和条件,自觉地选择、安排、调整并使用最佳的学习方法,提高学习的效果并更好地实现迁移。

(4) 定式的作用。定式对迁移的影响表现为两种:促进和阻碍。定式既可以成为积极的正迁移的心理背景,也可以成为负迁移的心理背景,或者成为阻碍迁移产生的潜在的心理背景。

2. 来自学习对象的因素

(1) 学习材料的性质:学习材料的性质是影响迁移的因素之一。不同类型的学习材料,其发生迁移的难易程度是不同的。一般而言,在知识学习领域学习迁移的现象易产生;在情感与品德学习领域学习迁移的现象较不易产生。在知识学习领域,相对而言,陈述性知识的学习比程序性知识的学习更难发生迁移;在程序性知识的学习中,运动技能的学习更易发生迁移,智慧技能的学习次之,认知策略的学习最不易发生迁移。

即使是同一性质的学习材料,其内部的组织结构和逻辑层次不同,也会影响迁移的发生。具有较好组织和逻辑结构的学习材料可以使知识与知识之间形成相互联系,这些联系将有利于幼儿在头脑中形成良好的知识结构,因此那些具有整体性、连续性和概括性的学习材料有利于学习迁移的发生;同时,那些包含了正确原理、原则,能够在日常生活中随处加以运用的知识,既可以提高幼儿的学习兴趣,也容易使幼儿积累丰富的迁移体验,从而有利于知识的迁移。

(2) 学习对象的共同要素:早期的迁移理论有一个共同特点,即都强调了新旧学习的共同要素。在学习迁移中的要素不尽相同,桑代克强调简单的内容相似性;贾德(C. H. Judd)强调原理概括的相似性;格式塔学派强调情境关系的相似性;鲁宾斯坦强调反应发生条件的相似性。概括起来主要有三方面的内容:

一是学习材料的相似性。学习材料的相似性有多层水平。例如,表面的内容和形式上的相似、结构的相似、深层结构和原理的相似。不同水平的相似性对学习迁移的作用是不一样的。学习材料本质内容上的,例如深层结构原则、方法等共同要素越多,正迁移就越容易发生;而表面上的相似性非但不会促进正迁移的发生,反而会使学习者迷惑而发生负迁移。

二是学习情境的相似性。学习情境如学习的场所、环境的布置、教学或测验人员以及学习时个体情绪、态度的相似性越大,越能够给学习者提供与原有学习相同的线索,从而促进学习或问题解决中迁移的发生。

三是学习目标的相似性。由于学习的认知加工过程会受到活动目标的制约,因此,新旧学习的学习目标是否一致、相似,将在一定程度上决定加工过程是否相似,进而决定能否产生迁移。

二、知识迁移的实现:为迁移而教

教育是为了将来。我们教给幼儿一些知识、技能,不仅仅希望他们保持下来,而且希望他们能运用到不同的情境中去,这是一个对社会很重要的问题。通俗地讲,就是要让幼儿能举一反三,触类旁通,教是为了不教。

迁移不是自动的。所获得的知识、技能和概念本身并不能保证它们在任何时候和任何地方都能得到适当的应用。教师要经常鼓励幼儿,而幼儿自己也要积极努力地把在幼儿园中所学的东西用于应付新问题,这是必须做到的事。幼儿应该懂得,把他们过去所学的东西用于将来他们可能遇到的情境,这是完全有可能的。

(一) 教给幼儿基本的原理、概念,鼓励幼儿概括活动经验

在学习过程中,要帮助幼儿形成一些简单的、初级的概念,将知识分类、归纳、比较,使之系统化。在教给幼儿基本的原理、概念时,要提供有关原理、概念的各种实例。如果使用的实例不充分,则所学概念的概括性就可能受到限制。必须弄清楚,所学原理、概念是否已经理解。这样有助于巩固知识,有助于接受新知识,有助于运用知识,并促使幼儿的各种能力的积极活动。如,形成关于蔬菜的概念,儿童可以去辨认各种蔬菜,还可以将新认识的蔬菜品种概括到蔬菜的概念中去。

对不同年龄的幼儿掌握知识概念应有不同等级的要求。如,3 岁幼儿只认识个别事物的外形、习性等特征,4 岁幼儿可以比较两个事物的异同,5 岁幼儿可以掌握一些类的概念,说出一类事物的共同特征。幼儿园安排教学内容应有顺序地、系统地安排,即从掌握具体形象的知识到抽象逻辑的知识。

幼儿学习知识的任务和手段均与小学系统的学科学习不同。幼儿期的学习是学科前的学习,学习知识的内容是广泛的、浅显的,学习的手段是多种多样的,主要在口头语言的启示

下，配以直观教具，采用游戏的方式，或依靠幼儿的实际活动和直接感知等，以引导幼儿认识客观世界。

（二）使幼儿在问题情境中找到学习情境和真实生活问题中的共同要素

研究证明，迁移至少有一部分决定于已学知识和将学知识之间的相同要素。如果迁移是学习情境和行将迁移于其中的情境之间的同一部分的作用，那么一般说来，所学的知识应当具有已学知识和希望迁移于其中的情境之间的最大的相似性。但在这两种情境之间即使有相似性或同一性，这个事实本身还不能保证完成从一个情境到另一个情境的迁移。

为了实现迁移，即使有了相同要素，这个同一性还必须被幼儿所感知，对它有清楚的认识。因此，就产生了这样一个关键性的问题，即如何提高幼儿对学习情境和行将迁移于其中的情境之间的同一性的知觉力。对这两个情境之间的同一性或相似性的知觉力有一部分决定于在各种情境中练习辨认各种情境中相似性的机会。这就提示我们，幼儿园应该使幼儿有大量辨认各种情境中相似性的机会。如，幼儿掌握了磁铁的特性之后，可安排老奶奶丢了针，眼睛不好使，要幼儿帮助她找的情境，让幼儿运用已学的知识来解决生活中的问题；又如，学习了水的浮力这一知识后，可让幼儿想办法取出掉在又窄又深的洞里的皮球。

总之，将来的学习依赖于过去的学习。我们不能脱离过去的经验来学习。在学习新知识时，我们要尽可能地把它与先前所学的知识联系起来。

第五节　幼儿概念学习与指导

概念是知识最基本的表征方式，人们借助它传递人类的知识经验，发展智慧能力，适应和改造世界，使自己的行为活动具有社会意义。

概念是经验的概括，因而，对儿童学习而言，概念学习是知识获得、智慧成长的开始。

一、概念学习的基本方式

奥苏伯尔认为概念的关键属性可以通过两种方式获得。一是概念形成：学习者通过直接接触大量同类事物的例子，经过假设、检验和概括等思维活动，从而抽象出同类事物的共同关键属性。二是概念同化：它是指向学习者直接呈现概念的关键特征。这种关键特征是前人通过概念形成途径已经抽象、概括出来的。这种概念学习，只需把呈现的概念的关键属性同化于已有的认知结构中，学习者不必再次经历前人的概念形成过程。

（一）概念形成

概念形成是指学习者从大量的同类事物的具体例证中，通过归纳的方法抽取一类事物的共同属性，从而获得初级概念的过程。这是幼儿概念学习的典型方式。

幼儿对于“叔叔”这一概念，不能通过下定义的方式获得。幼儿还不能理解“叔叔是爸爸的弟弟”，或“叔叔是指比父亲年龄小的同辈男人”的含义。只是在生活中，成人不断要求幼儿向某类人称呼“叔叔”。这种从具体经验中进行的抽象为一级抽象，所获得的概念为初级概念。

幼儿在日常生活中获得的许多概念都是这样形成的。如，父母叫孩子拿“碗”来，若拿对了，受到肯定；若拿了“杯子”来，父母会说，“不对，这不是碗”。儿童经过拿大碗、小碗、陶瓷碗、塑料碗，用碗吃饭、盛菜等，最后终于发现“碗”是一种有特定形状和功能的器皿，其本质属性与材料、色彩和大小无关。虽然幼儿不能给“碗”下一确切定义，但只要能正确分辨出“碗”，这就意味着理解了“碗”的初级概念。

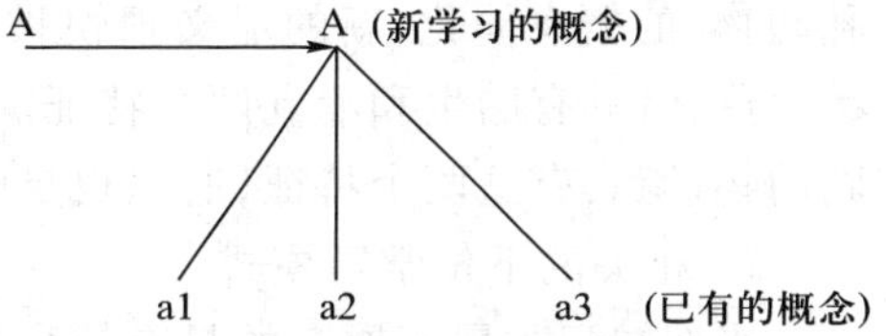

图 5-3　概念形成模式

我们可以把概念形成概括为如图 5-3 所示的一般模式。

图 5-3 中 a1，a2，a3 为概念的例证，斜线上的 A 是要形成的概念。箭头左面的 A 代表外界肯定的反馈信息。由于这种学习模式中 a1，a2，a3 是下位的具体例证，而 A 是基于下位例证得出的概括结论，故这种学习模式称为上位学习。

上位学习遵循从具体到一般的归纳、概括过程。如幼儿在认识了“兔子”、“乌龟”、“松鼠”、“山羊”之后，学习“动物”的概念；在知道了“菊花”、“玫瑰花”、“五星花”之后学习“花”的概念等，都属于这种上位学习。

（二）概念同化

概念同化是指学习者根据已有知识经验，学习以定义的方式呈现的概念，掌握概念的关键特征，将新概念纳入原有认知结构中的过程。这是一种获得科学概念（或二级概念）的过程。幼儿也可以通过这种方式进行概念学习。

概念同化不同于概念形成。儿童在同化概念时，并未经过概念形成过程中所包含的鉴别、概括、区分无关方面的变化等心理过程，概念的关键属性是以定义的形式直接告诉他们的。为了保证儿童真正地理解概念，而不是机械地记住概念的定义，概念同化的过程就必须具备三个前提：新学习的概念本身具有逻辑意义；儿童原有的认知结构中已具备同化新概念的适当观念；有意义学习的心向。具备了这三个前提，儿童就能积极地把新学习的概念与认知结构中的原有的适当观念相联系。

概念同化所需要的内外条件与概念形成不同。在内部条件方面，它要求儿童认知结构中已经具有同化新概念的适当的上位结构。这一上位结构越巩固、越清晰，新的下位概念的同化就越容易。

例如，儿童先已学过“哺乳动物”的概念，知道“哺乳、胎生”是其本质特征。现在要学习的新的下位概念是“鲸”。在这种条件下，尽管儿童可能从未见过鲸，但通过查阅字典或听教师讲解，了解到“鲸是哺乳动物，种类很多，生活在海洋中，胎生，形状像鱼，俗称鲸鱼”。另外，通过观看一些鲸的挂图，积累感性资料，也能获得鲸的本质属性。由于学习的“鲸”的概念对“哺乳动物”这一概念来说，是一个下位概念，这种概念学习被称为下位学习。

下位学习包括两种学习模式：

1. 派生下位学习模式

当新学习材料作为原先获得的概念的特例，或作为原先获得的概念的例证而加以理解时，便产生派生下位学习。

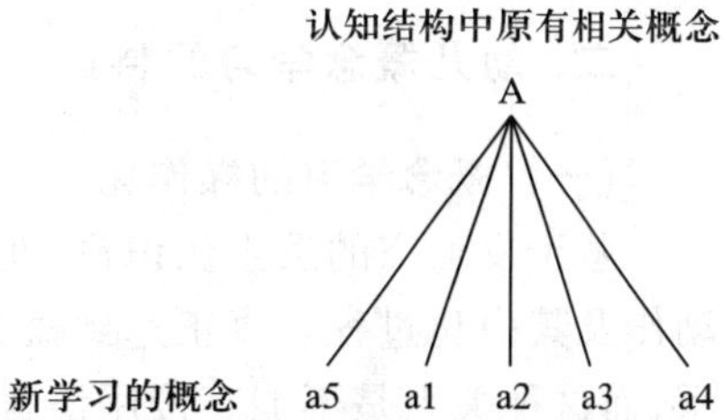

图 5-4　派生下位学习模式

派生下位学习模式如图 5-4 所示。

在派生下位学习模式中，新知识 a5 是与上位概念 A 相联系的，是 A 的另一个事例，或进一步扩充。原有概念 A 同化新材料 a5 的结果，是其自身的外延扩大，但内涵不变，而新的下位概念获得了意义。在前述“鲸”的概念学习中，儿童原先通过 a1，a2，a3，a4 等下位例子得出了哺乳动物的概念(即具有胎生和哺乳两个关键特征)。“鲸”的定义被原有认知结构中“哺乳动物”的概念同化,新的定义很快被理解,从而知道鲸是哺乳动物中的一种特殊动物,形状像鱼,但具有胎生和哺乳两个特征。并且推论:“凡具有胎生和哺乳两个特征的动物是哺乳动物,鲸具有这两个特征,所以也是哺乳动物。”

2. 相关的下位学习模式

当新知识类属于原有的具有较高概括水平的观念后,使原有的观念得到扩展、精确化、限制或修饰,这种形式的下位学习模式称为相关的下位学习模式。在这种形式的学习中,新学习的材料与原有观念只有相关关系,不能从原有观念中派生出来。例如,儿童的认知结构中已具有“挂国旗是爱国行为”的命题,现在要学习的新命题是“保护能源是爱国行为”。这两个命题只有相关关系,后者不能从前者派生出来。但新的观念被纳入原有的“爱国行为”之后,原先“爱国行为”这一概念的内涵就加深了。以后随着儿童学到唱国歌、挂国徽、升国旗等都是爱国行为时,“爱国行为”这一概念的内涵就不断地加深和扩展。因此,在相关的下位学习中,每次新知识类属于原有概念或命题,原有概念的本质属性或被扩展、深化,或被限制、精确化。而在派生下位学习中,新知识纳入原有的旧知识中,原有概念或命题只是得到证实或说明,其本质属性未变。

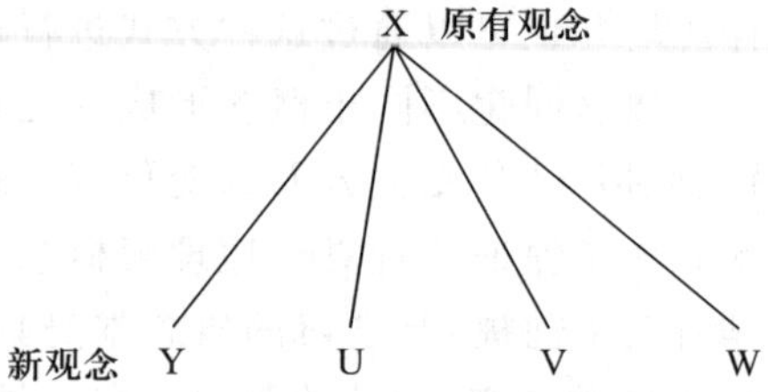

图 5-5 相关的下位学习模式

相关的下位学习模式见图 5-5。图 5-5 中,X 表示原先习得的上位概念(如爱国行为),这一概念建立在几个下位的相关概念 U(如保护地球)、V(如唱国歌)、W(如挂国徽)的基础上。新学习的概念 Y(如升国旗),与原有“爱国行为”相关,但并不完全相同。原有概念同化新概念以后,其本质特征有所扩大,新的概念因与原有上位概念关联而获得意义。由于人们的许多概念往往不是一次掌握的,而有一个不断深化、扩展或限制过程,所以这种相关的下位学习在概念学习中更为重要。

总之,概念同化与概念形成是儿童掌握概念的两种重要形式。随着儿童的知识结构越来越复杂,概念同化这种学习形式的地位更为重要。两种学习形式所要求的心理过程不同,在概念形成中,要求儿童进行辨别,提出与检验假设和发现概念的本质属性。在概念同化中,要求儿童辨别新学习的概念与认知结构中原有上位概念的异同,同时要将概念组成按层次排列的网络系统。在概念形成中,儿童必须辨别正、反例证,同时还必须从外界获得反馈信息。在概念同化中,儿童认知结构中必须具有同化新材料的有关概念。外界给儿童呈现的是新概念的定义或概念的特征的描述。在概念同化和形成中,都要求儿童将自己原有的知识与新呈现的材料在头脑里发生积极的相互作用,才能将外部提供的材料转化为自己的认知内容。所以这两种概念学习都是积极的有意义学习。

二、幼儿概念学习的特点

(一)概念学习的操作化

基于皮亚杰的发生认识论,儿童获得知识不是对客体的直接反映,而是源于摆弄客体的动作及其内化过程。真正达到概念理解,意味着儿童通过自己的动作发现和能动地建立关系,而这种关系是不能直接用语言来教的。

实验研究表明,运用操作学习原理可以提高幼儿对数的概念的学习。用四种操作学习模式（示范性操作、指导性操作、个体探究性操作、群体协作性操作）让幼儿学习数的守恒和相邻数，实验结果表明，在幼儿数学教育活动中有选择地采用适当的动手操作模式让幼儿在操作中主动地去探究、发现、验证知识，不仅必要，而且可行。

操作学习过程中，幼儿借助实物操作“破译”其中隐含的数学关系，变被动理解为主动内化，并且借助外部动作实现对内化过程的监控，从而有助于幼儿在掌握知识的同时，学会一定的学习方法，提高了学习的效率，这一点在“数的守恒”的操作学习过程中得到有力的证明。另一方面，操作这一中介减缓了幼儿思维的形象性与数学知识的抽象性之间的矛盾。操作学习不仅能够促使幼儿同时动用多种感官进行感知，获得更为丰富、更为具体、更为全面的形象的感知体验，更能使幼儿在学习中同时运用多种运动器官进行操作，从而既能适应幼儿思维具体形象性的要求，又能满足其直觉行动性的需要。同时，操作方法的迁移和运用又使幼儿思维的抽象性获得长足的发展。这充分体现了操作学习在儿童思维发展过程中的中介性和扩展性价值。

（二）概念学习的个性化

儿童的概念是个性化的，幼儿的概念学习也是个性化的。

认知能力、认知风格以及生活经验等差异，决定了儿童对同一事物、同一情境具有不同的理解。即使同时接受同样的概念学习指导，不同的幼儿在概念学习的进程中所面临的问题及其解决方法也有所不同。

尽管概念学习的过程遵循从具体形象向抽象概括的发展规律，但是，儿童掌握一个概念往往不是一次完成的，它要随着幼儿知识经验的丰富和思维水平的发展不断扩充和改造。因此，不同幼儿所掌握的同一概念在深度和广度上是不同的；同一幼儿在不同发展阶段所掌握的同一概念在深度和广度上也是不同的。

（三）概念学习的情绪化

概念既依存于面临的情境与对象的特性，又依存于间接的情境与对象的特性。所以，几乎所有概念都带有不同程度的情绪色彩。这种情绪色彩构成了概念的一部分，并在相当大的程度上决定着个人的反应类型。

有关情绪启动效应的研究表明，学习的情绪状态影响学习效果。在情绪词的记忆中，处在积极情绪状态的儿童更多地记住具有积极情绪的词汇；反之，处在消极情绪状态的儿童更多地记住具有消极情绪的词汇。

幼儿概念学习明显受概念中情绪色彩的制约。幼儿对富有情绪色彩，与自己日常生活关系密切的概念，更容易理解，记忆效果也更好。

三、幼儿概念学习的指导

幼儿在日常生活中已获得一些前科学概念，这些概念中难免存在错误。在指导幼儿概念学习时，一方面要注意对这些错误概念的纠正，另一方面要了解幼儿概念学习的水平，及时调整概念学习的指导方法。

（一）幼儿错误概念的成因及纠正

在儿童的概念中经常存在错误。儿童容易误解自己的所见所闻，他们也许能正确地看、听、嗅、触，但往往会将自己观察到的对象赋予错误的意义，错误地解释有关概念的含义。在概念学习的早期，儿童多会发生错误。最初儿童的概念不能抓住共同因素及它们之间的关系,因此不能进行分类。随着幼儿学习和经验的积累,分类的错误减少,概念的错误也减少。

1. 幼儿错误概念的成因

有关研究表明,导致儿童,特别是幼儿错误概念的主要原因有下列几个方面。

(1) 儿童可能接受错误的信息:父母对孩子提出的问题在没有把握作答之前,往往为了满足孩子的好奇心,或是使他安静下来,要么胡编乱造,要么把自己以为是正确的其实又不正确的信息传递给孩子。有时父母尚未听清孩子的问题就作答,结果提供了错误的信息。儿童从伙伴中得到信息时,更有许多错误的或部分错误的信息。

(2) 迷信会赋予错误的概念:迷信来自父母亲、教师和权威人物,儿童对出自他们的信息,比之来自伙伴的信息,更加坚信不疑。

(3) 受经验局限,儿童不能正确地判断事物:关于重量错觉的实验表明,一千克棉花与一千克铅在一起,儿童总把大的看作重的,一定说"一千克棉花重"。

(4) 缺乏识辨能力且容易受骗:儿童总以为年长的人或权威人物比自己知道得多,所以只要是他们说的,就毫无怀疑地接受。

(5) 错误的推理产生错误的概念:年幼儿童的推理能力尚未充分发展,所以不能批判地思维。错误的推理可以得出错误的结论,如教师讲解了热胀冷缩的原理之后,问冬季白天为什么比夏季白天短?一个儿童回答说:"冬季的日子受冷收缩,夏天的日子受热膨胀。"

(6) 儿童往往把自己的想象当做事实:电视里出现"游行",会以为自家附近的街道上已经在游行了。

(7) 语言理解错误:任何概念迟早总要获得语言符号。许多错误概念是由于语言理解的错误而产生的,理解语言与使用语言有差距。感知的错误倾向与错误程度,同每个人的年龄有密切关系。不过,各年龄阶段的儿童有共同的错误。一般地说,感知愈主观,愈容易受个人偏见的左右,从而引起错误的感知。另一方面,知识不充分,不能正确感知事实,也会错误地看待客观事实。"电话线是空心的"或"花对植物没有任何作用","心脏只是在生病和恐怖时运动","水比空气轻"等错误的概念,就是由于儿童在同他人接触时得到了错误信息,也与错误地理解和解释科普读物有关。

2. 幼儿错误概念的纠正

错误是有规律的。错误概念同幼儿的发展水平相一致。对于错误概念听之任之,或是教师用了错误的概念,或是教科书用词不当,都对儿童的概念学习不利。概念的错误若不及时纠正,一旦反复强化,以后纠正起来就会非常困难。为此,我们必须及时纠正幼儿的错误概念。

幼儿在概念学习中,常常出现两种错误:一种是不合理地缩小了概念,即概念的内涵不仅包含事物的本质特性,也包括非本质特性。如有的幼儿认为昆虫不属于动物,因为他们认为动物应有大的躯体,而昆虫躯体小,所以它不包括到"动物"的概念内涵中。另一种是不合理地扩大概念,即概念的内涵中包含的不是事物的本质,而是其他特征。例如,有的儿童没有将鸟的本质特征(羽毛等)包括在"鸟"的概念的内涵中,认为鸟是会飞的动物,因而把蝙蝠、蝴蝶都看成是鸟。我们知道,要掌握准确的概念,就得精确概念的内涵和明晰概念的外延。显然,要消除上面两种错误,其有效的方法是利用变式;要消除第一种错误,有效的方法是多提供包括非本质特性的变式;要消除第二种错误,有效的办法是多提供具有本质特征的变式。

用正确的言语揭示事物的本质，给概念下定义也有助于幼儿科学地掌握概念。而提出定义要根据不同的情况。关于具体概念，其定义可以在演示直观材料时提出，也可以在唤起相应的表象时提出。抽象的概念要有广泛的感性经验才能掌握，幼儿只能逐渐加以理解，因而这种概念形成的初期，不能提出定义，必须等幼儿积累了足够的知识经验后再提出定义。

(二) 幼儿概念学习的指导

为了提高幼儿概念学习指导的目的性和针对性，教师必须掌握检测幼儿概念学习的常用方法。

1. 幼儿概念学习水平的检测方法

我国学者陈帼眉、冯晓霞、庞丽娟综合出下列几种常用的幼儿概念学习水平检测方法。这些方法不仅可以用于检测，而且可以用于指导和训练。

(1) 分类法：在幼儿面前随机摆好若干张画，这些画应包含几个种类且是幼儿所熟悉的图片，如麻雀、老鹰、老虎、苹果、葡萄、茄子、皮球等，然后请幼儿把自己认为有共同之处的那几张放在一起，并说明理由。根据幼儿图片分类的情况和说出的理由，了解其掌握概念的水平。

我国的心理学工作者王宪钿曾用分类法调查了3～7岁幼儿掌握概念的情况，发现幼儿的类概念有一个发展过程：从以物体的感知特点为依据进行分类，发展到以物体的功用为依据，进一步向以物体的本质属性为依据进行分类发展。从年龄特征上分析，4岁以前的幼儿基本不能分类，5岁幼儿主要按感知特点和具体情境分类，6～7岁主要按物体的功用进行分类，并开始注意到物体的本质属性。比如，不少4岁的幼儿常根据感知特点把茄子和葡萄放在一起，因为它们"都是一样颜色的"。

(2) 排除法：排除法实际上是分类法的一种特殊形式。依次在幼儿面前放若干组图片，每组图片为4～5张，其中有一张与其他几张是非同类的关系，要求幼儿将这一张图片找出来。比如，先向幼儿出示画有老虎、牛、马、平板车的一组4张图片，请幼儿看看哪一张和其他3张是不一样的，不应该放在一起，要求他们拿掉它。待幼儿取出一张图片后，问他们取走的理由。然后继续出示另一组。

用排除法调查的结果表明，幼儿往往根据情境和情感因素而非"类概念"去排除那"不恰当"的一张。比如，在上面的那组图片中，多数幼儿拿掉的是"老虎"，而不是"平板车"，因为他们认为"马可以拉车，牛也可以拉车，它们能够在一起，而老虎会吃马和牛，不能在一起"。而对"床、椅子、被子、桌子"一组，不少幼儿拿出的是桌子，因为"小朋友睡觉时，把衣服脱了放在椅子上，然后躺在床上，盖上被子，在这中间，桌子没有用"。这里，幼儿则主要根据自己的生活经验和物体的用途来分类。

(3) 解释法：教师或家长说出一个幼儿熟悉的词(概念)，让他们加以解释。比如，问幼儿："请你说说'动物'这个词是什么意思？"根据其解释的程度确定对该概念的掌握情况。

丁祖荫曾用这种方法研究了我国小学生掌握概念的特点，发现儿童解释概念可分为八种类型，包括不能理解、原词造句、具体实例、直观特征、重要属性、实际功用、种属关系和正确定义等。而另一项关于幼儿解释实物概念的研究发现，幼儿解释概念也可以分为相应的七种类型，缺少的只是"正确定义"型。但幼儿对实物概念的解释基本表现为具体实例和直观特征这两种类型。

(4) 守恒法：守恒法是由皮亚杰的守恒实验而演变过来的一种方法，目的在于了解幼儿是否获得了某些数学概念,或者所获得的概念是否具有稳定性。具体指的是:一定数量(如长度、重量、体积、面积、数目、质量)的物体,在其外形或空间位置改变而其数量未发生变化的情况下,儿童能确认其数量的恒定性而不受其他无关因素变化的干扰。这才表明,儿童已经真正理解了这一数学概念。下面简要介绍几种典型的守恒测验。

数的守恒测验。根据幼儿年龄的大小,把相同数目的黑白围棋子一一对应排成两排,问幼儿这两排棋子是否一样多,待幼儿确认一样多后,当面将其中一排棋子的距离缩短或拉长(如图 5-6),然后问他们,现在的两排棋子是一样多还是不一样多,并要求说明理由。

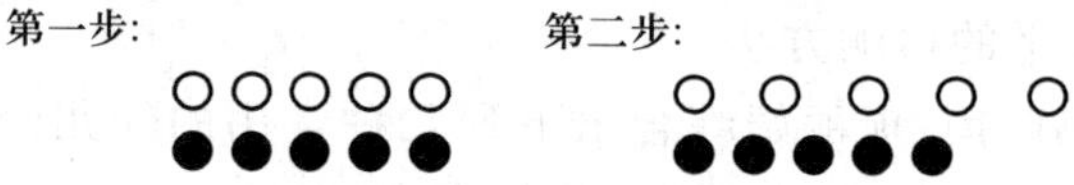

图 5-6　数的守恒测验

长度守恒测验。先向幼儿出示两根长度相同、并列摆放的铁丝,待幼儿确认它们等长之后,当面将其中一根向旁边拉动成不并列状,问现在它们是否等长,并要求幼儿说明理由。然后再将其中一根变弯,重复上述问题。

液体质量守恒测验。先在两个相同的杯子里装上相同质量的水,待幼儿确认为一样多之后,将其中一杯水倒向另一个粗细不同的杯子,问幼儿现在这两杯水是否一样多,并说明理由。

面积守恒测验。用两块形状、面积均相同的绿纸板代表草地,并假设有两头牛分别在这两块草地上吃草。用两组相同数目的小积木或方纸板代表牛吃草的多少,分别盖住两块草地。一块草地上的牛整块整块地吃,另一头牛则分散到处乱吃(如图 5-7)。问儿童两头牛吃的草是否一样多,并说明理由。

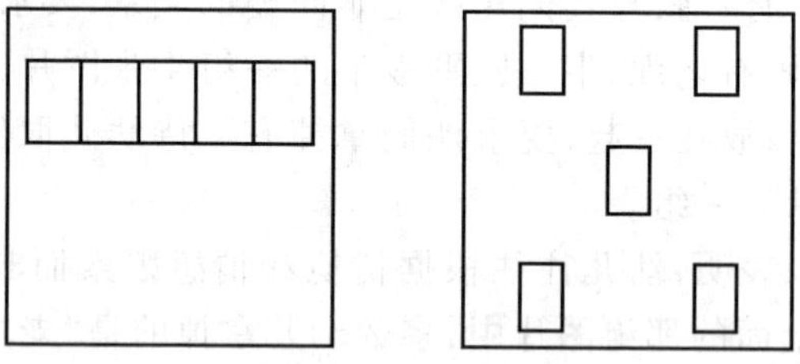

图 5-7　面积守恒测验

体积守恒测验。以桌面为湖,桌面上形状、大小不同的纸片为岛,以方积木块为房间,要求儿童在面积不同的小岛上盖体积相同(一样多)的房子,考察他们是否理解要以增加高度来弥补面积的狭小,从而达到体积的守恒。

重量守恒测验。先把两个大小、形状、重量相同的泥球给儿童看,待儿童确认它们一样重之后,把其中一个做成薄饼状、香肠状或其他形状,问儿童,现在这两块泥是否还一样重,并说明理由。

研究发现,儿童通常是通过可逆、补偿和同一等三种方式达成守恒的。这三种方式表明儿童的思维水平已超过具体形象阶段,因此,在教学活动中,可以将这三种方式作为训练儿童思维方式和促进其数学概念发展的手段。

2. 幼儿概念学习的指导方法

由于幼儿概念学习的基本方式主要是概念形成，这里介绍两种幼儿概念形成的指导方法。

(1) 例证法：为了提高幼儿概念学习的能力，比较可行的办法是多给他们提供具有不同典型性的实例，同时引导他们总结概括其中的共同特征。比如，在帮助幼儿理解“动物”这个概念时，可以从鸟、兽、鱼、昆虫、两栖动物等多种类别中再选择不同的典型实例，让儿童较充分地认识动物的多样性，在比较之中剔除个别特征（如外形、生活习性等），找出共同特征（如能自行运动等），在尽可能的概括程度上把握概念。

当然，例证有正、反例证之分。在教学时，可以利用正、反例证相结合的方法，帮助幼儿形成概念。如教师先呈现概念的若干正例，引导他们进行辨别，提出与检验假设，最后进行概括，得出同类事物的共同本质特征。

在呈现若干正例的同时，必须伴随呈现适当的反例。正、反例同时呈现（同时处于工作记忆中）有助于幼儿进行概括。伴随反例有助于幼儿辨别，使概念的概括精确化。

例如教“鸟”的概念时，可以同时呈现麻雀、燕子、鸽子、老鹰等正例。教师告诉幼儿，这些都属于鸟类。问幼儿，它们都有哪些共同特征？幼儿在辨别（感知）的基础上也许会把“能飞”、“长羽毛”作为“鸟”的共同关键特征。紧接着，教师呈现鸟的反例，如“蝙蝠”、“苍蝇”，并指出，它们“能飞”，但不是鸟。这些反例的出现促使幼儿重新进行假设，排除无关特征，使概括达到精确化。

(2) 变式法：变式对幼儿掌握概念的本质特征有重要的影响。从概念形成的观点看，所谓变式，就是概念正例的变化，就是使提供给幼儿的各种直观材料或事例不断变换呈现的形式。正例的变化有助于排除无关特征，突出有关特征。如教“鸟”的概念时，只列举麻雀、燕子之类的例子，幼儿以为能飞是鸟的本质特征。倘若同时列举鸵鸟、鸭子、鸡、企鹅等例子，便能有效地排除无关特征的干扰。再如，为形成果实这一概念，在提供给幼儿的各种实物或例子中，除了都具有种子这一本质特征外，其他的非本质特征，如可食或不可食，形、色、味等方面则各不相同。通过这样的变式，就有利于幼儿看到一切果实都具有种子这一本质特征，舍弃其可食、不可食及其他非本质的特征，从而理解果实是植物有种子的部分，形成果实的正确概念。

从材料方面来看，变式为理解事物本质提供了有利条件。应用变式材料，通过在思维中分离出事物的各种特点，进行比较，抽出其共有的本质特点加以综合与概括，同时舍弃其非本质特点，这就是形成概念的过程。

研究表明，为使幼儿形成“平原”这一地理概念，先让幼儿观察各种平原地带的图片与地图（即变式的材料），然后要求他们去比较这些图片与地图上所见到的各个地带的特征，确定哪些是个别地带所特有的，是变异着的非本质属性；哪些是各个地带所共有的本质属性。经过这样的比较，幼儿就理解到“地势平坦”是这些地带所共有的本质属性；而地面上的植物、沙漠、湖泊等仅是个别地方才有的，对平原地带来说是非本质的属性。这样，也就形成了“平原”的概念。

小　结

知识就是主体通过与其环境相互作用而获得的信息及其组织，其类型可分为陈述性知识和程序性知识,或者显性知识和隐性知识。知识的表征指知识在头脑中的表示形式和组织结构,其方式包括概念、命题、表象、图式和产生式。知识的学习有广义和狭义两种理解。奥苏伯尔把言语信息即陈述性知识的学习分为机械学习和有意义学习两类,其中有意义学习分为符号学习、概念学习和命题学习三类。知识的学习过程包括知识的生成与理解、知识的整合与深化、知识的应用与迁移三个阶段,知识学习的每个阶段都遵循知识的双向建构的过程,即知识的同化和顺应。

知识理解主要指学生运用已有的经验、知识去认识事物的种种联系、关系,直至认识其本质、规律的一种逐步深入的思维活动。幼儿的知识理解处在感性层面,具有情境性与直观性,与之相对应的有情境性教学和直观教学。

知识整合即是知识的系统化,其实质是将互相关联的知识组成网络状的知识体系,即把有联系的知识组合起来形成一个网状的结构。幼儿的知识整合具有可能性和重要性,幼儿园知识系统化教学是在儿童先前知识的基础上,引导儿童发现各知识之间的联系并概括出本质规律,且以该本质规律为中心环节,把其他零散的知识按层次连接为体系的过程,是对一日生活经验的合理整合。

知识迁移是“一种学习对另一种学习的影响”,受到学习者和学习对象两个方面因素的影响。在幼儿园中要实现为迁移而教,教给幼儿基本的原理、概念,鼓励幼儿概括活动经验,使幼儿在问题情境中找到学习情境和真实生活问题中的共同要素。

概念学习的基本方式包括概念形成和概念同化。在概念同化中,下位学习有派生下位学习模式和相关的下位学习模式两种。幼儿的概念学习具有操作化、个性化、情绪化的特点。在幼儿概念学习的指导中,要明确幼儿错误概念的成因并及时纠正。幼儿概念学习水平的检测方法包括分类法、排除法、解释法、守恒法。幼儿概念学习的指导方法有例证法和变式法两种。

思考题

一、单项选择题

1. (　　)是指尚未被言语或其他形式表述的知识,是“尚未言明的”或者“难以言传的”知识。

A. 陈述性知识　　B. 程序性知识　　C. 显性知识　　D. 隐性知识

2. 各种图片、图表、模型、幻灯片和教学电影、电视等的观察和演示等属于(　　)。

A. 实物直观　　B. 模象直观　　C. 言语直观　　D. 以上都不是

3. 守恒法是由(　　)的守恒实验而演变过来的一种方法,目的在于了解幼儿是否获得了某些数学概念,或者所获得的概念是否具有稳定性。

A. 奥苏伯尔　　B. 维果茨基　　C. 皮亚杰　　D. 桑代克

4. 幼儿在认识了“兔子”、“乌龟”、“松鼠”、“山羊”之后学习“动物”的概念,在知道了“菊花”、“玫瑰花”、“五星花”之后学习“花”的概念等都属于(　　)。

A. 概念同化　　B. 下位学习　　C. 初级概念　　D. 上位学习

二、名词解释

知识　表征　知识的表征　知识学习　知识的同化　知识的顺应　知识理解　知识整

合　知识迁移　概念形成　概念同化　上位学习　下位学习　变式　初级概念

三、简答题

1. 知识的表征方式有哪几种？请简单加以说明。

2. 有意义学习分为哪三类？请简单加以说明。

3. 情境性教学是情境性学习观念在教学中的具体应用，具体表现在哪几个方面？

4. 知识整合不仅有助于幼儿知识的系统化，形成良好的知识结构，而且有利于幼儿认知的整体发展，形成相对稳定的认知结构，有效地发挥其同化与顺应机能。具体表现在哪几个方面？

5. 幼儿概念学习水平的检测方法有哪几种？请简单加以说明。

四、论述题

1. 从建构的观点看，知识学习的过程是一种双向建构的过程，那这个过程是怎样的呢？

2. 直观教学形式有哪几种，请联系实际谈一谈。

3. 知识整合的过程是怎样的？请举例说明。

4. 什么是幼儿园知识系统化教学？请结合实际加以论述。

5. 知识迁移受到哪些因素的影响？是怎样影响的？

6. 知识的迁移如何在教学活动中得以实现？请结合实际加以论述。

7. 简述幼儿概念学习的特点。

8. 举例说明概念学习的基本方式。

9. 幼儿概念错误的成因是什么？要如何纠正？

10. 幼儿概念学习的指导方法有哪些？请举例加以说明。

五、案例分析题

分析知识拓展 5-1 中的案例，谈谈什么是知识整合，这个活动又是如何来帮助幼儿进行知识整合的？知识整合为什么很重要？

参考答案：

一、单项选择题

1. D　2. B　3. C　4. D

第六章 幼儿技能学习与教育

学习目标

1. 应识记的内容

◆ 技能的含义与分类，技能学习、运动教育、感觉统合的含义。

◆ 动作技能的界定与分类及影响幼儿动作技能学习的主要因素。

◆ 智力技能的界定、分类和特点。

2. 应领会的内容

◆ 技能与知识、能力的关系。

◆ 智力技能与动作技能，知觉技能、操作技能与认知技能的关系。

◆ 技能学习的特点、动作技能的学习条件、幼儿动作技能学习和智力技能学习的特点。

◆ 莱本的运动分析理论以及运动教育与传统动作技能教学的比较。

◆ 表征性思维在幼儿智力技能形成中的作用。

◆ 蒙台梭利感觉教育的特点和主要内容。

3. 应会用的内容

◆ 幼儿动作技能形成的三阶段。

◆ 加里培林的智力技能形成阶段论和智力技能分阶段练习的培养。

◆ 感觉统合训练与感觉统合游戏。

◆ 幼儿阅读技能的学习与指导。

建议学时

6 课时

老师导学

学前儿童的技能学习与教育对个体发展具有重要意义，其中幼儿期是感知运动技能发展的关键期，也是智力技能形成的奠基阶段。技能学习是幼儿学习的基本内容之一，技能培养与指导也是幼儿园教育的基本任务之一。本章的主要内容是幼儿的技能学习与教育，通过学习，重点掌握技能学习及其特点、幼儿动作技能和智力技能的形成过程及其培养，本章难点在于理解培养动作技能和智力技能的几种理论以及应用这些理论对幼儿技能学习进行指导。

运动技能学习是"灰色"的吗?

在幼儿园体育教学活动中,我们不难看到这样的现象:幼儿喜欢运动,喜欢比赛,喜欢体育,但不喜欢体育教学活动。在幼儿的眼里,体育教学活动是无聊的,运动技能学习更是枯燥乏味、灰色的。为什么呢?

以大班幼儿的跳远学习为例。一方面因为跳远技术本身有一定的难度,另一方面因为大班幼儿的认知能力有限,而教学目标是教会幼儿跳远技能。因此,在教学活动中,总能看到老师反复地做着示范和讲解,很努力地逐个纠正动作:一会儿强调助跑的速度,一会儿强调踏跳的准确性,一会儿强调腾空的高度。一次教学活动下来,老师很辛苦不说,幼儿也觉得很累,技能没有掌握好,又被老师批评,导致活动气氛紧张,致使幼儿慢慢减少了对跳远活动的兴趣,从而还慢慢减少了对体育活动的兴趣。

如果你是幼儿园教师,怎么解决这个困局呢?

第一节　技能学习的概述

一、技能的界定

日常生活中,人们常常用到"技能"(Skill)这一术语,如舞蹈技能、阅读技能、写作技能等。技能包括通常所说的狭义的技能和广义的技巧。前者是指技能的初级阶段或初级水平,后者是指技能的高级阶段或高级水平。

技能的初级阶段,是指在已有的知识基础上,按一定方式通过反复练习而达到了"会"做某件事或"能够"完成某项任务的水平。例如,刚学会游泳的人,可以说他有了游泳的技能;能够给学生上一堂完整的课的人,可以说他初步掌握了教学技能。当初级技能通过反复练习而达到了巩固、自动化程度时,则称为技巧。《卖油翁》中那位老人能将一勺油从容地从铜钱的方孔中穿过而不沾湿铜钱一毫一分,就是典型的"熟能生巧"的例子。再如,美术家的画画、雕刻技巧,电影艺术家的表演技巧,芭蕾舞演员的舞蹈技巧等,都可称为熟练技巧。

(一)什么是技能?

尽管关于技能的界定不完全一致,但在许多方面形成了共识。如,技能是一套操作系统,它能完成一定任务;技能形成在一定的知识经验之上;技能通过练习而获得等。需要明确的是,技能首先应表现为一种活动方式,这种活动方式可能是外显的、展开的系列动作(如体操、骑车等),也可能是内隐的、简缩的系列动作(如阅读、解题等)。

我们从事活动的行动是由一系列动作组成的,这些行动能否顺利完成,依赖于我们对组成这些行动的动作方式的掌握程度。当我们学习一种新的动作方式时,需要不断地去练习,不断地成功完成。于是,这种实现动作的方式就巩固下来,形成顺利完成这一行动的动作系统,也就形成了一种技能。技能是对动作方式的掌握,不是动作本身。

综合分析,可以将技能定义为个体运用已有的知识经验,通过练习而形成的一定动作方式或智力活动方式。

（二）技能与知识

俗话说，知识改变命运（方向），技能改变生活。技能与知识这两个术语往往同时出现。技能与知识有什么关系呢？

技能与知识有区别。知识是构成人类智慧的最根本的因素。知识是人对客观事物和现象的属性、联系和关系的反映，是人类社会历史经验的总结和概括，是一种认知性的经验。技能是通过练习在个体身上巩固了的或自动化的动作方式或智力活动方式，它是对动作方式或操作程序的具体的概括，属于动作经验。知识的学习要解决的问题侧重于是什么、为什么、怎么样的经验问题。知识对活动起定向作用，但本身并不是活动。而技能的学习则意味着人控制一系列动作的执行，要解决的问题是能不能做、会不会做、做得熟练不熟练。

技能与知识又紧密联系。知识是掌握技能的前提，并制约着技能掌握的快慢、深浅，没有一定的知识积累无从谈起技能学习；而技能的形成与发展将有助于人们对知识的进一步掌握与广泛的拓展。同时，学习各种知识，不能直接转化为能力，只有把知识运用到实践中去，经过形成技能这一环节，才能形成作为个性心理特征的能力。技能是知识转化为能力的中间环节。

（三）技能与能力

技能与能力两个词在字面上颇为相似，若不加以辨析，常常会混淆、误用。那么，这两个词究竟有何区别，又有何联系呢？技能与能力是有区别的。能力的类化经验说认为，作为个体心理特性之一的能力乃是类化了的经验，是概括化、系统化了的知识与技能。能力是一种本领，是指一个人顺利完成某种活动的必要条件的心理特征的综合。可见，技能本身就是能力的一种构成要素，它是在练习基础上形成的、按某些规则或操作程序顺利完成某种智慧任务或身体协调任务的能力，也是活动的自我调节系统中不可缺少的构成部分。如：操作技能调节操作活动，智力技能调节智力活动。

同时，技能和能力也是相辅相成的。能力作为活动的稳定调节结构是在获得知识、技能的基础上，通过广泛迁移，不断概括化、系统化及类化而实现的。所以能力的形成、发展，是离不开各种技能的获得及类化的，技能是能力形成、发展中的一个重要因素。而能力水平整体提高，作为其构成要素之一的相应技能操作也会达到更加纯熟的水平。

二、技能的类型

技能的类型可以从不同的维度划分，如是就有了不同的分类方式。按照技能所具有的功能，有人将技能分为知觉技能、操作技能与认知技能。目前，较有代表性的观点是按照内部和外部动作将技能分为动作技能与智力技能两种。

（一）知觉技能、操作技能与认知技能

知觉技能主要指监测某种刺激是否出现的技能，一个简单的例子是在屏幕上识别某种物体。

操作技能主要指包括了明显的身体运动的那些技能，如体操、游泳等。

认知技能则包含了非常复杂的思维决策，如阅读技能、疾病诊断技能等。有些认知技能比较复杂，如元认知技能、问题解决技能。

这三种技能之间的界限有时并非很清楚，许多实际的技能可能包含了这三种技能中的某些成分，只是比例不同而已。巴特莱特（Bartlett）指出，思维或一般意义上的认识，在许多

方面都与熟练的操作行为相似，知觉—运动技能包括知觉与解释外界环境中的某些部分，并操作某种动作。与此类似，许多认知活动也是一些熟练的操作。事实上，在知觉—运动技能与认知技能二者之间没有明显的界线，几乎所有的动作行为都是在认知控制之下，而许多认知的目的又是通过动作作用于环境。

（二）动作技能与智力技能

动作技能，也称运动技能、操作技能，是指由一系列外部动作所组成的系统。日常生活中的许多技能，如音乐方面的吹拉弹唱，体育方面的体操、球类、击剑等都属于动作技能。动作技能主要借助于骨骼、肌肉和与之相应的神经过程实现，是通过练习和实践而逐步形成、巩固起来的。

智力技能，也称认知技能或心智技能，是通过学习而形成的，借助于内部言语在头脑中进行的智力活动方式。它不能从外部直接觉察到，也难以自我观察到，是在头脑中借助内部言语以简缩的形式，按完善而合乎逻辑的程序组织起来的，并能自如地进行着。它的形成是一个由外部的物质活动内化到知觉、表象、概念的水平的结果。

智力技能与动作技能统一存在于人的实践活动中，动作技能是智力技能形成与发展的最初依据，也是它的经常体现者。智力技能又是动作技能的控制与调节者。在完成比较复杂的活动任务时，既需要动作技能，也需要智力技能，两者缺一不可。在实践活动中，确定某种技能是智力技能还是动作技能，取决于其活动的主要成分。例如，球类活动主要是以肌肉运动为主，因此虽受人的智能的控制和调节，仍把它归属于动作技能。而体育运动中的棋类比赛，主要是依据头脑中进行思维活动所做出的决策，去支配手挪动棋子的位置，因此把它归属于智力技能。

三、技能学习的特点

技能学习就是通过练习去逐步掌握特定动作、活动模式的过程。技能学习的成绩随着练习而提高，这是由于日趋发展起来的熟练化、动作的组织化和协调化，使活动朝着稳定的高效率的方向发生质变的结果。技能学习有下列特点：

（一）技能的学习是一个“内化—外化”双向构建的过程

技能包括动作技能与智力技能，而这两种技能学习的过程并不相同。动作技能的学习并不是让学习者一上来就“操戈弄枪”，在动作技能学习的最初阶段，学习者首先是要在头脑中掌握某种技能需要学会什么，即知道做什么和怎么做，以了解这一技能的特征，理解这一技能的结构因素，从而更好地促进技能的获得。然而，模仿才是动作技能学习的真正开端。

动作技能的学习在于掌握一定的动作方式，只有学生能实际做出这种动作方式时，才能作为这种动作方式的掌握标志。此时，学习者把认知阶段所掌握的知识和基本动作，通过练习进行高度组织化来完成行为计划，练习的重点由认知方面转向运动方面。可以说，动作技能的学习是通过练习才得以掌握，并以外部活动的形式表现出来的。

以游泳为例，初学游泳的人往往是先“看”别人怎么游，再“听”教练讲解方法步骤，并在头脑中“揣摩”其要点，同时还“想象”自己如何在水中游泳。然而，不论观察得多么仔细，领会得如何深刻，初学者一下水不是直沉水底就是被呛得手脚乱扑腾。只有经过实实在在的练习，学习者才能将先前的认知与现在的动作方式联系起来，整体动作逐渐变得协调，初步掌握游泳这个技能。可见,动作技能每一轮的学习是一个外化的过程。

智力技能每一轮的学习则相反,它是要将外部的实践活动转化为内部的心理活动,从而形成个体固有的、较稳定的素质。如我们的阅读技能的掌握就经历了"大声朗读"—"小声朗读"—"不出声默读"的逐步内化的过程。

值得注意的是,技能的学习并不是"一次性"的,前面提到的"每一轮"学习,就是基于对技能学习的动态考虑。从技能的掌握到技能的熟练,需要多轮的、大量的练习。在练习中,学习者不断接受反馈,调整认知经验,以巩固正确的练习,纠正错误的练习,每一轮练习中外化(内化)的结果,将成为下一轮练习中内化(外化)的起点。就是在"内化—外化"不断的双向构建中,人们掌握了多种技能。

(二)合乎法则的练习将极大促进技能的掌握

技能不是任意的动作组合,技能作为高度组织化了的操作系统,有其形成的内在规律,不是一般的无规则的随意动作。人们根据事物形成的规律,经过多次实践总结出来的,能够正确有效地掌握事物的相关步骤、要领、方法就是法则。

只有合乎一定的法则,才能对活动的对象进行有效的加工、改进,才能使得对象本身朝着预期的目标发生变化,也才能使这种活动方式具有广泛的适用性和高度的稳定性。简而言之,就是要按照技能学习对象的规律来练习。技能练习中,如钢琴的指法练习,打字时对手指与键盘相应分区的训练,掷标枪时对运动员的速度、姿势、角度的要求,等等,往往令初学者感到颇受限制和枯燥乏味,然而正是这种合乎法则的练习才能让学习者收到"事半功倍"的效果,而不是得到"南辕北辙"的恼人结局。

第二节　动作技能的形成与学习条件

一、动作技能的界定

动作技能,也称运动技能、操作技能,是指由一系列外部动作所组成的系统。日常生活中的许多技能,如音乐方面的吹拉弹唱,体育方面的体操、球类、击剑等都属于动作技能。动作技能主要借助于骨骼、肌肉和与之相应的神经过程实现,是通过练习和实践而逐步形成、巩固起来的。

动作技能本身又可以从不同的角度进行分类,常见的分类方式有:

根据动作的精细程度与肌肉运动强度不同,可以分为细微型动作技能与粗放型动作技能。前者主要依靠小肌肉群的运动来完成,如打字、弹钢琴;后者主要依靠大肌肉群的运动来完成,如跑步、跳健美操等。

根据动作的连贯与否可以分为连续型动作技能与断续型动作技能。前者由一系列的连续动作构成,如唱歌、打字等;后者由一系列不连续的动作构成,如掷标枪、射击等。

根据动作对环境的依赖程度的不同,可以分为闭合性动作技能与开放性动作技能。前者主要依赖机体自身的内部反馈信息进行运动,动作的产生不依赖外界环境,如自由体操、吊环等;后者需要根据环境变化来做出适当的动作,对外界信息依赖程度较大,如打篮球、骑自行车等。

根据操作对象的不同,又可以分为徒手型动作技能与器械型动作技能。前者主要通过机体的自身运动来完成，如自由体操、太极拳等；后者主要是通过操作器械来完成，如弹吉他、驾驶汽车等技能。

二、动作技能的形成过程

动作技能的形成，是通过练习逐步地掌握某种动作方式的过程。关于动作技能的形成和发展过程有多种研究理论，如认知派的整体结构理论，动力定型的纯生理学理论等，这些理论分别从不同的角度对动作技能的学习进行了阐释和说明。一般来说，由初步学会到熟练掌握，需要经历三个相互联系的主要阶段。

（一）认知阶段

认知阶段也称知觉阶段。这一阶段主要是理解学习任务，并形成目标意向（Goal-image）和目标期望（Goal-expectancy）。目标意向主要指学习者对自己解决问题的目标模式反应和动作形式，在头脑中形成一个表象，即明确解决问题的目标模式。而目标期望则是对自己的作业水平的估价，即明确自己能做得如何。目标意向和目标期望对动作技能的学习起着定向作用。

学习者在技能学习的起始阶段，首先要通过对示范动作的观察，对刺激情境的知觉，来形成一个内部的动作意向，以作为实际执行动作时的参照。而要形成这样一个意象，则需要对线索和有关信息进行适当的编码，它们可以是形象的，也可以是抽象的；可以是视觉的，也可以是语词的；可以是有意义的，也可以是孤立的。为了形成有利于动作技能形成的目标意向，学习者通常用自己擅长的方式来对线索进行编码。成人能够将视觉表象和语词联系起来，进行共同编码（Common Coding），而儿童则通常只利用视觉表象进行编码。在形成目标意向过程中，学习者不仅借助于对现有任务的知觉和有关线索来编码，也可借助于先前的有关经验。这个阶段学习者常常会忙于领会技能的基本要求，掌握技能的局部动作，导致注意的范围比较狭窄，精神和全身肌肉紧张，动作忙乱，呆板而不协调，出现很多多余的动作，并且难以觉察自己的错误和缺点。在此过程中，教师应该抓住动作的主要环节和学生掌握动作中存在的主要问题进行教学，不应过多强调动作细节，而应以正确的示范和简练的讲解帮助学生掌握动作。

在认知阶段，学习者不仅形成目标意向，而且还依据自己以往的成功和失败经验，依据自己的能力和目前任务的难易程度，形成对自己作业水平的期望。这一期望既表现在质的方面，即动作质量的好或坏，也表现在量的范围上，即能完成动作的多寡。一般来说，有明确目标期望的学习，较之于目标期望模糊的学习更有效。

（二）联系形成阶段

在这一阶段，重点是让适当的刺激与反应形成联系并固定下来，整套动作连为整体，变成固定程序式的反应系统。在这一阶段，练习者已经逐步掌握了一系列局部动作，并开始将这些动作联系起来，但是各个动作还结合得不紧密。转换动作的时候，常出现短暂停顿的现象。以骑自行车为例，整个骑车动作可先分解为脚蹬动作和手握把动作，学习者初学时只能逐个去联系。但刚开始这两个分解动作是连不起来的，不是忘了脚蹬，就是忘了扭车把，动作不协调，不能掌握平衡，而且精神紧张，不敢远视，控制不了自己的动作。这个阶段练习者的协同动作，是交替进行的，即先集中注意一个动作，然后再注意做出另一个动作，反复地交替。这种交替慢慢加快，技能结构的层次不断提高，然后逐渐形成整体的协同动作。这一阶段的主要特点是技能的局部动作被综合成更大的单位，最后形成一个连贯的动作技能的整体。练习者视觉起到的作用逐渐减弱，而肌肉感觉的自控作用逐步提高，动作间的相互干扰减少，多余动作趋于消失。

在这一阶段，必须排除过去经验中习惯的干扰。例如已经学会开汽车的人，在学习开飞机时，因为飞机的转弯是用脚操纵的，所以他必须排除用手转动控制盘的习惯干扰。这种动作技能的相互干扰是负迁移的表现，对新的动作技能的掌握起阻碍作用。

（三）自动化阶段

动作技能形成的最后阶段是一长串的动作系列联合成为一个有机整体并巩固下来。随着动作技能的巩固和发展，暂时联系达到非常巩固的程度以后，动作即可出现自动化现象。所谓自动化，就是练习某一套技术动作时，可以在无意识的条件下完成。其特征是对整个动作或者是对动作的某些环节，暂时变为无意识的。各个动作相互协调似乎是自动流出来，无需特殊的注意和纠正，技能逐步由脑的低级中枢控制。这时，练习者的多余动作和紧张状态已经消失，练习者就能根据情况的变化，灵活、迅速又准确地完成动作，几乎不需要有意识控制。熟练操作的特征就是动作技能进入自动化阶段的特征。例如，走路是人类自动化的动作，在走路时可以聊天、唱歌，而不必有意识地想该如何迈步、如何维持身体平衡等。自动化并非没有意识的参与，只是意识参与的程度较低。事实上，在活动过程中，一旦遇到障碍，人就会提高意识程度来调整动作，排除障碍。动作技能的自动化程度越多，动作技能越完善，动作就越具有准确性和越少耗费能量，从而使练习者将注意力分配到其他事情上的可能性增加，疲劳感也相对降低。

研究表明，对任何动作技能掌握的熟练程度都是相对的。学前期的儿童，大部分动作技能都没有达到最高水平，主要任务是掌握一些与日常生活紧密相关的动作技能，如：走、跑、跳、使勺子、抓筷子等，这是与他们的年龄特征、身体各项发育情况相吻合的，教师应该从幼儿的角度出发，不做出超出其负荷的要求。另外，诱因的大小也对技能的改进有很大的影响。

形成动作技能的这三个过程相互联系，彼此之间没有绝对的界限。水平高的学生在学习掌握新动作时，分解过程很短，对动作的精细分化能力强，掌握动作技能快。初学者在学习新动作时，分解能力较差，掌握动作较慢。动作越复杂，分化的难度也就越大，学生形成动作技能所需要的时间就越长。对于难度比较大，技术要求比较高的动作，教师应加强对学生学练的指导，同时也应多创造幼儿自行练习的机会，如游戏化的练习，家庭的同步配合等。总之，动作技能的学习需要从领会动作要点和掌握局部动作开始，到建立动作连锁，最后达到自动化。

三、动作技能的学习条件

动作技能的学习受许多因素的影响，不仅有幼儿自身的内部因素，也有强调教育与环境的外部因素。

（一）内部因素

1．成熟与经验

已有的丰富的研究与日常观察表明，儿童动作技能的获得是遵循着一个循序渐进的发展顺序的，幼儿在身体发展与日常经验上具备双重准备时，才能高效地习得相应的动作技能。例如，郝克斯（J. A. Hicks）曾对3～6岁幼儿做过一系列测验，如穿孔、肌肉力量、追踪、掷准测验，不给予任何指导，一段时间后再次进行测验，结果显示，上述四种测验中的三种得分都增加了。这种动作技能的进步主要受成熟和平时经验的练习影响。

成熟与经验存在相互作用，对动作技能学习的影响也是相互的。例如舞蹈、体操等较复杂的动作技能，从小开始学效果更好，但同样不能违背个体发育阶段。而像堆积木、爬楼梯等较简单的动作技能，成熟的作用是主要的。

2. 智力

关于智力和动作技能学习的关系，各种研究结果莫衷一是。日本心理学家松原把这些结果归纳成以下两种情况：当学习者智力处于正常水平时，小肌肉动作技能学习和智力之间有较低的正相关；智力水平越高，学习成绩越好，但大肌肉动作技能学习和智力之间几乎没有什么相关。

3. 个性

在进行某种动作时，学习者因个性不同，其行动方式也各不相同，而且个人选择什么动作项目也和人的个性有较大关系。影响动作技能学习有很多个性因素：达到目标的动机；忍耐力；对刺激的抵抗力；保持稳定的能力；控制能力；任劳任怨、吃苦的能力；自信，大胆，心胸开阔；智力高于同龄儿童的平均水平。

（二）外部因素

1. 知识经验

知识不是技能，而技能必须运用知识，知识愈丰富，对克服技能学习的难点愈有帮助。光模仿别人的动作，技能学习难以得到进一步发展，知识经验可以加速技能的获得，减少学习中的错误。

幼儿由于其知识经验的相对缺乏，故只能依据其年龄特点学习一些与幼儿自身生活关系密切的、相对简单的技能技巧。如小班幼儿能够做到按音乐的节拍做一些模仿动作，像打鼓、吹喇叭、开火车、小鸟飞等，也能表演一些简单的、有趣的舞蹈。幼儿能够理解这些动作的含义，并且不厌其烦地一再沉浸于自己表演的乐趣中。

2. 讲解与示范

动作技能学习通常是从教师讲解开始。讲解多用口语，有时也可借助于文字、图解、模型等进行。对幼儿来说，讲解应尽量做到简单、易懂，过度冗长的讲解要尽量避免。有些内容应待练习进行到适当程度时再进行讲解。

幼儿学习动作技能更多的是依赖于教师的示范。示范是以动作方式表演的，非常直观。示范性的动作由教师控制，动作应明确，并把技能中的每一个动作及其衔接清楚地展示出来，使幼儿都清楚地看到。

通常的示范方式有三种：

(1) 相向示范：在教室情境中，教师与学习者面对面示范。这种方式的缺点是容易产生左右反向认知混淆的不良影响。

(2) 围观示范：教师居中，学习者围成圆圈。这种方式的缺点常因学习者从不同角度观察而发生混淆错误。

(3) 顺向示范：学习者在教师背后，教师是“领头羊”。

幼儿动作技能的学习采用顺向示范的方式较好，因为这种方式可以免除左右及不同角度的不良影响。

事实上,讲解与示范通常同时进行。例如,教幼儿舞蹈时,教师讲解如何踮起脚尖,如何摆手,如何点头等,通常都是伴随着实际示范动作进行的。

3. 练习

有目的地多次执行某种动作以形成技能的过程,称为练习。练习虽然是多次地执行某种动作,但并不是同一动作的机械重复,而是以改善动作方式为目的的重复。

在练习过程中技能进步情况可以用练习曲线来表示。所谓练习曲线(Practice Curve)是指在连续多次的练习过程中发生的动作效率变化的图解,通常有图 6-1 所示的三种表示方法。

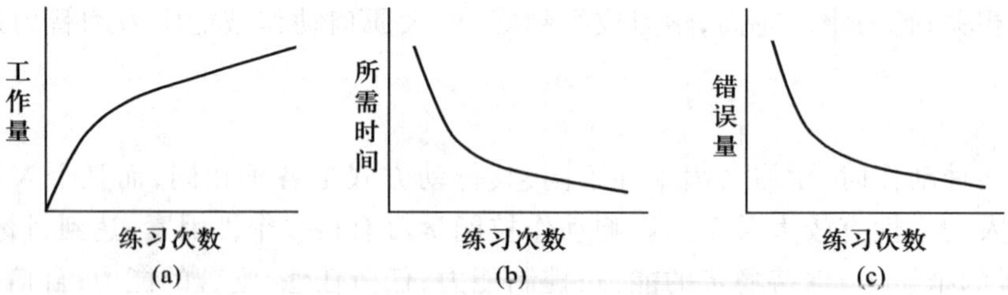

图 6-1　练习曲线的不同表示方法

在学生动作技能的形成中,练习到一定阶段往往出现进步暂时停顿现象,称之为高原现象(Plateau Phenomenon)。它表现为练习曲线保持在一定的水平面不再上升,或者甚至有所下降。但是,在高原期之后,练习曲线又会上升,即表示练习成绩又可以有所进步(见图6-2)。

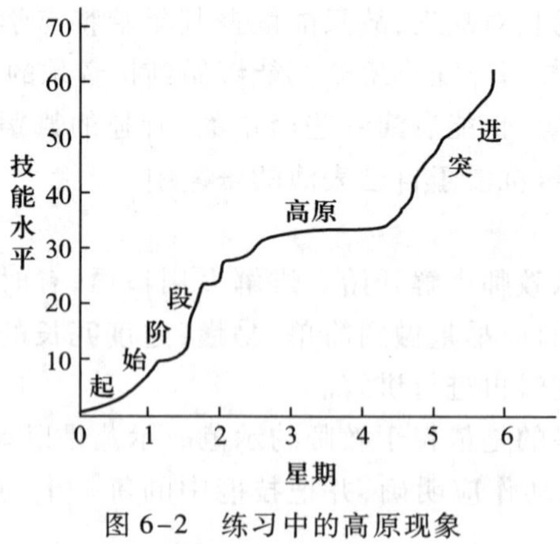

图 6-2　练习中的高原现象

指导幼儿动作技能的练习应注意以下几点:

(1) 明确练习的目标:幼儿在日常生活中的许多动作虽然天天重复,但因缺乏明确的目标,其错误的动作方式总未能得到纠正。有了明确的练习目标,就可使练习经常处于意识控制之下,提高练习的自觉性、积极性,从而提高练习的效果。

(2) 及时反馈:每次练习后,幼儿若能及时知道自己哪些动作做对了,哪些做错了,就能再通过练习把已做对的动作巩固下来,把做错的动作舍弃掉,从而提高技能的练习效率。

第三节 智力技能的形成与学习条件

一、智力技能的界定

智力技能,也称认知技能或心智技能,是指借助于内部言语在头脑中进行的智力活动方式。如阅读、解题、写作等都属于智力技能。智力技能包括感知、记忆、想象和思维,尤以抽象思维为其主要成分。

(一)智力技能的特点

智力技能是以思维为核心的认知加工的具体方式,这种方式有以下三个基本特点。

1. 内潜性

就智力活动的进行来说,它是在头脑中借助于内部言语默默地完成的。在头脑中对事物进行分析、综合、抽象、概括的思维活动,不像作用于客观实物的外部动作那样,可以看得到对实物进行加工改造的动作过程。思维活动是在头脑中进行的,是从外部觉察不到的,因而是内潜性的。

2. 观念性

智力活动不是靠摆弄实物实现的,它的动作对象不是客观事物本身,而是客观事物在人脑中的映象以及与映象相联系的词。智力活动是靠内部言语及词的作用进行的,是以词的形式在"心里"完成的动作,所以是观念性的。

3. 简缩性

智力活动不像实践活动那样,每个操作都要实际做出,不能省略和简缩。智力活动则脱离开摆弄实物的束缚,可以以高度简缩的方式进行,甚至可以是他人觉察不到其活动的过程。如在口算、阅读(默读)、构思、心算、解题时,智力活动可以高度简缩这些思维的过程,比实际操作有时要快得多。

(二)智力技能的分类

1. 感知技能和思维技能

智力技能按其性质可分为感知技能和思维技能。

感知技能是指人对客观事物的外部属性和联系的认知活动的方式。感知技能的形成,使感受性得到发展,并导致在分析器内和分析器之间形成新的联系系统。例如,掌握收听莫尔斯电码传递技能的电报员,在收听到长短不同的信号时,由于听觉与视觉形成联系系统的作用,可以不用预先作记录就能立即译出电文,这种联系系统对完善客观现实的感性反映有着重要作用。

思维技能是指人对客观事物的本质属性和内部联系的认知活动方式。英国心理学家巴特莱特把思维看成为一种复杂的技能或多种技能的集合。我国心理学家林传鼎同意这一看法,并对思维技能做出如下的初步分类:

(1)探索信息技能:如怎样提问,怎样使用图书馆,怎样使用参考资料。

(2)吸收信息与保留信息的技能:如怎样学,怎样记,怎样进行理解式阅读。

(3)组织技能:如怎样安排那些优先解决的问题,怎样安排时间,怎样分配物力。

(4)发明的技能:如怎样发展探究的态度,怎样进行归纳推理,怎样形成观点和假说。

(5) 分析的技能:如怎样发展批判的态度,怎样进行演绎推理,怎样评价观点和假说。

(6) 做决定的技能:如怎样识别可以选择的各种可能性,怎样做出合适的选择。

(7) 交流的技能:如怎样通过口头的和书面的方式表达观点。

(8) 社会技能:如怎样避免(或解决)人际间的冲突,怎样进行合作(并取得合作),怎样进行适当的竞争。

(9) 元认知技能:如怎样评价自己的认知活动,怎样从各种已知的可能性中选择出解决问题的确切方法(策略),怎样集中注意于待解决的问题。

2. 一般的智力技能和专门的智力技能

智力技能根据其应用可分为一般的智力技能和专门的智力技能。

一般的智力技能是指认识活动的技能,包括观察、倾听、理解、分析问题和解决问题等技能。

专门的智力技能是在专门领域中形成并发展的智力技能,是儿童在学习中必须掌握的最基本的专门技能,如阅读、作文和计算机等技能。

二、智力技能的形成过程

智力技能的学习过程就是智力技能的形成过程,本质上也是智慧发展过程。从学习即内化的观点看,智力技能的学习更多的是一个隐蔽的过程,往往需要经历"内化—外化"的多轮循环才能完成。

首先在心理科学上揭开智力活动之谜的学者,应归功于苏联莫斯科大学的心理学教授加里培林。加里培林从20世纪50年代开始,从事智力动作形成的研究,并于1959年正式系统总结了他的研究成果,提出了智力(心智)动作按阶段形成理论。

在加里培林看来,智力动作既非神秘的灵魂的特性,也不是人脑固有的本领。智力动作虽不同于实践动作(指操作动作,即物质或物质化动作或外部动作),但来源于实践动作。智力动作本身是实践动作的反映。智力动作是通过实践动作的"内化"而实现的,"内化"即外部动作向内部转化,也就是内部的动作映象形成的过程。

而实践动作的内化需要经历一系列阶段,在不同阶段上,动作的执行方式不断得到改造,关于动作本身的映象也就不断发生质的变化。所以,实践动作的内化过程是一种能动的反映过程,并非是机械的"投射"或"延伸"过程。"智力动作是外部的、物质活动的反映","是外部物质活动向反映方面——知觉、表象和概念方面转化的结果"。这种转化过程是通过一系列阶段来实现的,在每个阶段上都产生新的反映和活动的再现以及它的系统的改造。这就是智力动作按阶段形成的基本假设。

智力技能的形成一般要经历下述五个阶段:

(一) 活动的定向阶段

即让儿童了解、熟悉活动,使他们知道做什么和怎样做,从而在头脑中建立关于认知活动和活动结果的表象,以便对活动本身及其结果定向。活动的定向阶段不仅对于智力活动的形成是必不可少的,而且它的完成的性质水平可以对智力活动的形成起决定性的影响。

(二) 物质活动或物质化活动阶段

即借助实物、模型或图表等进行的操作活动。活动的最初形式可以是物质的,也可以是物质化的。它们之间所不同的主要是动作的客体。在物质的活动形式中,动作的客体是实际事物,是对象本身。在物质化的活动形式中,动作的客体不是对象本身,而是它的代替物,如模型、图解、样本等。这些东西模拟出实物的某些本质的特征和关系,儿童能够使用它们进行外部活动。

(三) 出声的外部言语阶段

即不依赖实物而借助出声言语进行活动的阶段。这一阶段上的活动,是由外部的物质活动向智力活动转化的开始,是智力活动形成的一个重要阶段。加里培林指出:"可以毫不夸大地说,没有言语范畴内的练习,物质的活动根本不能在表象中反映出来。要离开实物的直接依据首先要求有言语的依据,要求对新活动做言语练习。"

(四) 无声的外部言语阶段

即以词的声音表象、动觉表象为支柱进行与外部言语相似的默语活动阶段。加里培林认为,不出声的外部言语形式的活动的形成,是活动向智力水平转化的开始。他明确指出:"智力活动本身的最初形式乃是明确展开的不出声的外部言语。"一旦儿童掌握了这种不出声的外部言语的发音方式后,以前阶段的全部成就(即概括、简化与掌握程度)就可以直接转移到这种形式上来。

(五) 内部言语阶段

即凭借简化了的内部言语,不需要意识参与就能自动化地进行智力活动的阶段。内部言语活动阶段是活动达到智力水平的最后阶段。一般认为由外部言语过渡到内部言语,无论在言语的机能与结构上都发生重大的变化。在机能方面,如果说外部言语经常是与他人进行交际的手段,是指向别人的,那么内部言语则完全失去了这些功能,是"为自己而用的言语"。它在结构上也发生了重大变化,主要是带有谓语的性质,不再是扩展的与合乎语法的。同时,加里培林认为,内部言语的进行是自动化的,基本上处于自我观察的界线以外。因此,真正形成了的智力活动过程是自己觉察不到的。

【知识拓展 6-1】 冯忠良的智力技能三阶段

我国心理学家冯忠良在加里培林研究的基础上,提出智力技能五阶段的划分其实可以合并,名称也可以简化。他认为,智力技能的形成可以概括为三个基本阶段,即:原型定向;原型操作;原型内化。现分别对这三个基本阶段进行说明。

1. 原型定向阶段

要了解原型定向的含义,首先必须了解原型的含义。冯忠良将智力活动的原型定义为智力动作的"原样",即外化了的实践模式,或"物质化"了的智力活动方式或操作活动程序。原型定向就是了解智力活动的"原样",了解原型的动作结构,即动作构成要素及动作次序,从而使主体知道该做哪些动作和怎样完成动作,明确活动的方向。原型定向阶段也就是使主体掌握操作性知识(即程序性知识)的阶段。

原型定向是智力技能形成所不可缺少的一个阶段。首先,智力技能是一种合法则的活动方式,要求主体能独立做出。主体要能独立做出这种活动方式,首先要在头脑中建立有关这种活动方式的定向映象,从而才能调节自己的活动,做出相应的动作。其次,智力动作是一种内化了的动作,是实践活动的反映。因此,智力活动的定向,必须借助于一定的物质形式使这种活动得以"外化"的原型(即实践模式)才能进行。

2. 原型操作阶段

所谓原型操作,即依据智力技能的实践模式,把主体在头脑中应建立起来的活动程序计划,以外显的操作方式付诸执行。原型操作阶段是智力技能形成中的又一重要阶段。在这一阶段,动作的对象是具有一定物质形式的客体,动作本身是通过一定的机体运动来实现的。这样,主体在原型操作过程中,不仅仅是依据原有的定向映象做出相应的动作,而且同时可以使做出的动作在头脑中得以反映,从而在感性基础上获得完备的动觉映象。这种完备的感性的动觉映象是智力技能开始形成及内化的基础,因而原型操作在智力技能的形成中十分重要。

3. 原型内化阶段

原型内化即智力活动的实践模式(原型)向头脑内部转化,就是动作离开原型中的物质客体及外显形式而转向头脑内部,借助于言语来作用于观念性对象,从而对事物的主观表征进行加工、改造,并使其发生变化。这一阶段,在加里培林及其学派的著作中,分为三个阶段,即:“出声的外部言语动作阶段”,“不出声的外部言语动作阶段”及“内部言语动作阶段”。冯忠良认为,加里培林学派所指出的这三个阶段,实际上所描述的是动作内化的三种水平,而且是借助言语来实现,因而称之为“原型内化阶段”。

三、智力技能的学习条件

智力技能的习得同样并非受单一因素的影响,原型模拟和分阶段练习是影响智力技能学习与发展的重要条件。

(一)原型的模拟

智力活动是实践活动的反映。因此,智力技能及智力活动方式的培养,首先必须确定智力技能的实践模式,即其操作原型或操作活动程序。

确定智力技能的操作原型是一件相当困难的工作。因为智力技能的形成不仅是内潜的,而且是借助于内部言语以高度简缩的形式自动进行的。这不仅使旁观者难以观察到,而且活动主体也难以自我意识,由此给操作原型的确定造成很大困难。

自20世纪60年代以来,随着控制论、信息论、系统论“三论”向心理科学的渗透,为确定智力技能的操作原型开辟了新的途径。这就是心理模拟法。心理模拟法是从控制论所倡导的“黑箱”理论中引申出来的。

依据心理模拟法,要确定智力技能的操作原型,可先通过对活动进行系统的结构分析,确定其操作成分及操作顺序,从而提出一种假设性的操作程序,作为智力技能的操作原型。

在拟定假设性的操作原型以后,为观察这种原型是否具有实在意义,必须通过实验来检验。在实验中如能取得预期的成效,则证明此假设原型是真实的、可靠的。这种经实验证实了的原型就可以在教学上利用。在实验中,如果假设原型不能取得预期成效,则此原型必须修正或重新拟定。

(二)分阶段练习

由于智力技能是按一定的阶段逐步形成的,因此在培养方面必须分阶段进行练习,才能获得良好的成效。

必须指出,分阶段练习的要求是针对智力技能中新的、主体未经掌握的动作成分来说的。如果某种智力技能中,其动作成分是由主体已掌握了的一些动作构成的,则此智力技能的形成可以利用已有动作经验的迁移就可能实现,不必按前面提到的智力技能形成的三个基本阶段分别进行严格训练。如果某种智力技能中,有些动作成分是主体已掌握了的,有些是未经掌握的,则分阶段练习必须针对这些新的动作成分进行。在培养工作中要注意做好新旧动作间的组合关系的指导。

要提高分阶段练习的成效,在培养工作方面,必须充分依据智力技能的形成规律,采取有效措施。为此,必须注意以下几点:

1. 激发学习的积极性

智力技能的学习是一项重要的学习任务。任何学习任务的完成,均依赖于主体的学习积极性。学习的积极性取决于主体对学习任务的自觉需要。对学习任务缺乏自觉的学习需要就不可能有高度的学习积极性。自觉的学习需要的产生往往是同学习任务的必要性认识及体验分不开的,由于智力技能本身难以认识的特点,主体难以体验其必要性。由此,在主体完成这一学习任务时,往往缺乏相应的动机及积极性。为此,在培养工作中必须采取适当措施,以激发主体的学习动机,调动其学习的积极性。

2. 注意定向映象的完备性、独立性与概括性

智力技能的培养,开始于主体适应其原型的定向映象。在建立定向映象阶段上,一切教学措施都要考虑到有利于完备、独立而具有概括性的定向映象的建立。所谓完备性,是指对活动结构要有清晰的了解,不能模糊、偏缺。所谓独立性,主要是从主体的已有经验出发来确定或理解活动的结构及其操作方式。所谓概括性,就是要变更操作对象,以利于对活动在直觉水平上的概括。有关研究表明,定向映象的完备性、独立性与概括性不同,则活动的定向基础就有差异。活动的定向基础不同,则会影响活动方式的顺应与迁移。

3. 正确使用言语

智力动作是借助于内部言语而实现的,因此言语在智力技能形成中具有十分重要的作用。言语在不同的阶段上,其作用是不同的。言语在原型定向与原型操作阶段上,其作用在于标志动作,并对活动的进行起组织作用。言语在原型内化阶段上,其作用在于巩固形成中的动作表象,并使动作表象得以进一步概括,向概念性动作映象转化。这时,言语不仅是动作的内化工具,也是内化动作得以实现的工具。言语的这些作用是统一的,但同时也要根据不同阶段上言语的作用不同而区别对待。

在原型定向阶段与操作阶段上,言语只是起动作的标志作用与组织作用。所以这时的培养工作上,重点在于使学生了解动作本身,利用言语标志动作并巩固对动作的认知。为此,一定要在学生熟悉动作的基础上提出言语要求,以言语来标志所学动作,并组织动作的进行。此外,在用言语来标志动作时,用词要恰当,注意选择表现力强而学生又能接受的词来描述动作。

在原型内化阶段上,内化中的动作对于对象的影响是通过言语来进行的。这时言语已转变成为动作的体现者,成为对于动作对象加工的工具。言语的这种加工工具作用是通过选择性联想机制而实现的。所以这时培养的重点要在考察言语的动作效应上,不仅要注意言语动作是否正确,而且要检查动作的结果是否使观念性对象发生了应有的变化。此外,要随着智力技能形成的进展程度,不断改变言语形式,如由出声到不出声,由展开到简缩,由外部言语转向内部言语。

4. 注意学生的个别差异

智力技能的形成同其他学习一样,取决于主体所面临的一系列主、客观条件。由于实际

学习情境中，不同的主体所面临的主、客观条件不同，因而学习上就会出现个别差异。学习的个别差异在集体教学中表现最为明显。为此，在集体教学中，不仅要考虑一般性教学措施，而且要针对不同学生存在的问题，采取一些有针对性的辅助措施。

第四节　幼儿动作技能学习与指导

一、幼儿动作技能学习的特点

整个学前期，儿童运用控制小肌肉群和大肌肉群的能力都在改善，随意运动不断发展。在幼儿园，通过有计划地进行各种教育活动和日常生活活动，幼儿的动作逐步变得协调、灵活，并形成了各种简单的技能技巧，具有明显的年龄特点。

（一）动作技能的学习层次低

动作任务的完成，都必须有认知成分的参与，包括知觉、记忆、想象、思维等。在婴幼儿的众多认知能力中，感知觉是最先发展的，并且在学前期幼儿的动作技能学习中仍旧贡献最大。其中，手眼协调、手脚协调、身体平衡等决定动作任务能否顺利完成的能力都还不够成熟，这就决定了他们动作技能的学习层次是处于较低水平的，主要练习的是一系列与日常生活相关的动作技能，如：跑、跳、餐具抓握等。

（二）动作技能的动作结构简单

动作是人体的一种空间造型以及驱动这种空间造型的内部冲动。动作和动作组则是动作技能中易于被观察到的成分。从难易程度来排列，动作依次分为：反射动作、基础动作和技巧动作。从发展的角度来看，反射动作主要受遗传的影响，是随个体成熟发展起来的，只要是先天健康、正常发育的幼儿，均会在相应年龄段前后出现相应反射动作；基础动作，如跑、跳等，虽然也主要是随个体的成熟发展起来的，但训练能增强其精确性和熟练程度；技巧动作则主要是习得的，具有明显的专业性，如打乒乓球或艺术体操等。受身体发育程度与认知水平的限制，学前期幼儿以简单的基础动作掌握为主。

（三）动作技能的体能强度弱

体能主要包括耐力、力量、韧性和敏捷性等。体能是动作技能的重要组成部分，是完成动作技能的前提和保障。每一动作任务的完成都需要相应的体能作为支撑，离开了足够的体能，动作任务就不可能高质量地完成，动作技能就不能到位地表现出来。学前期的幼儿体能强度是偏弱的，他们的心肺体积相对比成人大，心脏收缩力差，脉搏每分钟 90～110 次，若是长时间地连续跳跃、跑步，心脏负担过重，影响发育。同时，幼儿肺的弹性较差，气体的交换量较小，所以呼吸频率较快，易患感冒及肺炎。所以教师在设计动作任务的教学时，也务必要考虑到幼儿的体能程度，切勿以成人的标准来要求幼儿。

二、幼儿动作技能学习的指导

（一）运动教育

早在 20 世纪 30 年代左右，“运动教育”就已经成为英国学校教育的一个重要的组成部分。在现代幼儿教育中，“运动教育”（Movement Education）就是把身体活动与问题解决有机结合，培养动作（运动）技能的一种教育模式。

研究表明，当儿童进入幼儿园或小学的时候，他们原有的混合学习的方式，很快就被分离的、孤立的和表面上毫无联系的学习与活动所代替，"游戏"、"学习"等活动被分割开来，具有其各自的目的；语言、科学、音乐等学科孤立地进行教学……这种种现象和做法，是不利于儿童的发展的。对于儿童来说，其每一个组成部分都是相互依赖、相互影响的，某一方面的发展，可以促使其他有关方面得到相应的加强和巩固。然而，在传统的体育教学方面，大多数的活动只是孤立地强调身体的方面，而忽视了幼儿情感、社会、认识以及创造性的发展。运动教育正是要改善这些不利的现象。在运动教育中，幼儿身心各方面都能得到充分的发展，获取丰富的经验，并能享受极大的乐趣。

1．运动教育的特点

一定意义上，运动教育是在运动技能培养中适应个人需要、促进个性发展的一种主题性教育方法。运动教育中，教师所起的作用与传统式的教学具有很大的区别。教师不再是技能的示范者和知识的传授者，他是一个促进者、在学习过程中的参与者。

在运动教育的实施过程中，教师介绍运动的概念，提出要求，并且在口头上给予幼儿更多的支持与帮助。教师对于幼儿自身的需要和能力的认识与感觉，比教师自己所具有的技能水平更为重要。教师需要仔细地提出问题，帮助幼儿把注意力引向技能的某个特别方面。教师还要善于利用教学暗示，提供给幼儿有关的信息，使幼儿利用这些信息的引导，来促成任务的完成。利用这种教师与幼儿的相互作用和相互影响，一种具有援助性的学习环境便可以产生。在这一过程中，幼儿成功的机会更多，而且，幼儿也敢于去"尝试"新的事物。

运动技能教学中，传统的方法（包括舞蹈、游戏等活动）实际上是分解式的和积累式的。与此相反，运动教育则是发展式的。在促进身体能力发展的教学方面，传统的方法与运动教育方法之间的比较如表 6-1 所示，通过此表可以明确了解二者某些最基本的差异之处。

表 6-1　传统教育与运动教育的比较

传统教学	运动教育
重点放在一种具体的练习或一种技能的分析上	重点放在运动思想（主题）或概念上，突出整体性
要求立刻做出反应	在问题解决或实验中，给予幼儿时间进行思考
要求反应一致	允许反应的多样性，尊重个体差异
重点放在教师是作为知识的传授者、"正确方法"的示范者	重点放在幼儿的发现和学习上，教师对运动的种类及其特性进行充分的讲解示范

2．运动分析

作为创造性身体教育新领域之一的"运动教育"，在思想渊源上可以说是与莱本（Laban）的运动分析理论有密切关系的。

莱本的运动分析实际上是描述性的，它首先提出了这样一个前提：对于每个个体来说，都具有以下两个方面，一个方面是个体的"运动生存"——"做"，它是指用一种客观的方式来发展和维持生命的那些所有的需要。例如，沿着一条街走、系鞋带、避免发生交通事故等。另一个方面是"舞蹈"，即指那些与个体的运动生存有关的个体的感觉、个性以及个体生存的主观成分方面。在一个对话中，利用手势来表示一定的含义，这就是"舞蹈"的一个例子。

这两种思想可以用图 6-3 加以区分。

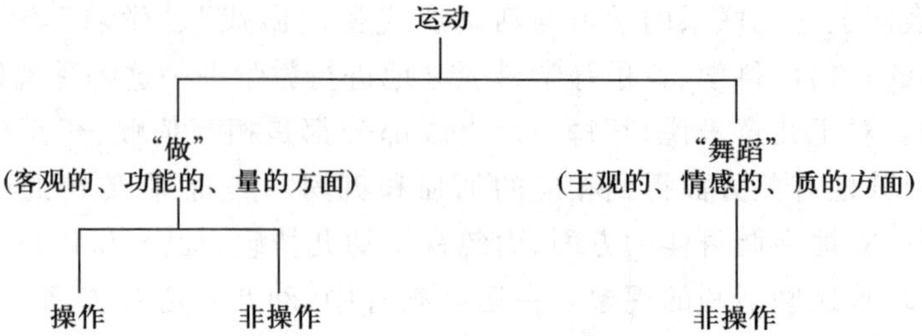

图 6-3 "做"与"舞蹈"的区别

在运动教育看来,任何一个运动都可以由四个要素组成。

(1) 身体意识:运动,我们首先可以看到身体本身的变化,哪一个部位移动了,哪一个部位承担了一定的重量,哪一个部位弯曲了、伸展了,整个身体发生了什么动作,身体呈现出什么样的形状,等等。通过把幼儿的注意力引向身体运动的这些方面以及其他有关的方面,幼儿就能从中发展一种身体的意识感(图 6-4)。

(2) 空间意识:所有的身体运动都是在一定的空间中进行的,当一个幼儿在地面上用创造的形式运动时,他可以在不同的高度上移动,可以改变步幅的大小,可以知道在他身后、身旁以及身体前方的空间状况。一个能很好地使用空间的幼儿,可以认为他在空间的意识方面已经有所发展了,他知道怎样在他周围的空间里移动自己,以及怎样通过他周围的空间(图 6-5)。

图 6-4 运动中形成身体意识

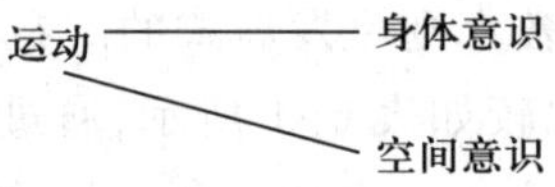

图 6-5 运动中的身体意识与空间意识

(3) 作用力:对于运动来说,存在着一个质和量方面的问题,莱本称之为作用力或努力(Effort)。在移动一个重物时,你有可能表现出不太费劲、比较从容;你也有可能显得很吃力、难以胜任……这样,我们就可以看到运动是否是有力的。有些行动需要快速地进行才能有效;而有时,我们也需要比较慢的行动。在表现性的运动方面,用一只手来做手势,同挥舞一只拳头所表示的意思是截然不同的(图 6-6)。

(4) 相互关系:这一描述分析的第四个组成部分是指那些所涉及的有关方面的问题。我们有单独运动的时候,也有与其他人一起运动的时候。其他的人可能是一个合作者,也可能是一个对手,在这两种情况下,他们之间的关系是有本质上的区别的。

有些活动还需要牵涉与物体之间的关系。例如,在体育活动中要击中某一个特定的目标或靶子,这时,如果能对身体与物体之间的相互关系有所理解的话,那就有助于技能的学习和掌握(图 6-7)。

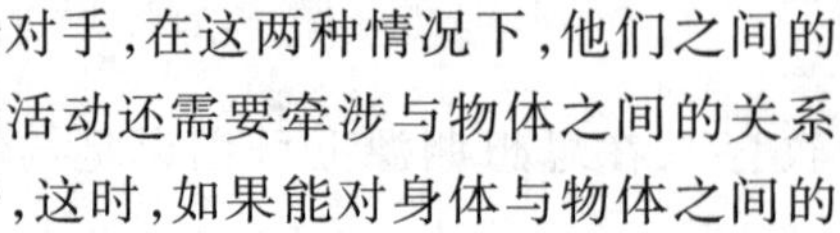

图 6-6 运动中作用力的感知

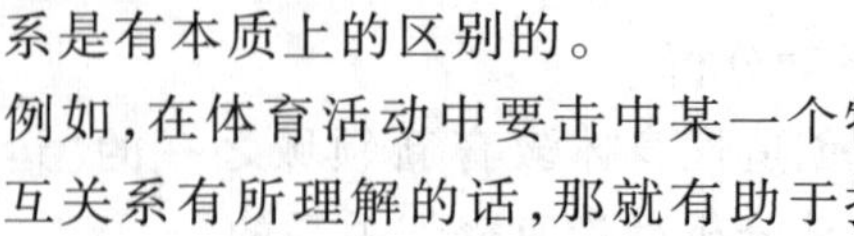

图 6-7 运动中的相互关系

（二）感觉统合训练

1．感觉统合的由来

感觉统合源自美国，由南加州大学的职业治疗师艾尔丝（Jean Ayres）于20世纪60年代提出，后经大量的临床实验和教育实践，逐步发展为一种旨在解决感觉统合失调问题的行为矫正技术。

一般来说，感觉包括外部感觉和内部感觉。外部感觉就是指视觉、听觉、嗅觉及味觉，但事实上，人类生存所需的最基本且最重要的感觉是内部感觉，即触觉、前庭平衡觉、动觉。

感觉统合（Sensory Integration）是指人脑将各种感觉器官传来的感觉信息进行多次分析，综合处理，并做出正确的应答，使个体在外界环境的刺激中和谐有效地运作。也有学者以认知神经学的观点对感觉统合概念进行界定，认为“从本质上讲，感觉统合是一种个体在与环境的交互作用中依赖情绪，发展基本能力中的一种能力”。感觉统合是人类生来就具有的基本能力，但这种能力需要从小就与周围事物接触，互相作用，在大脑和身体与周围环境变化的顺应与挑战中才能得到完善和发展。

在儿童阶段，感觉统合是促进大脑发育的重要学习过程。没有感觉的统合就没有大脑机能的整合，动作也难以系统化为完整的运动。同时，感觉统合也是幼儿认知能力、社会交往能力、情绪以及自我发展的一个首要前提。

感觉统合技能是每个幼儿成长阶段必须有的学习技能，然而幼儿的感觉统合本身也有一个成长过程。如果感觉刺激信息不能在中枢神经系统进行有效的组合，则整个身体就不能和谐有效地运作。这种感觉与统合障碍称为感觉统合失调，是儿童学习障碍的主要原因之一。

常见的感觉统合失调是前庭平衡觉、触觉、听觉等感觉刺激与统合功能失调，进而引发学习能力和性格上的障碍，人际关系上的敏感或社交退缩，导致心理素质下降。感觉统合失调是现代儿童的流行病，严重影响幼儿心理素质的提高和健康成长，不利于幼儿智力的开发和综合能力的培养。

2．感觉统合训练与感觉统合游戏

目前，感觉统合失调的矫正主要是通过感觉统合训练进行，旨在加强感觉刺激信息的输入，促进大脑功能的完善。

感觉统合训练是指基于儿童的大脑和身体相互协调的需要，引导儿童对感觉刺激做出适当反应的训练。这种训练方式是提供前庭（重力与运动）、本体感觉（肌肉与感觉）及触觉等刺激功能的运动，其目的不在于增强运动技能，而是促进其视觉、听觉、触觉等多种功能正常发挥，改善儿童的学习成绩、运动协调和语言方面的功能，改善大脑对感觉信息的加工处理。

由于引发儿童感觉统合失调的因素在不断增加，而感觉统合失调的后果及其严重性也日益受到关注，教育界对感觉统合训练及其效果也寄予了更高的期望。因此，一些学者试图将感觉统合训练引进教育实践，进行一种游戏化的转换，将其作为幼儿园健康教育的一种身心保健模式（见图6-8、图6-9、图6-10）。感觉统合训练游戏化有利于技能学习与情感激发的相互促进：寓训练于游戏之中，不仅降低训练的枯燥性，而且提升训练动力，最终使幼儿的感觉统合训练实现训练效果与情感价值的平衡。

感觉统合游戏是适合学前儿童身心健康特点的一种游戏化的体育活动。在幼儿园健康

图 6-8　感觉统合训练器材

图 6-9　幼儿在准备感觉统合训练

图 6-10　幼儿在感觉统合训练之中

教育中,感觉统合游戏构成养成教育和矫正教育的有机结合,直接影响幼儿的感觉统合发展水平,具有一般感觉统合训练不具备的优点:

(1) 它符合儿童的活动特点,提高儿童的参与积极性与主动性。

(2) 它易于与幼儿园健康教育模式对接,也符合幼儿园健康教育政策的基本精神。

(3) 它可以获得更多的替代性材料,弥补感觉统合器材的不足或局限。

第五节　幼儿智力技能学习与指导

一、幼儿智力技能学习的特点

（一）幼儿智力技能的分化程度低

美国心理学家加德纳在 1983 年提出多元智能理论。传统上，学校一直只强调学生在逻辑—数学和语文（主要是读和写）两方面的发展。但加德纳认为这并不是人类智能的全部。不同的人会有不同的智能组合，例如：建筑师及雕塑家的空间感（空间智能）比较强，运动员和芭蕾舞演员的体力（肢体运作智能）较强，公关的人际智能较强，作家的内省智能较强等。加德纳认为人类的智能至少可以分成七个范畴（后来增加至九个），包括：语言、数理逻辑、空间、身体—运动、音乐、人际、内省、自然探索和存在。受认知发展的局限，学前期幼儿的智能发展是整体性的、笼统的，智力技能的分化程度较低，发展能力有限，总体处于较低的发展水平。

（二）幼儿智力技能处在感觉运动智慧（前运算）水平

皮亚杰从生物学的角度研究智慧的成长。他认为，智慧的本质乃是一种适应（Adaptation），适应就是不断地运用和修改我们对外部世界在认知过程中发生的动作和概念的组织（Organization）。组织的内容是动作的或概念的，组织的结果就是结构（Structure）。儿童的认知结构随着年龄的变化而变化。在不同的年龄阶段有着不同的认知结构，体现出认知发展的阶段性。幼儿的认知水平在学前期从依靠感知动作适应外部世界的感觉运动阶段进入到前运算阶段，前运算时期与感知运动期相比有质的飞跃：感知运动期的儿童只能对当前知觉到的事物施以实际的动作进行思维；前运算期的儿童由于信号功能或象征功能的出现，开始从具体动作中摆脱出来，凭借象征性格式在头脑里进行“表象性思维”。而表征性思维的出现正是儿童智力技能形成的重要标志。幼儿期是以表征活动为主要心理活动特征的时期，表征的发展遵循着从程序性表征向陈述性表征发展的规律。

（三）幼儿的智力技能主要在生活与游戏中自然流露

虽然托幼机构是我国学校教育制度的一部分，但它又明显地不同于小学、中学等其他教育阶段。幼儿发展的特殊性决定了学前教育的特殊性，幼儿园的孩子不是严格意义的学生，养护是与教育并行的，也没有严格的学业与技能考核。幼儿园注重的是日常生活和游戏，基于孩子的自然天性开展以兴趣为导向的多样化活动。模仿和游戏是象征性功能或表征的主要表现形式，同时在某种程度上也是表征的起源。于是，模仿和象征性游戏不仅可以表现幼儿的智力技能，而且可以培养智力技能。

幼儿园和家庭应创设丰富多彩的活动环境，积极组织、引导幼儿开展各种模仿和游戏活动，让幼儿在适合其身心发展特点的主动的、愉快的活动中，促进自身象征性功能的充分发展，从而促进智力技能的形成与发展。

二、幼儿智力技能学习的指导

（一）感觉教育

1. 感觉教育的由来

蒙台梭利（Maria Montessori）是意大利著名的幼儿教育家。她利用自制的教具对呆傻儿童进行了读写能力的训练，结果获得极大的成功。在此基础上，她逐步建构了一套特殊教育模式——感觉教育（Sensorial Education）。

1907年，她创办了后来举世闻名的“儿童之家”，收留的都是父母外出工作无人照顾的儿童。蒙台梭利“儿童之家”的成功创办，以及她对科学幼儿教育方法的创立与幼儿教育理论著作的撰写，极大地推动了现代幼儿教育的改革和发展，因而她被称为“幼儿园的改革家”，成为“国际公认的进步幼儿教育的先驱”。

2. 感觉教育的理论基础

蒙台梭利认为，儿童具有一种强烈的、天赋的内在潜力，它是一种难以捉摸的东西，随着个体的不断发展，这种潜伏着的生命力就渐渐呈现出来。人的这种心理的潜能必须在运动中体现出来，“运动是生命必不可少的部分”，儿童的发展是通过肌肉的自主活动实现的。

蒙台梭利认为，幼儿的动作教育可以帮助或启发幼儿的智能发展。因为体能动作与脑、神经、肌肉及感觉器官有非常密切的关系。必须给予幼儿各种动作上的活动和感官的训练，并予以重复练习或训练，使幼儿在各种动作的技巧上得以熟练而趋于完美。幼儿在重复的练习中，可以获得自信和独立，使他们的生活领域随之扩展，并随时随地地探索，以满足他们的好奇，并主动地去学习，以发展其智能上的成长。

3. 感觉教育的特点

感觉教育的主要特点就是它与动作教育紧密结合，给儿童自己动手操作感官教具的机会，让儿童在活动中进行和完成，借助于直观学具的操作，内化为智力技能，以达到主动地感知这个世界，促进智能发展的目的。

感觉教育主要训练幼儿的视觉、触觉、听觉、味觉及嗅觉五大感官系统。其中，视觉、触觉、听觉在“感觉—动作”组合功能中扮演非常重要的角色。如，大肌肉动作——跳高。在准备跳高前，须利用眼睛做视觉活动，先观察高架的位置、距离、高度等，为跳高做准备；当跳跃时，利用触觉和听觉来维持身体跳跃的重力及其平衡，并利用双脚落地时脚部皮肤接触地面的感觉，达成整个身体的跳跃动作。如果幼儿的视觉、触觉、听觉在功能上发生障碍，动作的完成将会发生严重的问题。

蒙台梭利为感觉教育设计了大量相应感官的基本训练和练习，除训练幼儿了解身体各感觉器官的功能外，还训练各感官与动作相互间的协调配合，以及在操作过程中进行数学启蒙教育，如大班数学活动“加法接龙游戏”（见知识拓展6-2）。

【知识拓展6-2】 蒙台梭利数学教育

加法接龙游戏（大班）

游戏目的

（1）理解连加的概念，会用彩色串珠棒进行连加运算。

（2）秩序训练，会进行逢10交换。

准备材料

(1) 绒布1块。

(2) 彩色串珠棒1~9各5根放在木箱中(见图6-11)。

(3) 黑白串珠棒1~9各1根放在木盒中。

(4) 代表10的金色串珠棒50根放在木箱中。

(5) 厚纸做成的“桥”。

图6-11　串珠棒

活动过程

(1) 在桌上铺块绒布后把教具拿来放好。

(2) 彩色串珠棒的连加运算:

① 放置好各种串珠棒后,开始数彩色串珠长龙。从左向右用桥一粒一粒地数,数时速度不要太快。

② 每数到“10”时就以桥隔开,桥左侧的彩色串珠组合用一根金色串珠棒代替;若某根彩色串珠棒被桥隔为左、右两段,则将桥右侧剩下的彩色串珠换成等数目的黑白串珠棒。

③ 把换下的彩色串珠棒放在绒布右下方。

④ 从黑白串珠棒开始重新点数。

⑤ 每数到“10”就重复上述交换串珠的步骤,将交换后的黑白串珠棒放回原位。

⑥ 按同样的方法完成点数与交换串珠棒的工作,最后得到的是由金色串珠棒和黑白串珠棒组合的新“长龙”(若是个位数为“0”,就只有金色串珠棒)。

⑦ 请幼儿点数金色串珠和黑白串珠的总量,告诉幼儿:“这就是答案。”

由于幼儿思维的具体形象性,决定了幼儿学习数学时,首先应将抽象的数字转化为具体的事物,依靠对事物反复地直观操作来加深理解数的概念,发现数学的内在规律。如果教师只是一味地用语言传授或自行演示,幼儿不能真正理解数的意义与相互关系。只有通过自己的操作,幼儿才能真正理解并建构数的概念关系。

(二) 幼儿阅读技能的学习与指导

早期阅读是指0~6岁的学前儿童凭借变化着的色彩、图像、文字或凭借他人的读、讲来理解读物的活动过程。早期阅读的意义不在于“书”,而在于阅读过程,是幼儿在6岁以前成人借助图书与幼儿交往和交流的过程,能培养幼儿对书面语言的初步认识。

早期阅读是孩子智慧发展的钥匙,因此我们开展的早期阅读教育不是把识字作为唯一的内容和方式,而是在培养幼儿欣赏、讲述和朗诵等多种能力的文学活动中,让幼儿增长对阅读活动的兴趣,掌握基本的阅读技能,养成良好的阅读习惯。

1. 阅读技能的界定

阅读是一种智力技能活动。《中国大百科全书·教育卷》如此界定:“阅读是一种基本的智力技能,它是由一系列的过程和行为构成的总和。”

阅读的应用性,决定了它应有的技能性。阅读技能从阅读实践中产生,应用于阅读实践,又在阅读实践中发展提升。练就阅读技能,阅读效率就高。这不仅表现在迅速有效地感知文字符号上,而且也表现在记忆、理解文字的内容上。大脑分析的综合能力在阅读过程中实现了概括化和简约化。在头脑中依靠简化了的内部语言对句子中有代表性的、关键性的词语进行分析综合,便可把握句子的意思,对上下文的联系、照应,也能很快领会。当然,阅读技能不是阅读能力,但它能促进阅读能力的发展。

学前期幼儿的阅读技能,并不完全由智力技能构成,还涉及类似“逐页翻阅的技巧”这种精细的动作技能。学前期幼儿需掌握的阅读技能,复杂程度与整合程度都不高,多从以下几个方面培养:

(1) 了解书本的结构以及基本的阅读方法:知道书的封面、封底,了解书名、页码等基本常识,教幼儿认识图书的封面,学习按页码顺序一页一页往下看,对每一页的内容学习按从左到右、从上向下的顺序看,让幼儿亲身感受图书是由一页一页组成的,故事要一幅一幅有序地接下去看,才能看懂故事内容。

(2) 内容的理解:教育幼儿能仔细观察画面中人物表情、动作、背景等细节,将之串起来,理解完整的故事主旨情节,并根据理解,用自己的话讲述画面内容,或听教师念图书,知道是在讲故事的内容。

(3) 学习初步的书籍归类:如游戏书、故事绘本书、手工书等,便于更有效地取阅,也很好地锻炼了孩子的分类能力。

(4) 常见字的认识:让幼儿知道文字可以念出声音来,并且可以把一些特别常见的文字、口语与概念对应起来,但是切忌将识字作为活动的主要取向。

2. 阅读技能的学习

(1) 看图说话与图文阅读:有人困惑,孩子不识字,怎么阅读呢?其实,对于年幼的儿童来说,只要是与阅读活动有关的任何行为,都可以算作阅读。而早期阅读使用较多的材料,应该就是图画故事了。其中,绘本、连环画,都是幼儿进行图画故事阅读中常见的材料。图画故事是用图画讲述故事的书,图画书里的图画是真正能够表达故事的图画。由于儿童观察的细致程度不同,理解的角度不同,甚至可以用不同的方式共同讲述同一个故事。儿童在阅读过程中不仅要理解图书的主要内容,还要将图书的主要意思以口头表达的形式表现出来,这是阅读活动的一个主要目标。因此阅读活动与讲述活动紧密结合在一起,儿童可以边看边说,也可以在看完之后把图书的大意讲述出来。

看图说话就是一种看图讲述活动,它发展的是儿童的独白语言,要求儿童运用正式规范的语言,将图片的内容完整、连贯地表述出来,它侧重对幼儿勇敢、流畅表达的要求。

图文阅读的最显著不同则是着重于让儿童理解,理解图书的基本结构,理解图书画面之间、画面与整个故事的关系,理解图书的故事情节发展,甚至是对图书的结尾进行预测。在此基础上,再将理解后的内容以口头表达的形式表现出来。

(2) 分享阅读:分享阅读是指个人或集体把可供阅读的健康资源分享给另一个或几个个人或集体的行为。分享的形式有亲子分享、同伴分享和师幼分享。

在亲子分享中，有些父母可能会特别期望孩子有明显进步，心情比较急迫，方法也比较单一，可能多为简单的朗读或跟读。父母应该要结合儿童的日常经验，对儿童的提问给予及时解答，这是对儿童提问行为的一种积极反馈，促进孩子更深入地进行思考，提出更多、更有价值的问题。可以根据故事的难度和孩子的现有水平，适时调整孩子的参与水平，并及时给予鼓励。在阅读过程中，家长不应是一个冷漠的旁观者，也不应是权威的讲述者和评判者，而是平等的参与者。父母的热情和态度将直接影响孩子的阅读兴趣。

同伴分享也是分享阅读活动的重要一环。与同龄幼儿的交流与分享，经常可以碰撞出独特的，成人所不能想到的思想火花。除了最直接的同伴间自主交流，同伴分享还以老师引出的问题讨论形式发生。因此，在组织分享阅读活动时，教师应该经常提一些能够促进幼儿观察和思考的开放性问题，尊重、鼓励多样的回答。

师幼分享与以上两种形式相比，应该是一种更加有计划的、有组织的交流分享形式。首先，教师应该创设一种平等的，同时尽可能还是与主题契合的阅读环境，给每一个孩子提供自我发挥的机会，肯定其创造的价值。其次，为幼儿选择适合其身心发展的，使他们真正感兴趣的图书。选择读本教材时应注重内容与幼儿的生活经验有关，一般要求文字简单、图文并茂，并让幼儿有发挥创造力和想象力的机会。还应注意教材的颜色、纸张的质地等方面是否与幼儿的认知、言语发展水平相适应，贴近他们的生活和兴趣点，能否激发他们对阅读的兴趣。再次，教师应灵活把握教学过程，做到因材施教。最后，将读本与现实生活相结合，把阅读活动整合到其他课程或改变成游戏。游戏是幼儿最自然、最有效的学习方式。幼儿好动、好模仿，对孩子来说，阅读并非成人意义上的看、理解的思维过程，它更像一种游戏。

(3) 交互阅读："交互式幼儿阅读"理念强调发挥幼儿的主动性，尊重幼儿对文本的感受和体验，促使其积极建构对文本的理解。"交互式幼儿阅读"包含三种互动关系。

一是教师与幼儿的互动。这种互动主要是指教师和幼儿凭借文本进行的互动，教师为幼儿理解文本搭建桥梁，即提供"支架"。一般而言，教师的鼓励、讲解、提示、回馈、演示、点拨等，都能够在阅读活动中发挥"支架"的功能。如教师以提问来促进幼儿理解和推测情节发展，教师提供线索引领幼儿展开讨论等。在此过程中，教师的反馈至关重要，一般可以通过重复、评价、解释、总结、追问和纠正等方式对幼儿进行反馈，鼓励幼儿独立思考，深入理解阅读文本。

二是幼儿与阅读文本之间的互动。幼儿阅读活动中，应尊重幼儿的感受和体验，阅读应建立在个人化理解的基础上。阅读过程中，幼儿与文本的互动表现为感知文本的画面、文字，理解故事中的人物角色和情节，通过推理和创造性想象等推测故事情节的进展，通过讲述、讨论等形式发表自己对故事中人物角色的态度；也可以通过戏剧表演、绘画和音乐等形式对文本进行二次创造，扩展和加深对文本的个性化解读。

三是幼儿之间的互动。集体阅读活动的优势是有多个读者来共同建构对文本的理解。幼儿作为共同的阅读者，具有相近的起点和理解能力，通过相互碰撞，增进理解的丰富性和全面性；通过共同讨论、辩论或者一起表演文本，以相互的观点作为自己理解的参照物，对照和修正自己的认识，从而不断拓展和丰富对作品的理解等。幼儿与幼儿之间的互动，充分体现了集体阅读的优越性。教师应注意在阅读活动中，关注每个幼儿的特点，发挥他们各自的优点，促进幼儿之间的合作学习和高质量的互动。

3. 阅读技能的指导

一般来说,8 岁以前的儿童要学会阅读技巧,这样他们在以后就可以通过阅读去学习各学科的知识。在进行具体指导时,应该着重注意以下几个方面:

(1) 阅读心态的调节:好奇、探索欲、满足感等积极的情绪,是我们希望阅读所能带给孩子们的感受。但有时,成人自认为精心准备的内容,吸引不了幼儿,甚至还让他们想回避、反感。很多情况下,与阅读内容的选材有着很大关系。阅读材料的选择不能简单地从成人的视角出发,一定要考虑到幼儿的兴趣、能力并与之相匹配。例如,一个讲龙卷风的故事,如果成人抛出一大堆科学概念、理论来解释龙卷风的形成和危害,既不能吸引幼儿,同时也超出了幼儿的认知水平。但是,如果把龙卷风与儿童生活中遇见过的大风恶劣天气相类比,唤起儿童的生活经验,并且将龙卷风比作"愤怒的坏人"这种拟人化的处理,孩子们马上就能形象地想象出龙卷风来袭的场景与危害了。除了选择合适的阅读材料,亲和、舒适、愉悦的阅读环境也是打造积极阅读心态的重要一环,它可以让幼儿产生愉快、积极的情感体验。比如,教师可以将班里的阅读角创设成一个"沙发书屋",里面有小沙发,小靠垫和可爱的长毛绒玩具,幼儿可以抱着长毛绒玩具靠在沙发靠垫上舒服、惬意、自由地享受阅读的乐趣。

(2) 阅读方法的学习:阅读的基本技能与方法的正确掌握,是培养幼儿阅读习惯和阅读能力的基本前提,依据这个时期幼儿的年龄特点和学习方式,采用直观形象的游戏方式能够有助于幼儿掌握这些基本的方法。

用"小雨点"游戏引导幼儿学会正确翻书。年龄越小的孩子越具有直觉行动思维的特点,他们喜欢在直观、可操作的游戏中学习。为了让幼儿掌握一页一页翻书的正确阅读方法,教师将每页图书的右下角画上小雨点,再将幼儿的右手拇指画上小雨点,在玩"小雨点落落落,落到小书角上来"的游戏中,使幼儿知道要用右手捏住每页的书角上的小雨点来翻书,渐渐地,幼儿养成一页一页翻书的好习惯。还可以将图画书的右侧交错地贴上红色胶带,便于幼儿一页一页地翻阅图书。

用"看图形小标志"的游戏帮助幼儿学会按顺序阅读。小班幼儿在刚开始阅读左右单幅单页的图书时,往往不知道先看哪一页,再看哪一页,不会正确地按顺序把图文对应。游戏"看图形小标志"的设计,就是让幼儿将小笑脸贴在先讲的那一页,这样通过幼儿亲自贴"笑脸",知道了先看有"笑脸"的左页,再讲没有笑脸的"右页"。这样,幼儿在贴贴讲讲的操作过程中,掌握了按顺序看书的技能。

用"放大镜"的游戏引领幼儿关注画面细节。小班幼儿注意力维持的时间很短,在观察画面的过程中往往又容易受无关刺激的干扰。为了突破这个难点,在引导幼儿观察画面的时候,创设了"小小放大镜"的游戏情境,老师讲到哪,幼儿就用小镜子照到哪,从而引导幼儿有目的地观察图画书的细节,并能结合细节,加深对主题的理解,幼儿参与活动的热情高涨,收到了较好的效果。

(3) 阅读习惯的培养:教师在开展阅读活动时,除了精心设计活动本身,还要强调养成良好的阅读习惯。如:正确的拿书、逐页翻书、先看左页后看右页、仔细观察、寻找线索、反复阅读、爱护图书、看书时不折书撕书抢书、轻拿轻放、不在图书上乱涂乱画,并让幼儿懂得看完书要放回原处,放时封面向上,封底向下。同时,还要带领幼儿创造性地讲述故事,大胆思维,积极动脑,老师多进行开放性提问,也要鼓励幼儿多发问,使幼儿具有反思、质疑、假设等思维方法。这些良好的阅读习惯都可以在丰富多彩的阅读活动中逐步形成。

小　结

技能指个体运用已有的知识经验,通过练习而形成的一定动作方式或智力活动方式,它与知识和能力有区别又有联系。按照技能所具有的功能,可分为知觉技能、操作技能与认知技能。较有代表性的观点是按照内部和外部动作将技能分为动作技能与智力技能两种。技能学习有两个特点,它是一个“内化—外化”双向构建的过程,合乎法则的练习可以极大促进技能的掌握。

动作技能,也称运动技能、操作技能,是指由一系列外部动作所组成的系统。动作技能由初步学会到熟练掌握,需要经历认知阶段、联系形成阶段和自动化阶段。动作技能的学习条件包括成熟与经验、智力、个性这些内部因素和知识经验、讲解与示范、练习这些外部因素。

智力技能,也称认知技能或心智技能,是指借助于内部言语在头脑中进行的智力活动方式,它具有内潜性、观念性、简缩性的特点。智力技能按其性质可分为感知技能和思维技能,根据其应用可分为一般的智力技能和专门的智力技能。智力技能的形成一般要经历活动的定向、物质活动或物质化活动、出声的外部言语、无声的外部言语、内部言语这五个阶段。原型模拟和分阶段练习是影响智力技能学习与发展的重要条件。

幼儿的动作技能学习具有学习层次低、动作结构简单、体能强度弱的特点。在幼儿动作技能学习的指导中,运动教育区别于传统教育,在思想渊源上与莱本的运动分析理论关系密切。感觉统合训练是指基于儿童的大脑和身体相互协调的需要,引导儿童对感觉刺激做出适当反应的训练。感觉统合游戏是适合学前儿童身心健康特点的一种游戏化的体育活动,具有一般感觉统合训练不具备的优点。

幼儿的智力技能学习具有分化程度低、处在感觉运动智慧(前运算)水平、主要在生活与游戏中自然流露三个特点。在幼儿智力技能学习的指导中,蒙台梭利的感觉教育与动作教育紧密结合,给儿童自己动手操作感官教具的机会,让儿童在活动中进行和完成,借助于直观学具的操作,内化为智力技能,以达到主动地感知这个世界,促进智能发展的目的。幼儿的阅读技能,复杂程度与整合程度都不高。幼儿阅读技能的学习包括看图说话与图文阅读、分享阅读、交互阅读。阅读技能的指导要注意阅读心态的调节、阅读方法的学习和阅读习惯的培养。

思 考 题

一、单项选择题

1. 在棋类比赛中,主要是依据头脑进行思维活动所做出的决策去支配手挪动棋子的位置,因此把它归属于(　　)。

A. 操作技能　　B. 动作技能　　C. 智力技能　　D. 知觉技能

2. (　　)是指练习某一套技术动作时,可以在无意识的条件下完成。

A. 自动化　　　　B. 负迁移　　　　C. 目标期望　　　　D. 目标意向

3. 智力活动是靠内部言语及词的作用进行的,是以词的形式在"心里"完成的动作,所以是(　　)的。

A. 内潜性　　　　B. 观念性　　　　C. 简缩性　　　　D. 以上都不是

4. 运动教育与传统教育相比,是(　　)的。

A. 积累式　　　　B. 发展式　　　　C. 分解式　　　　D. 以上都不是

5. (　　)强调发挥幼儿的主动性,尊重幼儿对文本的感受和体验,促使其积极建构对文本的理解。

A. 图文阅读　　　　B. 看图说话　　　　C. 分享阅读　　　　D. 交互阅读

二、名词解释

技能　技能学习　动作技能　智力技能　运动教育　感觉统合　感觉教育

三、简答题

1. 目前较有代表性的观点是将技能分为哪两种？二者之间的关系是怎样的？

2. 动作技能可以从不同的角度进行分类,常见的分类方式有哪些？

3. 智力技能有哪几个基本特点？请简单加以说明。

4. 智力技能有哪几种分类方法？是怎么分类的？

5. 幼儿动作学习技能的特点是什么？请简单加以说明。

6. 传统教育与运动教育有什么区别？

7. 什么是感觉统合和感觉统合训练？与感觉统合训练相比,感觉统合游戏有哪些优点？

8. 儿童智力技能形成的重要标志是什么？它有着怎样的发展规律？

四、论述题

1. 技能学习的特点有哪些？请举例说明。

2. 技能、知识、能力之间是什么关系？

3. 简述知觉技能、操作技能与认知技能的关系。

4. 动作技能的学习受内部和外部因素的影响,请对其加以论述。

5. 幼儿的动作技能形成要经历哪几个阶段？请对此加以论述。

6. 智力技能的形成要经历哪几个阶段？请对此加以论述。

7. 结合实际,谈谈智力技能分阶段练习的培养要注意什么？

8. 请论述莱本的运动分析理论。

9. 试述幼儿智力技能学习的特点。

10. 试述蒙台梭利感觉教育的特点和主要内容。

五、案例分析题

自从家里买了平板电脑,小明就不喜欢像从前一样总要妈妈带着他去书店看书和买书了,而是喜欢用平板电脑玩互动的小游戏和看动画。为此,小明的妈妈很担忧,并把这件事和小明的老师谈了谈。老师和小明的妈妈说了一些自己的看法。

假如你是这位老师,你觉得要怎样看待小明的阅读技能学习？要如何对其进行指导？

参考答案：

一、单项选择题

1. C　2. A　3. B　4. B　5. D

第七章 幼儿社会性学习与教育

学习目标

1. 应识记的内容

◆ 社会性学习、社会化、品德、移情、情绪智力的含义。

◆ 品德心理的结构。

◆ 幼儿社会性学习的方式。

2. 应领会的内容

◆ 社会性的含义及结构，幼儿社会性学习的特点。

◆ 皮亚杰、柯尔伯格的道德认知发展理论，霍夫曼的道德情感发展理论。

◆ 情绪智力的重要性。

3. 应会用的内容

◆ 影响社会化的因素。

◆ 幼儿社会性学习的指导原则和指导方法。

◆ 品德与道德的区别与联系。

◆ 幼儿品德的发展与教育，情绪智力的发展与教育。

建议学时

4 课时

老师导学

21 世纪的社会是一个竞争和合作的社会。"学会共处，学会与他人一起生活，这种学习可能是今日教育中的重大问题之一。"重视学前儿童的社会性学习与教育，就是重视其未来的生活与发展。近年来，幼儿社会性学习越来越受到人们的关注。本章的主要内容是幼儿的社会性学习与教育，通过学习，重点掌握幼儿社会性学习教育和幼儿品德心理教育，学习难点为社会性、社会化、社会性学习的含义与联系以及幼儿道德认知发展理论。

行侠仗义的郭鑫

郭鑫是个这学期新来的幼儿，胖胖的，高高的，很招人喜爱。不出两天，他就和全班的孩子玩熟了，孩子们也都很喜欢跟他玩。可是，过了一段时间，我发现经常有小朋友来告他的"状"，耐心地询问了几件事的经过才明白，原来郭鑫打人的事几乎都是打抱不平，如抢玩具的事，拥挤的事，等等。而他帮助的也都是班上那些胆小、懦弱的孩子。

后来，在与郭鑫的交谈中，了解到他最喜欢看武打片和动画片——《奥特曼》，那里面的英雄豪杰是他最钦佩的人。原因找到了，由于孩子年龄小，加之又善于模仿，他分不清应该如何正确处理发生在眼前的事，于是就常以动画片中的人物对待敌人的方式去对待自己的同伴，结果招惹了许多是非。

像这样的案例幼儿园不少，怎样才能解决这类问题呢？

对这样的孩子，如果我们一味地批评、指责，往往会收效甚微。他们需要别人的认同和尊重，这是他们行为的动力。如果他的自尊心和自信心受到伤害，那他很可能会破罐子破摔，做出许多别人不能接受的事来。

作为教师一定要科学地分析幼儿的行为，信任、宽容、理解幼儿，有针对性地进行引导，促进其社会行为的发展。

第一节　社会性学习概述

人的社会性学习过程就是一个不断社会化的过程。幼儿的社会性学习属于早期社会化范畴。

一、社会性学习的含义

社会性学习是指人在社会实践中获得社会性经验并改变其行为的过程，社会成员为满足社会需要而逐步了解和掌握某些知识与技能的过程。人在社会性学习的过程中获得社会性，这个过程既包括学前教育和学校教育阶段的学习，也包括其他阶段和场所（社会环境）中的学习。这个过程伴随个体的一生，贯穿个体社会化的全过程。

社会性学习对于幼儿之所以重要，不仅在于它有助于人际关系的融洽和集体关系的维护，还因为幼儿需要它减少日常生活中的不确定性。幼儿跟大人一样，当他不明白什么事可以做、什么事禁止做时，就会产生强烈的不安和烦躁感，他的行为也就没有规律。

这种情况下，行为准则就是幼儿待人接物的基本规则，它是儿童在日常生活经验基础上建立起来的社会行为方式。掌握了行为准则，幼儿就会在人际关系与社会生活中主动调节自己的言行。例如，才一岁的幼儿当哥哥过来时就会把自己的东西飞快地藏在身后，做了坏事后不挨骂也会哭起来。

因此，一旦建立了准则，即便没有人在身边，幼儿也会按照准则行事。因为履行或完成符合准则的行动，幼儿体会到满足感和自我充实感；如果行动违反准则，幼儿就会产生罪恶感和羞耻心。这种内化的社会准则正是道德意识的基础，是道德行动的指南。

如果幼儿牢固地建立了内部准则，当他在时间和空间上都能遵照准则，坚持一定的社会行为时，他的作为人格特征的社会性便可以获得承认了。但是，这种指南针一般的准则并不是一下子建立起来的。它需要我们为幼儿提供一个适合他们活动的、具有统一性、经常性和反复性的环境，在这样的环境下幼儿才能在心目中逐渐形成行为准则。

准则一旦萌芽，幼儿不情愿也只得按照准则行动，同时行动结果又反馈回去增强或修正准则。可见对于不断吸收和建立行为准则的幼儿期，从任何意义上说都必须加以重视。另一方面，这也意味着要尊重幼儿的主动性。

二、社会性的含义

既然社会性学习是人在社会化过程中形成社会性的过程,那么,什么是社会性呢?

社会性是指由人的社会存在所获得的一切特征,符合社会规范的典型行为方式。社会规范则是指社会大多数成员所认可的行为参考标准,包含法律、规章、道德、习惯等。

人在社会生活中,一方面推进自我确立和个性化的完成,另一方面试图通过社会性学习,谋求与社会的同化,谋求与其他成员行动的同一化。这种个性化和社会化的均衡,对于个人的社会适应,尤其是精神健康具有重大的意义。无论是个性化占优势,或是社会化占优势,在精神上都是不健康的。儿童要适应自己所属的群体,就得有圆满处理对人关系的能力,有敏锐的对人的感受性,而且要学会群体、社会所共有的标准的行为方式、规范和习惯,这些都属于社会性的发展。

社会性的发展可以从两个方面来考察,一是由对成人的依恋到自己独立的过程;二是获得处理对人关系的能力的过程。

社会性包括三个基本成分:社会认知、社会情感和社会行为。

狭义的社会认知是指个体对他人、群体、人际关系及认知主体本身等社会客体的认识。广义的社会认知是指一切调节和伴随着社会行为的认知活动。戴蒙(Damon)提出社会认知有两个相互联系的意思:社会认知的“组织方面”是指构成一个人的社会知识,制约其对社会现实的认识的范畴和原则;社会认知的“过程方面”是指通过社会互动而发生的沟通和变化,是从他人那里交换、接受和加工信息的一切方式,如注意、记忆,也包括一些严格的社会性过程。

社会情感是指伴随整个社会心理过程产生的心理体验和心理感受,是一种特殊的社会心理过程。在对认知人的领域,感情是认知的向导,人之喜怒哀乐无不露之于表,形之于色,在感情背后是感情世界。从人的自然属性与社会属性相统一的本质看,人的感情就是社会感情。

社会行为是指对社会刺激产生的外显或内隐的反应。一方面是指个体受他人或团体影响而发生的行为,受社会规律制约,是人类特有的,诸如见义勇为等。另一方面是指群体的共同行为。

三、社会化的含义

什么是社会化呢?社会化是指个体获得知识、语言、社会行为规则、价值观、交往技能等,从而能使个体与社会融为一体,并能以社会允许的方式自如地行动,从一个生物的个体转变为合格的社会成员的过程。幼儿社会化的结果表现为幼儿社会性的获得。如果说幼儿对概念、技能的学习是幼儿学会知识、学会做事的话,那么社会化是幼儿学会做人的过程,即从一个“自然人”向“社会人”转变的过程。

社会化是每个儿童成为负责任的、有独立行为能力的社会成员的必经途径。它既离不开与社会群体、集体、个人的相互作用和相互影响,也离不开个体主动积极地掌握经验,形成个性,不但成为具有社会作用的客体,而且成为具有社会作用的主体。

个体的社会化是一个发展过程,是经过儿童与社会环境的相互作用而实现的。个体的社会化具有重大意义。人生活在社会群体中,具有社会性,社会化就是使某一社会及其文化得以延续，维持代际关系，延续文化遗产，形成社会创造力。

从人类个体发展来看，首先，刚出生的个体只是一个“自然人”，若没有社会化了的个体对其照顾、关心，单凭本能不能生存下去。其次，“自然人”只有经过社会化，才能成为社会的人。人一出生就开始接受社会的影响，最初是母亲的影响，以后便逐步接受复杂的社会化影响。如果人一出生就与社会隔绝，或由动物抚养，那么人只有动物性而无社会性，即便长大了，也不能称作是真正的人。个体与社会是相互联系而存在的，社会由若干个体组成，是人与人相互作用的产物，离开了人与人的相互关系，也就无所谓社会，离开了社会，人也就不能称作人。马克思指出，人无论如何“天生是社会动物”，“不仅是一种合群的动物，而且是只有在社会生活中才能独立的动物”。所以，由人组成的社会要持续下去，社会中的人就必须通过社会化。

显然，个体社会化包括两方面的内容。一方面，它包括个体通过加入社会环境、社会联系系统的途径掌握社会经验；另一方面，它是个体对社会联系系统积极再生产的过程，这是个体积极活动和积极投入社会环境的结果。因为人不仅接受社会经验，而且把这种经验进行改造，使之成为自己的价值、定向和目标。由此可见，社会化这一过程是双向的，是由外向内的同时又是由内向外的交互作用过程。

影响社会化的因素主要包括家庭、学校、同辈群体和大众传媒。

1．家庭

婴儿脱离母体后，接触到的第一个社会环境就是家庭，家庭是社会化的最初执行者。社会价值观念和道德规范以及各种社会化的目标首先都是通过父母传递给儿童的。所以，儿童的社会化首先是从家庭中开始的，他们的自我也在家庭中形成。

家庭是社会的“细胞”，是人类生活的主要群体。父母是个体社会化的最早执行者。在发展心理学意义上，家庭构成了个体社会化的启蒙机构，而父母则是个体社会化的启蒙教师。家庭对个体社会化过程的作用基本上沿着两条基线展开：一条基线是教养方式及其监控机制，这条基线直接影响个体社会化发展的方向；另一条基线是家庭氛围及其文化韵味，这条基线间接地制约个体社会化发展过程中的差异性。同一种教养方式在不同的家庭氛围中对个体社会化发展的实际过程的影响也存在着明显的差异。

2．学校

这里的学校包括各种正规教育机构。当儿童进入学校，其社会角色必然发生质变，这种质变，一方面反映在社会期望的变化；另一方面表现在儿童自身的主观评价上。儿童开始真正进入“大社会”，无论是交往范围，还是角色扮演均发生一系列的“扩展效应”。其中，师生关系和学校氛围以及与此相关的学校制度和社会风气对儿童社会化起着导向性的作用。

学校对个体社会化产生影响的基本方式可以归纳为三个方面：一是师生交往过程的直接教导；二是教育活动中学生的主动内化；三是校园文化的间接熏陶。

3．同辈群体

同辈群体是个体在社会交往中自行组织的非正式团体，与正式团体相比较，它具有松散性和隐蔽性的特点。因而，同辈群体往往在更高程度上控制着个体的行为和态度，具有更大的吸引力。同时，同辈群体是自主构成的，因而具有更大的亲和力，对个体的社会行为及情感体验具有深刻的影响。同辈群体对青少年的社会化影响极为显著，这是由于青少年的身心特点和社会地位共同决定的。

4. 大众传媒

现代传媒科技水平高，信息传播速度快，覆盖范围广，内容广泛，形式多样，其中价值取向也日益多元化。由于信息价值取向的多元化，必然导致个体社会化内容和方式也多元化。信息社会中，个体对信息的选择、加工过程直接制约个体的价值取向和生活方式。

信息污染对个体社会化的消极作用已日益严重，不仅影响个体的身心健康，而且危及家庭和社会，这一点已引起广泛的警觉。但是，传媒本身也在开始改变个体的社会化方式和进程。

上述四种社会教化方式在个体社会化过程中所起的作用因年龄和文化背景的不同而存在差异，但是，在现代社会中，一个正常的个体，不可避免地通过这些方式（或渠道）接受社会的同化和改造。

第二节　幼儿社会性学习及指导

家庭是幼儿接触的第一个社会环境，父母对幼儿的态度，家庭对幼儿的教育和行为规范要求对幼儿的社会性教育起着至关重要的作用。幼儿通过家庭的教育，初步掌握社会的基本行为规范和价值取向。幼儿园教育对幼儿的社会性学习起着关键的作用。幼儿通过幼儿园教育系统地学习社会行为道德规范，并以此要求和规范自身的言行举止。幼儿园开设的社会领域课程和区域活动中的角色游戏都对幼儿社会性学习起着关键的作用。

一、幼儿社会性学习的方式

无论是在家庭还是在幼儿园，幼儿社会性学习的基本方式主要有三种：

（一）观察学习

观察学习是个体通过对榜样的模仿和认同获得社会行为方式，也是儿童社会性学习的基本方式之一。儿童通过观察，进而思考和模仿别人的行为方式和价值取向，进而逐渐获取社会的规范和价值标准。

观察学习的理论基础是班杜拉的社会学习理论。班杜拉发现，社会行为习得有两种不同的过程：一种是通过直接经验获得行为反应模式的过程，班杜拉把这种行为习得过程称为“通过反应的结果所进行的学习”，即我们所说的直接经验的学习；另一种是通过观察示范者的行为而习得行为的过程，班杜拉将它称之为“通过示范所进行的学习”，即我们所说的间接经验的学习。

后一过程的核心就是替代性学习和替代性强化。替代性学习实际上就是指观察学习，亦称模仿学习，指人可通过观察模仿习得新的行为模式。儿童看到别人的行为受到奖励，就会增强产生与他人相同的行为的欲望；如果看到别人的行为受到惩罚，则会削弱或抑制产生这种有可能受罚行为的欲望。

观察学习过程由注意、保持、再现和动机四个阶段构成。

1. 注意阶段

注意过程是观察学习的起始环节，在注意过程中，示范者行动本身的特征、观察者本人的认知特征以及观察者和示范者之间的关系等诸多因素影响着学习的效果。

2. 保持阶段

在观察学习的保持阶段，示范者虽然不再出现，但他的行为仍给观察者以影响。要使示范行为在记忆中保持，需要把示范行为以符号的形式表象化。通过符号这一媒介，短暂的榜样示范就能够被保持在长时记忆中。

3. 再现阶段

观察学习的第三个阶段是把记忆中的符号和表象转换成适当的行为，即再现以前所观察到的示范行为。这一过程涉及运动再生的认知组织和根据信息反馈对行为的调整等一系列认知的和行为的操作。

4. 动机阶段

能够再现示范行为之后，观察学习者（或模仿者）是否能够经常表现出示范行为要受到行为结果因素的影响。行为结果包括外部强化、自我强化和替代性强化。这三种强化作用是学习者再现示范行为的动机力量。

（二）角色扮演

角色扮演是指运用戏剧表演的方法，将个人暂时置身于他人的社会地位，并按照这一位置所要求的方式和态度行事，以增进人们对他社会角色和自身角色的理解，从而学会更有效地履行自己角色的心理技术。

心理学中，角色扮演的目的在于运用戏剧表演的方法，使人发现问题，了解问题的症结所在，进而更好地调整心理状态，解决心理问题。在角色扮演中，人们能亲身体验和实践他人的角色，从而能够更好地理解他人的处境，体验他人在不同情况下的内心情感，同时，反映出个体深藏于内心的感情。

（三）同伴交往

影响儿童社会化的因素很多，但同伴在其社会化过程中起着重要的作用。同伴可以作为一种榜样或者社会模式影响儿童的行为发展。如果儿童和那些更为成熟的儿童在一起，他们就会变得更加合作，更多地采用建议或商量的方式而不采取攻击性行为；如果他们经常跟慷慨分享的儿童在一起，儿童也会变得更慷慨，经常会出现谦让、分享的行为。同伴交往在儿童社会化的进程中具有重要的作用。在同伴团体的影响下，儿童能够学习社会所认可的符合道德规范的行为模式，同伴团体也在儿童社会角色的学习、确立的过程中起着重要的作用。

二、幼儿社会性学习的特点

既然幼儿社会性学习对幼儿成长意义重大，那如何促进幼儿的社会性学习呢？这就涉及幼儿社会性学习的指导，即幼儿社会性教育。幼儿社会性教育应根据幼儿社会性学习的特点，采取相应的指导原则。

幼儿社会性学习和语言学习、科学探索活动一样，有其特定的学习内容和学习特点，了解这些学习特点有利于我们更有目的地指导幼儿的社会性学习。

（一）随机性

幼儿社会性学习具有随机性或无意性，这为我们进行幼儿社会性教育提供了广阔的空间和多样的机会。社会性学习涉及社会生活的方方面面，可以说，生活中的每时每刻都有社会性学习的因素。社会性学习无处不在，无时不有。如幼儿在与同伴游戏时，学习了如何与同伴交往；在外出游玩时，认识了家乡的山水、名胜，增进了爱家乡的情感；在劳动中，学会了做事认真、不怕脏累等。所有这些都说明：幼儿可以在许多活动中随机地、无意地进行社会性学习。

（二）长期性

幼儿社会性学习有长期、反复的特点。幼儿的社会性学习是长期的任务，其实成人何尝不是如此呢？所以，严格地说，不仅是幼儿的社会性学习，而且成人的社会性学习都是长期、终生的任务。

人从一出生开始，就面临着如何掌握社会行为规范、不断适应社会的任务。幼儿社会性学习的长期性还表现在任何好的行为习惯的培养，积极的自我意识的建立，都不是一朝一夕的结果，而是长期的、缓慢的过程。如自我意识的形成，就是从新生儿开始一直到幼儿末期，才初步建立起来。

（三）实践性

虽然根据班杜拉的研究，人的某些社会行为可以通过观察别人的行为而获得，但是，这丝毫不影响幼儿社会性学习具有实践性特点。

幼儿社会性学习的过程是一个不断内化的过程。在内化的最初阶段，他肯定处于外化状态。什么叫外化呢？即那些行为规范、是非标准，还没有成为其自身的信念、行动的准则，而只是外在的规定。如当某幼儿打其他小朋友时，成人会教导他："不许打人"，"打人不对"，但这时"不许打人"只是外在要求。在实际交往中，同伴则可能因为他打人而拒绝和他玩，用这种行为告诉他"我们不喜欢你打人"。幼儿通过这些渠道知道了"不应该打人"这一规则。这时，如果幼儿十分愿意小朋友和他玩，他就会用"不打人"这一条要求约束自己，克制自己的打人愿望，使自己符合别人对自己的要求。这时"不打人"这一交往规则逐渐变成他自身的行为，逐渐被他所内化。这样的社会性学习才是有意义的。

三、幼儿社会性学习指导的原则

幼儿社会性学习的特殊性决定了在指导幼儿社会性学习的过程中要遵守以下原则：

（一）综合渗透性原则

幼儿的社会性教育是综合性很强的过程，主要体现在学习方法、学习内容、学习形式、学习目标的综合性上。

从学习方法上，观察学习、强化评价、体验思考、语言传递、角色扮演、移情训练等方法可以综合地运用。

从学习内容上来说，综合了人际关系、社会环境、社会行为规范、社会文化等诸多方面。

从学习途径上来说，专门化的社会活动与非专门化的社会活动综合运用。

从学习目标上来说，幼儿的社会认知、社会情感、社会行为等几方面都综合地获得发展。

（二）随机教育性原则

幼儿社会性教育应注意渗透在幼儿的一日生活中，对幼儿来说，生活、教育不能截然分开。教师在组织幼儿日常生活，悉心照料幼儿生活时，要做到养中有教，教养并重，注意把握时机，及时进行社会性教育。

教育意识强的教师，随时随地都可以找到向幼儿进行社会性教育的机会。如小弟弟妹妹来班上玩，可引导幼儿关心、帮助他们，体会助人的快乐；请胆小的幼儿到别的班级借东西；洗手、喝水的过程中培养幼儿谦让、轮流与等待。

（三）实践参与性原则

社会性教育不能仅仅停留在认知上，应当以情感的培养为突破口，同时进行良好行为习惯的培养，并内化成行为品质的一部分。

在幼儿社会性教育过程中，幼儿要内化许多行为规范。“做中学”是一种重要的方法，如，让幼儿学习“分享”，不仅要让幼儿明白它的概念，更重要的是要提供条件与机会让幼儿实践“分享”，如，与同伴共同享用自己从家里带来的食品、玩具，甚至逐渐学会分享自己周末在家与爸爸妈妈的快乐。

许多社会技能（合作、谦让、加入别人的游戏、邀请别人参加自己的游戏等）的培养，都离不开幼儿的实践。幼儿只有多练习，一些行为才能自动化。在教育过程中，切忌只凭教师的讲，而应想办法为幼儿创造、提供与他人交往的机会，让幼儿多参与、多实践，在实践的过程中去亲自体会。

（四）适宜发展性原则

所谓适宜发展性原则就是指我们所进行的教育内容必须适宜幼儿当时的发展水平，符合他们本年龄的思维水平，是他们易于接受的。教育内容应贴近幼儿生活且逐渐增大难度。

如培养幼儿爱祖国的情感，在各个年龄段其教育目标与教育内容的选择就不一样。小班幼儿从自己身边开始，熟悉幼儿园及周围环境，培养幼儿爱幼儿园的情感，如小班语言、社会活动“见面歌”（见知识拓展 7-1），学会和其他小朋友打招呼，爱幼儿园的其他小朋友就是爱幼儿园的一部分。中班幼儿则要认识自己家乡，要充分感知家乡的山山水水，观察家乡的变化，从而产生对家乡的亲切感和热爱之情，如中班社会、语言活动“我是家乡小导游”（见知识拓展 7-2）。大班幼儿则要通过丰富多彩的活动，知我祖国，爱我中华，从小树立“祖国”的概念，了解祖国的过去和现在，知道我们祖国是个地域辽阔、人口众多的国家，从而在幼小的心灵中燃起爱祖国的火焰，激发他们由爱幼儿园、爱家乡到爱祖国。根据各个年龄的特点，将教育目标与内容一步步深化，在教育中贯彻适宜发展性原则。

【知识拓展 7-1】 案例：小班语言、社会活动“见面歌”

活动目标

（1）在活动中感受学习儿歌的快乐。

（2）能跟着老师边做动作边念儿歌。

（3）懂得与小朋友见面时要有礼貌地打招呼。

活动准备

（1）幼儿已认识小鸡、小猫、小狗且知道它们的叫声。

（2）小狗、小猫、小鸡等形象的玩偶。

（3）教学课件《见面歌》；教学 CD《见面歌》；阅读材料《见面歌》。

活动过程

（1）观看玩偶表演，萌发学习兴趣。

（2）欣赏课件，初步了解儿歌内容。

——讨论：小鸡见面时是怎样问好的？（叽叽叽，叽叽叽）

小猫见面时是怎样问好的？（喵喵喵，喵喵喵）

小狗见面时是怎样问好的？（汪汪汪，汪汪汪）

——幼儿模仿小动物见面时的叫声。

(3) 师幼用问答的方式朗诵儿歌。

——以问答的形式进一步熟悉儿歌内容(教师问,幼儿答;幼儿问,教师答)。

——幼儿自主进行问答游戏。教师注意幼儿个别字的发音,如“狗”、“见面”等。

(4) 跟随教学 CD 完整地朗诵儿歌。

(5) 分角色表演儿歌。

(6) 引导幼儿迁移作品经验。

——提问:其他小动物见面会怎样问好?你呢?

活动建议与提示

(1) 活动中也可在幼儿熟练的基础上,指导幼儿改变儿歌中的小动物,进行仿编。

(2) 提供各种小动物木偶,满足幼儿表演的欲望,边表演边复习;提供阅读材料《见面歌》,指导幼儿阅读,帮助幼儿进一步熟悉儿歌内容。

(3) 建议家长在日常生活中引导孩子主动与朋友礼貌地打招呼。

附:阅读材料《见面歌》

小鸡见面,
叽叽叽,叽叽叽。
小猫见面,
喵喵喵,喵喵喵。
小狗见面,
汪汪汪,汪汪汪。
小朋友见面,
你好,你好!

【知识拓展 7-2】 案例:中班社会、语言活动“我是家乡小导游”

活动目标

(1) 了解家乡的主要旅游景点,知道家乡是个美丽的地方,萌发热爱家乡的美好情感。

(2) 能在集体面前用完整的语言大胆介绍家乡的景点。

(3) 丰富对导游这一职业的认识,尝试学做小导游。

活动准备

(1) 幼儿人手一张家乡旅游景点的照片,并能介绍;对“导游”这一职业有初步认识。

(2) 演讲台一个,多媒体课件,4 张导游证,4 面不同颜色的导游旗,4 个自制小喇叭;在活动室的 4 个区域中分别展出家乡标志性的图片;歌唱家乡的代表性音乐。

活动过程

(1) 播放《美丽的家乡》教学课件,介绍认识家乡。

——提问:我们居住的地方叫什么名字?你喜欢家乡吗?为什么?

——师幼共同观看《美丽的家乡》,提问:你刚才看到了哪些地方?你们还知道家乡有哪些好玩好看的地方吗?

(2) 尝试做小导游。

——招聘小导游,激发兴趣:好孩子旅行社的经理要在我们班招一些小导游,来带领外地小朋友参观我们的家乡。今天,想报名当小导游的小朋友都要上台来介绍你们自己带来家乡旅游景点的照片,谁的声音好听、风景介绍得好,就可以颁发好孩子旅行社的导游证。

——教师介绍演讲台,交代要求,说出照片中的景点是在哪里,这个地方的特点是什么,并吸引大家去参观游玩。

——幼儿按要求介绍自己所带照片的内容(这是哪里,有什么特点等),同伴交流、分享经验。

(3) 扮演导游和游客,开展模仿游戏。

——根据刚才的介绍情况,幼儿自主推出 4 名小导游,颁发导游证和导游旗,并由小导游选择自己想为大家介绍的家乡标志性景点。

——幼儿选择自己喜欢的景点,小导游举着导游旗集合自己的旅行团队伍。

——小导游带团员参观景点。

(4) 评选"最佳小导游",结束活动。

——请幼儿说说导游带自己观看了哪些景点,他是怎么介绍的。

——幼儿评选最佳小导游。

活动建议与提示

(1) 在幼儿看课件、介绍自己的风景照片、与小导游共同参观家乡风景图片展,体会到家乡的美时,教师可激发幼儿建设家乡的美好愿望,从而更深层次地激发幼儿热爱家乡、建设家乡的情感。歌唱家乡的代表性音乐可贯穿活动始终。

(2) 活动后,在活动室的四周分别用图片布置若干个标志性景区,供幼儿继续开展模拟游戏。

(3) 活动前,建议家长为孩子准备一张家乡风景照片,并在家里练习好如何介绍这张照片上的风景。

四、幼儿社会性教育的基本途径与方法

(一) 幼儿社会性教育的途径

幼儿社会性教育的途径主要有两类:专门性社会教育活动与渗透性社会教育活动。

1. 专门性社会教育活动

所谓专门性社会教育活动,是指教师依据社会领域的教育目标与内容,有目的、有计划的以实现幼儿社会性学习为目的的教育活动。它主要表现为幼儿园已开辟了"社会"领域课程的学习。如:带领幼儿参观某个社会设施或机构;引导幼儿围绕一个生活中的主题进行讲述或讨论;参与活动练习某项社会技能(合作、分享、谦让、有礼貌地参加别人的游戏、帮助朋友等)。又如:组织"拼脸谱"活动,帮助幼儿认识几种基本情感并培养他们敏锐地意识到他人情感的能力,重点理解概念"快乐"、"悲哀"、"气愤"、"害怕"、"厌恶";进行看图讲述活动"大家一起玩",培养幼儿团结友爱、合作游戏的好品质,学习合作的方法,理解"合作"概念。

2. 渗透性社会教育活动

所谓渗透性社会教育活动,是指将社会教育目标渗透在其他教育活动之中对幼儿进行社会性教育。如,户外体育游戏的目的是通过孩子的跑、跳,发展他们的大肌肉动作,增强体质。但是在客观上,这些活动又有引导幼儿按照社会价值取向、社会道德规范行事的作用,

也就是说，在这些活动中“顺便”进行了社会性教育。如，进餐时培养幼儿有良好的进餐习惯，不浪费粮食；玩户外体育游戏时引导幼儿能友好地和其他小朋友玩，要遵守规则；洗手渗透爱惜水的教育、轮流意识的培养；绘画活动中，可以帮助幼儿理解他人、去掉自我中心思维的内容等。

（二）幼儿社会性教育方法

幼儿社会性学习是一种潜移默化的学习过程。幼儿社会性教育方法主要有观察学习法、强化评价法、体验思考法、语言传递法、角色扮演法与移情训练法。教师可根据不同的目的与内容选择不同的方法，也可以综合运用几种方法。

1．观察学习法

观察学习是一种很重要的指导方法。在社会性教育中运用观察学习法，要根据幼儿社会性发展的水平和特点选择观察、模仿的内容，还要根据模仿内容所涉及的特定行为规范，确定强化形式，如确定是正强化还是负强化。

幼儿园大班社会领域活动“好娃娃”中教师就采用了正强化，呈现在幼儿面前的榜样行为——尊敬老人得到了肯定和表扬，使幼儿产生了类似行为的欲望（见知识拓展 7-3）。而中班社会领域活动“小羊过桥”（见知识拓展 7-4），呈现在幼儿面前的榜样行为是失败的、会引起痛苦的，且是不为大家所肯定的，使幼儿产生了回避类似行为的倾向，这便是负强化。

【知识拓展 7-3】　观察学习法活动方案（正强化）：好娃娃

活动目标

（1）能用亲切、甜美的声音演唱歌曲《好娃娃》。

（2）能大胆地尝试表演歌曲中各种人物的动态及情感，积极与同伴合作进行音乐戏剧表演。

（3）知道要尊敬长辈，待人有礼貌，在家里应该怎样对待爷爷、奶奶。

活动准备

VCD 的多媒体课件、钢琴、双响筒、布置家的环境（头饰、杯子、凳子等）。

活动过程

（1）学习歌曲

① 谈话导入。

师：同学们，你们家里有爷爷、奶奶吗？在家里，你是怎样对待爷爷、奶奶，你曾为爷爷、奶奶做过一件什么事？

幼儿谈谈……

师：有这样的一首歌曲，唱的就是一位小朋友在家里为爷爷、奶奶做一件事的情景，想不想来学习这首歌曲？

② 学唱歌曲《好娃娃》。

师：听完这首《好娃娃》后，说说你从歌词里听懂了什么？（好娃娃给爷爷、奶奶端茶喝，搬凳坐，爸爸妈妈夸他尊敬老人有礼貌，是个好娃娃）

③ 老师介绍歌曲。（出示幻灯片）

《好娃娃》是一首具有浓郁的湖南乡土风味的儿童歌曲。歌词用朴实的语言，将天真可爱的孩子给白发苍苍的爷爷奶奶端茶喝、搬凳坐的日常生活情景展现出来，生动地刻画了一个尊敬老人、有礼貌的好娃娃形象。旋律明快而有亲切感,表现了儿童热情、活泼的性格特点,展示了祖孙三代欢集一堂,共享天伦之乐的感人情景。

④ 再听歌曲,完后,让幼儿按节奏读歌词。

⑤ 老师范唱。

⑥ 全班幼儿整体唱。(老师伴奏)

(2) 进行音乐戏剧表演

先看 VCD 课件“表演”。

① 幼儿自由分组、讨论,设计表演动作。

② 选择道具,布置场景,分角色自由练习,教师巡回指导。

③ 创设情景,各个“家”分别上台边演唱边表演《好娃娃》。

(3) 评价

看看哪个组最积极,颁集体奖“美好家庭”,一个幼儿代表上台领奖。

(4) 小结

今天,我们学习了《好娃娃》这首歌曲,不仅会唱,还会音乐戏剧表演。同时,我们懂得要做一个尊敬老人、有礼貌的好娃娃。

【知识拓展 7-4】 观察学习法活动方案(负强化):小羊过桥

活动目标

(1) 让幼儿感受儿歌朗朗上口的语言特点和念儿歌的乐趣。

(2) 能理解儿歌中的故事内容,懂得谦让。

活动准备

独木桥的情境。

活动过程

(1) 教师边讲述故事,边进行情境表演。

教师依次在黑板上贴出教具:河流,两座山,独木桥,两只羊等。

森林里的山脚下有一条河,河边有两座山,东边住着小白羊,西边住着小黑羊。今天,是星期天。小白羊要到河对岸去割青草,小黑羊要到河对岸去走亲戚。两只小羊一起来到了小桥上,都想自己先过去,可是独木桥一次只能过一个人,于是,两只小羊就你推我一下,我推你一下。结果,扑通一声都掉进了河中央,弄得浑身湿淋淋的。

(2) 教师边用玩具纸偶表演边引导幼儿念儿歌:(我们一起来编儿歌好吗?)

东边(一只羊),西边(一只羊),一起来到(小桥上)。你也(不肯让),我也(不肯让),扑通掉进(河中央)。

(3) 提问:两只羊为什么会掉入河中?应该怎样做才不会掉入河中,又能顺利地过桥呢?

(4) 请小朋友们表演一下在独木桥上要懂得谦让的情景。

(5) 续编故事。

第二天,两只小羊又在桥上遇见了,这时候会发生什么事呢?请小朋友们接着把故事编下去。

(6) 教师小结。

这一次,小羊们懂得了要谦让。大家会怎样评价它们呢?请你说一句表扬它们的话吧!

(7)请两名幼儿把两只羊的故事完整地表演一遍。(前后对照)两人一组,表演故事。

(8)讨论与总结:过小桥,小羊们懂得了相互谦让,谦让是一种美德,生活中我们怎样相互谦让?

比如:玩滑滑梯,玩玩具,上厕所,去银行取钱,在超市买东西结账(按顺序排队,不要抢别人前面去)。

吃水果,吃好吃的东西(孔融让梨的故事,谦让)。

作为幼儿模仿的榜样也应从幼儿行为表现及教育目的出发加以衡量和选择,如是真实榜样还是象征榜样,是人物榜样还是符号榜样,是现实榜样还是内隐榜样。在组织和安排榜样的同时,必须根据幼儿心理发展的水平和特点,设计启发性和诱导性的语言讲述。

2. 强化评价法

强化评价法就是通过应用奖励或惩罚的手段对幼儿的行为进行强化和评价。对儿童符合道德原则的行为表扬或实施奖励,进行正强化,使儿童产生正面的情绪体验,可以促使幼儿以后这种行为的出现,直至形成稳定的习惯。而对不符合道德习惯的行为给予批评或惩罚,进行负强化,可以防止儿童类似行为的再度出现。

教师可运用的强化评价的方法有很多。正强化方面的,如表扬、微笑、点头、竖起大拇指、轻轻拍肩、轻轻摸一下头、精神奖励(发小红花、小红旗、获得某种优先权)等。负强化方面,如批评、表情严肃、剥夺某种权力等。

教师要综合地、适当地运用这些强化评价手段。运用评价手段一般要注意:

(1)适度:对幼儿的行为应做出客观、公正的评价,要实事求是,不夸大,不缩小,以利于幼儿社会性的形成。否则的话,在幼儿心目中成人只是一种威慑的执法者,很难避免当面一套,背后一套,或行动服从,心存对抗,或唯唯诺诺,不懂究竟,单纯依赖外界管束,这都不利于幼儿社会性的形成。

(2)尽量引导幼儿从自身体验中得到奖惩:比如,几个孩子互谅互让,共同合作,玩得十分愉快,教师可用羡慕的口吻说:“看你们玩得多好,我都想参加了!”

(3)考虑幼儿的个别差异:对一贯表现好的幼儿不必常常表扬,应该鼓励的是那些经过努力而有所进步的孩子。

3. 体验思考法

体验思考法是指幼儿在实践中,在与他人的交往中,会有许多体验,幼儿对这些体验经过思考后,调节自身的行为,从而获得社会性的过程。

如,一个幼儿攻击性很强,他和别人在一起玩总是遭到别人的拒绝,不欢而散。这时他内心有挫折感后,有两种可能,一种是改正自己的缺点,克制自己的攻击性行为,逐渐改善与其他同伴的关系;另一种可能是产生怨恨情绪,找其他机会报复同伴。不管最后是什么结果,这中间都有一个体验挫折,然后想想该怎么办的过程。

幼儿体验、思考的过程虽然是一个主动的过程,但是,如果有成人的适当帮助,可能效果更好。成人帮助一般采用语言提醒、帮他分析原因等方法,引导他采取积极的改过行为。

4. 语言传递法

语言是人们交流、交际的工具。孩子在接受成人语言信息的时候,也在接受着成人的想法和价值观,所以,语言传递法是幼儿社会性学习的重要方法。语言传递法是指通过语言向幼儿介绍社会行为规范、社会认识，以使幼儿获得社会性的过程。

语言传递法的具体表现形式可以有讲述、讲解、谈话、讨论、评论等。语言传递法的其他具体形式还有许多，如通过语言的特殊形式——诗歌、绕口令等向幼儿进行社会性教育。它们在引导幼儿明白道理，规范幼儿行为，帮助幼儿内化社会道德方面起着重要作用。如，选择合适的话题进行讨论，促进幼儿社会情感的发展。

5. 角色扮演法

角色扮演法就是创设现实社会中的某些情境，让幼儿扮演一定的社会角色，使幼儿表现出与这一角色一致且符合这一角色规范的社会行为，并在此过程中感知角色间的关系，感知和理解他人的感受、行为经验，从而掌握自己承担的角色所应遵循的社会行为规范和道德要求。

角色扮演法要求教育者根据幼儿社会性发展的特点，选择相应的角色，使角色扮演具有针对性，以提高角色扮演的效果。比如，组织混合班来开展活动，为幼儿创设扮演哥哥姐姐的机会。角色扮演也可以是虚构的，如，让幼儿在假想的情境中扮演老人，体验老人可能遇到的困难，可能有的想法，从而在理解、同情的基础上，真心实意地去帮助老人；也可以提出让幼儿在游戏中扮演主人的角色，让幼儿练习礼貌待客的行为。

6. 移情训练法

移情是指对另一个人在某一特殊情境中情绪体验的理解和分享。

移情将理解和表达情绪相互交织在一起，既是对他人情绪的意识，又是与别人情绪产生的共鸣。移情根植于儿童的早期发展中。新生儿听到别的孩子哭自己也会哭，这也许是最原始的移情的表现。随着自我意识的发展，一岁的孩子第一次表现出移情。当别人痛苦时，他们不再向哭闹者请求安慰，相反，他们试图安慰他人的不快，而安慰他人的办法也随年龄的增长而多样。随着语言的发展，孩子更多地依靠语言来安慰他人，这种变化使移情的表达更有针对性。移情在小学阶段有所发展，大一点的孩子明白了更多的情绪，这样他们能通过更多途径深入他人内心，设法安慰他人。从儿童后期到青少年时期，换位思考不断发展，从对别人的即时痛苦的感情理解发展到理解他人的生活境遇。

移情训练法是社会领域的一种很重要的教育方法，它主要涉及社会认知、社会情感两个方面。通过训练，使幼儿知道、理解他人的情绪状态。

移情训练法就是通过故事、情境表演等形式使幼儿理解和分享别人的情绪体验，以使儿童在日后生活中对他人类似的情绪体验会主动地、“习惯地”产生理解和分享。在移情训练中，往往通过让幼儿想象、表演以及实际地作用于被理解对象的行为等方式，使幼儿介入对被理解对象特殊情绪反应的关心、安慰等过程，一方面强化对特定情绪的理解和分享，另一方面，使移情训练在一定程度上导出良好的社会行为。移情训练的主要途径有讲故事、续编故事、情境表演、生活情境体验、开展游戏等。

教师可参考以下方法进行移情训练：

（1）理解与辨别别人的喜怒哀惧等表情训练。

（2）扩大移情对象的训练，变换移情对象的性别、年龄、身份，引起对老弱病残等不同人物的移情训练。

（3）通过故事或情境表演启发移情的训练，从儿童实际生活中常发生的有痛苦体验的情境引起对有关人物的移情，如生病、走失、跌伤、宠物死亡、心爱玩具被损、受冤枉指责等。

每次训练，采取听故事、续编故事、看表演、做移情角色表演等四种形式进行，每次时间15～20分钟。由于四种形式各有其优势，相互配合可以保证训练达到较好效果。

实验证明，经过20次移情训练，幼儿丰富了社会经验，能把自己放在不同角色的位置上思考问题和表达情感。根据游戏时间的观察，被训练幼儿在对他人保护、分享、援助、安慰、仗义、求助等亲社会行为的频率都有所增加，而攻击性行为有所减少。

第三节　幼儿品德心理与教育

一、品德心理概述

品德是一定社会关系的体现，具有社会性的特性。品德发展促进了人的社会性的发展。社会性发展贯穿于人的一生，但人的品德形成，在青少年阶段与社会性发展相互促进，其关键期也在这个阶段。因此，这个阶段品德的发展良好，将会对个体一生的社会性发展都有指导意义。

（一）品德心理的含义

1．品德与道德

道德品质又称品德，是一个人的道德面貌，是社会道德准则在个人身上的表现。因此，它是一种个体现象。确切地说，道德品质是指人依据一定的道德行为准则，在行动时所表现出来的某些稳定的心理特征。

道德作为一种特有的社会现象，是依照一定社会舆论作用和内心力量而形成的行为规范和准则，其效用在于解决人际冲突，发展人际间的良好关系。而品德作为个人的道德面貌，它是社会道德现象在个体身上的反映，是个人依据一定的社会道德行为规范，在行动时表现出来的较稳定的心理特征，是被个体内化了的道德。

2．品德与道德的区别和联系

道德是一种社会现象，是舆论力量所支持的行为规范，是社会分辨善恶的尺度，同时道德又受社会发展的制约，是社会的产物，它不依赖某一个体而存在；而品德是个体现象，是个人的世界观、人生观、价值观和道德品质，依赖于具体人的心理活动规律。道德反应整个社会生活的要求，它的内容全面而又完整，而品德只是其中的一部分。道德的发展完全受社会发展规律的支配，而品德的形成和发展不仅要受社会发展规律的支配，还要服从个体的生理、心理活动的规律。

（二）品德心理的结构

任何一种道德品质都包含有道德认知、道德情感、道德意志和道德行为四种心理因素。

道德认知主要是指对是、非、善、恶、美、丑的行为准则及其意义的理解和评价。道德情感就是人们对事物的爱憎、褒贬的态度，是道德认识的一种外部表现形式。道德意志是指人们在产生道德行为过程中，能自觉地确定目的，并支配其行动，以实现预定目的的能力，是为完成一定道德行为而做出的克服困难的努力。道德行为是指符合一定道德标准的行为表现，道德行为反映道德认识和道德情感的效果水平，是道德教育的最终目的。

道德认知、道德情感、道德意志和道德行为在道德品质的形成中不仅各有其作用，同时还是相辅相成的统一体，彼此相互促进，又相互渗透。一般说来，道德认知是基础，道德情感是动力，道德意志是坚持按照一定的道德要求去行动的精神力量，道德行为是关键。品德心理教育过程就是提高儿童道德认知，丰富道德情感，培养儿童道德意志和道德行为习惯的过程。简而言之，即晓之以理，动之以情，练之以行，持之以恒。

（三）品德形成的过程及影响因素

任何一种品德的形成，都是在环境和教育的影响下个体通过自己的道德实践活动，不断对社会道德现象、道德榜样与道德规范的认同并转化为行为的结果，是道德认知、道德情感、道德意志、道德行为等因素相互作用、协调发展的结果。

一般说来，人们在实践活动中，通过对榜样的观察学习形成的道德认知，是引起道德情感的依据，而道德情感又影响着道德认知。在道德情感和道德认知的共同作用下，激发起道德动机，产生推动道德行为的内部动力。同时经过道德意志的中介和一定的行为训练，导致道德行为的发生。同类行为的不断强化、反复出现，会形成一定的道德行为习惯。这种基本过程不断循环往复、逐步提高，促进品德的不断完善，并不断向更高级的水平发展。

二、道德发展理论

在品德心理领域中，关于儿童道德发展过程的研究主要集中于道德认知和道德情感两个层面。

（一）道德认知发展理论

道德认知发展理论主要研究儿童进行道德判断时其道德思维所达到的水平及其发展情况，它较少关注儿童道德判断中所采用的规则和信息，因此，这一理论主要是研究道德形式的理论。

杜威是道德认知理论的先驱。他认为儿童道德发展有三个水平：前道德或前习俗水平；习俗水平；自律水平。杜威的见解已略具现代道德认知理论的雏形，他的见解对皮亚杰和柯尔伯格产生了一定影响。

柯尔伯格是皮亚杰道德认知发展理论的追随者，他在皮亚杰道德发展理论的基础上，又进行了各种纵向研究，把杜威和皮亚杰的道德判断发展的阶段予以详细的分化，将道德认知的发展分为三个水平和六个阶段。

以下我们具体介绍皮亚杰和柯尔伯格的道德认知发展理论。

1. 皮亚杰的道德认知发展理论

皮亚杰的道德认知理论是以其发生认识论为基础的。1932 年出版的《儿童的道德判断》，是发展心理学研究儿童道德发展的里程碑，为儿童道德发展的认知研究奠定了坚实的基础。皮亚杰根据观察儿童在玩弹子游戏中遵守规则的研究，发现儿童道德判断的发展与其智慧的发展具有相互平行的现象。

皮亚杰采用对偶故事法，考察了儿童对游戏规则的认识和执行情况、对过失和说谎的道德判断以及儿童的公正观念等方面的问题，并据此概括出儿童道德认知发展的 3 个阶段。

第一阶段：前道德阶段（即无律阶段）。此阶段大约出现在 4 ~ 5 岁以前。处于前运算阶段的儿童的思维是自我中心的，其行为直接受行为结果所支配。因此，这个阶段的儿童还不能对行为做出一定的判断。

第二阶段：他律道德阶段。此阶段大约出现在四五岁至八九岁之间，以学前儿童居多数。此阶段儿童对道德的看法是遵守规范，只重视行为后果（打破杯子就是坏事），而不考虑行为意向,故而称之为道德现实主义。

第三阶段:自律道德阶段。自律道德始自 9 ~ 10 岁以后,大约相当于小学中年级。此阶段的儿童,不再盲目服从权威。他们开始认识到道德规范的相对性,同样的行为,是对是错,除看行为结果外,也要考虑当事人的动机,故而称之为道德相对主义。按皮亚杰的观察研究,个体的道德发展达到自律地步,是与其认知能力发展齐头并进的。因此,对一般儿童来说,自律阶段大约跟形式运算阶段(11 岁以上)同时出现。

2. 柯尔伯格的道德认知发展理论

柯尔伯格是皮亚杰道德认知发展理论的追随者,他在皮亚杰道德发展理论的基础上,又进行了各种纵向研究。

柯尔伯格决定采用"开放式"的手段来揭示儿童道德发展水平,同时保留皮亚杰对偶故事中的冲突性特征。他选择古代哲学家经常采用的"假设两难情境",编制"道德两难故事"作为引发儿童道德判断的工具。儿童对柯尔伯格所编制的两难故事中的问题既可做肯定回答,又可做否定回答。柯尔伯格真正关心的不是儿童做出哪一种回答,而是儿童证明其回答时提出的理由。柯尔伯格最后于 1969 年提出了他的"三水平六阶段"道德发展理论:

第一水平:前习俗水平。大约在学前到小学低中年级阶段。此水平又分两个阶段:

第一阶段:惩罚和服从的取向。根据行动的有形的结果判定行动的好坏,凡不受到惩罚的和顺从权威的行动都被看作对的。

第二阶段:工具性的相对主义取向。正确的行动就是能够满足本人需要的行为。虽然发生了互惠关系,但主要表现为实用主义方式。

柯尔伯格的第一、第二阶段与皮亚杰的两个阶段相对应,第一阶段都是毫不怀疑地服从权威,对行为的判断是根据行为的后果;第二阶段都有承认规则具有相对性,但皮亚杰认为这个阶段的儿童已能根据行为的意图来判断,而柯尔伯格认为第三阶段才具有这个特征。

第二水平:习俗水平。大约自小学高年级开始,此水平又分两个阶段:

第三阶段:好男孩—好女孩的取向。好的行为是使人喜欢或被人赞扬的行为。十分重视顺从和做"好"孩子。

第四阶段:法律和秩序取向。注意中心是权威的规则。所谓正确即指完成个人职责、尊重权威和维护社会的秩序。

第三水平:后习俗水平。大约自青年末期接近人格成熟时开始。此水平又分为两个阶段:

第五阶段:社会契约的取向。这个阶段有一种功利主义的、墨守法规的情调。正确的行为是按社会所同意的标准来规定的。重要的是意识到个人主义的相对性及需要与舆论一致。

第六阶段:普遍的道德原则的取向。道德被解释为一种良心的决断。道德原则是自己选定的,根据抽象概念而不根据具体规则。

柯尔伯格的道德认知发展阶段论揭示了社会规范内化为儿童自身道德标准的过程中的规律:在内化的初始阶段,行为结果的反馈起着关键性作用;而在内化中期,社会期望起着决定性影响。因此,我们在规范教育中必须注重对儿童的道德行为做出及时反应,并强化家长、老师对儿童的道德期望。

【知识拓展 7-5】 柯尔伯格的两难故事

柯尔伯格使用的一系列两难推理故事中,最典型的是“海因兹偷药”的故事:

欧洲有个妇人患了癌症,生命垂危。医生认为只有一种药才能救她,就是本城一个药剂师最近发明的镭。制造这种药要花很多钱,药剂师索价要高过成本10倍。他花了200元制造镭,而这点药他竟索价2000元。病妇的丈夫海因兹到处向熟人借钱,一共才借得1000元,只够药费的一半。海因兹不得已,只好告诉药剂师,他的妻子快要死了,请求药剂师便宜一点卖给他,或者允许他赊欠。但药剂师说:“不成!我发明此药就是为了赚钱。”海因兹走投无路,竟撬开商店的门,为妻子偷来了药。

讲完这个故事,主试就向被试提出了一系列的问题:这个丈夫应该这样做吗?为什么应该?为什么不应该?法官该不该判他的刑?为什么?等等。

(二)道德情感发展理论

道德情感发展理论的代表人物首推霍夫曼。霍夫曼以道德移情主线探索道德情感发展的基本规律。他认为道德移情是在情感性唤起和对他人的社会认知提高基础上产生和发展的,他提出移情式悲伤的四阶段水平,概括了儿童的移情发展水平。

第一阶段,普遍性移情(Global Empathy)。约在个体出生后第一年的婴儿期。个体不能意识到别人是完全不同于自己的一个人,但通过最简单的情绪唤起方式仍能体验到他人正在遭遇的不幸,并显得就像自己也在遭遇不幸一样。

第二阶段,自我中心移情(Egocentric Empathy)。约在2岁左右。儿童能区分自我与他人,能分别形成自我的表象和他人的表象,这使普遍性移情发生变化。

第三阶段,对他人情感的移情(Empathy for Another's Feeling)。约在2~3岁。儿童开始能承担角色和使用语言了,开始能意识到别人具有与自己不同的情感、需要以及对事物的理解。

第四阶段,对他人生活状况的移情(Empathy for Another's Life Condition)。个体进入童年晚期,认识到自己和他人各有自己的历史和个性,不只能从当前情境,而且能从更广阔的生活经历来看待他人所感受的愉悦和痛苦。

霍夫曼指出,道德移情对个体的道德发展具有重要功能,这种功能主要表现在对道德价值(观)取向、道德判断和道德行为诸方面的影响上。

1. 道德移情对道德价值取向的影响

霍夫曼认为,道德移情的发展使一个人能够去注意引发他人情感状态的各种线索,注意到他人情感的发生和发展,也使一个人能够感受到他人真实的生活状况,感受到个人状况与其情感的种种联系。这些会使个体形成强烈的心理倾向:或是必须保障他人应该享有的权益和维护他人应该拥有的资源;或是必须帮助不幸的人走出困境和让处于压抑心境的人得到呵护。无疑,个体具有的公正道德价值取向或者关爱道德价值取向都会由此而得到加强。

2. 道德移情对道德判断的影响

道德心理学研究的道德判断主要是指面对权利、义务、情感诸方面有矛盾冲突的道德问题时,一个人会做出何种价值判断。霍夫曼认为,道德移情对道德判断的影响是通过激活人头脑中特定的道德准则而发生作用的。道德移情及其发展会使一个人对人们的权益受到侵犯或对人们不愿履行义务深感不平和愤慨,也会使一个人对他人的不幸处境和身心痛苦产生发自内心的同情，甚至因不能为之“解困”而内疚自责，这时“设身处地”、“将心比心”，就会使一个人意识中与当前问题有关的道德准则更为突显和活跃，随之就更有可能把它作为在思考道德问题时的重要依据，并最终得出相应的道德判断。

3. 道德移情对道德行为的影响

道德行为是人在一定的道德认识指引下，在一定的道德情感激励下表现出来的具有道德意义的具体行为。一个人从面对特定的道德问题情境到表现出实际的道德行为是受诸多因素影响的复杂心理过程。霍夫曼认为，在这一过程中个体的道德移情起着重要作用。如，道德行为的发生首先需要一个人能够感知到自己当前面临的是一种道德的问题情境，并能够从道德的角度去予以诠释和理解。此时，一个具有较高道德移情水平的人往往就具有较为强烈的道德敏感性，更能够从道德意义的角度去看待当前的事件，后续的道德行为自然也就越有可能发生。

三、幼儿品德教育

道德品质是道德认知、道德情感与道德行为的“合金”。幼儿品德教育当然要分别从道德认知、道德情感与道德行为三个方面入手。

（一）幼儿道德认知教育

受认知整体发展水平的局限，幼儿道德认知发展水平比较低，主要表现为道德认知范围狭窄，道德认知体验肤浅，道德规则内化程度低。幼儿只能领会一些初步的、简单的道德知识与要求，这些道德认识往往和自己的直接经验或者和具体事物相联系，他们从直觉的、具体的、表面的、个别的方面去理解和辨别是非，往往理解得很片面。幼儿道德是非观念处于不稳定状态，缺乏道德认识的一致性，在某种条件下，道德观念的正确率高，但在不同情况、不同条件下，错误的观念较多。随着年龄的增长，中、大班儿童道德是非观念逐渐趋于相对稳定的状态。

受道德认知水平的制约，幼儿道德评价活动带有很大的情绪性和受暗示性。他们常以自己的情绪来评价别人的行为，或以大人的评价作为自己评价的依据，而不是以社会客观标准来进行评价。

幼儿道德认知的发生、发展是个长期教育的过程，是逐渐积累、由量变到质变的过程，道德认知形成的重要标志是初步道德概念的掌握和道德判断能力的发展。基于此，幼儿道德认知教育可从以下三方面着手。

1. 传授相应的道德知识

幼儿只有在具备了一定的道德知识、经验，掌握了社会行为规范、待人接物的要求、集体生活中的基本规则以后，才能明是非、有良知、作判断。一个人如果分不清是非善恶，也就不可能引起动机冲突和决策过程，就会在懵懂无知的情况下做出违反道德的行为。

2. 选择恰当的教育方式

根据幼儿道德认知发展特点，要选择富有感染力和吸引力的教育方式，将道理渗透到有趣的故事、童话、图片等文学艺术、作品中，通过具体的形象帮助儿童弄清是非，明白道理，影响和塑造儿童的心灵。如儿歌《滑梯》：“排好队，滑滑梯，我们不推也不挤，一个一个走上梯，一个一个滑下去，大家玩得真欢喜。”

3. 给予及时的信息反馈

教师要对幼儿行为提出明确要求并及时进行评价。在幼儿道德行为之前提要求，在行为之后进行评价，有助于幼儿将道德认识与道德行为结合起来。道德认识指导道德行为，行为的后果又进一步巩固或修正道德认识。

（二）幼儿道德情感教育

道德的发展不仅是道德认知学习过程，也是道德情感学习过程。情感在幼儿道德发展中具有十分特殊而突出的价值。幼儿道德启蒙首先是情感的启蒙，幼儿的道德教育要以道德情感的教育为核心和基础。因此，从情绪、情感这一维度研究幼儿道德教育、建立教育理念、探索教育机制是很有必要的。

幼儿的道德情感最初和自然情感分不开，更多是直觉的情绪体验形式。在正确教育下，幼儿的直觉的情绪体验逐步由具体道德形象所引起的情绪体验所代替，并逐渐占优势。到了大班年龄，幼儿开始具有道德认识，即意识到道德的要求和行为准则，由此可产生伦理道德的情绪体验。

幼儿的道德情感具有不稳定性。他们的道德情感还是较肤浅的，不稳定的，易受感染和暗示。因而，幼儿道德情感的培养应加强道德情境的创设和情感的调节。

1. 创设良好的道德情感氛围

幼儿园和家庭都应创设一个充满着爱、信任、同情以及民主的人际交往的环境。这一环境表现为以下一些特征：

（1）有积极、适时、适当的成人与幼儿之间的情感应答：如果父母、抚养人或幼儿教师关心幼儿正当的情感需求，经常有目光或微笑或体态动作给予幼儿及时的、积极的、适当的应答，幼儿的情绪、情感就比较安定、平和，产生满足、依恋、快乐、放松的感受。在这样的环境中，孩子对成人采取信任、合作的态度，表现自然、坦诚、开朗。相反，如果当幼儿的情感需求及其种种表达情绪的信号得不到成人及时的关注、应答，或者被简单、粗暴的方式加以拒绝，幼儿的情绪表达、情绪感受就会扭曲，情感能力便可能消退、泯灭，以情绪作为信号的社会性需求与社会联系感受到破坏，不仅幼儿会产生冷漠、孤独感、疏离感，而且为日后发展亲善性、合作性品质带来极大的障碍。

（2）有是非、爱憎分明的情感态度及其情感氛围：由于幼儿没有成熟的自我评价能力，成人对是非善恶的评价标准、情感态度以及由此构成的道德情感氛围是幼儿道德情感发展的参照系。家长、幼儿教师是非、爱憎分明的情感态度，细腻而有分寸的鼓励、赞许、支持以及温和而不失信任的提示与批评使儿童易于形成健康的依恋而不是回避、抗拒的不安全依恋；形成自主感体验，而不是“自我中心”的、不能延迟满足的任性。无论在家庭教育或幼儿园教育中不讲原则、不分对象、不负责任、不计场合的赞许与批评都会造成幼儿价值评价混乱，使幼儿或骄横、任性、缺乏自制力，或紧张、焦虑、压抑。这两者殊途同归，不能形成社会性发展以及道德发展的情感心理基础。

2. 知情合一

道德情感发展与道德认知发展具有不可分割的内在联系，幼儿园要不断丰富幼儿有关的道德认知，并将认知和各种情感体验结合起来，发展他们相应的道德情感。即要动之以情，以情育情，以境激情。

霍夫曼发现，儿童认知觉察与同情心的发展具有一定的对应性（见表7-1）。

表 7-1　认知觉察与同情心的对应发展

年龄(岁)	同情心	认知觉察
0～1	整体的同情:自己和别人融为一体	假定别人的内心与自己相同
1～2	自我中心性同情:有能力认识自己与别人是分别的实体	首次经验到对别人的关切,别人区别于自己
2～6	对别人的感情的同情:很原始的觉察到别人的内心状态与自己不同	注意力由自己转向别人,力图找到痛苦的原因,具有解除痛苦的动机
6～9	对别人的普遍痛苦的同情:把别人看作与外在事件一致而且是连续的	出现涉及别人普遍痛苦的认知表象

3. 引导幼儿学会情感调节

教师应允许幼儿表达自己内心的感受,自由抒发感情,珍惜和尊重儿童的情感,支持积极的道德情感,疏导幼儿的消极情感。幼儿控制情感的能力较弱,而自制力的发展要依靠成人的引导。在生活中幼儿难免会遇到陌生、恐惧、失败的挫折,遇到家属患病、死亡或父母争吵的打击,遇到力所不及的事情或同伴的嘲笑、孤立。

成人可以教会幼儿如何对待各种复杂的情境或难以解决的情感困惑,可以和儿童个别谈心,组织几个孩子对同样的情感经验回忆、讨论或讲故事暗示解决的办法等,也可以直接建议儿童在游戏中发泄情感又不超越规则限度,保持游戏的正常开展。

(三)幼儿道德行为教育

由于人的道德行为被看作是道德认识、道德情感、道德意志的综合的外部表现形态,是检验道德教育成效的唯一的客观标准,是评价个人品德的总体特征,故而,幼儿道德行为教育是整体推进的"系统工程"。

1. 道德行为训练

幼儿道德行为常有言行脱节、易反复的特点,这是由于形成儿童道德品质的各种因素发展的不平衡而造成的。教师要创设一定的环境和条件,让幼儿反复地进行行为练习。同时,在行为练习过程中,向儿童提供良好的榜样,让他们学有榜样,行有准绳,随时对照,以形成巩固的行为习惯。道德行为只有成为习惯才具有稳定性与一贯性,它是行为转化为道德品质的重要因素。

2. 道德动机的激发

幼儿道德行为动机与目的具有不稳定的特点,表现在不能较长时间地坚持实现自己原定的动机和目的。同时,幼儿还不能把行为动机与效果统一起来看,他们往往只能看到行为的效果,而看不到行为的动机。

教育者要在儿童游戏、学习、劳动以及日常生活的过程中,根据幼儿发展中的不同需要,讲述道德行为要求或树立榜样等多种方法去激发儿童的行为动机,并注意对积极的行为动机及时予以强化,指导儿童逐步有目的、有意识地去行动。

3. 道德品质的培养

在日常生活中随时给以行为指导,通过提醒、督促和检查,促进行为的落实,使之言行一致。在教育中,做到"反复抓,抓反复"。幼儿要做到言行一致,需要幼儿在实行道德行为过程中克服挫折、抗拒诱惑、解决障碍和意外的困难,需要有坚持到底的毅力和能力,即要有道德意志。由于幼儿的道德意志主要表现在道德意志行动上,所以本节没有专门谈道德意志的教育。但是,我们必须清楚道德意志对道德行为的重要作用,故必须有意培养幼儿的道德意志。具体来说,主要体现在培养幼儿的自制力与坚持性上:要求幼儿按照生活制度进行一天生活中的各项活动,养成良好的、有规律的生活习惯,并坚持在各项活动中的一定的要求;鼓励幼儿付出努力,控制自己的行为,独立完成各项任务;经常不断地对幼儿行为提出具体的、合理的、坚持一贯的要求,促使他们将道德要求转化为自己的行动。

总之,幼儿的品德心理教育不是一朝一夕的事,而需要长期坚持,持之以恒。道德品质的培养可以有各种开端:有时可以从培养道德行为技能与习惯开始,有时可以从激发幼儿的道德情感着手,有时可以从提高幼儿的道德认识做起,但只有当上述三种心理成分都得到相应发展时,道德品质才能更好地形成。

第四节　幼儿情绪智力与教育

上一节我们学习了幼儿品德教育应从道德认知、道德情感与道德行为三个方面入手。其中道德情感发展理论的代表人物霍夫曼认为,道德移情对个体的道德发展具有重要功能,这种功能主要表现在对道德价值(观)取向、道德判断和道德行为诸方面的影响上。可见,移情的能力实际上也是情绪智力的一部分,但不是全部。所以我们很有必要来学习这一节,较为全面地了解幼儿情绪智力与教育。

一、情绪智力概述

(一)情绪智力的含义

情绪智力(Emotional Intelligence)是相对于智力和智商而言的心理学概念,另一种类似且较为广泛的说法为“情绪智能商数”(Emotional Quotient),简称为“情商”。情绪智力又被称为情感智力,情感智慧或情绪智能。情绪智力本质上属于社会智力,广义上也属于社会学习范畴。

情绪智力的概念最初是由萨洛维和梅耶提出的,是指“个体监控自己及他人的情绪和情感,并识别、利用这些信息指导自己的思想和行为的能力”。换句话说,情绪智力也就是识别和理解自己和他人的情绪状态,并利用这些信息来解决问题和调节行为的能力。在某种意义上,情绪智力是与理解、控制和利用情绪的能力相关的。

(二)情绪智力的重要性

情绪智力反映了个人管理情绪的能力,包括识别自己和他人的情绪、驾驭情绪、自我控制以及自我激励等情绪能力。情绪智力的提出,进一步动摇了智力决定一切的统治地位,使人们认识到一个人成才和成为社会的栋梁,不仅要靠智力因素,也要靠情绪智力。心理学家认为,幼儿是生活在一个情绪的世界里。幼儿情绪智力发展非常迅速,因此关心幼儿的情绪,了解幼儿情绪能力发展的水平和特点,了解师幼互动对幼儿情绪智力发展的影响,具有极为深远的意义。成人自信乐观或悲观的人生观都是在其年幼时形成的。

从某种意义上讲,情绪智力甚至比智力更重要,随着未来社会的多元化和融合度日益提高,情绪智力将有助于一个人获得成功。现在大多数家长过多地重视孩子的智商发展,而忽略了孩子的情商发展。其实早期的情商教育尤为重要,也就是心理上的一种塑造,如果一个孩子从小性格孤僻、不易合作,自卑、脆弱,不能面对挫折,急躁、固执、自负,情绪不稳定,那么他智商再高,也很难取得成功。

二、幼儿情绪智力的发展

随着幼儿语言、自我概念的发展,幼儿的情绪智力随之成长,反映在幼儿的情绪理解、情绪表达、情绪调节等方面。

幼儿出生后两年间,各种情绪会在不同时间陆续出现。早期的婴儿就会表达兴趣、悲伤、厌恶和满足等最初的情绪。而后2岁半到6岁则出现其他的情绪,如生气、哀伤、惊讶、害怕,其中如尴尬、害羞、内疚和骄傲等复杂情绪则在出生后第二年或第三年出现,而且与认知发展是紧密联系的。雷威斯等人认为,自我意识的情绪(如尴尬)要一直到儿童能从镜中或照片中认出自己时才会出现;而自我评价的情绪(如害羞、内疚和骄傲),则需要让幼儿评估其行为是否为可接受的,需要对自我认知及行为规范有确切的了解。幼儿情绪发展的另一个表现就是,许多较大的幼儿开始会隐藏某些情绪(如哭泣和焦躁),以操纵同伴的情绪和保持自己的面子。表7-2是3~6岁儿童的情绪智力发展历程。

表7-2 3~6岁儿童的情绪智力发展历程

3岁到4岁	4岁到5岁	5岁到6岁
愿意与人合作 建立有秩序能预料的世界观 乐意及自豪地遵守规则 爱讨人喜欢 对不符常规感到十分不安 爱独立及追寻自豪感 在需要等待或难以完成事时失去耐心 易受到嫉妒的冲击和控制	自我、爱试探底线 抗拒建议、规则式的教导 喜爱骂人、自夸和吵嘴 敢于自我表达,与人结交(表现自信) 公正 以说谎来遮掩自己的行为 未能理解说谎是错的 爱吸引注意	懂得控制自己的行为 能与人分享 倾向循规蹈矩 爱取悦别人 懂得原谅别人 仍会偷拿东西和说谎

(一)幼儿情绪理解的发展

情绪理解是指儿童对自己和他人的情绪以及情绪如何起作用的认知,包括个体对各种情绪表达的识别、对自身和他人情绪产生原因的理解以及对与情绪有关的线索(如表情、情境等)的理解等。

情绪理解会随儿童年龄的增长而发展,对于学前儿童来讲,其发展具有一定的规律性。儿童的情绪理解能力在发展过程中呈现出层次性特点,其中包括对简单情绪表情的识别,基于对外部情境线索的情绪理解,基于愿望和信念的情绪理解以及冲突的情绪理解等。许多研究者对幼儿情绪理解能力进行了研究。德纳姆(Denham)的研究结果表明,3~5岁儿童对基本情绪已有一定的理解能力,并且这种能力在不断地发展。而卡西迪(Cassidy)等人让儿童探讨字迹、父母和伙伴的情绪,“为什么你/他会感到××情绪?”结果表明,5~6岁的儿童已经能够合理地解释自己和他人的情绪体验的产生原因。

一般来说,2岁左右的儿童就能再认面部表情,4~5岁的儿童能够正确判断各种基本情绪产生的原因，并且已有情绪观点采择能力，而且可以识别绘画中的不同情绪表情。

（二）幼儿情绪表达的发展

情绪表达指的是人们用来表现情绪的各种方式，其功能就是在疏解情绪紧张，使紧张下降。可是，因为我们必须在社会中生存，所以要学习变成一个社会人，情绪表达当然就必须以不伤害别人、不伤害自己等符合社会规范的方式表现之，否则疏解了原来的负面情绪，却又因为不符合社会规范遭受到规范执行者的责备或处罚，而产生更大量新的负面情绪，对于情绪紧张的疏解不但没有帮助，还有可能更严重化。因此，学习符合规范的疏解情绪方式，是人类在社会化过程中逐渐学习而来的能力。

问题在于幼儿成长的过程中，如果有了某些负面的情绪，会很自然地以攻击本能的方式，表现出情绪且降低其情绪紧张。父母和老师当然不会允许幼儿采取攻击的表现方式表达情绪；然而，倘若父母和老师不了解情绪和情绪表达是两种现象的观念，就会造成在批判情绪表达方式时，连带着也批判幼儿不应该拥有某些情绪，让幼儿学习到人似乎是不应该有负面情绪的。于是，一旦出现负面情绪，就会采取压抑的方式不敢表现出来。表面上看起来似乎已经没有了情绪，但是一旦情绪紧张逼近或超过了警戒线，就可能因为无法控制而采用极端的方式表现和疏解其情绪紧张，造成不可磨灭的伤害和痛苦。

大多数研究者认为，那些能直接从面部表情中看出的情绪，如高兴、兴趣、惊讶、恐惧、愤怒、伤心和厌恶等基本情绪，在婴儿出生早期就表现出来了。逐渐地，它们就成为清晰可辨、发展完善的信号了。6 个月左右的时候，表情、凝视、声音和动作开始清晰独立，婴儿能对外界事物做出表意丰富的反应。如和母亲游戏般交流时孩子满脸的喜悦，嘴里发出快乐的声音，喃喃自语。相反，那些对孩子冷漠的父母会惹得孩子满脸忧伤，发出急躁的声音（这表达的信息是“我被忽视了，我的要求被压制了”），或者满脸愤怒，哭闹。

（三）幼儿情绪调节的发展

除了表达情绪，孩子还将学会很多方法来控制和调节自己的情绪。情绪调节（Emotional Regulation）即是将自己的情绪状态调整得很适度，使我们能完成自己的目标。比如，告诉自己令人恼怒的事很快就会过去，不要去想是谁让自己恼怒；决定不看恐怖电影，因为这会吓着自己，这都是自我情绪的调节。婴儿刚出生的几个月，自我情绪控制是极有限的。虽然他们逐渐能避开令人不快的刺激，当情绪过强时会喃喃发声和吮吸，但他们很容易被来自自身或外界的刺激所控制。两岁过后，孩子经常会谈起他们的情绪并积极控制它们。

情绪自我调节的快速获取出现在入学后。与同学比成绩的时候，孩子更希望听到赞许，他们必须学会控制消极情绪，以免伤害他们的自我价值感。到了 10 岁，大部分儿童都有了一套恰当地控制情绪的技巧。在他们能控制结果的情形中（周末有一场很难的考试），他们认为解决问题和寻求社会支持是最佳策略；当结果不是他们所能控制时（得到糟糕的成绩），他们选择逃离或重新定义情形是他们能接受现实的状况（“事情可能会变得很糟，可能还有另一场考试”）。

三、幼儿情绪智力教育

情绪在我们的生活中扮演着非常重要的角色，情绪智力——管理情绪的能力，在一定程度上，比智力更能决定一个人的成功。幼儿期是情绪智力发展最为迅速也最为关键的时期，而幼儿成长的主要场所是家庭和幼儿园。因此，关心幼儿的情绪，了解幼儿情绪能力发展的水平和特点，理解成人—幼儿相互交往活动对幼儿情绪智力发展的影响及其机制，是每个父母和幼儿教师的必修课。

（一）幼儿情绪智力与家庭教育

弗洛伊德认为，早期的经验不但影响着人的身心健康，而且决定着幼儿一生的发展。童年对安全感和不安全感的体验可能影响到成年后的情感状态。家庭教育是奠定幼儿情感智力的基础。

1. 重视与幼儿的情感交流

父母与幼儿每一次小小的感情交流都是对幼儿进行情感教育的机会。幼儿出生后的几周，就会盯着父母的脸看好长时间，然后泛出一个甜甜的微笑，如果你回应一个笑脸，他会笑得更加灿烂。要抓紧机会向婴幼儿输入高级情感，并引导他输出高级情感。其他交流主要是靠表情、目光、姿势和语气，而不是语言本身。数个月的幼儿就会用凝视和头的姿势与成人交流，告诉成人他是否满足、不快或害怕。如果幼儿对某件事情失去兴趣，便会把头转开；如果他不想让你干某件事，便会把头低下。

2. 关注幼儿的情绪变化

幼儿情绪苦恼，有的父母认为只不过是件小事，会采取置之不理的态度，而不是利用这个机会增进同幼儿的感情，或帮助幼儿学会处理情绪问题。父母有时也会安抚幼儿的情绪，但用的方法是小恩小惠，只要幼儿不再伤心或者生气就行了。然而，高明的父母首先是认真对待幼儿的情绪，努力了解幼儿苦恼的原因，例如，幼儿生气时，引导幼儿冷静，然后努力帮助幼儿用积极的办法安抚自己的情绪。

3. 善良仁爱地对待幼儿

在幼儿闹情绪时，有些父母通常都是声色俱厉的批评指责或予以惩罚。这种肉体和情感虐待，有可能使幼儿泯灭最基本的移情之心。他们长大后，就会产生抗拒和消极的情感和态度。与此相反，父母如果抓住各种机会鼓励子女关心他人，理解其他幼儿的痛苦，天长日久，在善良仁爱的教育下，幼儿自然也具有移情心。

4. 富有积极意义的“约束”

具体做法包括：对幼儿的限制和约束应当合理、清楚，如果可能，应写下并公布这些规定；幼儿开始调皮时要先警告或提醒，以培养幼儿自控能力；用表扬和欣赏来肯定好的行为，鼓励幼儿持之以恒；防患于未然，及时发现并排除影响幼儿的不良因素；对于幼儿违反规定和限制，不管其是否故意，应立即给予适当的、恰如其分的“批评”。

（二）幼儿情绪智力与幼儿园教育

幼儿园是否单独开设一门情绪教育课并不是唯一重要的，关键是怎样进行情绪教育以打动幼儿的内心。教师只有对幼儿的各种情绪有清楚的认识才能控制孩子，才能有意识地对幼儿情绪能力发展起潜移默化的作用。

我国幼儿园情绪智力教育还处在初创阶段。近年来，在积极探索过程中初步总结出一些富有成效的幼儿情绪智力教育模式。

1. 情境教学模式

情境教学模式是运用教师言语、情感、教学内容以及活动气氛和环境，造就一个广阔的心理场，从而促使幼儿主动积极地投入学习活动，达到和谐发展的目标。

情境教学主要通过生活情境、实物演示情境、音乐渲染情境、图画再现情境、扮演体会情境、言语描绘情境等途径，创设与教材相关的环境，促使幼儿从感受美到热爱美、理解美。

一般说来，情境教学通过“感知—理解—深化”三个教学阶段来进行。感知的主旨在于创设画面，引入情境，形成表象；理解的主旨在于深入情境，理解文本，领会感情；而深化的主旨在于再现情境，丰富想象，深化感情。

情境教学具有鲜明的情绪智力教育特色。

(1) 形象逼真：情境并不是实体的复现，而是简化的模拟，能获得与实体相似的形象，所以给儿童以真实感。

(2) 情深意长：情境教学是以生动形象的场景，激起儿童学习和练习的情绪和感情的体验，通过教师的语言，把情感寓于教育内容之中，在活动时形成一个广阔的“心理场”，作用于儿童的心理。

情境教学倡导“情趣”和“意象”，为儿童创设和开拓了一个广阔的想象空间；情境教学所具有的广远性，能促进儿童更深刻地理解和掌握教育内容，激发儿童的想象力。

(3) “知、情、意、行”融成一体：情境教学为了创设一定的教学情境，就要运用生活显示情境，实物演示情境，音乐渲染情境，直观再现情境，角色扮演情境，语言描绘情境等方法，把儿童引入一定的情境和一组情境之中，使他们产生一定的内心感受和情绪体验，从而克服一定的困难和障碍，形成一定的志向，积极地进行练习，这样，就能把知、情、意、行融成一个整体。

2. 赏识教育模式

赏识教育是生命的教育，是爱的教育，是充满人情味、富有生命力的教育。人性中本质的需求就有渴望得到赏识、尊重、理解和爱。

就精神生命而言，每个儿童都是为得到赏识而来到人世间，赏识教育的特点是注重儿童的优点和长处，发现并表扬，逐步形成燎原之势，让儿童在“我是好孩子”的心态中觉醒；相反的，批评教育的特点是注重儿童的弱点和短处，小题大做、无限夸张，使孩子自暴自弃，在“我是坏孩子”的意念中沉沦。不只是好孩子应该赏识，所有的孩子都需要。儿童是脆弱的、敏感的，适当的赏识是一种正确的爱，也是对儿童的一种鼓励和赞赏！

赏识教育不是教师的表扬加鼓励，而是源自真心的“全纳”：赏识儿童的行为结果，以强化儿童的行为；赏识儿童的行为过程，以激发儿童的兴趣和动机；创造环境，以指明儿童的发展方向；适当提醒，增强儿童的心理体验，纠正儿童的不良行为。

在幼儿园教育中，赏识教育的具体内容是：学会信任，看到幼儿的长处，欣赏他，以他为自豪；学会尊重，倾听幼儿说话，并向他请教；学会理解，和幼儿做朋友，进行心灵沟通，真正理解幼儿的行为；学会宽容，幼儿出现问题时，成人要进行反思，幼儿有错误时，成人要耐心等待；学会暗示，利用“比喻”手法，对幼儿悟性进行开导，启发幼儿进行自我教育；学会提醒，对幼儿的缺点要对事不对人，不能看到缺点就把整个人给否定了，要在不伤幼儿自尊的情况下鼓励他自己改正；学会激励，每个幼儿都有优缺点，要看到幼儿的闪光点，满腔热情地激励他，使他的闪光点更加扩大；学会督促，督促不是监视，不是管制，而是在尊重和信任之下的陪伴，要学会陪伴。

小　结

社会性、社会化与社会性学习是三个紧密相连的概念。社会性学习是指人在社会实践中获得社会性经验并改变其行为的过程，社会成员为满足社会需要而逐步了解与掌握某些知识与技能的过程。社会性包括社会认知、社会情感和社会行为三个基本成分。影响社会化的因素主要包括家庭、学校、同辈群体和大众传媒。

幼儿社会性学习的基本方式有观察学习、角色扮演和同伴交往三种。幼儿的社会性学习具有随机性、实践性和长期性的特点。幼儿社会性学习的指导原则包括综合渗透性原则、随机教育性原则、实践参与性原则、适宜发展性原则。幼儿社会性教育的基本途径有专门性社会教育活动和渗透性社会教育活动两种。幼儿社会性教育方法包括观察学习法、强化评价法、体验思考法、语言传递法、角色扮演法和移情训练法。

道德和品德既有区别又有联系。任何一种道德品质都包含有道德认知、道德情感、道德意志和道德行为四种心理因素。任何一种品德的形成，都是在环境和教育的影响下个体通过自己的道德实践活动，不断对社会道德现象、道德榜样与道德规范的认同并转化为行为的结果，是道德认知、道德情感、道德意志、道德行为等因素相互作用，协调发展的结果。在道德认知发展理论中，皮亚杰认为儿童道德认知发展有三个阶段，柯尔伯格在皮亚杰的基础上提出了他的"三水平六阶段"道德发展理论。道德情感发展理论的代表人物霍夫曼概括了儿童移情发展水平，认为道德移情对个体的道德发展具有重要功能。幼儿品德教育需从道德认知、道德情感与道德行为三个方面入手。

情绪智力对个体的发展具有重要意义。幼儿情绪智力的发展反映在幼儿的情绪理解、情绪表达、情绪调节等方面。幼儿的情绪智力教育，在家庭中应重视与幼儿的情感交流，关注幼儿的情绪变化，善良仁爱地对待幼儿，并进行富有积极意义的"约束"。在幼儿园中，则有情境教学模式和赏识教育模式两种。

思　考　题

一、单项选择题

1.（　　）是指伴随整个社会心理过程产生的心理体验和心理感受，是一种特殊的社会心理过程。

A. 社会认知　　B. 社会情感　　C. 社会行为　　D. 社会化

2.（　　）是指幼儿在实践中，在与他人的交往中，会有许多体验，幼儿对这些体验经过思考后，调节自身的行为，从而获得社会性的过程。

A. 观察学习法　　B. 移情训练法　　C. 体验思考法　　D. 语言传递法

3.（　　）是指人们在产生道德行为过程中，能自觉地确定目的，并支配其行动，以实现预定目的的能力，是为完成一定道德行为而做出的克服困难的努力。

A. 道德意志　　B. 道德认知　　C. 道德行为　　D. 道德情感

4.（　　）的功能是疏解紧张情绪，使紧张感下降。

A. 情绪理解　　B. 情绪表达　　C. 情绪发展　　D. 情绪调节

二、名词解释

社会性学习　社会化　移情　品德　情绪智力

三、简答题

1. 幼儿社会性学习的方式有哪几种？请简述之。

2. 霍夫曼把儿童移情发展水平概括为哪四个阶段？

3. 品德与道德的区别与联系是什么？

4. 皮亚杰认为儿童道德认识发展有哪几个阶段？

5. 幼儿情绪智力的发展体现在哪几个方面？请对其进行简单说明。

四、论述题

1. 社会性是什么？它包含了哪几个基本成分？请对其加以论述。

2. 影响社会化的因素有哪些？这些因素是怎样影响社会化的？

3. 幼儿社会性学习的特点有哪些？请联系实际谈一谈。

4. 论述皮亚杰的道德认知发展理论和柯尔伯格的道德认知发展理论，并对二者进行比较。

5. 霍夫曼认为道德移情对个体的道德发展具有重要功能，这种功能主要表现在哪些方面？

6. 幼儿品德教育应从哪几个方面入手？请对其加以论述。

7. 情绪智力为什么很重要？请举例说明。

8. 幼儿成长的主要场所是家庭和幼儿园，幼儿的情绪智力教育在家庭和幼儿园中分别要如何进行？

五、案例分析题

国庆节即将到来，一名实习的幼儿教师想在中班组织一次社会活动来进行爱国主义教育，她写了一份活动方案（我们的首都——北京），把它拿给班主任看并讨论修改。如果你是班主任，你会对活动方案的哪些部分给予肯定呢？对哪些部分又提出自己的意见呢？为什么？（可从社会性学习的指导原则和指导方法来思考该问题）

我们的首都——北京

活动目标

（1）了解北京的建筑和名胜古迹，感受北京的美丽，产生热爱祖国的情感。

（2）能够围绕首都北京这一话题，用较清楚连贯的语言描述自己心目中的北京。

（3）知道北京是中国的首都，是一个有着特殊意义的城市。

活动准备

（1）幼儿有过去北京的生活体验或者看过关于介绍北京的电视、DV。

（2）《北京欢迎你》的CD，收集的相关图片或视频。

（3）教学挂图《天安门》；操作材料《五星红旗高高飘扬》。

活动过程

（1）用歌曲《北京欢迎你》导入。

——播放幼儿熟悉的《北京欢迎你》，鼓励幼儿跟唱表演。

——提问：歌中唱的是哪里？北京是什么样子的？北京是中国的首都，首都是什么意思？

——幼儿自由交谈，教师巡回倾听、指导。

——请个别幼儿在集体中表达自己的见闻和想法。

(2) 观看介绍北京的DV并讨论。

——请幼儿仔细观察天安门的挂图，交流各自对北京天安门的认识。

提问：是什么地方？它是什么样子的？天安门广场的升国旗仪式是怎样的？人们怎样观看升国旗？他们为什么那样观看？你能学一学吗？

——请幼儿观看鸟巢、水立方等奥运建筑图片或视频，允许幼儿边看边自由交流。

提问：这些是什么地方？它是什么样子的？你喜欢吗？为什么？

(3) 引导幼儿讨论北京的其他名胜古迹。提问：

——除了天安门、鸟巢、水立方，你还知道北京哪些著名的地方？

——你最喜欢北京的哪个地方？为什么？

——关于北京，你还想了解哪些内容？

(4) 播放《北京欢迎你》的音乐，幼儿利用自己收集的相关材料，再次相互交谈，结束活动。

活动建议与提示

(1) 本活动除了语言与社会领域的结合，还可以通过音乐与语言的结合达成目标。

(2) 在活动室内布置北京图片展，让幼儿做导游，引导其他幼儿参观。在美术角让幼儿自己画一画北京；指导幼儿完成操作材料《五星红旗高高飘扬》的制作。

(3) 本活动在国庆节前后进行均可。在国庆节前举行活动，教学重点宜放在了解北京上；在国庆节后举行，重点宜放在分享交流上。

(4) 围绕活动重点，请家长在此教学活动前为孩子讲述关于北京的话题，在网络上下载有关北京的名胜古迹、建筑图片，在北京举行的盛会的视频给孩子观看；或者带孩子去北京旅游，丰富孩子对北京的感性认识以及谈话内容。如果条件许可，可以让家长参与到本次活动中，邀请去过北京的家长为幼儿介绍北京的情况。

附：资料

关于首都

字面解释：首——第一，领导；都——都市；首都——全国的第一市，全国的领导都市。

首都，又称国都、首要城市或行政首都。通常是一个国家最高权力机关所在地，是国家政治和经济活动的中心城市，各类国家级机关集中驻扎地，是国家主权的象征城市。

参考答案：

一、单项选择题

1. B　2. C　3. A　4. B

第八章 幼儿创造性学习与教育

学习目标

1．应识记的内容

◆ 创造性的含义和影响因素及幼儿创造性的表现。

◆ 华莱士的"四阶段论"和泰勒对创造性层次的划分。

◆ 场依存性—场独立性认知风格。

◆ 创造性学习的界定。

◆ 真创造、类创造、问题解决、功能固着、反应定式的定义。

2．应领会的内容

◆ 幼儿创造性发展的影响因素。

◆ 创造、创造性与创造力之间的关系。

◆ 创造性和知识、人格的关系。

◆ 游戏适合创造性思维训练及艺术适合自我表现能力培养的原因。

3．应会用的内容

◆ 环境与教育对幼儿创造性发展的影响。

◆ 创造性与智力之间的关系。

◆ 幼儿创造性学习的特点和影响因素。

◆ 创造性思维训练的方法与应用及问题解决过程与创造性。

◆ 通过游戏和艺术发展幼儿创造性及问题解决方法在幼儿园活动中的应用。

建议学时

4 课时

老师导学

创造性是儿童积极性的一种最有价值的形式，是保障儿童多种活动顺利完成的心理品质，重视儿童的创造性学习与教育是很有必要的。其中，幼儿期是最富有创造性的时期，因为幼小的心灵是自由的，他们往往没有清规戒律的制约，也不受客观情理的束缚，因而经常"标新立异"。本章内容主要为幼儿的创造性学习与教育，在学习时，重点掌握创造性与智力的关系、幼儿创造性学习及其特点与指导、培养幼儿创造性的基本途径和方法；本章学习的难点在于创造性和知识之间的关系、创造性的基本层次以及问题解决的创造性过程。

幼儿教育的终极追求在于最大限度地开发幼儿的创造潜能,使更多的幼儿将来成为创造性人才。

一位教师的随笔也许值得我们思考。

幼儿创造性培养的“四敢”

幼儿教育的对象是一群3~6岁的孩子。这一阶段,生理和心理的迅速发展,知识经验的积累,为幼儿创造力的发展奠定了基础。幼儿已经有了创造力的萌芽,又值智力发展与个性形成的重要时期,因此,在此阶段重视创造力的培养十分重要。如何培养幼儿的创造性?

1. 引导幼儿敢想

俗话说:“不怕办不到,就怕想不到”,从某种意义上说,想比办更为重要,世界上许多发明创造,都是从想开始的。牛顿、爱迪生都是从异想天开到发明大王的。

让孩子敢想,首先要让孩子说“不”。如:“有轮子的都是汽车”,孩子肯定会提出不同的看法,挖土机、压路机也有轮子,但不是汽车。其次,要培养幼儿的求异性思维。如:对于符号“○”,孩子可以想象成音符、太阳……再次,还要培养幼儿的发散性思维。如:小乌龟不高兴,怎样让它高兴呢?孩子会想出很多种办法。

2. 引导幼儿敢问

经常有孩子这样问:“老师,这是为什么?”“老师,这可怎么办?”“老师,这是什么呀?”这些问题正是创造性思维的火花。

可以开展“小问号”活动,给孩子发问,向事物提问,向现象提问,提问的内容不只是“怎么办呀?”“是什么呀?”“干什么呀?”而要能问一些深层次、有探讨意义的问题。善问的孩子知识面广,从小养成爱动脑筋想问题的习惯才是解决问题的有效途径和方法。

3. 引导幼儿敢做

任何设计方案、发明构思都必须通过实践才能变为现实,同时也只有通过实践,才能检验思想、理论、方案的正确性。所以培养幼儿的创造性思维必须着重培养幼儿的动手操作能力。

教师要提供手脑并用的学习材料,要少提限制性的要求,让幼儿通过自己的摆弄操作,制作出各种各样的东西。对幼儿的动手结果要给予表扬,从不同的角度去肯定每一个孩子,培养孩子的成就感,增强他们下次进行创造活动的自信心。

4. 引导幼儿敢说

有人曾说:“如果你有一个点子,我有一个点子,彼此交换,我们每个人都有两个点子,甚至多余两个点子。”可见敢说也是创造性思维不可缺少的一个部分。

教师应有针对性地设计问题、提出问题,然后启发、诱导,引起幼儿的强烈兴趣,从而激发幼儿热烈讨论、积极发言。在日常活动中多让孩子接触周围的人和事,多参加活动,从而增强幼儿的口语表达能力。

第一节　创造性的概述

一、创造性的界定

在日常生活中，创造力（Creativity）一词经常使用，而在心理学界，创新（Innovation）和创造性（Creativeness）或创造力被视为同义语。但是，这几个词语在解读上还是有着一些差别。我们选择创造性作为主要的概念来展开，有两个原因。

第一，创造性和创造力、创造性人格内涵及其关系。

创造力指的是创造的能力，偏重于认知，是一种智力品质。创造性是一种心理品质，它比创造力的使用更普遍，范围更广，既包括了创造力，也包括了创造性人格。现在提倡创新教育，这就要求儿童进行创造性学习，教育的作用就是培养儿童的创造性，使其既具有创造性思维品质，又具有创造性人格，以把他们培养成未来的创造性人才。我国学者也认为创造性人才=创造性思维+创造性人格。

关于创造、创造性与创造力之间的关系，可以用图 8-1 所示的示意图来说明。

从图 8-1 可以看出，创造性和创造力都表现在一定的活动之中。创造的概念最大，它包含了创造性和创造力；创造性比创造力的概念要大，创造性既包含了创造性人格，又包括了创造能力。而创造力更多的是指创造的认知方面。

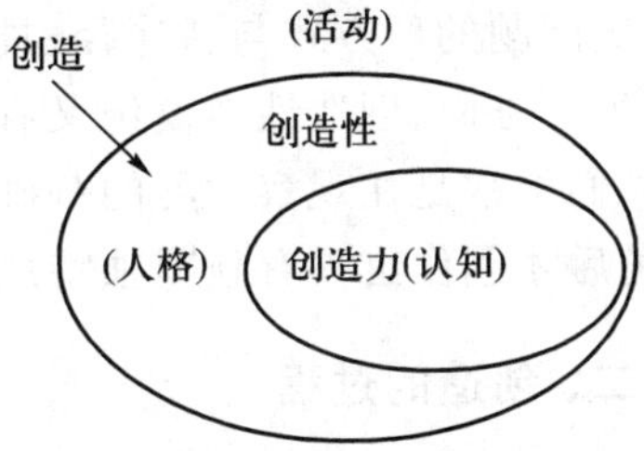

图 8-1　创造、创造性与创造力的关系

第二，幼儿的发展水平限制和常规概念的惯用。

从幼儿的发展水平看，幼儿不具有严格意义的创造能力，而是具有创造性，这些创造性表现在他们的各种活动之中。同时幼儿教育领域中也广泛使用“创造性”一词，如幼儿的创造性想象，所以我们取用了“创造性”这个概念。

（一）创造性的含义

自 1950 年吉尔福特（J. P. Guilford）就任美国心理学会主席时发表题为“创造力”的著名演说以来，关于创造力、创造性的研究在全世界范围内取得了迅猛的发展。但是创造力、创造性的定义问题目前还是众说纷纭，不同的研究者角度迥异，观点不同。有的强调主观创新，有的强调客观目的，有的侧重创造过程，有的重视创造的结果，有的从创造的认知基础出发，有的则从创造的动机和人格因素着手。表 8-1 列出了一些国外研究者对创造性的定义。

表 8-1　国外研究者关于创造性（力）的定义

吉尔福特	创造是个体产生新观念或新产品，或融合现有的观念和产品而将之改变成另一种新颖的形式，个体所具有的这种能力就是创造力
托兰斯	创造力是对问题形成假设、修正或重新验证以解决问题的过程
华莱士	创造性是新颖性和价值性的统一体，具有创造性的产品应该是既新奇又符合现实需求
斯滕伯格	创造力是一种提出或生产出具有新颖性和适切性工作成果的能力

我国学者林崇德认为创造性可以概括为三种倾向，一是认为创造性是一种或多种心理过程；二是认为创造性是一种产品；三是认为创造性是一种个性，不同人有不尽相同的创造性。他认为创造性既是一种心理过程，又是一种复杂而新颖的产品，还是一种个性的特征或品质。本书采用这个定义，认为：创造性是指根据一定目的，运用一切已知信息，产生出某种新颖、独特、有社会或个人价值的产品的智力品质。

这里的产品是指以某种形式存在的思维成果，它既可以是一种新观念、新设想、新理论，也可以是一项新技术、新工艺、新产品。很显然，这一定义主要是根据结果界定创造性的，其判别标准有三个，即产品是否新颖、是否独特、是否有社会或个人价值。新颖性、独特性是创造力的根本特征，“新颖”主要指前所未有，这是相对历史而言，为一种纵向比较；“独特”主要指独出心裁，这是相对他人而言，为一种横向比较。“有社会价值”是指对人类、国家和社会的进步具有重要意义，如重大的发明、创造和革新；“有个人价值”则指相对于个体发展有意义，而非抄袭模仿。

（二）创造性与模仿

创造性是相对于模仿而言的。模仿是指在观察别人的行为、活动后用相同或类似的方式做出反应，只能按现成的方式解决问题，具有重复性，为动物和人共有。而创造性则能提供解决问题的新方式与新途径，具有创新性，为人类所特有。

另一方面，创造性与模仿又有密切的关系。创造性始于模仿，模仿是一种重要的学习能力，人们常常是在观察学习的基础上进行创造的。如学习书法的人往往是先临摹前人的字帖，随后才创作出具有新颖独特风格的作品。

二、创造的过程

幼儿因其年龄特点，他们很少可以生产出创造性产品或使得产品具有社会价值，所以分析幼儿创造的过程显得尤为重要。

虽然创造性活动的过程和创造性的表现形式多种多样，但只要认真分析这些多样性背后的心理过程，仍然可以把创造性活动划分为不同的阶段。其中，最有代表性的当属心理学家华莱士（C. Wallas）提出的创造过程“四阶段论”。

（一）准备阶段

概括化和系统化，形成自己的知识，了解问题的性质，澄清疑难的关键等；同时开始尝试和寻找初步的解决方法，但往往这些方法行不通，问题的解决出现了僵持状态。心理学家在划分时，有时将创造主体有关知识的学习、技能的训练等创造之前的必备条件包括在这一阶段内。

（二）酝酿阶段

这一阶段最大的特点是潜意识的参与。对创造主体来说，需要解决的问题被搁置起来，主体并没有做什么有意识的工作。由于问题是暂时表面搁置而实则继续思考，因而这一阶段也常常叫做探索解决问题的潜伏期、孕育阶段。

（三）明朗阶段

进入这一阶段，问题的解决一下子变得豁然开朗。创造主体突然间被特定情景下的某一个特定启发唤醒，创造性的新意识猛地发现，以前的困扰一一化解，问题顺利解决。这一阶段伴随着情绪强烈而明显地发生变化，这一情绪变化是在面临问题解决的一刹那出现的，是突然的、完整的、强烈的，给创造主体以极大的快感。这一阶段常称为灵感期、顿悟期。

（四）验证阶段

这是个体对整体创造过程的反思，检验解决方法是否正确的验证期。在这个阶段，把抽象的新观念落实在具体操作的层次，提出的解决方法必须详细地、具体地叙述出来并加以运用和验证。如果试验并检验出方法是有效的，问题便解决了。如果提出的方法失败了，则上述过程必须全部或部分重新进行。

我国晚清著名学者王国维在其《人间词话》中，以借喻方式表述了有关做学问的“三重境界”，这也是创造活动心理过程的具体反映。这三个境界是：“悬想”阶段，即“昨夜西风凋碧树，独上高楼，望尽天涯路”；“苦索”阶段，即“衣带渐宽终不悔，为伊消得人憔悴”；“顿悟”阶段，即“众里寻他千百度，蓦然回首，那人却在，灯火阑珊处”。

创造的过程是非常复杂的，通过对一些科学家、艺术家对自己解决问题或进行创作的回忆录、传记进行分析，我们几乎都可以寻觅到创造性思维的过程所表现的一些一致性：努力→搁置→恍然大悟→验证。

三、创造性的影响因素

知识、智力、人格都影响着创造性的发挥，为了解这些影响因素，我们需要对它们与创造性之间的关系进行分析，从而懂得它们对创造性的作用。

（一）知识在创造性中的作用

知识在影响创造性的发挥时具有两面性，即创造性与知识之间存在着正相关，也存在着负相关，所以它们的关系是矛盾的。

1. 创造性与知识之间存在正相关

知识有时可以促进创造的发生，一般而言知识越是丰富，发生高水平创造的可能性也越大。知识的贫乏会让所谓的创造走许多弯路。

印度数学家拉巴纽安不与外界接触，他花了一辈子的心血“重新发现”了许多数学定理，其实这些定理早已被西方数学家所证明了。倘若拉巴纽安去了解别人的研究情况，有了相关的知识，以他的才华和毅力完全可能有更好的发现和创造。

知识和创造性相互促进，知识是创造力的条件，知识越丰富，产生新设想、新观念的可能性就越大，同时，创造性高也有利于知识的学习与掌握。

2. 创造性与知识之间也存在负相关

当人们用现成的方法解决问题时，很少动脑筋想新的解决问题的方法。只有在知识经验不足的情况下，才有产生出新的解决问题的策略和可能性，创造性在这种情况下才发挥作用。心理学家约翰逊（Johnson）提出：“有创造力（性）就是说，尽可能地忘掉学校里所学的东西。”所以，创造性与知识之间虽然有明显的正相关，但是也存在负相关。

《美国科学家》杂志刊登了一文：“在夏天开始时，水塘里有一株水莲花，这株水莲花每24小时增加一倍，在第60天时，这个水塘充满了水莲花。请问哪一天这个水塘是半满着水莲花的？”遇到这个问题，有数学基础的人一般会先拿起笔从第一天的莲花数目算起，但是如果采用逆向思考，就可以快速得出答案，即“第59天”。因为水莲花每24小时增加一倍，而这个水塘是第60天充满的水莲花，所以第59天正好是半满着的水莲花的。

此例表明，数学相关的知识可能会制约创造性的解决问题，因为对一种方法越熟练，其思维定式也越明显,所以知识有时候反而阻碍了创造性的发挥,知识和创造性之间是矛盾的关系。

3. 创造性与知识之间的矛盾关系

一方面,一个人过去获得的知识越多,他在问题解决的过程中,越有可能对新问题有创见,即创造力越高。另一方面,一个人过去获得的知识越多,也可能会限制创造性的发挥。

总之,从创造结果的水平高低来看,我们可以发现:当二者之间存在正相关时,创造结果的水平最低;当二者之间存在矛盾关系时,创造结果的水平属于中等;当二者之间存在负相关时,创造结果的水平最高。

(二)智力在创造性中的作用

目前对创造力和智力的关系较为一致的看法是,高智力是高创造性的必要而非充分条件。这一观点从图 8-2 中可以得到很好的说明,它是通过代表一般智力的智商与创造力测验分数的相关分析来解释智力和创造力关系的。

在创造力与智力的关系问题上,我国心理学家朱智贤认为,智力是人的一种偏于认知方面的心理特性或个性特点,而创造力则是智力的高级表现。

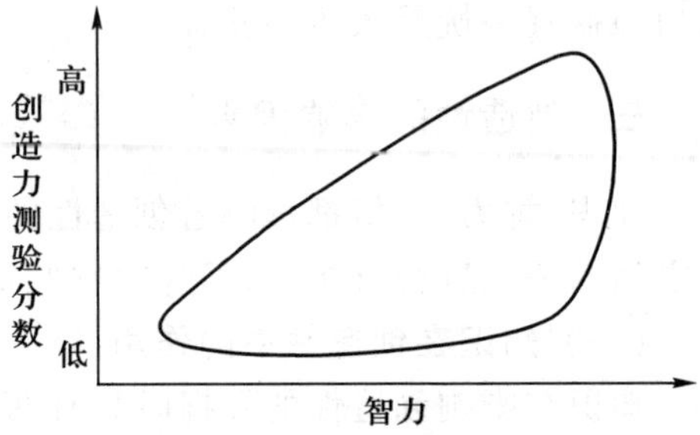

图 8-2 智力与创造力的关系

1. 高创造性者必有中上的智力

高创造性是一种智力高度发展的表现,而不是本质上与智力不同的东西。因为一个人要能发现新问题,提出新观念、新设想,创造性地解决问题,就必须观察敏锐、注意集中、想象丰富、思维灵活多变、有独创性。只有构成智力的各种能力高度地、协调地发展,才能有高创造性。因此,高创造性者智力必高。

2. 高智力却不能保证就有高创造性

创造性水平的高低是衡量一个人智力发达与否的根本标准。因为社会的一切物质、精神财富都是创造的结晶,创造性水平的高低代表了一个民族兴旺发达的水平。如果一个人废寝忘食读死书,尽管读书破万卷,那也谈不上有高智力。

3. 低智力者创造性必低

低智力者因知识和能力的缺乏,在其认识世界时甚至很难把握表面现象,因此更难超越表面以达到事物本质。也有学者认为,创造性是智力品质的集中表现,智力水平的高低一般都用创造力的大小来表示,由此可见,低智力者的创造性必低。

(三)人格在创造性中的作用

随着创造性研究的不断深入,人们越来越重视影响个体创造力水平的自身人格因素,并把这种人格因素作为创造力静态结构的一个有机组成部分。

研究表明,儿童有一些重要的人格特质与其创造性有较高的相关:

1. 冒险性

这是创造性的关键所在。研究表明,冒风险与绘画创意之间有较高的相关性。在活动中,幼儿敢于挑战他人的眼光,画出自己所想,而不是按照事物本身的模样,也是一种积极的冒险。

2. 面对障碍时的坚持

遇到困难敢于坚持，而不是退缩，这样的人格特质也可以促进创造的发生。如在搭建垒高积木时，中间积木倒塌，幼儿依然耐心地思考，再次搭建合理的积木结构。

3. 对含糊不定的容忍

在一个问题还未界定或还未形成解决方法时，如果想使创造潜能发挥到最高点，就需要容忍含糊不定状态的不舒服的感觉。幼儿常常会遇到各种各样的问题，很多问题不可能马上解决，由于幼儿自身的发展特点，他们一般会给自己的问题说一个自己的解释，并且也不会深究。对幼儿来说，更多的是一种对未知的淡然和平常心，他们有好奇心和探索行为，却也不会因未知而感到恐惧或是焦虑。

4. 接受新经验

人本主义代表罗杰斯认为，开诚布公地接受是创造性的关键。科斯塔研究认为，开放的人是对自己的内在自我及其所生存的世界都感到好奇的人，愿意体验别人不愿意体验的经验。

5. 对自己有信心

有创意的幼儿相信自己，信任自己的判断，思考问题时自信十足，不依赖于别人，不为世俗习惯所束缚，不附和别人。

【知识拓展 8-1】 托兰斯创造性测验

托兰斯创造性测验于 1966 年编制而成，它是目前最著名、应用最广的创造性测验，从幼儿园到研究生院都适用，对四年级以下的儿童需要进行个别口头施测。该测验主要是以发散性思维为测量指标，由 12 个分测验构成三套创造性测验量表。每套量表都有两个复本，以满足在实际研究中对创造性进行初测和复测的需要。

第一套是关于言语的创造性思维量表，由 7 个分测验组成。前 3 项是问与猜，呈现一张图片要求被试猜测画中的情景和以后可能发生的事情，后 4 项分别是成品改进测验，非常用途测验，提出不寻常问题测验和推断测验。

第二套是关于图画的创造性思维量表，由 3 个分测验组成，都是呈现未完成的或抽象的图案，要求受测者完成它们，使其具有一定的意义。第一个分测验为图画构造：要求被试把一个有鲜艳颜色的图形，贴在一张白纸的任何位置上，然后以此为出发点，画出一幅不平常的画，并说明一段有趣的故事；第二个分测验是未完成图画：要求被试以几条简单的线条为开端完成一幅画图并加以命名；第三个分测验是圆圈或平行线测验：要求被试用成对的短的平行线或圆，尽可能多地画出不相同的图画。

第三套是关于听觉形象方面的测验量表，全部指导语和刺激都用录音磁带的形式呈现。它由 2 个分测验组成，即声音想象和拟声词想象，各种声音刺激都呈现三次，要求受测者分别说或写出由某种声音所联想到的事物或活动。

在这三套测验中，记分分别从不同的方面进行。言语测验从流畅性、变通性和独特性三方面记分；图画测验除以上三方面以外，还对精细性进行记分；听觉形象测验只记独特性得分。

后来，托兰斯在对 1966 年创造性测验进行修订的基础上，编制了托兰斯 1974 年创造性思维测验和 1981 年行为和动作的创造性思维测验。

托兰斯 1974 年创造性思维测验由两套可供选择的程序组成：词的创造性思维（A、B）和图形创造性思维(A、B)。语词测验适用于从幼儿园到小学三年级的儿童这一范围,为个别测验,历时46分钟。以流畅性、变通性、独创性计分,其中一些项目对幼儿来说难度很大,但有利于鉴别高度发展的英才儿童。图形测验施用于5岁以上的群体测量,历时30分钟。以流畅性、变通性、独创性、精细性、过早终止的抵御和抽象思维计分;或者以不寻常的视知觉、想象的丰富性与多样性、综合性、幽默感、置事物于前后联系之中,以及视觉方式等创造性思维的其他特征为评分标准。测验很少或几乎不受种族和社会经济地位的影响。图形测验成功地应用于聋哑儿童的研究;语词测验在视觉或听觉障碍儿童的研究中也卓有成效。

第二节　幼儿创造性发展及其影响因素

一、创造的层次性

人本主义心理学家马斯洛把创造性区分为两级水平:优秀级——独特的创造性;普通级——自我实现的创造性。这些都是在环境中学习的成果。

根据泰勒(I. A. Taylor)的观点,创造性具有不同的层次。从儿童自发性游戏到科学家发明创造及艺术家的设计,创造性大致可分为五个层次。

(一)表现性创造

其主要特征是自发性与自由活动,儿童的绘画、写作与游戏表演属于这一层次。这一创造性层次中,初创性和新颖性及成果的质量不是关键,只要个体能独立表现自己的观念、情感即可。

(二)技术性创造

这一层次以熟练精巧为特色,与独创和新颖的关系不甚密切。儿童的运动和操作中包含着技术性创造,某些技能发展到技巧的层次就显示这种创造性。

(三)发明性创造

发明反映新颖设计或新的组合,或以新的方法解决旧问题。因此,发明性创造会产生新的成果,或具有社会性价值的产品。青少年儿童的小制作、小发明中表现出这种创造性。

(四)首创性创造

首创意味着革新、标新立异,对旧的思想或理论提出挑战,或提出解决问题的新方法或思维模式。如哥白尼“日心说”推翻传统“地心说”就显示了这种创造性。

(五)杰出性创造

杰出性创造往往具有很复杂的形式,创造出艰深的原理或精深的思想。如达尔文创立进化论与爱因斯坦创立相对论,这些理论在科学史及人类史上具有划时代的意义,实为人类创造的精华。

在上述五个层次中,幼儿的创造主要属于第一个层次的“表现性创造”。

二、幼儿创造性的表现

儿童创造与成人创造有着明显的区别。成人的创造,不仅要求其思想或产品是新颖而独创的,而且要求有社会价值。而儿童创造是运用自我表现材料,进行想象游戏,解决问题或想出新的结论。4~6岁是儿童创造性自我表现的一个高峰期。幼儿的创造性主要属于表现性创造，幼儿创造性的表现体现在以下四个方面。

（一）幼儿的创造性是一种了解和接触新事物的“心向”

幼儿的创造性意味着一种对任何事物都抱有的“敏感”，让幼儿保持这种敏感和心向，就是培养创造性最重要的一环。如当成人在灭蚊时，幼儿却只想知道蚊子有几条腿。幼儿善于突破各种各样的认知框架和模式，并在努力形成个人独特的认知习惯。由此可见，培养幼儿的创造性也意味着帮助他们形成一些个人化的探索习惯。

（二）幼儿的创造就是善于组织自己的“材料”

不同的幼儿会吸收不同的经验，他们的感官和脑的优势可能会有很大的差异，这些自然会形成他们自己的独特经验。如有的幼儿在语言活动中表现不佳，却能在美术活动中表现突出，且能根据自己的画讲述故事。可见，要培养幼儿的创造性，就要引导幼儿善于在自己经验的基础上组织这些材料。

（三）幼儿的创造性突出表现在想象力上

爱因斯坦曾经说过：“想象力比知识更重要。因为知识是有限的，而想象力概括着世界的一切，推动进步，并且是知识的源泉。”幼儿的创造性在很多时候就突出表现在想象力上。

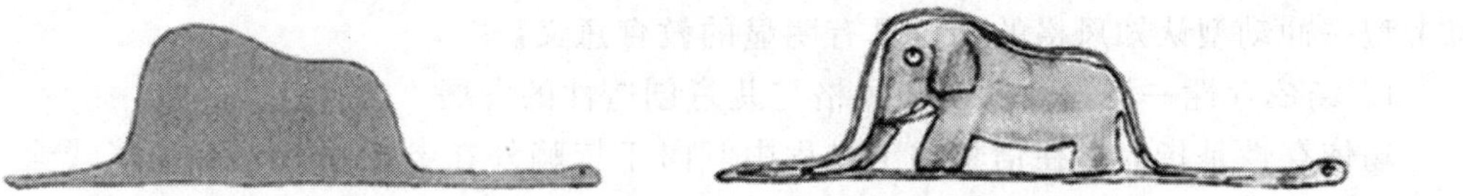

图 8-3 “帽子”和“蟒蛇吞大象”（摘自《小王子》）

图 8-3 是法国童话故事《小王子》在开头部分提到的一幅画的示意图。小王子在 6 岁时因为在画册上看到蟒蛇吞野兽的故事而得知蟒蛇在吃东西时是不咀嚼的。于是，他画了一幅画问大人觉不觉得可怕，大人的反映是一顶帽子有什么可怕的，可是其实他画的是一条大蟒蛇吞了一只大象。

幼儿想象力的丰富与其年龄特点有重要关系，3～6 岁的幼儿正处于探索周围事物的关键时期，好奇心强，也较少受社会文化的影响。大人对于一顶“帽子”已经习以为常了，所以看到像帽子的形状就觉得是帽子的样子，而幼儿的想象力之丰富却可以给大人们很多惊喜，比如小王子画的“蟒蛇吞大象”。

（四）幼儿的创造性常常体现于游戏活动中

游戏蕴藏着幼儿的学习需要和教育契机，幼儿在游戏中创造性地反映现实生活，这是由游戏的本质决定的。在游戏活动中，幼儿经常会有创造性的表现。因为，幼儿的游戏是对周围生活种种现象的再现或模仿，但这种再现或模仿并不是简单地、直接地再现周围生活现象，而是幼儿再造想象、创造想象的结果。

三、幼儿创造性发展的影响因素

影响幼儿创造性的因素是多方面的，下面主要介绍生理和遗传、认知、环境与教育这三大影响因素。

（一）生理和遗传的作用

人的创造性发展同样也离不开大脑。大脑的左半球和右半球有着不同的功能分区，左半球控制着人身体的右侧，主要是处理言语并进行抽象逻辑思维、集中思维、分析思维的中枢。右半球控制着人身体的左侧，主要是处理表象和进行具体形象思维、发散思维、直觉思维的中枢。有研究发现，在涉及音乐感知和创造时，右脑显示出了更多的优势，也有研究发现，有情绪内容的客体更易激活大脑右半球的活动。

我们已经知道在创造性中智力的作用，明确了智力影响着人的创造性，高创造性者都有着中上的智力，而低智力者创造性必低。研究发现，人的智力很大程度上是取决于遗传，因此个体的创造性也和遗传有着相当大的关系。同时，从生理发展看，个体在胎儿期的营养状况直接决定着胎儿的生理各部分的发育状况，因此个体创造性发展的影响因素也离不开生理发展。可以说，生理和遗传共同影响着个体创造性的发展。

（二）认知的作用

认知对创造性发展的影响主要表现在认知风格上。认知风格是指个体不同的理解、记忆和思维方式。幼儿的创造活动依赖于他们操作和处理新信息的方式，而他们对信息的选择、编码、组织、存储和再现的方式与其认知风格则是浑然一体的。近几十年来，心理学家对认知风格在创造力发展中的作用进行了多方面的研究，其中场依存性—场独立性认知风格、思考型—冲动型认知风格的探讨具有明显的教育意义。

1. 场依存性—场独立性认知风格与儿童创造性的发展

场依存性是指人们在信息加工过程中倾向于依赖外在参照物或外部环境线索作指导；场独立性是指人们在信息加工过程中倾向于依赖内在参照或内部感知线索作指导。威特金（H. A. Witkin）发现，人们在认知活动中具有场依存性—场独立性方面的差异。

在日常生活中，场依存性的人常常是在自己做某件事情之前对别人是怎么做的、怎么想的进行了解，并根据这些了解到的外界情况来改变或决定自己的行为；场独立性的人常常不管别人是怎么想的，只管按自己的知觉去思考、去做出判断和采取行为，不因外界环境而轻易改变。当然，极端场依存性或极端场独立性的人很少，绝大多数人处在由极端场依存性到极端场独立性这个连续体的某一位置上。

在不同的创造活动中，这两种认知风格的儿童往往表现出不同的反应。

场依存性儿童的特征表现在：依赖于周围的感知场景；倾向于对环境做出整体的把握，易受当时情境的影响；相信权威；把周围人的脸部表情作为一种信息来源；对他人很敏感，并通过这种方式获取社会技能；对人有兴趣；与相交往的人有密切的关系；喜欢参加与人打交道的活动。

场独立性儿童的特征表现在：在感知物体时，能把物体从场景中区分出来；能解决不同场景中出现的同一问题和稍作改变的问题；不服从权威，有自己的评判标准和价值观；完成任务过程中积极努力；待人冷漠、疏远；不合群；有较好的分析能力；喜欢从事独立性强的活动。

研究表明，随着年龄的增长，儿童的独立性的发展是其一般心理分化水平的反映。随后的研究发现，儿童框棒测验的分数与儿童在镶嵌图形测验（测查视觉转化、辐合加工能力）上的得分有正相关。场依存性得分除了与发散性加工和其他各种信息内容有关外，还同需要从事运算的各种任务存在相关。一般说来，场独立性可以看作是一种在创造性活动中起到转化促进作用的要素。所以，场独立性对儿童创造力的发展有着极为重要的作用。

2. 思考型—冲动型认知风格与儿童创造力的发展

吉尔福特等人研究了另一种认知风格，即思考型—冲动型与儿童创造力的关系。思考型的特征表现为停顿、酝酿、思考等倾向，冲动型的特征则表现为随时准备行动的倾向。

有关发散性思维能力测验的结果表明，思考型—冲动型认知风格与儿童创造力的发展有密切的关系。研究发现，思考型认知风格不适合儿童语义单位发散性加工能力的发展，冲动型风格与语义单位发散性和语义转化发散性加工都呈正相关。

（三）环境与教育的作用

社会文化、学校教育、家庭教育构成了环境与教育对幼儿创造性发展的影响因素。

1. 社会文化与幼儿创造性发展

社会文化对幼儿创造性发展的影响，纵向上受到历史发展水平的制约；横向上比较文化背景的差异，也可以看出其对创造性发展的影响；当今的社会文化也通过各种媒体，深刻而广泛地影响着幼儿的创造性发展。

（1）幼儿创造性发展受到历史发展水平的影响：一个历史发展阶段对儿童的看法、尊重程度、培养方式不同，对幼儿创造性发展的影响也会不同。古代的儿童被认为是成人隶属品而使得古代社会要求儿童整齐划一和服从，在这样的环境中，创造性很难得到发展。现代社会重视全面发展和自由成长，且十分强调创造和创新，这为幼儿创造性的发展提供了良好的社会环境。

（2）文化背景深刻影响着幼儿的创造性水平：文化背景的差异会造就幼儿不同的创造性水平。有研究者通过跨文化的比较研究得出结论：在鼓励独立性、创造精神、主张男女平等的开放性社会中，儿童创造力的水平普遍较高，男女差异也较少，即使存在着性别差异，也仅是在创造方式上各具特色而已；而在强调服从、专制，男女地位悬殊较大的封闭性社会中，儿童的创造力水平普遍较低，男女差异也较大。

现有研究发现，来自专制文化环境的儿童退缩、服从、逃避现实、自我防御机制很强，缺乏创造精神和创造力。古代希腊的斯巴达和雅典两个城邦的文化差异显著，雅典讲究的是心灵美与身体美和谐统一的教育，对于幼儿的创造性发展更有利，而斯巴达过分强调服从，则可能不利于幼儿创造性的发展。

（3）当今社会文化广泛影响着幼儿的创造性发展：社会文化通过各种媒体广泛影响着幼儿的创造性发展，包括纸介媒体和电视电影、网络媒体三个方面。

纸介媒体，幼儿在生活和学习中广泛接触到各种画刊画报和童话故事书等都属于这类媒体。幼儿识字不多，主要通过阅读画刊画报和童话故事来获得信息，这些刊物的内容作为社会文化的一部分影响着幼儿创造的发展。

电视和电影作为社会文化传播的一部分，和幼儿的生活也息息相关。电视机的家喻户晓、专门化卡通频道的增加、动画片制作质量的提升都加深了电视对幼儿创造性发展的影响，幼儿从各类电视节目中学习到和表现出的语言、动作、音乐以及卡通形象都是这一影响的体现。随着电影院的增加和生活水平的提高，也有越来越多的父母带着自己的孩子去观看大荧屏的儿童电影，同样，幼儿在其中也能获得一些收获。

网络媒体对幼儿创造性的影响也是很深刻的，家用计算机及其相关产品的普及，幼儿拥有了更多接触网络的机会。一批批面向儿童的网络游戏也应运而生，且不论好与坏，这些网络游戏的确对幼儿的发展造成了影响，在创造性方面，很多网络游戏的角色和名词都成了幼儿在幼儿园游戏中创造的材料。

2. 学校教育与幼儿创造性发展

(1) 教师的类型:不同类型的教师对幼儿创造性发展的影响不同。研究发现,有的教师认为"理想学生"的个性品质应是:独立思考、独立判断、富于好奇心;有的则把服从、礼让、定时工作视为"理想学生"的个性品质。在两类教育观差异较大的教师的指导下,儿童的创造性水平是不同的,前者的学生创造性水平明显高于后者。

(2) 教师的教学风格:有的心理学者研究了教师的教学风格与儿童创造力发展的关系,分析指出,教学态度民主、尊重儿童意见、允许大胆思考、鼓励提问、注意因材施教、言辞风趣幽默的教师往往较一般教师培养出更多有创造力的儿童。同时,安德鲁斯等研究者也指出,在当今学校中,有一些富有创造力的儿童,由于表面上的"淘气"、"调皮"原因,通常不太受老师、同学的欢迎,被视为"无法无天"的问题儿童,从而严重地阻碍了这些儿童创造力的正常发展。

3. 家庭教育与儿童创造性发展

(1) 家庭教养方式:家庭是影响儿童创造性发展的一个重要因素。研究发现,科学家在家中有较多的独立性。富有创造性的父母对自己的孩子信任、尊重,从小就给他们探索的充分自由,并对他们早期表现的兴趣给予引导和鼓励。美国和日本的一些研究者考察了家庭类型同儿童创造性发展的关系,其研究结果表明,生活在父母教养态度民主型、许可型家庭中的儿童,独立性强、创造力水平也较高。相反,生活在专制型、支配型、娇惯型家庭中的儿童,父亲与母亲在儿童创造力发展上的作用可能有所不同。

(2) 家庭亲子关系和出生顺序:韦斯伯格等人的研究结果表明,父子关系与儿童创造性水平高低有较高的正相关,创造力高的儿童同父亲接触较多。也有研究指出,发散性思维得分高的儿童,其母亲较多地具有创造性追求。出生顺序对儿童创造力的发展也可能有影响。罗伊等人的研究表明,独生子、头胎子女创造力水平比非独生子、非头胎子女要高。

第三节 幼儿创造性学习及其特点

创造性学习的来源与布鲁纳的发现学习和吉尔福特的创造性思维有关系,这两种理论都产生于20世纪50年代末的美国。当时美国认识到要想改变其科学技术状态,在国力竞争中获得胜利,就必须大力培养创造性人才,所以关于创造性的理论和研究也得到了重视。

一、创造性学习的界定

心理学研究表明,人人具有创造性,创造性可以通过培养而提高。对于个体来说,其创造性水平的高低主要从活动中体现出来。对儿童来说,学习是一种主要的活动方式,提高和发展儿童的创造性可以通过创造性学习来实现。

创造性学习,是指旨在保护和培养个体创造性的学习方式,强调儿童学习的主体性和能动性,强调自我建构、自我发现在学习中的重要作用。这里,创造性构成了学习品质之一,即学会创造。创造性学习包括学习方法的创新性和学习结果的新颖性。

(一) 学习方法的创新性

创造性学习不是为学习某种解决问题的方法而去学习,其目的是触类旁通和举一反三。

要想在短时间内找出行之有效的办法，不仅离不开平常经验的积累，还需要创新性的思维。而这种思维的获得，又是存在于平时的学习之中的。

（二）学习结果的新颖性

学习方法的创新性可能直接导致结果的新颖性，二者是分不开的。结果的新颖性是创造性学习的重要内容，也是评价幼儿创造性学习水平的客观材料。因为，幼儿的活动过程相对于结果来说较难观察，通过其创造成品来持果索因，对于发现幼儿的创造性学习规律和创造性培养方法有着很大的帮助。

创造性学习对于儿童来说是非常重要的，近在儿童自身的发展，远在将来的职业发展，小到个体的终身学习动力，大到国家民族的整体素质。关于创造性学习的重要性，特兰因格曾经简要地总结了教师普遍同意的四个观点：创造性学习有助于儿童在教师不在身边的时候较有效地学习；创造性学习为解决我们无法预料的未来的问题创造了可能性；创造性学习可以引起我们生活中的重大变化；创造性学习能产生强烈的满意感和愉悦感。

由此可见，创造性学习的作用不仅可以帮助个体独立解决问题，愉悦个体的身心，促进其心理积极发展，更深一层次的是，间接地提高了个体的适应性。

二、幼儿创造性学习的特点

要了解幼儿的创造性学习，就必须先明确其创造性学习的特点。幼儿的创造性学习主要有以下特点。

（一）创造性学习强调学习的主动性

创造性教育目标能否实现，要在幼儿的游戏和学习活动中体现出来。在创造性学习目标上，幼儿不仅要获得教师教授的知识，而且还要对教师所传授的内容进行思考，提出疑问，自主而又有选择地吸收。

1. 幼儿是学习活动的主人

儿童学习的积极性是成功学习的基础，当幼儿主动学习、主动认知、主动获取教育内容时，他们就能更好地认识世界，促进自我发展。教师的教相对儿童的学是外因，外因必须通过内因才能起作用。幼儿是创造性学习的主人，创造性学习只有在幼儿主动学习的过程中才能实现。

2. 幼儿是探索者和追求者

在创造性学习活动中，幼儿是积极的探索者和追求者。对幼儿而言，学习不仅是知识的增加，而是新旧经验发生联系，积极建构自身知识经验和结构的过程。幼儿在创造性学习活动中，作为探索者和追求者，主要体现的是参与性。在教师的组织下，给予幼儿积极参与和发现的机会，创造自由发挥的空间。

（二）幼儿的创造性学习主要体现在创造性游戏之中

幼儿学习的主要方式是游戏，问题也主要来自游戏，游戏的不确定性给幼儿带来问题，从而使他们获得解决问题和做出决定的能力。布鲁纳曾就游戏与解决问题能力之间的关系做过大量实验，证明教学只能提供给幼儿特定的知识和技能，而游戏使幼儿获得智慧与学习方法以及思维的变通性、创造性。

（三）幼儿的创造性学习主要借助于想象来实现

幼儿在进行创造性学习过程中，创造想象的作用和地位很突出。创造想象是创造活动的操作成分，它实际上是一种用形象进行操作，并由它创造出独特的新形象。虽然几乎所有的创造活动都缺少不了想象，但是幼儿在创造活动中的创造想象显得尤为突出，这是因为：

1. 幼儿的发展水平决定了用想象来表现创造性

幼儿园小班或更小的儿童的创造实际上是一种无意想象的结果，而中班以上的儿童的创造主要是一种有意想象。可见，幼儿借助想象来思考乃至创造是由其心理发展水平所决定的。

2. 想象的乐趣让幼儿喜欢想象

想象可以给予幼儿很多乐趣，其中语言想象具有随意性、跳跃性、非现实性的特点，不需要太多的知识经验便可以产生新的联想。更重要的是儿童可以不加拘束地、灵活地运用想象，并能从中得到乐趣。

3. 幼儿的创造想象是感性的

幼儿往往以某个感知过的形象为原型。他们的想象大都和自己的经验有比较密切的联系，从自己生活中的愿望出发，显示出非理性的特征。如小孩拼图时，想象的“老师”不是抽象的“老师”，而是他所熟悉的“陈老师”。

4. 幼儿的想象受环境影响大

幼儿的想象在游戏中往往随玩具的出现而产生。例如，看见小碗小勺，就想象喂娃娃吃饭；看见小汽车，就要玩开车；如果没有玩具，幼儿可能呆呆地坐着或站着，头脑中不进行想象活动。

（四）幼儿的创造性学习受情绪影响大

幼儿创造性学习受情绪影响大，这是因为幼儿的情绪常常能够引起某种想象过程，或者改变想象的方向，从而影响到创造性学习的过程。鲜明的情绪是形成儿童强烈创造需要的基础，这种需要不仅指向创造的成果，而且指向实现创造的过程本身，即它在一定程度上依赖于所要解决的实际任务必须是幼儿喜欢的，且可以让他们快乐的。

三、幼儿创造性学习的影响因素

幼儿的创造性学习受到诸多因素的影响，这里主要讨论幼儿在幼儿园内，各个因素对其创造性学习的作用，包括了幼儿园环境、教师态度、教育方式、游戏活动、个体心理特点。

（一）幼儿园环境

幼儿生性好奇、敢于冒险，能在与环境的相互作用中学习和探索。幼儿在环境中进行探索时所得到的积极的和消极的反应，决定幼儿未来探究的可能性和在幼儿园环境中他们的理解范围。这种理解范围反过来又会指导着幼儿的活动。因此，教师的任务在于创造一个欢迎幼儿进行探索的环境。幼儿园如果能够提供一个安全自由和富有刺激的教育活动环境来培养幼儿的创造性，幼儿就会自然地探索可能有的东西，并表现出创造性的动机和激发他们的创造性想象。

马克西姆（Maxim）列出了一些能刺激幼儿创造性行为的环境条件：对幼儿很积极参与的活动不应加以时间的限制；建立一个自由的、开放的环境气氛，以鼓励幼儿自由自在的表现；允许幼儿之间互相交流，并刺激另一个同伴的思考；消除环境中的压力、焦虑等不良条件。

另外，幼儿园应设置专门供幼儿进行创造性活动的活动室，并特别注意其中的布置，使其最大限度地促进幼儿的创造性活动。专门的创造性活动室的布置应注意两个原则：

第一，是要为幼儿提供实现其创造构想和进行新的尝试所必需的物质条件。即要在活动室内放置足够的必需的工具和物品。

第二，是要为幼儿的创造性活动提供独立的空间。专门的创造性活动室的面积应与进行创造性活动的幼儿数目相适应，每个幼儿都应有一个相对独立的空间，可以自由地、不受干扰地进行尝试。

（二）教师态度

教师在幼儿创造性学习和发展中起着重要的作用，其中，教师的态度对幼儿创造性学习的影响较大。

1. 鼓励幼儿进行创造性学习

每一个幼儿都具有进行创造性学习的能力，只是其能力的大小不同而已。教师应鼓励每一个幼儿都积极地参与到创造性学习中来，给他们安排自由的活动时间，让他们按自己的想法进行活动，教师的提问应能促进幼儿自由表达意见和想法，他们还应该鼓励幼儿分享个人的经历。

在具体鼓励幼儿进行创造学习的方法上，马雅斯基（Mayesky，1985）提出了教师鼓励幼儿进行表达创造性倾向的八种方式：帮助幼儿接受变化；帮助幼儿认识到有些问题并不容易回答；帮助幼儿了解很多问题可能有很多的答案；帮助幼儿学会评价，接受他们的自我感受；奖励有创造性的幼儿；让幼儿体会到创造性成果和解决问题过程的快乐；帮助幼儿学会了解他们之间的差异；帮助幼儿发展坚持性。

2. 正确认识幼儿创造性学习的价值

幼儿的创造性表现的是一种只具有个人意义的东西，很难具有社会价值。按照创造性产品的价值大小可以将创造分为真创造和类创造。

真创造是指根据一定的目的，在已有知识经验的基础上，用新颖、独创的方法产生出具有社会价值的劳动产品的思维过程。大多数成人的创造发明就属于这种类别的创造。类创造是指根据一定的目的，在已有知识经验的基础上，用新颖、独创的方法产生出具有个人价值的劳动产品的思维过程。幼儿用新的方式进行某项游戏等都属于类创造。

因此，教师在指导幼儿的创造性学习时，不应对幼儿的创造性产品提过高的要求，只要幼儿在用一种新颖的、独特的方法解决某个问题或参与某项活动，就应加以鼓励和指导。

（三）教育方式

研究者发现，除了教师的态度对幼儿的创造性学习活动起到指导作用以外，教师在教育活动中的教学组织方式也可以指导幼儿的创造性学习。它包括教师教授幼儿解决问题进行创造性思维的技能和技巧、创造性的审美活动方法、提问的方法等。

1. 教授创造性解决问题的技能技巧

研究认为，教师在幼儿教育活动中可以通过一种“啃骨头”的方法教给幼儿创造性地解决问题的技能和技巧，帮助幼儿一步一步地接近问题的答案。教师尽早开始发展幼儿的创造性思维，其中包括一般的解决问题的技能和创造性思维的技巧。具体的问题解决能力培养会在下一节“问题解决能力培养”中详细叙述。

2. 创造性的审美活动方法

在这一方法中，让幼儿学习如何把审美活动同创造性思维活动结合起来。通过创造性的审美活动方法设计教育活动，以培养幼儿的创造性思维能力、解决问题的能力、创造性思维的流畅性、语言表达的流利性以及视听觉的敏锐性和辨别能力等。具体的培养方法将在下一节“自我表现能力培养——艺术的方式”中详细叙述。

3. 传授幼儿提问的方法

掌握提问的方法对幼儿创造性学习的指导也是有益的。在教育学习活动过程中，幼儿也常常会向同伴提一些自己被成人问过的问题，如果成人只问幼儿一些预先有答案的东西，幼儿也会问同伴甚至成人一些这种问题。这种问题通常只会把幼儿的视线集中在表面的、显而易见的事情上，而不会去注意事物的可能性。

有研究发现，教师或家长如果问幼儿那种估计的、发散性的问题更能培养他们的创造性。在幼儿创造性地解决问题的过程中，他们也学会了如何创造性地向别人提问，从而掌握了创造性地提问的方法。提问的方法代表着思考的方向，传授幼儿提问的方法对其进行探索活动显得尤其重要，如何让幼儿获得更大的探索空间，就必须在提问的方法上下工夫。

（四）游戏活动

创造性游戏是幼儿在想象的基础上，有创造性地反映周围现实的学习活动方式。它是幼儿典型的、特有的教育活动组织形式，主要包括角色游戏、结构游戏和表演游戏。

在创造性游戏中，幼儿自己提出游戏主题，选择游戏内容，选用游戏所需要的材料和玩具，创造性地反映周围现实生活。由此可见，整个游戏过程就是一个幼儿积极、主动地提出问题和解决问题的活动过程，它既能满足幼儿的好奇心、求知欲，有助于发展他们的创造性解决问题的能力，又能培养幼儿活泼、愉快、开朗、大方等良好性格特征。同时，在游戏中幼儿通过对现实生活的模仿和创造，可以丰富他们的生活，也加深了他们对生活的印象。

教师应为幼儿的创造性活动尽可能地提供良好的条件，并进行适当的指导和帮助，让幼儿在创造性游戏中充分发挥创造性潜能，发展创造能力。具体如何在游戏中培养幼儿的创造性，将在下一节“创造性思维训练——游戏的方式”中详细叙述。

（五）有助于幼儿创造性学习的心理特点

托兰斯研究发现，儿童心理发展的某些特点有助于创造性学习，包括：注意的持久性，在创造性的学习中，幼儿注意稳定的时间可以较为持久，且热情很高，不想结束活动；喜欢对事物加以组织、条理化，不能忍受事物间的不协调；能从不同角度了解事物，如四五岁的幼儿在听故事时，老爱提问，故事听了一遍，还要讲第二遍、第三遍乃至第四遍，还会将故事与自己联系起来，身临其境，再三提问，并尽量去联系、思考；游戏、活动前对老师的指导语很感兴趣；幼儿的创造性思维往往有暂时的沉默与犹豫的特点，在语言发展还不够成熟的条件下，他们常用非言语的方式表现他们的创造性思考的结果；像用放大镜似地观察事物，他们对观察、探寻和操纵物体有一种不可遏止的倾向，这种倾向可能就是成人的好奇心，创造发明的萌芽；喜欢用幻想作为学习与解决问题的方式；喜欢编故事、作曲。

在创造性教育中，我们可以根据这些特点鉴别幼儿活动的创造性成分和创造性水平的高低。

第四节　幼儿创造性教育

一、创造性思维训练——游戏活动

(一) 游戏的特点适合于幼儿进行创造性思维训练

游戏的特点与创造性联系紧密,创造性学习中少不了动机、想象、自愿等这些要素,而恰好这些要素在游戏中都存在着。游戏是幼儿创造性学习的最亲切的活动,这不仅仅是因为幼儿天生喜欢游戏,而是因为游戏的特点也与创造学习很好地贴合在了一起。幼儿的创造性游戏对指导幼儿的创造性学习和培养幼儿的创造性十分有利。

首先,创造性游戏可以激发幼儿广泛和强烈的好奇心。在具体的教育活动中,幼儿可以突破常规教育的局限,去感受和接触更为丰富的周围世界,使其对随处可见的未知事物产生好奇心,而强烈的好奇心正是幼儿进行创造性学习的必要条件。

其次,幼儿经常参加创造性游戏有助于培养幼儿发现问题的能力。对创造性游戏中各种事物的观察和思考,可以提高幼儿发现问题的敏锐程度,激发幼儿的创造性设想。

再次,创造性游戏可以锻炼幼儿解决问题的能力。在发现问题的基础上,儿童会积极动脑筋、动手,寻求解决问题的答案,解决创造性游戏中遇到的问题,而且,思维具有较大的自由度,其创造性潜能也因此能够得以充分地发挥。

最后,幼儿通过创造性游戏可以养成利于创造性发挥的良好个性品质。如主动探索的精神,敢于独创的勇气,对创造性活动的热爱和渴望等。

(二) 创造性思维训练在游戏中的应用

1. 创造性思维训练的一般方法

(1) 头脑风暴法:头脑风暴法的核心思想是把产生的想法和评价想法区分开来。基本做法是:

教师先提出问题,然后鼓励学生寻找尽可能多的答案,不必考虑答案是否正确,教师也不作评论,一直到所有可能想到的答案都提出来了为止。

延迟对答案做出评价,一方面可以鼓励学生多提答案,另一方面也防止他们因怕说错受批评而不敢说。在这种情况下,一种想法可能会启发另一种想法,还可以给予那些看似荒谬的想法一些成长机会。

(2) 分合法:戈登(Gordon)提出的分合法本义为“把原本不相同、不相关的元素加以整合”,包括两种心理运作过程:“使熟悉的事物变得新奇”和“使新奇的事物变得熟悉”。熟悉的事物陌生化的过程要求学生用新颖而富有创意的观点去重新了解旧问题、旧事物、旧观念,从另一个新奇的角度来解释一些熟悉的概念。

戈登的分合法,主要是运用类比和隐喻的技术来帮助学生分析问题,形成不同观点。隐喻的功能在于使事物之间形成“概念距离”(Conceptual Distance),以激发学生的新想法。

以下是戈登提出的四种类比方法:

① 狂想类比:考虑问题解决的途径,尽可能以不同寻常的思路去思考或尽可能牵强附会。

例如,问学生:“一天下课,大家忽然发现在学校的操场上有一个大的飞碟,大家要做操了，可是都不敢靠近，怎么把这个飞碟弄走？”面对这样一个问题，如果利用狂想类比，答案是牵强的，如：“用大象搬走”、“用龙卷风刮走”、“和外星人谈判”等。

② 直接类比：将两种不同的事物，彼此加以隐喻或类比，借以触类旁通，举一反三。它与狂想类比的区别在于，狂想类比纯属幻想虚构，不依据事实，而直接类比要求必须有与问题相类似的实际生活情境。如，蜻蜓和飞机，人体的血管和公路，鱼儿和潜艇，电脑和人脑等，这些都可以用来做直接类比，因为二者之间有着相似的地方。

③ 拟人类比：将事物“拟人化”或“人性化”。

图 8-4 是一个拟人类比示例：生病的小树觉得头很疼，但是又害怕打针，所以悄悄地哭了。这里把树拟人化，把人生病的症状和情绪都放在了树的身上，是一种拟人类比。

④ 符号类比：运用符号象征化地类比。

图 8-5 是一个符号类比示例：图片里人的眼睛用钱币的符号代替了，以表现出是一个贪财的人，这是一种符号类比。

图 8-4　拟人类比示例图

图 8-5　符号类比示例图

(3) 联想技术：包括定向联想和自由联想。

① 定向联想：对联想的方向给出了规定，是有限制的联想方法。

图 8-6 是一个定向联想示例：规定一个问题，如“一个杯子有多少用途？”可以得到很多答案，这是一种定向联想。

图 8-6　定向联想示例图

② 自由联想：提供一个刺激，让学生以不同的方式自由反应。学生从已学知识出发，运用联想技巧，去寻找并建立事物间新奇而富有意义的联结关系。用在字词上就是字词联想，

用在图画上就是图画联想。

图 8-7 是一个图画联想的例子,问:“看到这幅图会想到什么?”如果进行自由联想,答案会有很多。“鱼在咬猫的手”、“猫一拳把鱼打飞了”、“猫和鱼在闹着玩”、“猫在摆姿势拍照”……

图 8-7　自由联想(图画联想)示例图

2. 创造性思维训练在游戏中的应用

以“拼棒游戏”(见知识拓展 8-2)为例,来看创造性思维训练的应用。从活动方案看,“拼棒游戏”可以启迪幼儿的想象力来组合火柴杆,并从组合完成后的形象中继续发挥想象力来对作品进行讲述。但是,要想让幼儿在游戏中获得更多的收获,就需要用到创造性思维训练的一些方法。在创造性思维训练上,“拼棒游戏”还有许多可以挖掘的地方。

第一,让幼儿看到“拼棒游戏”的动态过程,刺激自由联想的产生。教师如果不在一开始呈现完成的范例,而是在幼儿面前先展示材料,再逐步用材料拼成完整的图案,让幼儿看到这个过程,会收到更好的效果。这是因为,在这个过程中可以鼓励幼儿进行自由联想,在没有变成目标图之前,总是有无限可能,这对之后幼儿自由发挥和自己动手去做有很大的帮助。

第二,在讲述作品环节可以采用多种形式,使用狂想类比。有创造性的做法就不仅仅是把图案的故事讲出来,而是会操作这些火柴杆来达到更好的效果。以图 8-8 的图案为例子,蝴蝶飞走后变成了什么?又来了什么动物?花凋谢以后又变成了什么?这种动态的思考方向可以让幼儿在游戏中获得更多的快乐,也可以让创造性获得更好的发展。

【知识拓展 8-2】　案例:拼棒游戏

游戏目的:启发想象与变通的、独创的思维。

游戏材料:各种颜色的火柴杆或冰棒棍。

游戏玩法:

(1) 教师展示一幅用彩色火柴杆(或冰棒棍)拼接成的蝴蝶采花的图案。(见图 8-8)

(2) 启发幼儿探索多种拼接法,拼出各种不同的美丽图案。

(3) 展览幼儿作品,讲述作品内容,比比谁表现得最形象,最有趣。

图 8-8　蝴蝶采花图

(三) 通过游戏发展幼儿创造性的建议

1. 游戏准备——环境与材料

(1) 提供良好的游戏环境:创造性虽然是天马行空的,但不代表它是杂乱无章的,有秩序感的游戏环境有利于幼儿逐渐认识到环境和玩具之间的关系,不仅可以让幼儿更好地融入到游戏的自由想象中,而且秩序感的形成就像是创造的前奏一样,将幼儿的情绪带入到创造的世界中去。

好的游戏环境是有条理的,且具有启发性。有条理的游戏环境是指整洁且归类清晰的,这样的游戏环境可以在潜移默化中帮助幼儿形成应有的秩序感,归类存放玩具和游戏区域的区分本身就是一种集合相同属性和不同属性的教育。

例如，把角色游戏区和结构游戏区放在邻近的位置，利于幼儿在游戏中产生更多的想象，幼儿在实际游戏时，在角色游戏中可能会加入结构游戏的道具，而在结构游戏中可能又会加入角色游戏中的角色。这种具有启发性的区域安排和材料摆放方式，可以让幼儿有更多的机会认识到各个材料之间的关联，因此有了更多的搭配，才有了更丰富的游戏内容。

总之，具有启发性的游戏环境是指环境布置有一定的示范和启发作用，同时材料的摆放与搭配也是可以给幼儿提供灵感的。

（2）提供丰富的游戏材料：游戏材料置于游戏环境之中，是幼儿游戏中的直接操作物，它的数量和类别也对幼儿游戏活动的水平高低有着很重要的影响。材料准备不当则会制约甚至是禁锢幼儿的思维，科学的投放游戏材料可以促进幼儿的想象力。因为游戏材料给了幼儿丰富的刺激，幼儿才有机会发展各自的创造性。

2. 游戏过程——鼓励想象和创新

教师的启发、鼓励想象和创新，是创造性思维训练的主要动力。教师在游戏中的作用，除了是组织者以外，还是观察者和参与者、建构者。在游戏中鼓励想象和创新，有以下两点建议：

（1）教师作为参与者加入到游戏之中：教师作为参与者加入到游戏中，是直接影响游戏进程和树立游戏榜样的方法。下面是一个教师帮助被排斥在游戏外的幼儿参与游戏的例子。

教师扮演顾客，说自己有一个朋友想到理发店来工作，希望得到一个职位。可是，小理发店人员已满。扮演顾客的教师对小理发师说，你们这里的卫生不好，需要一名清洁工，及时扫掉地上的头发。于是，这名被排斥在游戏之外的幼儿，成了小理发店的清洁工。

教师作为参与者来帮助幼儿更好地进行游戏是十分必要的，在活动中也是很适用的，教师的加入为幼儿带来了启发，为幼儿创造性地解决问题提供了帮助，树立了榜样。

（2）教师作为建构者联系材料与游戏：教师还应该作为建构者来联系材料和游戏内容。增加游戏对于材料的利用度，为防止幼儿对游戏材料形成功能固着的情况，教师要帮助幼儿在游戏中充分认识材料的作用和它们与游戏的联系。

教师作为建构者关键在于鼓励幼儿对游戏中的材料展开想象，而要达到这个程度，教师需要做的是引导幼儿认识材料性质与生活用品的联系，多问问“材料像什么”，“可以怎么玩”，从而又可以创造出新的游戏角色和新道具。

3. 游戏评价

在评价的时候，尤其要注意对创造性情况进行关注，在表扬一些幼儿的创造行为时，会起到榜样作用。但是，这也可能会抑制其他幼儿的想象空间。

教师的评价与总结，不能只称赞好的，还要说清楚为什么好，并对材料进行分析，把问题抛给幼儿，让幼儿尽可能地对新加入的材料有更多创造性的认识，这样就不会禁锢幼儿创造性的发展空间了。

二、自我表现能力培养——艺术的方式

（一）艺术的特点利于进行自我表现能力的培养

学前时期被普遍认为是创造力的黄金时期，该年龄段的儿童都开始闪耀着艺术的活力。

而此后就会呈现下降趋势，这种活力会慢慢退化，因此我们大多数人最终在艺术上都将成为发育不良的成年人。随便走进任何一家幼儿园，呈现在你眼前的都将是一个充满想象和创造的儿童世界。之所以选择艺术作为自我表现能力培养的方式，是因为：

1. 幼儿的心灵贴近艺术的自由

幼儿因其生活经验有限，对这个世界的认识还很自我和表面，因此给了他们较大的想象空间。他们生活中的许多东西，都被赋予了灵性。艺术之自由让人在想象的空间里徜徉，极大地扩大了心灵空间，可以帮助幼儿发展创造性。

例如，在幼儿看来，太阳下山了，是因为太阳瞪着眼睛看了一天的书，太累了，所以休息去了；星星只有晚上出来，是因为大大的太阳睡觉去了，顽皮的星星才敢出来玩。

2. 艺术的表现性明显，且适合幼儿

艺术也因为它的自由而极具表现性，艺术的符号系统是直观的。绘画的色彩和形状是可以快速直觉到的，乐器奏出的声音也是可以听到并引起情绪变化的，舞蹈的动作就更加直观了。

相比文字语言的连续性，艺术的直观性更加贴合幼儿思维发展状况。幼儿的思维以直观行动思维和具体形象思维为主，其中具体形象思维是幼儿期的典型思维。

（二）艺术活动中培养幼儿的自我表现能力的建议

1. 提供自我表现的材料

研究表明，幼儿创造性的自我表现存在一个高峰期，通常它发生在4～6岁之间。因此，幼儿教师一直重视幼儿创造性的培养，并试图通过发展幼儿的自我表现能力来促进幼儿创造性的培养。所谓自我表现材料，是指教师给幼儿提供的各种各样的能充分发展各个幼儿创造性反映能力的绘画、拼图、泥工、绣花、舞蹈等媒体。

通过自我表现材料培养幼儿创造性的基本方法是：

第一，教师应选择适宜的表现材料，帮助幼儿认识和使用材料，避免材料成为创造的阻碍。

如果对材料选择不当，材料可能会成为创造的阻碍。尤其在绘画，当幼儿还不能较好地使用水来调和颜料，也不能使用柔软的控制力较弱的画笔来画画时，绘画的目标效果和手感容易与幼儿的心理期望形成落差，从而影响其创造的兴趣。所以，选择适应幼儿的表现材料，考虑这些材料是不是幼儿可以驾驭的，并且帮助幼儿认识和使用材料，这也是获得好的创造的基础。

例如，教师组织小班幼儿第一次使用蜡笔绘画，打开音乐，告诉幼儿蜡笔宝宝要起床了，然后要幼儿带蜡笔宝宝在纸上跳舞。红色的蜡笔宝宝跳完舞，又请蓝宝宝和黄宝宝跳舞。幼儿都沉浸在了拟人化的情形中，在画纸上留下了蜡笔宝宝跳舞的痕迹。

这名教师选择了适宜的材料（蜡笔对小班幼儿而言是易于操作的），并通过幼儿熟悉的方式来用蜡笔在纸上留下痕迹，还在活动中初步积累了关于色彩的经验。

第二，教师在自我表现材料的活动中应尽量少干预，并且不要给幼儿提供模仿的范例。

教师在提供自我表现材料时，应让幼儿按照自己的兴趣爱好和情感需要去自由探索材料，只有当幼儿需要指导时，教师才介入。当然，允许幼儿进行自由的探索，并不意味着允许幼儿在活动中进行“情感发泄”，教师在任何情况下都不允许幼儿去毁坏财物和伤害他人。同时，教师应该明确模仿并不等于创造。教师只需陈列材料，让幼儿自己去操作。

如果教师不提供范例，可能没信心绘画的幼儿依旧没有信心绘画，但是教师优质的范例的提供给幼儿带来了更多的阻碍。所以，范例的提供不要在一开始就出现，除了避免随后幼儿的片面模仿，更重要的是给幼儿一个零起点和自由创作的空间。

第三，教师应理解和尊重幼儿的发展水平，并以重视幼儿操作活动的过程为主，而不是结果。

幼儿的一些图画初看都不像是绘画作品，但是在过程中，幼儿感受到了绘画的乐趣和想象的快乐。任何心理能力都必须建立在一定的成熟因素之上，幼儿的创造性发展情况也不例外，教师应理解和尊重他们。对于幼儿而言，大多数活动都不以目标和产品为中心，而往往重视活动的过程，从中尝到甜头，并为幼儿继续的创造性活动打下基础。

第四，教师应给幼儿提供足够的时间和机会，并给予正确的评价。

幼儿不可能通过画一幅画或拼贴一张图就能得到足够的体验。他们需要有机会继续操作材料，不断发展其思维和情感。正是由于这种原因，在自我表现材料的活动中，教师应给幼儿安排足够的时间，让他们根据自己的需要，参与或离开表现材料的活动。

例如，教师组织了一次和下雪有关的美术活动，和范例一起呈现了一个小企鹅不怕冷的故事。随后，教师希望幼儿们画出不一样的小企鹅。大家都画得很不错，但是有一名幼儿的画面黑漆漆的，小企鹅的线条只能隐约看到。经过询问，该名幼儿说是因为小企鹅家停电了。对此，教师说帮助该名幼儿一起把小企鹅的家变得亮堂起来。

例子中的教师做得很好，在幼儿为自己的绘画作品找到一个名字和理由时，教师主动改变了自己的教学行为，帮助这名幼儿重新画了一幅画。

当幼儿在进行创造性活动时，教师进行有效的评价能起到鼓励幼儿继续进行创造活动的作用，使幼儿更热心于这种活动。但教师如果试图通过猜测幼儿正在创造什么，或者要求幼儿为其创造的东西命名，以此评价幼儿的创造性产品，是非常失败的。这是因为幼儿的创造性活动往往不能十分仔细地考虑自己通过这些材料要表现什么，尽管他们试图这样去创作，可能任何人都不能认识它。教师要求幼儿给自己作品命名的另一个错误是，教师把工作的重点放在了幼儿的作品上，而不是重视幼儿的创造的动力过程。

第五，教师应给有疑虑的幼儿不参与活动的权利。

幼儿在精力充沛地投身于一项活动之前，往往能从旁观这种活动中获益。小班幼儿经常喜欢旁观，胆怯的幼儿或新来的幼儿在年龄大一些的时候也常有这类行为。这是一种正常的学习方式，教师应尊重以这种方式来面对新情况的幼儿。

在通常情况下，几天之后，他们就会以极大的热情去尝试他们所旁观的活动。如果少数幼儿特别害怕被某些材料弄脏或粘住，教师和家长应告诉这些幼儿在幼儿园用颜料和胶水等是没有问题的，从而让他们放心。同时，教师在这些易弄脏的活动开始时，提供一些肥皂等清洁材料是最好的，告诉幼儿即使把手弄脏了也可以用水洗干净。

第六，教师要对表现材料本身进行评价，在选择创造性材料时也要考虑到美观性。

教师对幼儿的表现材料进行评价时，既应考虑材料的种类，也要考虑材料的数量。因此，为了给幼儿提供足够的材料，教师必须最大限度地发挥自己收集材料的能力，以保证幼儿活动时的使用。

一方面，如果材料的数量不够，对于那些没有材料的幼儿来说显然是不公平的，即使对于那些已有材料却数量不够的幼儿来说也有碍他们充分地进行创造活动。另一方面，如果材料的种类单一，且不美观，幼儿玩几次之后就会感到乏味，从而影响幼儿参加自我表现材料的创造性活动的积极性。

总之，教师在收集和整理幼儿园的表现材料时应从其数量、种类和美观感等方面加以评价，使幼儿对材料的本身就产生强烈的探索欲望。

2. 综合艺术教育

综合艺术教育最大的好处就是增加了艺术语言之间的转换机会和刺激了通感、联想、想象的产生。跳舞的时候需要音乐伴奏，唱歌的时候也有伴舞，乐器表演有时也有舞蹈演员作为舞台渲染出现，这些都体现了艺术之间的联系。音乐和绘画，一个是声，一个是形，一个是时间的艺术，一个是空间的艺术，看上去那么的不一样，但是充满灵性的欣赏者可以看到音乐里的画面，可以听到画里的声音。

可见，综合艺术教育比单独的分门类的教育要有更大的想象空间，同样的，通过综合艺术教育来培养幼儿的自我表现能力，其空间也变得更大了。

培养幼儿的自我表现能力，用综合艺术教育的方式，要注意：

第一，要自然衔接的综合艺术，不能牵强地拼凑。

综合艺术教育不是僵化地把绘画、舞蹈、音乐拼凑在一起，而是要找到它们之间的契合点。像绘画和舞蹈，它们的共同点就是都有造型，只不过绘画的造型是在纸张上，而舞蹈的造型是身体动作的造型。绘画只画某一刻的表现，而舞蹈是一段时间的表现，同时我们不能忘记舞蹈伴奏的存在，也就是说，在这个综合教育中，还有乐曲这一要素。在跳舞的时候，情绪除了来源于夸张的动作，大部分的情绪其实来源于乐曲的渲染。所以，如果要把绘画和舞蹈结合，除了重视造型，还要重视伴奏的乐曲。那么教师在指导幼儿时，就要多问幼儿舞蹈时的心情，动作的意义，让幼儿充分地回忆和感受，等这种感受很丰满了，也就可以慢慢地通过绘画的形式来表达了。

第二，不能强加于幼儿艺术作品的思想感情，要重视幼儿自己的体会。

教师尤其要注意，在艺术的表现中，没有对和错，只有是否表现得充分，是否表现得精彩之分。在把音乐和绘画结合起来的时候，很容易犯这个错误。尤其是在有命名的音乐中，教师很容易先入为主，觉得幼儿都画得和音乐主题一致了，才是成功的。如认为画《马刀舞曲》时只有画骑马打仗才是“对”的，这是很不可取的。

三、问题解决能力培养

（一）问题解决的定义

问题解决是由一定的情境引起的，按照一定的目标，应用各种认知活动、技能等经过一系列的思维操作，使问题得以解决的过程。创造发明实质上也就是问题解决过程，只不过它不是一般的问题解决，而是一种具有创新意义、超乎寻常的问题解决过程。

对幼儿而言，他们所面临的问题来源于生活、游戏、学习等方面。如“怎样在老师教我们跳舞时分清左边和右边呢?”幼儿的这些问题对成人而言不是艰深的大问题，可是对于稚嫩的幼儿来说，都可能是他们第一次遇到的，且感到困惑的。

（二）问题解决过程与创造性

从逻辑分析来看，问题解决包括一系列相互联系的阶段，分为发现问题、分析问题、提出假设和验证假设四个阶段，这四个阶段与创造性有各自的联系。

1. 发现问题

发现问题是认识问题的存在,并产生解决问题的需要和动机。

问题是客观存在的,有的问题较为明显,易于发现;有的问题则比较隐蔽或不易被人发现。有人善于提出问题,有人对问题则熟视无睹。巴甫洛夫在人们司空见惯的"见食物,流口水"的现象中,发现了条件反射,进而揭示了动物和人的高级神经活动的规律。善于发现问题是思维发展水平的重要标志。

创造性在此的体现为发现问题的能力。历史和实践确凿地表明,科学上的突破,技术上的革新,艺术上的创作,无不是从发现问题、提出问题开始的。爱因斯坦和英菲尔德认为,发现问题可能要比解答问题更为重要,解答的可能仅仅是数学或实验技能问题,而发现、提出新问题,从新的可能性、新的角度去考虑问题,则要求创造性的想象,这标志着科学真正的进展。发现和提出问题建立在所获取的问题信息的基础上,而且,在许多情形下,某些问题的获取常常直接导致创造性观念的产生。问题信息的选择和获取能力就是创造性成分。

2. 分析问题

分析问题是分析问题的要求与条件,找出它们之间的联系与关系,把握问题的实质,确定问题解决的方向。

这是解决问题的起点。分析某些复杂的社会问题,就要透过现象看本质,抓住主要问题进行分析,分析产生问题的原因,抓住解决问题的有利因素,克服不利因素等,这样才有利于问题的解决。

在分析问题中,创造性主要表现在明确问题的能力上。研究发现,富有创造性的个体比较注重对所发现问题的各种信息的融会贯通,理清它们的来龙去脉,弄清其中的逻辑原理及相互联系,而不是去死记硬背,堆砌知识和问题信息。这其中所体现的明确问题的能力是个体创造性发挥作用的基础。

3. 提出假设

提出假设是提出解决问题的方案、策略,根据一定的原则、方法和途径去解决问题。这个阶段具有创造性的阶段,也是解决问题的一个关键阶段。

提出假设在创造性上,表现在阐述问题的能力、组织问题的能力和输出问题解决方案的能力上。

(1) 阐述问题的能力:任何创造性观念的产生,都需要从存储在头脑中的知识经验中提取有关的信息,这种提取过程在信息加工理论中称之为激活。激活是阐述问题的重要途径。一般人往往只对准了问题的答案,而忽略了问题的阐述。由于一个人知识经验中包括的信息繁多而复杂,所以全部将其激活既不可能,也没必要。因此就需要有选择、有针对性地去激活那些与解决问题有关的信息。西蒙认为这是"熟悉化"和"选择性遗忘"的过程。熟悉化指的是缓慢地在长时记忆中建立问题表征和相关资料,搜集、激活信息受短时记忆中目标系统的影响,信息进入长时记忆后,又反过来影响目标系统。这样,短时记忆中的目标信息和长时记忆中的问题信息就不断相互作用着,只有当一定时候,所需信息才能被激活,这是一个明确问题基础上的阐述过程。同时,激活的程度也因问题和要求的不同而做相应变化。如果一个人激活问题信息的能力太差,那么,他要么不能激活那些有关的十分重要的信息,要么问题信息激活的程度不够,这都将影响并阻碍创造性观念的产生。可见,阐述问题的能力也是创造性成分之一。

(2) 组织问题的能力:问题被阐述以后就进入了加工阶段。创造性观念往往是通过对问题的加工而形成的。因此,在创造力中,组织问题的能力最为关键。对问题的组织加工一般包括心理加工和实际操作加工两种方式。前者指心理水平的加工,如联想、类比、灵感、直觉等,其他人通常观察不到,但主体可借助内省体验到。后者指实际操作水平上的加工,如实际比较、操作演算、动作尝试、行为探索等,由于这种加工通常是借助一定的外在实物和行动来进行的,所以别人一般可以观察到。在创造活动中,两种加工方式互相补充、互相配合,以促进创造性观念的产生。例如,要发明某一计算公式,首先要在头脑中形成这一公式的表象,然后用笔把它写在纸上进行演算、推导,若发现有错误、不合理,还要进行修改。这里,在头脑中进行的加工属于心理加工,而通过纸笔演算进行的加工属于实际操作加工。

(3) 输出问题解决方案的能力:经组织加工阶段后,问题的解决方案基本上已经产生。接下来的工作便是输出这些信息,也就是以何种创造性成果输出。一般地,新方案的输出方式可分为两种,即书面输出和非书面输出。非书面输出指创造出的新观念、新信息用非文字材料的形式输出呈现,如新产品、新工具、新技术等。采用哪种输出方式要具体考虑创造者本人的素质和需输出的新方案的性质、特点及社会文化等多种因素。不管是书面输出还是非书面输出,输出方案的能力都关系到创造性成果的最终形式。合理而有效的输出,可以更好地反映创造性的新观念,使创造成果客观化。

4. 验证假设

验证假设是通过一定的方法确定所提出的假设是否符合实际、符合原理。

检验方式主要有两种:一种是通过实际活动,进行实际操作;另一种是通过思维活动进行。如作战方案、医疗方案,不能在行动上立即进行检验,必须通过深思熟虑、周密思考来确定方案的可行性。

验证假设时的创造性表现在监控能力上。创造性中的监控能力是指在创造活动过程中,对创造性的上述各构成成分调节和控制的能力。它是创造性各构成成分能否合理、有效地运用,创造活动能否顺利进行的决定因素,在整个创造性构成成分中处于核心的地位。

事实上,信息加工观点所探讨和分析的创造性的成分也就是对问题解决过程的一种描述,在某种意义上说,它也反映了创造性的产生过程。

(三) 问题解决方法在幼儿园活动中的应用

1. 问题解决过程的方法与应用

(1) 算法式:是为达到某一个目标或解决某个问题而采取的一步一步的程序。它通过与某一个特定的客体领域相联系。

例如,幼儿园里组织了一个科学与艺术相结合的活动,先让幼儿一起认识干面粉的性质,再让幼儿试一试在干面粉中加水,揉一揉会有什么变化,然后各自做成面粉团,最后用面粉团制造出任意形状。

这个活动的过程很清晰,通过亲身操作和观察,可以让幼儿知道如何将干面粉变成面团,期间要加多少水才合适,也可以通过尝试错误的方式获得经验。最后做成面团以后,幼儿还可以对面团进行造型,这又体现了这一活动的艺术创造价值。总的来说,这个活动遵循了算法式一步一步的程序,最后还给了幼儿自我表现的机会,是一个培养幼儿创造性的科学和艺术相结合的活动。

(2) 启发式:是使用一般的策略试图去解决问题。

启发式方法包括：

① 目的分析法：将目标分成许多子目标，将问题划分为许多子问题，寻找解决每一个子问题的方法。

例如，班上组织了一个认识“浮力”的科学活动，教师在每个小组的桌上都放了一盆水，还分给每个组的小朋友许多物品，有乒乓球、卫生纸、小石头、泡沫板，回形针等。活动开始时，幼儿看教师演示，猜哪些东西会浮起来，哪些东西会沉下去。一些幼儿认为大的东西会沉下去，小的东西会浮起来，可是发现回形针也沉下去了。教师没有和幼儿解释浮力的原理，而是让幼儿想办法怎样让回形针浮在水面上，幼儿讨论后说：“可以放在船上，就不会沉下去”。老师又问，怎样制造出来的船才不会沉下去呢？

这个活动为幼儿呈现了许多材料，也出现了许多可探索的问题。比如，要先知道什么东西可以浮起来，要把本身会沉下去的物品变成可以浮起来，也要想办法做一艘可以浮起来的“船”，并可以承受住要沉下去的物品，在这个过程中幼儿可以逐渐形成对沉与浮的初步经验。实际上，活动中教师就是在逐步启发幼儿分解目标，这是目的分析法的一种应用。

② 逆向反推法：应用反推法，从目标开始，退回到未解决的最初问题，这种方法对解决几何证明题有时非常有效。

例如，为了帮助幼儿认识固态和液态的转换，幼儿园组织了一个巧克力制作的观摩活动，呈现了已经做好了的卡通巧克力，大家兴致都很高，想知道是怎么做的。但是在这之前先让幼儿看冰块是怎么融化的，蜡烛又是怎么融化的，最后才看巧克力是怎么融化的。活动开始，教师给幼儿发了一小块冰块，幼儿发现冰块慢慢变成了水，蜡烛在点燃以后也会融化。从而得知需要“热”，才会变成液体，所以幼儿知道了制作各种造型的巧克力也需要先加热把巧克力融化后再凝固。

这个活动如何体现逆向反推法？因为这个活动是从目标——卡通造型巧克力开始的。其实，融化和凝固是一对相对的概念，也是固态和液态转换的方式。如果先让幼儿感受凝固，用水结冰是需要时间和条件的，所以先让幼儿知道冰可以融化成水，再迁移到融化巧克力的过程中，而热巧克力很烫且不能定型，需要冷却成型后才能从模具中拿出来吃。巧克力的凝固过程比结冰的过程要快，也更容易做到。所以可以让幼儿观察到整个过程，也可以让幼儿尝到巧克力，加深了对活动的印象。

之前举的关于干面粉和面团的例子就不能使用这个方法，这是因为面团无法轻易地变回干面粉，从干面粉到湿面粉再到面团是一个不可逆的过程，只能通过算法式一步一步做到。而巧克力的凝固和融化是相互转化的，所以在解决相互转化的问题时，可以多考虑采用逆向反推法，从而帮助幼儿形成一个整体的印象。

③ 爬山法：爬山法的基本思想是设立一个目标，然后选取与起始点邻近的未被访问的任一结点，向目标方向运动，逐步逼近目标。

例如，在认识“长短”和“高矮”的活动中，先让幼儿逐个比较以后，才可以排列出“长短”和“高矮”的顺序。

爬山法看上去和前面提到的目的分析法有些类似，但是还是有区别的。相对于爬山法，目的分析法在使用时有时得根据情况扩大目标状态与初始状态的差异，以便到达最终的目标。而爬山法像登山者爬山一样，需要一步一步地走才能爬上山顶。

④ 类比解决问题法：指解决问题者在使用这种方法时，尝试将某一问题的解决结构用

于指导解决另一问题。

例如,教师组织了一次认识磁力的科学活动,活动开始时教师准备了一个板子,板子前面是贴着一只猫在钓水里的鱼。教师在板子背后用磁铁控制,让小猫钓到了鱼。幼儿看到了都很惊讶,想知道是如何做到的,纷纷议论起来。有的说用了线,有的说老师有魔法,有的说是变魔术都是假的,有的说有机关,也有的说是用了磁铁。幼儿知道磁铁可以吸引之后,教师让幼儿细致观察和操作磁铁,知道磁铁可以吸引也可以排斥,然后问幼儿如何制作“撞不到的碰碰车”。

这个活动在帮助幼儿使用类比解决问题法来制作“撞不到的碰碰车”,从看教师制作的“小猫钓鱼”到认识磁铁吸引的性质,随后知道了磁铁也有相互排斥的性质,幼儿从中获得灵感,从而可以知道如何用相互排斥的磁铁来制作“撞不到的碰碰车”。这个过程就是用前一问题的解决结构来指导现有的问题。

2. 打破问题解决过程中阻碍的建议

问题解决过程中的阻碍主要有功能固着和反应定式,所以要想打破阻碍,就要从这两个方面入手。

(1) 功能固着:功能固着是指一个人看到某个复制品有一种惯常的用途后,就很难看出其他新用途,如果初次看到的物品用途越重要,也就越难看出它的其他用途。这会影响问题的解决。

定向联想是解决功能固着的好办法,之前已经介绍过,如:“杯子有多少用途?”在幼儿园活动中要想减少这种功能固着,要注意两点:

第一,材料要尽可能简单和可操作,这样才可以给幼儿更多创造的机会。

第二,指导上,教师也要多给予一些物品功能的呈现方式。

(2) 反应定式:反应定式是指以最熟悉的方式做出反应的倾向。定式有时有助于问题解决,有时会妨碍问题的解决。

要如何避免幼儿形成反应定式呢? 有两点建议:

第一,尽可能地在活动中丰富幼儿的经验和帮助幼儿进行知识经验的迁移。

第二,在活动中鼓励多种方法解决问题和发现事物间的关系。

小　结

创造性是指根据一定目的,运用一切已知信息,产生出某种新颖、独特、有社会或个人价值的产品的智力品质。关于创造的过程,华莱士认为,任何创造活动的过程都包括准备阶段、酝酿阶段、明朗阶段和验证阶段。创造性的影响因素有知识、智力、人格。

在创造的层次上,马斯洛把创造性区分为两级水平:优秀级和普通级。泰勒把创造性大致分为五个层次,包括表现性创造、技术性创造、发明性创造、首创性创造、杰出性创造。幼儿的创造主要为表现性创造,幼儿创造性的表现有四个方面。影响幼儿创造性的因素是多方面的,主要包括生理和遗传、认知、环境与教育。

创造性学习是指旨在保护和培养个体创造性的学习方式,强调儿童学习的主体性和能动性,强调自我建构、自我发现在学习中的重要作用。创造性学习包括学习方法的创新性和学习结果的新颖性。幼儿创造性学习的特点包括:强调学习的主动性;主要体现在创造性游戏中;主要借助于想象实现;受情绪影响大。幼儿的创造性学习受到幼儿园环境、教师态度、教育方式、游戏活动、个体心理特点这些因素的影响。

幼儿创造性教育包括创造性思维训练(游戏活动)、自我表现能力的培养(艺术的方式)、问题解决能力的培养。创造性思维训练的一般方法有头脑风暴法、分合法、联想技术。通过游戏发展幼儿的创造性有以下建议:在游戏准备中提供良好的环境和充足的材料;在游戏过程中鼓励想象和创新,教师作为参与者加入游戏,也要作为建构者联系材料与游戏;在游戏评价中,不能只称赞好的,还要说清楚为什么好,并对材料进行分析,把问题抛给幼儿,让幼儿尽可能地对新加入的材料有更多创造性的认识。在艺术活动中培养自我表现能力的建议包括:提供自我表现的材料和综合艺术教育。问题解决是由一定的情境引起的,按照一定的目标,应用各种认知活动、技能等经过一系列的思维操作,使问题得以解决的过程。它包括一系列相互联系的阶段,分为发现问题、分析问题、提出假设和验证假设四个阶段,这四个阶段与创造性有各自的联系,分别有与之对应的能力。问题解决的方法有算法式和启发式。问题解决过程中的阻碍主要有功能固着和反应定式,所以要想打破阻碍,就要从这两个方面入手。

思考题

一、单项选择题

1. 当创造性与知识二者之间存在正相关时,这时创造结果的水平(　　);当创造性与知识二者之间存在负相关时,这时创造结果的水平(　　)。

A. 最高;最低　　B. 最低;最高　　C. 最高;中等　　D. 中等;最低

2. 哥白尼“日心说”推翻传统“地心说”显示的是(　　)。

A. 表现性创造　　B. 技术性创造　　C. 发明性创造　　D. 首创性创造

3. 监控能力是在问题解决中(　　)的创造性表现。

A. 发现问题　　B. 分析问题　　C. 提出假设　　D. 验证假设

4. 考虑问题解决的途径,尽可能以不同寻常的思路去思考或尽可能牵强附会是(　　)。

A. 狂想类比　　B. 直接类比　　C. 拟人类比　　D. 符号类比

二、名词解释题

创造性　场依存性—场独立性认知风格　创造性学习　真创造　类创造　问题解决　功能固着　反应定式

三、简答题

1. 幼儿创造性的表现体现在哪几个方面?
2. 创造、创造性与创造力之间的关系是怎样的?
3. 创造性与知识和人格之间的关系是怎样的?
4. 华莱士的“四阶段论”包括哪几个阶段?
5. 泰勒对创造性的层次是怎样划分的?

四、论述题

1. 创造性与智力之间的关系及其对幼儿园教育有什么启示?请举例说明。

2. 幼儿创造性发展的影响因素有哪些？请结合实际谈一谈。

3. 幼儿创造性学习的特点及其影响因素是什么？请联系幼儿园实际加以论述。

4. 试论游戏适合于进行创造性思维训练的原因以及艺术适合于自我表现能力培养的原因。

5. 简述创造性思维训练的一般方法。

6. 论述问题解决过程与创造性。

7. 环境与教育是怎样影响幼儿创造性发展的？请举例说明。

五、案例分析题

一名实习教师在中班教小朋友们用水彩颜料画画，在开始时为小朋友们提供了一幅非常好看的范例，引起了小朋友的兴趣。可是，真正动手画画时，结果不仅没有画出预期的作品，还弄得到处都是颜料和水。更有调皮的小朋友把颜料抹在其他小朋友的脸上和衣服上，告状的声音和哭闹的声音在教室里此起彼伏。这名教师只好草草地结束了这次活动。

为什么这位实习教师会把活动组织成这样？假如是你，你会考虑到哪些要素来把活动组织好？（可从通过自我表现材料培养幼儿创造性的基本方法来思考）

参考答案：

一、单项选择题

1. B　2. D　3. D　4. A

第九章 幼儿教学心理

学习目标

1. 识记

◆ 最近发展区。

◆ 教学活动设计的定义。

◆ 区域活动。

2. 领会

◆ 教学心理学的发展。

◆ 发展适宜性教育的内涵;发展适宜性教育的类型。

◆ 教学指导的含义;幼儿园教学指导的层次;教学指导与游戏指导的关系。

◆ 教学活动的设计观;幼儿园教学活动设计的特征。

3. 应用

◆ 幼儿教学心理的特点。

◆ 教学与发展关系的理论构想;发展适宜性教育的效果;发展适宜性教育的影响因素。

◆ 幼儿园教学指导模式。

◆ 幼儿园教学活动设计过程;幼儿园教学活动的指导。

◆ 区域活动的设计;区域活动的指导。

建议学时

6 课时

老师导学

学习心理研究已经取得了丰硕的成果,而教学心理研究显得比较薄弱。幼儿教学心理研究不仅直接关系到幼儿园教学过程的科学化与最优化,而且影响幼儿园教师的教学效率和园务工作者的教学管理效能。

本章论述教学心理学的发展和幼儿教学心理学的特点,剖析教学与儿童发展的关系以及最近发展区理论和发展适宜性教育理念。学习者首先应把握幼儿园教学指导,明确教学指导的含义和幼儿园教学的层次,理解幼儿园教学指导的相关理论。幼儿园教学活动设计和幼儿园区域活动设计与实践息息相关,学习时要注意理论联系实际,熟记有关概念和原理,也要联系实际来思考,把指导方法运用于教育实践中。

任何一个教育机构都离不开教学活动，幼儿园也是如此。教学是教师的教与儿童的学的双边活动过程。尽管我们倡导幼儿园教育以游戏活动为基本形式，但是并不排斥教学活动。因为教学活动一样可以采取游戏的形式。游戏与教学具有各自的独立性，同样具有相互依存性。在幼儿学习指导上，教育与游戏不应相互对立，而应相得益彰。

第一节　幼儿教学心理概述

一、教学心理学的发展

教学心理与学习心理相辅相成，随着教育心理学的发展，教学心理学作为其分支也日趋成熟。

早在20世纪20年代，教学心理学就开始萌芽。桑代克关于学习者形成“联结”的训练方式以及努力把这种训练推及教学过程的基本思想，是教学心理学的发端。

20世纪50年代后期，以斯金纳为代表的心理学家尝试把操作性条件作用的学习理论应用到学校的教学实践，这一尝试推动了教学心理学的发展。到20世纪六七十年代，在美国心理学界兴起一场“认知革命”，对教育心理学产生重要影响，使其研究范式发生重大改变。认知心理学与教学过程中实际问题的结合，促成了教学心理学这个新的分支学科的诞生。1969年加涅在《美国心理年鉴》上首次提出了“教学心理学”(Instruction Psychology)的概念。1978年格拉塞(R. Glaser)出版《教学心理发展》丛书第一卷，明确提出：教学心理学是“研究知识和认知技能的获得及如何设计并安排学习条件来发展这种技能”的学科。从此，教学心理学逐渐成为教育心理学的一个独立领域，成为一门正式的心理学分支学科。

20世纪80年代，教学心理学的外延不断拓广，逐步在学习者(学生)心理特征、教育者(教师)心理特征、教学过程、教学中班级情境和教学评价等方面形成了独特的研究视角，取得了富有创新意义的研究成果。其中，关于教学过程的研究，逐步从宏观适应性教学计划的构建转向微观适应性教学系统的开发。

互惠性教学就是颇具影响的微观教学系统之一。在这种教学形式中，小组中的成员阅读文章的某一部分以后，教师示范四个有助于加强理解的活动——提问、总结、预言和澄清。提问可以促使学生主动探寻文章的意义，总结可以检查是否真的理解了文章内容，预言是根据文章的标题等预测文章后面的内容，澄清则是对阅读中存在的困惑进行解答。教师在示范这四个环节之后，再指定某个学生在下一段中扮演同样的角色。该学生重复上一步骤，然后他再指派下一个“领导者”。通过教师和学生轮流当教师的形式，学生能够学会这种策略，即从课本和同伴处获取知识的策略，还可提高自身社会参与的能力。

直到20世纪80年代初，我国才开始系统引介国外教学心理学的研究及其理论。20世纪90年代后期，我国学者张大均主编的《教学心理学》及《教学心理学研究》等学术专著相继问世。21世纪初，张大均担纲总主编的《教学心理学丛书》(10本)集中从“理论—策略—技术”三个层面将教学心理学理论与课堂教学实际联系起来，更加系统地探讨了教学心理学学科体系、研究的新视点。

近年来，教学心理学的研究在我国备受青睐，因为“无论是提高教学质量，进行学校教育的综合整体改革试验，还是创办示范学校、特色学校，重视素质教育，客观上都要求深入、深刻地进行教学心理学研究”。

二、幼儿教学心理的特点

幼儿教学心理是教学心理学与学前教育心理学的交叉领域，主要是研究幼儿园情境中教学活动的心理规律，重在教学的心理方法和技术的开发，旨在为幼儿园教学实践提供适当的心理学指导，为教师提供相应的知识和技能。

当前，幼儿教学心理研究的主要领域是基于幼儿教学与发展的关系，探索幼儿园教学指导方式及教学活动的设计原理。

相对于学校情境中的课堂教学，幼儿园情境中的教学活动在形式和内容上都具有明显的差异，但是在组成要素及其关系上，二者仍然具有相通之处。

首先，幼儿教学心理研究直接依托于学习心理理论，二者密不可分。在加涅的学习论与教学论中，学习论的思想都可以为教学实践服务，教学论则建立在相应的学习过程之上。例如，学习分类使各门学科的教学目标得以明确，使教学结果的测量与评价更加科学；学习过程使教学过程“有据可依”；明确教学目标所属的学习结果类型、学习的层次性和学习所处的阶段，有助于选择合适的教学方法；各类学习的内、外部条件给教学整体规划指明了方向。

其次，发展心理学关于儿童心理发展的阶段性、顺序性和差异性，为幼儿教学心理研究提供了重要的理论基础，为有效的教学设计提供了理论依据和支持。如，儿童心理发展的阶段性说明对同一年龄的儿童可以提供相对一致的学习材料和相对统一的外部教学安排；顺序性要求教学活动设计应体现螺旋式上升规则，旨在促使教学活动做到“以其所知，喻其不知，使其知之”；差异性教学为“因材施教”提供了充足的依据，为“因材评价”提供了合理的解释机制，同时为“因人而教”的教学心理学研究的永恒主题奠定了理论基础。

第二节　教学与儿童发展的关系

教学心理学的核心课题就是教学与发展的关系。在教学与发展的关系上，最有影响的观点莫过于维果茨基的最近发展区理论和美国幼儿教育协会的发展适宜性教育理念。

一、最近发展区理论

维果茨基认为，在心理学中关于教学与发展的关系有三种观点，并且在批判性继承的基础上提出了自己的观点。

（一）三种观点的批判

第一种观点以皮亚杰为代表，他们把教学与发展完全对立起来，看作两个互不相干的过程，认为儿童的发展是一种服从自然规律按照成熟类型进行的过程，它并不依赖于教学。教学则被理解为纯粹的外部过程，应这样或那样地适应儿童的发展，其本身并不参与发展。维果茨基认为，这种观点的确包含着一定的合理成分，教学无疑应依赖于儿童心理发展的某些已完成的程序，但他们完全脱离教学研究发展，把教学看作发展的尾巴，必将导致一系列的错误。

第二种观点以詹姆士和桑代克为代表，他们把教学与发展完全等同起来，认为“教学与发展是同义词，发展即教学”，“发展跟随教学如同影子跟随投影的物体，它们完全吻合、等同出发”。维果茨基看来,该观点看到了教学与发展的一致性与平行性,以及两者之间相对应的关系,这是与第一种观点的差异之所在,无疑是一个进步。然而,他们也同样认为教学无法改变发展的规律,就像技术无法改变物理规律一样,这一点又与第一种观点相似,陷入了同一种错误之中。

第三种观点以考夫卡为代表,采取将以上两种观点相结合的办法,试图克服它们的极端性,同时又补充某些全新的思想。他们认为,教学不仅可与发展齐头并进,而且可走在发展的前面,推动发展前进,并在发展中引出新的形成物。维果茨基认为,这种观点虽然看到了教学与发展互相依赖、互相影响的制约性,并扩大了教学在发展中的作用,使之在本质上与第一、二种观点有了区别,但并没有揭示其相互作用的性质以及怎样相互作用等一系列重要问题,在一定意义上说,仍未超越前两种观点。

因此,维果茨基在肯定教学必须符合儿童的年龄特征,以儿童一定的成熟作为基础的同时,指出教学决不能只尾随在发展之后或仅仅与发展同步。“作为传递社会文化经验的教学应在儿童心理发展中起主导作用,只有那种走在发展前面的教学才是良好的教学。”在此,教学应走在发展的前面有两层含义:第一,教学在发展中起主导作用,它影响儿童发展的内容、水平、速度以及智力活动特征;第二,教学必须在发展的前面创造最近发展区,也就是说,儿童的现实发展水平与潜在发展水平之间的动力状态是由教学决定的。教学一方面应适应儿童的现有水平,但更重要的是发挥教学对发展的主导作用。同时,维果茨基从他有关心理发展的新观点出发,提出儿童的全部心理生活都是在活动和交往中形成、发展的,教学作为最有计划性、系统性的交往形式应造就发展,创造新的心理形成物。

(二)最近发展区:教学与发展关系的融通空间

维果茨基的研究证明,教学和发展是一种复杂的动力制约关系,正确组织的教学能引起并激发教学以外根本不可能的一系列内部过程。合理的、科学的教学过程是心理发展的源泉。他根据自己关于儿童心理发展的新观点,对当时流行甚广的心理测验方法提出了质疑,认为仅依据儿童能否独立完成问题来确定儿童的发展可能性是不科学的,进而提出通过两次测试的新方法来研究儿童的发展情况。由此维果茨基第一次找到了教学与发展关系的融通空间,即“最近发展区”。

维果茨基认为,儿童的发展任何时候都不仅仅是由成熟决定的,至少可以确定两个发展水平。不了解这两种水平就不能真正了解儿童的发展进程和教学可能性之间的正确关系。第一个水平是现有发展水平,由已完成的发展程序形成,表现为儿童能独立自如地解决任务;第二个水平是潜在发展水平,是那些尚处于形成状态、心理机能的成熟正在进行的发展水平,表现为儿童还不能独立地解决任务,须在成人的帮助下,在集体活动中通过模仿和自己的努力才能完成。介于这两个水平之间的幅度就称为“最近发展区”。

传统教学讨论儿童的个别差异时,更多地只看到个体在现有发展水平上的差异,维果茨基则认为,即使现有发展水平相同的儿童也同样存在发展上的个别差异,即潜在发展的可能性不一致,而且,“最近发展还对智力发展和成功的进程比现有水平具有更为直接的意义”。因此,“教学不应该指望儿童的昨天,而应指望于他的明天”,“只有走在发展前面的教学才是好的教学”。同时,维果茨基强调,教学要根据儿童心理机能的某些成熟的发展程序,离开了它,教学也无法进行,但它只是最低教学界限,如果教学只迁就这个界限是不利于发展的,发展取决于教学能否激发、启动那些正待成熟的心理机能——“最近发展区”。

"最近发展区"本身处于一个不断变化的动态过程之中,随着某一阶段教学过程的结束,最近发展区就转化成了现有发展水平,从而实现了潜在水平的现实化,在此基础之上便形成高于原来最近发展区的新的最近发展区,因此,发展的过程总是伴随着建立最近发展区的教学。

儿童的现有发展水平决定儿童的最低教学界限,这是人们早已熟知的事情。然而,维果茨基认为,潜在发展水平决定了儿童的最高教学界限,并基于习性学的"敏感期"提出了"教学最佳期"的概念,即介于最低教学界限和最高教学界限之间的时期称为最佳教学期。

由此看来,教学最佳期是由最近发展区决定的,最佳期的教学之所以能对发展过程施加影响,是因为在最近发展区的心理机能正处于成熟过程当中而又尚未完全成熟,教学组织这些机能的进一步发展,并决定其今后的发展情况。早于或晚于教学最佳期的教学或超出最近发展区而无法对那些尚未成熟的心理机能施加影响,或停留在现有水平甚至低于现有水平而不能有效地促进心理机能的发展。因此,只有在教学最佳期进行的教学才是促进儿童发展的最佳教学。

(三)教学与发展关系的理论构想

维果茨基认为"教学与发展既不是两个互不依赖的过程,也不是同一过程,在教学与发展间存在着复杂的关系。只有当教学走在发展前面时,这种教学才是最好的教学"。也就是说,教学必须依赖儿童的发展,以儿童一定的成熟为基础,这是不争的事实。但是,"如果教学只能利用发展中已成熟的东西,如果教学本身不是发展的源泉,那么,这种教学也完全是不必要的"。由此,维果茨基提出了发展性教学的主张。维果茨基依据教学与发展的辩证关系所提出的发展性教学思想,我们可以建构一个"三维"模型(见图9-1)。

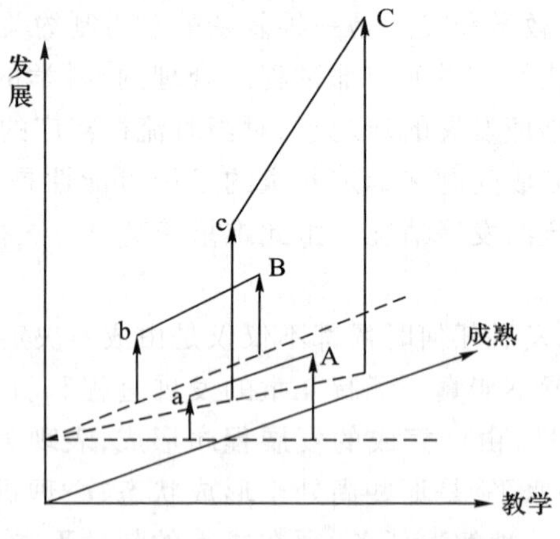

图9-1 教学与发展关系的三维模型

这个模型既反映了教学与发展的关系,同时又体现了教学与成熟的关系以及怎样才是获得最佳发展的教学。a→A、b→B 分别表示单独依靠教学的发展变化和单独依靠成熟的发展变化,而 c→C 则表示在某一成熟水平上通过一定的教学所获得的发展变化。由此可见,不依靠成熟的教学不会是好的教学,它尽管也会导致一定的发展(a→A),但其变化幅度显然是很小的,格塞尔的双生子爬梯实验便可为证。不依靠教学的成熟也不会带来很大的发展(b→B),狼孩的语言发展就是一例。因此,维果茨基主张只有在一定的成熟水平时施加适当的教学才会带来最大的发展(c→C)。值得说明的是,这个模型中的成熟和发展与以往我们所提到的同一概念不同,这里的“成熟”指的是个体身心各方面的现有水平,而“发展”描述的是个体身心各方面的变化情况。

此外,这个模型中之所以各个发展变化都不从三维坐标的零点出发,是因为在维果茨基看来,“学校的教学无论何时都不是从空地上开始的,总面临着儿童已走过的一定的发展阶段”,因此,在描述教学与发展的关系模型时也应以一定的发展为基础。

二、发展适宜性教育理念

美国幼儿教育协会(National Association for the Education of Young Children,NAEYC)于1987年发布了《适宜于0~8岁儿童的发展适宜性教育》的说明。该说明首次提出“发展适宜性教育”(Developmentally Appropriate Practice,DAP)这一概念,主要是指基于儿童发展水平、有助于儿童达到一定发展目标的教育实践。由于强调满足儿童的各种需要,而不是期望儿童去适应社会或教育的要求,因此在该说明发布之后,发展适宜性教育不仅成为美国幼儿教育的行动指南和评估标准,同时也对世界性范围内的学前教育产生了深刻的影响。

此后,有关“发展适宜性教育”、“发展适宜性课程”、“发展适宜性儿童指导”的研究也纷纷涌现。伴随研究带来的人们认知的变化,美国幼儿教育协会于1997年对发展适宜性教育说明做了第一次修订,然后在2009年再次进行了修订。

(一)发展适宜性教育的内涵

维果茨基提出的“最近发展区”理论,已体现出朴素的发展适宜性思想。他认为儿童存在两种发展水平:一是儿童现有的发展水平,二是儿童在成人帮助之下达到的发展水平。这两种发展水平之间存在的差距就是最近发展区。凡是落在最近发展区里的教育就是适宜的,有助于促进儿童发展的,而超出最近发展区的教育就是不适宜的。可见,“最近发展区”观点已体现出教育要适宜于儿童发展水平的思想。

美国幼儿教育协会提出的发展适宜性教育,意指“与儿童发展相适宜的教育”。1987年该协会发布的《适宜于0~8岁儿童的发展适宜性教育》说明,首次明确了发展适宜性教育的内涵与特征。发展适宜性包括两个方面:一是年龄适宜性。基于年龄相同的儿童具有普遍的特征、能力和行为,教师应当根据儿童在某年龄阶段的典型发展状况,向儿童提供适宜的教育经验。二是个体适宜性,是指教师必须考虑每个儿童的特殊需要,无论是课程还是师幼互动,都应当适宜于儿童的个体差异。很多研究者持相似看法,如有研究者提出发展适宜性教育就是重视儿童的发展水平和学习风格,以及儿童在身体、社会性等方面的需要。莫瑞(M. C. Marion)根据“发展适宜性”理念,提出了“发展适宜性指导”(Developmentally Appropriate Guidance)这一概念。他也同样认为,对儿童实施的发展适宜性指导应具备年龄适宜性和个体适宜性这两种特性。

20世纪90年代以后,发展适宜性教育的另一内涵——文化适宜性——逐渐凸显出来,并与前两个内涵相并列。儿童的发展有其社会制约性,他们来自于不同的文化背景,每个儿童所处家庭的文化观及价值观也不相同。因此,人们逐渐认识到,发展适宜性教育还需体现出文化适用性。如美国著名幼儿教育家凯兹(L. G. Katz)认为,儿童发展与教育之间不是简单的线性关系。要判断教育是否适宜,除了儿童的发展外,还要考虑文化、心理学、社会伦理等标准;对于文化背景多元化的儿童,教师不仅要考虑儿童的发展,还要考虑文化和语言的特殊性。受这些观点的影响,美国幼儿教育协会在第二版说明中明确提出:教师要基于有关儿童发展水平、儿童个体差异以及儿童所处社会文化的相关知识来做出决定。2009 年,美国幼儿教育协会发布的第三版说明中,明确强调了教师要掌握与儿童有关的三种知识:儿童年龄特征、儿童个体差异以及儿童生活的社会文化背景。

(二)发展适宜性教育的类型

关于发展适宜性教育的类型,研究者主要是将教育实践的发展适宜性程度与水平作为划分标准。因此,教育实践中既有"适宜儿童发展"的教育,也可能有"不适宜儿童发展"的教育。

比较常见的是将幼儿教育实践分为两种类型:适宜型和不适宜型。如有研究者分为儿童中心型(适宜型)和说教型(不适宜型)。前者在教育实践中以儿童为中心,关注儿童发展。后者则以教师为中心,通常采用直接告知、说教等教育方式。另有研究者将教育实践分为儿童导向型(适宜型)和学业导向型(不适宜型)。

还有研究者从发展适宜性角度将幼儿教育实践划分为三种类型,如儿童中心型(适宜型)、中间型、学业主导型(不适宜型)。

尽管分类有所不同,但研究者都倾向于认为幼儿教育实践在发展适宜性上是一个连续体,幼儿教师的教育和指导通常处于该连续体中的某一处。这一观点有助于我们更为客观、辩证地分析评价教师的教育观念和行为。

不管是将幼儿教育实践划分为几种类型,适宜的教育通常都具有这样的特点:关注儿童发展,以儿童发展为中心。而不适宜的教育具有不同的特点,或是以学业发展为主导目的,或是采用了说教、灌输的教育方式等。

(三)发展适宜性教育的效果

研究者还采用多种研究方法,探讨了发展适宜性教育的实施效果,尤其是对儿童发展的影响。多项研究结果发现,发展适宜性教育的成效显著,适宜型与不适宜型教育对儿童发展的影响存在较大差异。

1. 不同教育类型对儿童学习存在不同的影响

多项追踪研究发现,儿童接受发展适宜性教育与将来的学业成绩存在正相关。一些短期调查也得到了相似的结论。如,霍夫曼和斯皮尔的研究发现,接受发展适宜性教育的儿童的学业成绩显著高于其他儿童。研究者进一步就适宜性、不适宜性教育对儿童学习的影响进行了调查,结果发现,不同教育类型对儿童学习具有不同的影响。马尔肯(Marcon)将教师的教育行为分成三种类型:儿童中心型、中间型、学业主导型。研究发现,儿童中心型和学业主导型教育之下的儿童,较之中间型的儿童做得更好一些,且儿童中心型又略好于学业主导型。

另一项研究也发现:儿童参与的发展适宜性活动越多,其学业成绩就越好。相反,不适宜于儿童发展水平的教育或活动,即发展不适宜性教育,则会导致儿童学业成绩不良及行为问题。

2. 不同教育类型下儿童的压力和焦虑水平不同

有研究结果发现,发展适宜性班级中,儿童整体压力感低于发展不适宜性班级中的儿童。另一研究发现,较之发展适宜性班级,发展不适宜性班级中儿童的压力值上升了 17%。还有研究测查了发展适宜性教育对儿童焦虑的影响,结果发现:来自发展适宜性班级的儿童出现焦虑情绪的比例更低。这一结果几年后再次得到证实,有研究发现,发展适宜性班级中的儿童具有更强的能力感,更少焦虑,儿童对于完成任务更为自信,并存在更高的成功期望。

3. 不同教育类型下儿童的社会技能发展存在差异

研究结果表明,在那些教师观念和行为更具发展适宜性的班级中,儿童的社会技能优于一般性班级或发展不适宜性班级。具发展适宜性的班级,有助于儿童变得独立,学会做出合理的选择和决定,发挥创造性。同时,接受发展适宜性教育的儿童,行为问题也相对较少。还有研究发现,个体早期接受的教育对于其犯罪行为具有预测作用,幼儿时期曾接受过不适宜性教育的儿童,其在青少年时期的犯罪率远高于那些接受过发展适宜性教育的儿童。

综上所述,具有发展适宜性的教育利于促进儿童的学习,对儿童社会心理与行为发展具有突出的积极影响,而不具有发展适宜性的教育则不利于甚至阻碍儿童的健康发展。

(四)发展适宜性教育的影响因素

影响发展适宜性教育的实施过程、实践效果的因素是多种多样的。归纳各项相关研究结果,我们发现发展适宜性教育主要受到如下因素的影响。

1. 儿童的特点

教育对象的特点会影响发展适宜性教育的开展与效果。第一,儿童的年龄。研究发现,小学一年级教师较之小学三年级教师具有更多发展适宜性的观念和行为,也进行了更多发展适宜性的活动。还有研究发现,幼儿园教师较之小学低年级教师更多发展适宜性行为。低龄儿童的教师较之年龄较大儿童的教师,更相信也更多采用发展适宜性教育。第二,儿童的数量。一些研究发现,班级人数的多少影响教师与儿童之间的互动类型。班里孩子越多,教师更易出现发展不适宜的观念和行为。孩子数量较少,教师易实施发展适宜性活动,班级中易出现积极的互动,儿童发展水平也更高。这可能是因为在小班化班级中,教师能更好地关注每个孩子的个体差异,根据孩子的发展水平创设环境,实施教育活动。第三,班级中有特殊需要儿童的数量。一些研究发现,班上有特殊需要的儿童越多,教师就更可能具有发展适宜性的观念,更少采用发展不适宜性的活动。究其原因,可能有特殊需要儿童的存在能促使教师关注班里所有孩子的个体需要,使班级活动呈现出更明显的个体适宜性。

2. 教师的特征

多项研究认为:教师自身的特征,如教师的认识、专业、经验、人格等对于其实施发展适宜性教育存在较大的影响,对于其是否实施发展适宜性教育具有显著的预测性。第一,教师的观念。麦克马伦(McMullen)发现,教师自身的很多观念和个性品质都影响其应用发展适宜性教育,如自我效能感、自控力、焦虑特质、教育经验等。另有研究发现,经由教师的观念能够预测其实践中的教育行为。教师越认同发展适宜性教育的理念,就越有可能实施发展适宜性教育。但该研究发现,教师对于如何实施和应用发展适宜性教育,尚存在一定的认知困难。即使教师对于发展适宜性教育有清晰的认知,也不一定能将相关观念付诸实践。如有研究就发现,教师观念和教育行为之间存在不一致现象,教师自我报告的观念具有较强的发展适宜性,但其教育行为却呈现明显的不适宜性。第二,教师对自身教育影响力的认识。有研究发现,那些相信自身较之家长、园长对教育实践具更多影响力的教师,更有可能实施发展适宜性教育。反之,那些相信家长和园长对教学有更大影响的教师,则出现更多的不适宜性教育行为。另有研究者对具有更多发展适宜性观念、行为的教师进行了调查,发现这些教师通常认为自己对教学有更多的控制力。第三,教师的专业与教育培训。那些主修幼儿教育专业或获得相关学历证书的教师，较之没有主修此专业、没有获得学历证书的教师，更具有发展适宜性的观念和教育行为。因为参加过幼儿教育课程培训的教师，可能会被教授相关的教育原则。而没有接受专业培训的教师更有可能采用传统的教育方法，从而影响其教育行为的发展适宜性。

3. 外界环境

研究表明，教师的教育实践常常受到他人的影响。儿童家长、学校同事等人的教育观念与看法会影响教师实施发展适宜性教育。一般来讲，教师通常会尊重家庭关于儿童应该怎样教、需要怎样教的想法。有研究表明，低收入家庭可能更认同教师主导式的教育方式，从而影响教师采取相应的教育行为。同时，园长的观念、学校的政策或其他教师的观点都可能影响教师的教育观念和行为。此外，儿童家庭经济地位也会影响教师的教育实践。如教师可能认为低收入家庭的孩子需要进行重视技能的直接性指导。

一项研究调查了34所幼儿园教师的教育观念，结果表明，幼儿教师认为当前幼儿园教育的学业倾向越来越明显，较之那些赞同教师主导的幼儿教师，赞同儿童中心的幼儿教师感受到了更多的压力。这也说明了社会环境对发展适宜性教育的影响。

第三节　幼儿园教学指导

一、幼儿园教学指导概述

（一）教学指导的含义

“指导”一词的解释通常有二：一为“指示教导”，如指导思想；二为“指点引导”，如指导实验。据此，“教学指导”也可以进行两种不同性质的理解，一种是指令性的，即“指示教导”之意；另一种是指向性的，即“指点引导”之意。这两种理解在教育活动过程中代表着两种截然相反的教学理念。

指令性的教学活动是传统教学活动的典型模式，而指向性的教育活动则符合现代教育活动的基本趋势。

1. 现代教育活动中，教育过程已由教师向学生的垂直传授转向教师与学生之间的平等对话

过去在教育活动中，人们往往注重的是教师的“教”，以教师为中心，学生的学习是在教师的规定下被动地进行的。因此，教师采取的教学也往往是指令性的。而现代教育却认为学与教并重，教师必须了解学生如何学习，然后才能确定如何施教，而且日益强调学生学习的主体性。因此，教师的教学不得不变指令性的活动为指向性的活动。

2. 现代教育活动中，儿童的学习已开始由被动接受转向主动构建

儿童的学习是依靠他们生而就有的成长潜能来内化的，儿童的学习不需要刻意加以教导，教师的任务主要是为学生设置良好的学习环境，让儿童自由选择，自行决定，这样就能学到他们所需要的一切。在这种意义上说，学习已由一项任务转变成了一种需要。因此，教育活动也应该以指点引导为主。

3. 现代教育活动中，教师的角色从“教练”转变为学习的“向导”

过去，教师往往将自己扮演成一个“教练”的角色，要求儿童的一切行为都按照自己的

要求发生,但在实际教育活动中,不少儿童并不会真正按照教师的"动作要领"进行练习。现代学习理论强调儿童的主体性,儿童学习是一个自主建构的过程。因此,教师的角色转变为儿童学习的"向导"。

在由指令性教导向指向性引导的转变过程中,幼儿教师也要注意根据学生的学习风格和自身的教学风格,灵活使用不同的教学方法。尽管在幼儿园教育活动中,指向性的指点引导已成为发展趋势,但是在幼儿园教育实践中,不同程度上还存在着指令性的指示教导。

(二) 幼儿园教学指导的层次

1. 宏观指导与微观指导

幼儿园教学活动指导的宏观层次是指幼儿园教学活动的实施,它是一种教学过程的指导,主要包括教育教学评价(对幼儿园教育教学所进行的有效监控)和教育环境创设(指导幼儿园教育资源的综合开发和有效利用)。相对于学习过程的指导而言,它又是一种间接的指导。

幼儿园教学活动指导的微观层次特指幼儿学习过程的指导,即为幼儿的有效学习而采取的教学策略、教学技术等,它是对儿童学习过程的直接指导。

2. 外部指导与内部指导

根据指导主体的不同,幼儿园教学指导又可分为外部指导和内部指导两个层次。外部指导特指幼儿园教师对幼儿学习的指导,内部指导特指幼儿对学习过程的自我指导。

幼儿的自我指导实质上类似于罗杰斯的"非指导性教学策略"。他把临床上的"患者中心疗法"的三条原则移植到教学指导中,认为教师的教学指导主要是对幼儿实施移情(要求教师能意识、理解和欣赏幼儿的情感)、无条件积极关注(教师应不加判断地认可幼儿的行为)和真诚(教师在教育活动中对幼儿的情感应真实、表里如一,不装模作样),这样就能指导幼儿认识自我。

罗杰斯的"非指导性教学策略"同样是一种指导,而且是一种内部指导,它不是外在强加于幼儿的指导,而是强调对幼儿情感的激励和潜能的开发。

二、幼儿园教学指导模式

幼儿园教学指导包括基于学习的不同方面而采取的教学方式或教学策略。综合相关文献,幼儿园教育中有影响力的教学指导模式大致有如下几种。

(一) 基于学习方式的教学指导

奥苏伯尔根据学习方式将学习分为接受学习和发现学习。幼儿的认知水平尚处于前运算阶段,难以直接通过有意义的语言理解的方式来掌握知识或经验。因此,幼儿园教学活动不宜过多地运用有意义的言语接受的学习方式,而应以发现学习为主。

教师对幼儿发现学习的过程有必要进行有针对性的指导。首先,发现学习任务具有不同程度的复杂性和新颖性。因幼儿的知识经验和理解水平的差异,学习任务对于每个儿童而言具有不同的挑战性。其次,发现学习的能力固然与天赋及兴趣、爱好有关,但发现的方法与策略本身需要学习,离不开教师适当的指导。

在幼儿发现学习中,教师指导可分为三类:在一端是系统的教师指导,在中间是教师对幼儿自我发现的指导,而在另一端则是幼儿的自我指导。在教学实践中,这三种指导方式往往是综合运用的。

1. 系统指导

系统指导是指教师针对幼儿发现过程,步步推进的指导方法,它从遇到问题始,到解决问题止,整个发现过程都予以必要的指导。

心理学的研究发现,尽管系统的教师指导容易限制幼儿的探究思路和自我发现,但它可以保证幼儿更加自信地进行发现学习,一开始就知道应该如何做。相比之下,系统指导要远远超出听凭自己瞎闯的发现过程。

【知识拓展9-1】 系统指导有关的实验研究

国外有学者比较了系统指导和缺乏指导的发现学习效果。他们用4岁幼儿作被试,将他们分为三组。要求他们站在1.5米远处,学习把圆环套到1.8米长的短桩上。

对于A组幼儿,除了告诉他们站在基线上,把圆环扔向木桩外,不指导任何扔环的方法。

对于B组幼儿,不仅告诉他们站在基线上,把圆环扔向木桩,而且还加以示范纠正,但不反对他们选择自己愿意的方法。

对于C组幼儿,除了给予B组幼儿一样的指导外,还坚决要求他们掌握一种规范的方法,并不断地示范所教的方法,同时迅速纠正他们的尝试错误。

练习共进行两次,每次25天。

实验结束时,把第二次获得的套中环数与第一次获得的套中环数作一比较。结果是,A组11.5,B组17.5,C组20.5。由此可见,教师的系统指导确实能够提高幼儿学习的效率。

2. 幼儿自我发现的指导

教师对幼儿自我发现的指导是指在幼儿自己发现问题的基础上,教师给予适当的指导。采用这种方法,要求教师有意识地创设各种富于发现的条件,提出一些诱导性的问题,教师没有必要进行过多的讲解和演示。

研究发现,教师对儿童自我发现的指导,有助于激起儿童的兴趣和动机,对问题了解得更透彻,学会的内容也比较容易保持。更重要的是,它培养了儿童的独立性和创造性,提高了发现学习的效率。

3. 幼儿的自我指导

自我指导是一种尝试错误的学习方式。桑代克的学习“试误说”认为,学习的过程,实际上是一个不断尝试的过程。尝试的次数越多,错误的比例就越低,成功的可能性就越大,也就是说,尝试与错误成反比例关系。

当幼儿从事发现时,他每尝试一次,便通过反馈的作用吸取经验教训,借以指导后续的尝试。在这个意义上说,幼儿的发现学习过程始终贯穿着自我指导。然而,必须指出的是,幼儿的自我指导正如非指导性教学,它并非意味着没有教师的任何指导,只不过教师的指导不像系统的指导那样具体,那样直接。在幼儿的自我指导中,活动的中心转移到幼儿身上,由幼儿主持整个发现学习的过程,教师仅仅起到“画龙点睛”的作用。

然而,提倡发现学习的同时,不能忽略幼儿的接受学习。其实,在幼儿园教学活动中,发现学习和接受学习是一个连续的统一体,如表9-1所示。幼儿的学习从完全自由式发现到严格的讲授式接受学习的变化中具有极大的灵活性,教师可以从中做出科学的指导决策。

表 9-1　接受学习与发现学习的连续体

类　型	说　明
即兴发现	无计划性学习,无教学指导(例如自由游戏)
自由式探索性发现	有一个笼统的活动目标,其他则由幼儿自己选择
指导性学习	目标是规定的,幼儿是在运用方法、得出结论方面接受指导
适应性程序化指导	根据每个人的情况进行指导和反馈矫正
刻板的程序化发现	根据预先编制的程序进行指导和反馈
归纳性讲解	也称"思想性讲解",教师说明发现的过程
演绎性讲解	即奥苏伯尔的"有意义接受学习"
训练和练习	即机械接受学习,教师示范什么,幼儿就做什么,无需理解

(二) 基于学习过程的教学指导

加涅主张用信息加工模式解释学习的结构和过程。在一定意义上说,加涅描述人类学习的信息加工模型的旨趣不在于揭示学习的过程和本质,而是试图为怎样安排有效教学事件提供可靠的依据,并据此来指导学习过程。

1. 学习过程与教学事件

加涅认为,学习的内部过程可概括为九个环节:期望、接受、选择性知觉、短时记忆、语义编码、长时记忆、检索提取、行为表现、反馈。

根据学习的内部过程,加涅提出了与之相对应并对学习过程起促进作用的外部条件即教学事件(见表 9-2)。

表 9-2　教学事件与学习过程的关系

教学事件	与学习过程的关系
(1) 引起注意	接受神经冲动模式
(2) 告知目标	激活执行监控过程
(3) 刺激回忆先前知识	提取先学知识进入工作记忆
(4) 呈现刺激材料	为选择性知觉突出特征
(5) 提供学习指导	语义编码;提供检索指导
(6) 引发行为表现	激活反应组织
(7) 提供反馈	建立强化
(8) 评价行为	激活提取,促成强化
(9) 促进记忆和迁移	为提取提供线索和策略

2. 儿童学习过程的教学指导

在加涅看来,教学活动是一组与学习过程关联的教学事件。组成教学活动的每一教学事件所发挥的功能都应有助于或支持学习过程中知识的获得与保持。

在加涅看来,人类加工信息的方式是相对稳定的,所以,影响学习活动的外部事件即教学事件也是相对不变的。为此，对应于学习过程的九个环节，加涅提出了九项教学事件，教师在教学过程中的不同环节，应适当地使用这些教学事件对儿童的学习采取有针对性的指导。

（1）引起注意：这个外部条件的目的是唤起儿童学习的注意，保证对刺激的接受。教师的基本做法有：突然改变刺激，如调整活动室的光线、音响或教师的音量等；教师用体态语言（手势、表情），或点某个儿童的名字，引起儿童的注意；利用与教育活动有关的媒体，如用闪亮的红灯引入交通安全的内容，或播放鸟鸣声开始讲有关鸟类的知识。

（2）告知目标：教育活动开始时应让儿童明白教育活动的目标达成后，他们将能做什么，从而激起他们对新的知识和技能的期望。用儿童熟悉的语言解释教育活动的目标不仅能提高学习动机，还能使他们明白教育内容的基本结构，便于他们对新的知识进行组织。这个事件的另一个目的是把教育活动结果与儿童的兴趣联系起来。

（3）刺激回忆先前知识：在进行新的教育活动之前，可指出新的教育活动中所必需的先决知识和经验，以刺激学习者回忆以前所获得的相关知识经验，并把这些知识经验提取到工作记忆中，同时，使新旧知识产生有机的联系。有时仅靠教师简单的提示还不够，如儿童先学的知识或先经历的事件时间太久，教师可安排一些复习性的教育活动，以保证儿童对先前知识的回忆。

（4）呈现刺激材料：当儿童做好接受新的教育活动的准备时，教师可以向他们呈现新的教育内容。呈现的方式取决于教育活动的内容。如果是言语方面的学习，教师可以通过书面或口头的形式呈现。如果是态度的学习，教师可以通过榜样示范的方式呈现刺激材料。对于动作技能的学习，教师就应给儿童演示基本的动作并提出要求。无论哪种方式，最有效的是具有突出特征的刺激，以利于儿童在教育活动中选择性知觉的接受。

（5）提供学习指导：这个教学事件是促进语义的编码，使所学的知识进入长时记忆。不同的学习类型有不同的教学指导。加涅根据学习结果把学习划分为5类，并且提出了相应的学习指导，即教师应为儿童的学习所提供的重要外部条件（见表9-3）。

表9-3　学习类型及相应的学习指导

学习类型	学习指导或学习的外部条件
言语信息	① 变化语调或字体注意突出的特征；② 分块呈现信息；③ 提供线索促进有效检索和迁移；④ 提供有意义背景，促进信息有效编码
智慧技能	① 突出特征吸引注意；② 控制内容在短时记忆限度之内；③ 促进回忆已学的从属技能；④ 为从属技能的组合排序提供言语指导；⑤ 经常学习，定期复习；⑥ 创设多种情境促进迁移
认知策略	① 示范说明策略；② 提供运用多种策略的机会；③ 对策略的效果进行反馈
态　度	① 建立态度的成功期望；② 使儿童认同榜样人物；③ 安排个人行为选择；④ 提供成功的反馈或显示榜样的反馈
动作技能	① 提供动作程序的指导；② 重复训练；③ 及时反馈动作的准确性；④ 鼓励运用脑力训练

（6）引发行为表现：引发行为表现的目的是促进儿童做出反应的活动以此来验证期望

的学习过程是否发生，教学活动的目标是否达到。通常教师可采用与教学活动中相同的教育情境让儿童进行演示或解答。当然，引发行为的最常用的和最直接的方法是口头提问，但也可以用其他方法设计情境，让儿童做出行为表现。

（7）提供反馈：在儿童做出反应、表现出行为之后，应及时让儿童知道学习活动的结果，这就是提供反馈。通过反馈，儿童能知道自己的理解或行为是否正确或正确的程度如何。当然这种反馈既有来自教师或同伴的，也有来自自己的。

（8）评价行为：在对儿童的活动行为进行评价时，如果发现儿童表现了一次反映新的学习活动中所获能力的行为，这还不足以使我们肯定他是否真正已经掌握了这种能力，因为一次的行为带有偶然性，信度不高，教师应要求儿童进一步表现其行为。

（9）促进记忆与迁移：为增进记忆和提取所学知识经验的教育活动通常是间时复习。在间时复习中最好要实行情境的适当变化，同时多方面运用实例使儿童获得可用于检索已学信息的新的线索，并在教育活动中提供新的任务和应用所学知识经验有效地促进学习的迁移。

三、幼儿教学指导与游戏指导的关系

教师在教学过程中的作用，绝不仅仅是一个信息传递者，更主要的是幼儿与环境和人相互作用的促进者。上课或全班集体教学只是教学的一种途径，而不是唯一途径。游戏是幼儿伙伴交往的基本途径，构成幼儿在园生活不可缺少的重要内容。同时，在游戏中发生着大量的学习活动，游戏中的学习也需要教师的支持、帮助与指导。

幼儿在游戏过程中主动地探索与影响周围的环境，有时这种探索活动触及事物与现象之间一些比较内在的、隐蔽的关系与联系，但是由于幼儿自身经验与发展水平的限制，他们往往意识不到或发现不了这种关系与联系，致使与新的学习经验失之交臂。如果有成人适时的指导，就可以极大地促进与丰富幼儿的学习。

大量研究表明，成人参与游戏并为游戏提供材料是影响幼儿游戏水平与认知发展的两个最主要的因素，在与成人共同游戏的过程中，幼儿可以获得他独自游戏所不能获得的丰富经验，成人在儿童游戏的发生和发展中起着重要的作用。而且儿童年龄越小，这种作用越明显。因此，作为幼儿学习的主要途径，作为幼儿园教育活动的重要组成部分，游戏应当被纳入幼儿园教师教学工作的范围之中。组织与指导幼儿的游戏过程，正是教师教学工作的过程。通过这种教学来“有目的、有计划地发动、激化、维持和促进”幼儿在游戏过程中的各种类型的学习活动，促进幼儿与环境和人的相互作用，以帮助幼儿获得有益的学习经验。

游戏与教学是有内在联系的，这种联系表明两者不是对立的；但游戏与教学又是各自独立的，这种独立表明两者在本质上是有区别的，不能混为一谈。前者更多地强调“目的”、“计划”、“效果”，强调的是教师指导下的幼儿活动；后者更多地强调“兴趣”、“表现”、“过程”，强调的是幼儿自主的活动。两者的规范不一样，本质的规定性方面也不一样。因此，对幼儿来说，游戏与教学都有独立存在的价值。

第四节　幼儿园教学活动设计与指导

教学活动是一种有目的、有计划的师生之间教与学的双边活动。在传统教育中，狭义地

理解为课堂教学活动,并称之为上课。实际上,课堂教学只是教学活动的一种形式,随着严格的班级授课制和单一的讲授法逐渐被打破,教学活动的方式也日益多样化,主要包括观察活动、社会实践活动、操作活动、实验活动等。根据幼儿园教学活动内容的不同,可以分为健康领域教学活动、语言领域教学活动、科学领域教学活动、社会领域教学活动、艺术领域教学活动五类。

教学活动设计是指在教学活动开始之前对教学过程中的一切预先进行策划,创设教学情境,以期达成预计教学目标的系统性设计。它是每个幼儿园教师的基本任务,也是目前幼儿园教师普遍关心也普遍感到困难的问题。

教学活动设计是一个创造性的构思过程,必须根据教学活动的特点,在教学理论与设计观的指导下,按照一定的程序逐步进行。为此,在设计教学活动前,有必要了解教学活动的设计观及设计程序。

一、教学活动的设计观

(一)课程决策论

课程决策论认为,幼儿园教学活动设计是结合本地区、本园和本班幼儿的具体特点,把最高层次的课程决策具体化的过程。这个过程,同样也是以价值判断和选择为基础的动态的、连续的课程决策的过程。

从操作过程来看,教学活动设计是对课程的基本要素即目标、内容、教材、学习活动、媒介、时间、空间和环境、教学策略、评价等按一定的方式方法进行编制和处理。在这个意义上,教学活动设计就是对课程的各种要素进行处理,从而形成特定的相互关系的过程。

对各要素进行特定的处理时,有一些技术问题需要考虑,这就是课程决策的策略。教学活动设计过程中的每个步骤都需要设计者运用一定策略做出正确的判断和果断的决定。

(二)教学设计论

教学设计论主张,教学活动设计是为达成预期的教育目标而进行的规划过程。

加涅曾将教学活动设计界定为“一个系统化规范教学系统的过程”;帕顿把教学活动设计看作是“对学习业绩问题的解决措施进行策划的过程”。

梅里尔等人对教学活动设计给予全新解释。他们认为,教学是一门科学,而教学活动设计是建立在这一科学基础之上的技术,因而教学活动设计也可以被认为是科学型的技术。教学活动设计既是一种用以开发学习经验和学习环境的技术,这些学习经验和环境有利于学生获得特定的知识技能,也是一种将不同学习策略整合进教学经验的一门技术,利用这些教学经验可以使得知识和技能的获得更有效率、更有效果和更吸引人。

结合课程决策论和教学设计论,幼儿园教学活动设计应具备五个基本的特点。

1. 幼儿园的教学活动设计不以解决幼儿园全部幼儿的发展问题为目的,它应该有针对性地指向某一部分的幼儿

同样的教学活动主题对于不同的幼儿来说可能具有不同的价值或意义,教师应赋予其不同的教育含义,这样才能做到“因材施教”,从而通过改进不同部分幼儿的发展来引起团体的全部发展。

2. 幼儿园教学活动设计必须具备促进幼儿身心发展的正面价值

虽有学者主张,只有在不加任何限制的教学活动情境下,幼儿才会获得最佳的发展,因

而他们认为教学活动设计是对幼儿学习活动的限制，故而反对教育活动设计。但站在教学心理学的立场上，则肯定教学活动设计并没有限制幼儿的发展与学习，而是有目的地引导幼儿的发展。因为在不给予任何指导的情况下，幼儿学习将会因自行摸索而陷入迷途。这对幼儿的生活和将来的发展均是不利的。

3. 幼儿园教学活动设计必须符合幼儿学习心理和幼儿教学心理的基本规律

只有充分地认识和了解了幼儿的心理发展与学习的规律之后所进行的教学活动设计才更有利于幼儿的发展。在教学活动设计之前，幼儿园教师应该根据幼儿的这些特征了解在何种条件之下最容易引起幼儿的学习与发展，从而据此组织和安排教育活动的情境。

4. 幼儿园教学活动设计应包括短期和长期两种目标

教学活动设计的短期目标主要由幼儿园教师负责，它是某一个具体活动应该达到的目标，其内容比较具体。教学活动设计的长期目标则可能贯穿整个幼儿园教育的目标，甚至整个幼儿今后所有的发展与教育目标，它由整个幼儿园教师共同负责，并按一定的程序进行。

5. 幼儿园教学活动设计必须接受系统的方法指导

在教学活动的系统设计中，应该包括多个前后彼此连接的步骤，从开始的教育目标分析，到最后的目标达成与否的评估，每一个步骤的设计均应符合活动的要求。而且，每一步的完成必须有助于下一步的开始。

二、幼儿园教学活动设计过程

（一）目标的筛选与确定

幼儿园教学活动目标是教师根据幼儿年龄特点、原有水平和能力、活动的内容和性质来确定的。因此，在设计具体的教学活动之前，教师应在了解幼儿现有的发展水平，即他们现在已经能够做什么、知道什么的基础上，根据本班幼儿的具体特点，将幼儿园教育法规中设定的教育目的、目标具体化，从而确定本学期或本学年教育活动的全部目标或总体目标，即确定帮助幼儿学会什么。

《幼儿园工作规程》和《幼儿园教育指导纲要》（试行）分别提出了幼儿园保育和教育目标以及各领域教学目标，形成了一个完整的目标体系。

幼儿园目标体系由幼儿园保教目标、幼儿园各领域目标、幼儿园各年龄班目标、幼儿园教学活动目标四部分构成。它呈阶梯式结构，从抽象到具体、层层分解、步步落实。从不同年龄班的目标来看，前后目标之间具有连续性，并且遵循由易到难、由简到繁的规律。

教学活动目标的筛选与确定过程中，必须做到：

1. 目标要具有可操作性，避免过于笼统

教学活动目标处于幼儿园目标体系的最底层，应该具备具体、明确的特点，应该具有可操作性，便于指导教师的教学。例如，一位中班教师设计了一系列健康活动，“洗手”活动的其中一条目标是：学会正确的洗手方法；“喝水”活动的目标之一是：知道口渴了要喝水，养成主动喝水的习惯。教师在这两个健康活动中的目标表述就比较具体，比起“养成良好的生活卫生习惯”的目标表述对教学更具指导意义。

2. 目标表述主体要统一

在表述教学活动目标时，可以从教师的教和幼儿的学两个维度来表述，但表述时要保持一致。从教师的教这一角度来描写活动目标时，可以采用“教会”、“帮助”、“激发”、“促进”

等词语来表述教师的教；从幼儿的学这一角度来描写时，可以采用“学会”、“喜欢”、“知道”、“感受”等词语来表述幼儿的学。

【知识拓展9–2】 幼儿园教育目标

幼儿园的教育活动是教师以多种形式有目的、有计划地引导幼儿生动、活泼、主动活动的教育过程。因此，在教育过程中，教师的一项重要任务就是要恰当地确定教育活动目标，选择适当的活动内容，以保证教育活动能够科学有序地进行，并达到预期的教育目的。

(1) 保教目标是引导幼儿园教育各方面工作的纲领性要求。

《幼儿园工作规程》明确提出，幼儿园保育和教育的主要目标是：促进幼儿身体正常发育和机能的协调发展，增强体质，培养良好的生活习惯、卫生习惯和参加体育活动的兴趣。发展幼儿智力，培养正确运用感官和运用语言交往的基本能力，增进对环境的认识，培养有益的兴趣和求知欲望，培养初步的动手能力。萌发幼儿爱祖国、爱家乡、爱集体、爱劳动、爱科学的情感，培养诚实、自信、好问、友爱、勇敢、爱护公物、克服困难、讲礼貌、守纪律等良好的品德行为和习惯，以及活泼、开朗的性格。培养幼儿初步的感受美、欣赏美和表现美的情趣和能力。

(2) 幼儿园各领域目标是对保教目标的具体化，幼儿园教育活动基本划分为：健康、社会、科学、语言、艺术五大领域。

《幼儿园教育指导纲要》(试行)提出的各领域具体目标如下：

健康领域旨在增强幼儿体质，培养健康生活的态度和行为习惯。其目标为适应幼儿园的生活，情绪稳定；生活、卫生习惯良好，有基本的生活自理能力；有初步的安全和健康知识，知道关心和保护自己；喜欢参加体育活动。

社会领域旨在增强幼儿的自尊、自信，培养幼儿关心、友好的态度和行为，促进幼儿个性健康发展。其目标为喜欢参加游戏和各种有益的活动，活动中快乐、自信；乐意与人交往，礼貌、大方，对人友好；知道对错，能按基本的社会行为规则行动；乐于接受任务，努力做好力所能及的事；爱父母、爱老师、爱同伴、爱家乡、爱祖国。

科学领域旨在激发幼儿的好奇心和探究欲望，发展认识能力。其目标为有好奇心，能发现周围环境中有趣的事情；喜欢观察，乐于动手动脑、发现和解决问题；理解生活中的简单数学关系，能用简单的分类、比较、推理等探索事物；愿意与同伴共同探究，能用适应的方式表达各自的发现，并相互交流；喜爱动植物，亲近大自然，关心周围的生活环境。

语言领域旨在提高幼儿语言交往的积极性，发展语言能力。其目标为喜欢与人谈话、交流；注意倾听并能理解对方的话；能清楚地说出自己想说的事；喜欢听故事、看图书。

艺术领域旨在丰富幼儿的情感，培养初步的感受美、表现美的情趣和能力。其目标为能初步感受环境、生活和艺术中的美；喜欢艺术活动，能用自己喜欢的方式大胆地表现自己的感受与体验；乐于与同伴一起娱乐、表演、创作。

(二) 选择教学内容，确定活动主题

确定活动主题即确定教学活动的内容，所要解决的问题是如何来组织教学内容，使之概念化。一般说来，主题的确定有三个基本的依据，即本班幼儿学习和发展的需要与兴趣、本地区或本园的一些特殊的情况、活动进行的季节和节日背景。同时，还要考虑到主题的教育潜能和发展潜能，是否有可能促进幼儿各方面的发展，是否包含丰富的教育活动资源和多学科知识、技能。

幼儿园教学活动内容的选择应该遵循以下几条基本原则：

1. 促进幼儿的长远发展

学期教育是打基础的教育，教学活动内容要体现时代性，为培养未来社会所需要的人才奠定基础。另外，教学活动内容要能够从反映事物发展的内在规律性和儿童身心发展的阶段性、连续性出发，体现出教育内容在知识经验之间的固有逻辑性上的衔接，由浅入深、由易到难、由具体到抽象、由简单到复杂，形成一个有关联的系统，使当前的学习为后续的学习打好基础，以循序渐进为原则，为儿童今后的学习和成长发展奠定良好的基础。

2. 符合幼儿年龄特征、幼儿的生活经验和认知水平

《幼儿园教育指导纲要》(试行)指出：教育内容的选择应该"既符合幼儿的兴趣和现有经验，又有助于形成符合教育目标的新经验；既贴近幼儿的生活，又有助于拓展幼儿的经验；既体现内容的丰富性、时代性，又注重幼儿学习的必要性、妥当性以及与小学教育的衔接"。幼儿园教学活动内容的选择必须以儿童的生活经验为基准，遵循各年龄段儿童在认知、情感、能力、个性和社会性发展方面的规律。教师要根据幼儿园教育的任务和儿童的年龄特点，选择适合于儿童身心发展特点的教育活动内容。

3. 满足幼儿的兴趣和需要

教师应该注意观察幼儿，及时发现幼儿的兴趣所在，选择幼儿感兴趣的教学活动内容。例如，教师观察发现幼儿对汽车轮胎很感兴趣，于是组织开展以汽车轮胎为道具的体育游戏活动。因为选择的是幼儿感兴趣的道具，体育游戏很快就吸引住了幼儿。另外，如果面对一些对促进幼儿的发展十分有意义但较难直接引发幼儿兴趣的活动时，教师应该考虑采用幼儿感兴趣的活动方式，引导幼儿积极参加活动，有效地与幼儿进行互动。

（三）选择与分析教育资源

在主题确定后，教师应根据主题把能够找到的、想到的和看到的相关教育资源包括诗歌、儿歌、谜语、故事、游戏、舞蹈、实验等都加以整理，然后对它们进行研究和分析，识别其课程潜能，找出与教育目标之间的联系，分析它们的教育价值。当然，教育资源的课程潜能和教育价值的识别有赖于教师的专业知识、工作经验以及儿童观、教育观等，这种能力需要专门的训练。

（四）确定学习活动的性质与类型

根据教师对幼儿游戏或学习活动控制程度的不同，将学习活动分为发现学习、有指导的发现学习和接受学习三种不同的性质，与之相对应的就是不同类型的活动，即个别活动、小组活动和集体活动(见图9-2)。因此，教师在研究和分析教育资源的基础上，应按照活动的性质和类型对教育资源进行分类加工。

发现学习 （以物为主要媒介）	有指导的发现学习	接受学习 （以语言为主要媒介）
间接控制	…………………………………	直接控制
自由游戏	任务定向的活动区游戏	教学游戏
个别游戏	小组游戏	集体游戏
教师控制作用增强		幼儿游戏体验增强

图9-2　幼儿园学习与游戏活动之间的关系

（五）制定完成主题的进度表

一个主题通常不可能一次完成，需要按照各领域的知识体系和由近及远、由已知到未知、由易到难的认识规律把已经列出的教育资源与活动分为一个个小单元，排出教学进度表。也就是说，确定先做什么，后做什么。

（六）空间和环境的安排

在列出教学活动的时间进度表以后，教师要开始考虑活动室的环境布置（如壁画布置）和每一单元活动的空间安排，使之有利于幼儿进行不同性质的学习活动，避免相互干扰。

（七）教学指导策略

教学策略是指教师通过什么方式去干预或影响幼儿的游戏和学习活动。教师对幼儿学习活动的不同程度的控制，主要是通过不同性质的干预策略体现出来的。教师可以根据活动的不同性质、幼儿学习与发展的不同水平以及活动开展的具体情境来选择具体的干预方法。

（八）确定评价的目的与方法

作为幼儿园教师，应学会通过评价来达到了解幼儿学习与发展变化的状况，考察教学活动设计的合理性，并能及时调整与修改活动计划和安排。

三、幼儿园教学活动的指导

教学活动的组织指导的一般策略主要包括观察、导入、提问、回应等。

（一）教学活动中的观察

在教师按照计划好的教案开展活动的过程中，首先应该观察幼儿对活动内容、材料及活动形式是否感兴趣。如果是游戏活动，教师应该观察幼儿的参与态度、情绪表现等情况；如果是提供材料的探索活动，教师可以观察幼儿对操作及材料的关注度；如果是以教师引导为主的活动，就可以观察幼儿是否被教师的语言、动作所吸引。在活动进行阶段中，教师应该观察幼儿的互动情况，包括幼儿与幼儿的互动、幼儿与教师的互动、幼儿与材料的互动等。

（二）教学活动的导入

激发幼儿的活动兴趣，引导幼儿主动探索和思考，使幼儿在轻松、愉快的氛围中开展活动是教学活动导入的主要目的。对于幼儿来说，兴趣是他们最好的老师，教师运用能激起幼儿兴趣的方式导入活动，是十分有效的教学策略。例如用新奇的玩具、材料来吸引幼儿的兴趣，或者用生动、夸张的语言、动作吸引幼儿的兴趣都是不错的选择。幼儿园常用的活动导入方式还有通过游戏导入活动以及通过创设情境导入活动。另外，由于幼儿的好奇心强，问题导入也是比较有效的方式，利用问题引发幼儿的学习愿望，调动幼儿的学习兴趣，可以有效地支持和促进幼儿的探究学习。

（三）教学活动中的提问

在教学活动的组织指导中，提问是常用的策略，但是提问也是很有技巧的。在教学过程中，教师应该根据幼儿的实际情况，灵活调整问题，多提一些开放性、启发性的问题，在层层深入的问题情境中推进活动进程。

（四）教学活动中的回应

在教学过程中，如何回应幼儿，很多新教师都感觉困惑。教师的回应策略主要有重复、反问、提炼。在教学活动中，经常会使用到重复的策略，但这并不是指简单意义上的语言重复，而是教师教育机智的体现。教师通过重复个别幼儿的问题或回答可以帮助幼儿获得他人的学习经验。幼儿常常会有源源不断的问题来问教师，这时，教师可以不急于回答，而是反问幼儿，引发幼儿的进一步思考(见案例“人的牙齿”)。对于幼儿来说，教学活动中教师的提炼也是至关重要的，新的经验和概念的获得离不开对环境材料的感知和体验，同样也离不开教师的概括、归纳和提炼。

【知识拓展 9-3】 案例：人的牙齿

在关于“人的牙齿”的活动中，幼儿自己搜集资料，讨论了“人一共有多少颗牙齿?”“什么时候换牙?”“人为什么会掉牙?”等一系列问题。苗苗说：“妈妈说小孩子晚上睡觉前吃糖不刷牙就会掉牙的。我外婆最喜欢吃糖了，她晚上也不刷牙的，她掉了五颗牙呢。”教师听见了，就反问道：“老师的外婆不喜欢吃糖，天天晚上刷牙，为什么也会掉牙齿呢?”教师的这一反问使幼儿对自己的答案产生了怀疑，从而重新思考这个问题。

第五节　幼儿园区域活动设计与指导

区域活动是教师利用游戏特征创设环境，让幼儿以个别或小组的方式，自主选择、操作、探索、学习，从而在和环境的相互作用中，利用和积累、修正和表达自己的经验与感受，在获得游戏般体验的同时，获得身体、情感、认知及社会性等各方面发展的一种教育组织形式。

区域活动是一种开放性的、低结构性的活动，幼儿可以根据自己的兴趣、需要来选择活动内容。它能为每个幼儿提供表现自己长处和获得成功的机会，增强幼儿的自尊心和自信心，在发挥幼儿的主体性，发展幼儿的操作能力和探索能力方面具有明显优势。因此它与集体教学活动是相互联系、相互转换、相互补充的。

从区域的功能性出发，一般讲区域活动分为“学习性”区域活动和“游戏性”区域活动。“学习性”区域活动一般是以具体实物为对象的操作活动，其活动目标偏向于发展幼儿对客观事物及未知事物的好奇心及动手操作的能力。例如班级中的数活动区、美工区等。“游戏性”区域活动则是基于幼儿对已有生活经验的模仿与创造而展开的，它不仅以物为操作对象，更多的是以同伴为对象进行的交往活动，目标侧重于发展幼儿的创造性想象及与人交往的能力。例如班级中的“娃娃家”、“娃娃超市”等。

一、区域活动的设计

区域活动的设计主要是指区域活动环境的创设及活动材料的投放。

(一) 区域活动环境的创设

在创设区域活动环境时需要选择贴近幼儿生活，便于幼儿实践操作的区域活动内容。幼儿需要的、感兴趣的往往是他们生活中出现过的、发生过的、见过的、听过的一些内容。我们在创设区域活动时要尽量选择一些与幼儿学习、生活联系紧密的内容，区域布置要贴近生活。例如区角“娃娃餐厅”中可以投放一些日常餐厅常见的器具，如塑料碗、碟、勺子等，在墙面上贴一些幼儿喜爱的食物的图片。在区域活动环境的创设中，还要充分考虑幼儿的实践操作，要让幼儿有机会体验、摆弄、思考活动材料，在实践操作中获得有益的学习经验。在创设区域时，还应该充分利用幼儿的好奇心，激发和培养幼儿的学习兴趣。例如：春天到了，教师可以在自然角中放置一些较容易发芽的植物，例如大蒜、黄豆等，植物的变化可以激发幼儿的兴趣，然后引导幼儿每天进行观察，从而让幼儿对植物发芽现象产生浓厚的兴趣，主动探索有关植物发芽的知识。

在区域活动环境的创设中，如何最大限度地发挥各个区域的作用，区域的空间布置也十分关键。为了便于幼儿选择自己喜爱的活动区域，同时也为了方便教师观察，教师可以将活动室分隔成若干个开放或半开放的区域及角落，区域与区域间要留出通道、空间，一般可以利用桌子、柜子、泡沫地板、地毯等材料来进行分隔。布置活动区域时，还应该兼顾各个区域的活动特性，应该尽量避免相互之间影响、干扰。最好不要将安静的阅读区域与以操作为主的积木建构区安排在一起，或者把表演区和数活动区相邻。

（二）活动材料的投放

一般来说，各活动区都有一些基本的、相对稳定的材料。语言区通常投放一些图书、头饰、手偶等材料；美工区投放一些常规的美工用品，如剪刀、橡皮泥、画纸、彩色笔、油画棒等；在操作建构区通常提供一些相关的操作材料；在音乐区、表演区投放一些简单的乐器、头饰等。

皮亚杰提出："儿童的智慧源于材料。"区域活动的教育功能主要通过投放的材料来体现。在投放材料时应该考虑材料的安全性、丰富性、层次性、动态性和探索性。

安全性：为幼儿提供活动材料时，应选择无毒、无味、对幼儿无伤害隐患的制作原料，制作前进行彻底的清洁消毒。如，幼儿园中积木建构区的积木应该定期清洗、消毒，再投放进去，以保证积木的卫生、安全。

丰富性：教师应该根据区域的活动内容，提供足够的材料和玩具，让幼儿能够自由地根据自己的需要选择合适的材料。材料的形式要多种多样，比如在美工区投放不同形式的材料可以开展多种美工活动，除常见的画彩笔画、蜡笔画、折纸、贴画等，还可以进行彩绘、泥塑、剪纸等活动。功能多样：实际就是一物多玩，我们要在挖掘材料的功能上多下工夫。品种多样：就是种类要多。比如小班"生活区"，孩子们学习系扣子，活动区为孩子准备了纽扣、粘扣、子母扣、拉锁等，通过练习使幼儿掌握系扣子的生活技能。

层次性：从材料的加工程度来讲，可以为同一个活动区提供原材料、半成品和成品。由于幼儿的个体差异，他们对事物会有不同的认识，操作也会处于不同层面，可以根据幼儿能力的不同提供操作难易程度不同的活动材料，便于教师对不同能力的幼儿进行有针对性的指导和帮助，更好地做到因材施教，促进幼儿在原有水平上不同程度的提高。

动态性：材料的提供不能一成不变，而要根据教育目标和幼儿的发展需求，定期或不定期地进行调整、补充。材料的动态性还体现在各年龄段及平行班之间的互动上，各班教师应及时沟通、交流幼儿区域活动的情况，做到材料的互补、资源共享，让材料真正地为活动提供服务。

探索性：材料的探索性能引发幼儿动手、动脑，支持幼儿与活动环境的积极互动，引导幼儿根据自己的兴趣爱好对客观事物进行操作和思考。将问题隐含在材料中，以情境或游戏驱动解决问题，鼓励幼儿在操作中感受日常生活与学习中的某些现象，并进而关注事物间的简单关系。

二、区域活动的指导

（一）让幼儿主动参与，主动探索

在区域活动中，教师的“教”与幼儿的“学”是一个互动的过程。幼儿可自由选择“我想玩什么，和谁一起玩，怎么玩，玩到什么程度”，自主决定游戏的材料、方式、内容及玩伴，按自己的方式和意愿进行游戏，这样才能真正解放幼儿的手脚和头脑，让幼儿成为自己真正的主人。在学习的过程中，幼儿不光自己独立地思考学习，还可以与身边的同伴相互学习产生互动、与老师产生互动、与周围的事物产生互动，在没有压力的环境中获得经验，体验成功和愉悦，进一步发挥主动性与能动性。

（二）教师从旁指导

在区域活动中，教师应是环境创设者、条件提供者、观察指导者。教师主要是通过改变环境，投放不同的材料来影响孩子的学习。教师要注意不断地在各个区域间来回观察和参与游戏，不能一头扎进某一个区域中同幼儿游戏而忽视了对其他区域幼儿的指导，要留意观察每个孩子的兴趣操作情况和交往能力，针对出现的问题，选择恰当的时机参与到幼儿的活动中去，与孩子一起探索、操作、发现、讨论、解决问题，真正体现孩子们的主导地位。

在区域活动的指导中，教师的介入要适时适度。适时指介入的时间要适宜，当幼儿的行为希望得到成人认可时要介入；当幼儿有求助需求时要介入；当幼儿发生困难时要介入。如发生纠纷、活动有停顿或有放弃的迹象、面对新材料无所适从时等，教师都应该找准时机予以介入（见案例：多米诺骨牌）。

【知识拓展 9-4】 案例：多米诺骨牌（大班）

东东、玲玲、扬扬在一起排骨牌，教师驻足阳台门口在欣赏表演区的“跳舞毯”，一阵争执声传来，回头一看，来自骨牌区。教师停顿了一下，缓步来到骨牌区旁的制作区，背向骨牌区，一面观看制作区孩子“印蓝花布”，一面仔细“偷听”骨牌区内的动静，总算搞明白：三人合作排骨牌，玲玲不小心碰到扬扬的手，扬扬的手又顺势推倒了一块骨牌，导致前功尽弃，彼此责怪。

于是，教师来到三个孩子面前，蹲下身子。孩子们看见了“救星”，都争先恐后地“告状”、“求援”，你一言我一语。过了十几秒，教师做了一个体育运动专用手势“暂停”，并开口道：“你们谁也没有错，只是都有点着急”，停了停继续道：“其实很简单，想想，下跳棋时，三个人一起跳吗？打牌时，你们三个人一起出吗？”

“啊！”三个孩子一下明白了。

“不要着急，要小心，要仔细。”教师拍了拍扬扬的肩膀，笑着丢下一句话。

分析：在区域活动时，幼儿争吵是经常会发生的事情。在该案例中，幼儿因为合作失败而争吵，教师并没有用直接控制的方法予以制止、结束纠纷，而是通过“旁敲侧听”，了解到争吵的原因，并运用情景启发，帮助幼儿从已有经验进行迁移，懂得如何合作，了解合作中的规则、技巧与方法。

（案例摘自黄瑾主编的《幼儿园教育活动设计与指导》）

适度是指介入到何种程度，适度的指导关键在于教师介入时的语言表达及行动支持要留有余地，善于等待，多给幼儿以鼓励、启发、挑战、暗示，尽量让幼儿自己去发现与探索（见案例:盖瓶盖)。

【知识拓展 9-5】 案例:盖瓶盖(小班)

两名幼儿在同一张桌上尝试开、盖各种不同直径、不同材质的瓶盖。男孩盖的几个都不对,只是将瓶盖顶在瓶子上,但他认为他都已经盖好了。而女孩的瓶盖都盖对了。两人很开心,一起拍拍手。这时已从旁边路过两次的教师并没有直接指出男孩的错误,只是轻轻用腿撞了一下桌子,桌子晃动了一下,男孩的瓶盖都掉下来了,而女孩的还稳稳地盖在瓶子上。这时,他们意识到了男孩的瓶盖盖得不对,女孩帮助男孩两人一起将掉下来的瓶盖重新盖好了。

分析:该名教师没有直接指出男孩的错误,而是从侧面给予他暗示、指导,这种方式很好地帮助幼儿自己发现问题,解决问题。

(案例摘自黄瑾主编的《幼儿园教育活动设计与指导》)

小 结

教学心理学作为教育心理学的分支日趋成熟。幼儿教学心理主要是基于幼儿教学与发展的关系,探索幼儿园教学指导方式及教学活动的设计原理。幼儿教学心理研究直接依托于学习心理理论;发展心理学为教学心理研究提供了重要的理论基础,为有效的教学设计提供了理论依据和支持。

在教学与发展的关系上,最有影响的观点是最近发展区理论和发展适宜性教育理念。维果茨基认为教学应走在发展的前面,提出"最近发展区"理论。根据其发展性教学思想,我们绘制出了教学与发展关系的三维模型。发展适宜性教育的内涵包括年龄适宜性、个体适宜性、文化适宜性。发展适宜性教育根据不同划分依据,划分为不同类型。发展适宜性教育的效果包括三点。发展适宜性教育的影响因素有儿童的特点、教师的特征、外界环境。

"教学指导"有两种不同性质的理解:指令性的和指向性。指向性的教育活动符合现代教育活动的基本趋势有三个。幼儿园教学指导有不同的层次划分。幼儿园教学指导包括基于学习方式、基于学习过程的教学指导。教学指导与游戏指导存在一定关系。

教学活动的设计观有课程决策论和教学设计论。幼儿园教学活动设计过程可概括为八个环节。幼儿园教学活动指导的一般策略主要包括观察、导入、提问、回应。

区域活动的设计主要是指区域活动环境的创设及活动材料的投放。区域活动的指导要让幼儿主动参与,主动探索,教师也应从旁指导。教师应是环境创设者、条件提供者、观察指导者。

思 考 题

一、单项选择题

1. 互惠性教学中,(　　)是对阅读中存在的困惑进行解答。

A. 提问　　B. 总结　　C. 预言　　D. 澄清

2. 按照幼儿教育实践类型来看,(　　)型教育实践是以儿童为中心,关注儿童发展的。

A. 学业导向型　B. 适宜性　C. 说教型　D. 教师中心型

3.（　　）是一种教学过程的指导，主要包括教育教学评价（对幼儿园教育教学所进行的有效监控）和教育环境创设（指导幼儿园教育资源的综合开发和有效利用）。

A. 微观指导　B. 宏观指导　C. 外部指导　D. 内部指导

4. 某幼儿教师有目的地设计教学活动，给予幼儿指导，而不是任其自行摸索，体现了教学活动设计的（　　）特征。

A. 幼儿园教学活动设计必须具备促进幼儿身心发展的正面价值

B. 幼儿园教学活动设计必须符合幼儿学习心理和幼儿教学心理的基本规律

C. 幼儿园教学活动设计应包括短期和长期两种目标

D. 幼儿园教学活动设计必须接受系统的方法指导

5.（　　）区域活动是基于幼儿对已有生活经验的模仿与创造而展开的，它不仅以物为操作对象，更多的是以同伴为对象进行的交往活动，目标侧重于发展幼儿的创造性想象及与人交往的能力。

A. 学习性　B. 游戏性　C. 评价性　D. 监控性

二、名词解释

发展适宜性教育（DAP）　最近发展区　教学活动设计　区域活动

三、简答题

1. 如何理解维果茨基关于教学与发展辩证关系的“三维”模型？

2. 简述教学指导与游戏指导的关系。

3. 为什么教师对幼儿发现学习的过程有必要进行有针对性的指导？

4. 概述幼儿园教学活动设计过程。

5. 幼儿园教学活动组织指导的一般策略有哪些？

6. 活动材料的投放要遵循哪些基本原则？

四、论述题

1. 联系幼儿园教育实践谈谈幼儿园教学活动的指导策略。

2. 结合实际谈谈幼儿园区域活动的指导。

3. 论述教学与发展的关系，并联系教学实际举例说明。

五、案例分析题

1. 阅读短文1，从发展适应性教育角度谈谈怎样对幼儿进行学习指导？（可从发展性教育的内涵、影响因素及效果等方面分析）

短文1

发展适应性学习指导

教师在教学活动中的学习指导要适应幼儿的需要。

当感到孩子能够通过自己的努力与探索解决困难时，教师需要做的只是耐心等待与适应的鼓励。

当孩子屡次尝试解决都失败且出现焦虑时，教师要给予及时的帮助和指导。

当孩子由于缺乏技能且依赖性强，需要教师帮助时，教师一方面要通过鼓励的方式增强幼儿的信心，另一方面以同伴的身份适时引导幼儿，为幼儿示范一些方法技能，而不是简单地帮助幼儿解决问题，助长幼儿一味寻求帮助的依赖习惯，让幼儿发挥主动性，有兴趣完成作品，有信心解决困难。

2. 阅读短文2，回答下列问题：

(1) 结合自己的教学经验，判断教学与游戏优化组合的分离式、插入式、整合式三种模式的可行性。

(2) 根据幼儿教学心理原理，分析这份经验总结的可取之处。

短文2

教师如何帮助幼儿学习

一位幼儿教师在总结教学经验时，把促进幼儿学习的策略概括为四个方面：

一、教师有目的、有计划地组织教育活动，将游戏与教学优化组合

教师首先应根据各年龄阶段幼儿身心发展规律和本班幼儿实际发展水平确立本班保教目标体系，然后以阶段性保教目标以及幼儿现有水平和兴趣为依据，科学地安排教育活动，做到以儿童为中心，而不是以教材为中心。

教学与游戏的优化组合有分离式、插入式、整合式三种，无论是怎样的结合形式，其目的都是为了让幼儿积极地、主动地活动、认知和发展。因此，在组织活动时，要根据不同的价值使二者结合，而不是僵化地生搬硬套。一般来说，小班幼儿应以游戏活动为主，进行插入式的教学为多，小班后期和中班、大班初期以整合式为主，大班后期应以分离式为主，偏重于教学活动。二者有机结合，让每个幼儿都参与活动，虽然能力有所不同，但都能发挥其主观能动性。

教师应通过游戏环境的创设，将教育意图客体化、物质化，让儿童在与环境的相互作用中获得发展。

二、优化与教育相适应的环境

优化与教育相适应的环境是保证幼儿学习的前提和条件。幼儿在学习过程中的主动与被动，往往取决于主观能动性的发挥，而主观能动性的发挥又常常与教育环境提供的有利机会和条件有关。要使幼儿发展的需要与发展的环境达到良好的平衡和协调，就要把幼儿园的教育看作一个制约幼儿发展的立体环境。从本质上看，幼儿教育就是一种环境的创造，环境就是一种活生生的潜在课程。

幼儿园应为幼儿提供健康、丰富的生活和活动环境，满足他们多方面发展的需要，使他们在快乐的童年生活中获得有益于身心发展的经验。环境是重要的教育资源，应通过环境的创设和利用，有效地促进幼儿的发展。幼儿园的空间、设施、活动材料和常规要求等应有利于引发、支持幼儿的游戏和各种探索活动，有利于引发、支持幼儿与周围环境之间积极的相互作用，体现环境创设在幼儿园教育活动中的重要地位。

幼儿最初的认识，是通过自身与环境的相互作用来实现对周围事物的感知的，可以说幼儿对环境有极强的依赖性。因此，环境客观存在着教育价值，环境教育是实现幼儿身心发展的必要条件，环境的优劣对幼儿的教育效果影响甚大。

幼儿的整个发展都是在与环境的交互作用中完成的。儿童生态学强调利用环境来陶冶人，即通过创设最适合幼儿成长的教育环境，来改变儿童的不良行为。经典条件反射理论告诉我们，在原有的非条件反射和条件反射的基础上，幼儿可以依据不同的环境，建立起新的行为习惯和方式。

首先，要优化幼儿园的物质环境，使环境创设具有可操作性，可参与性，幼儿在这个环境中可以与环境进行交流。

幼儿园和教师要给幼儿提供一个优美、安全、卫生的环境，设置科学合理的活动空间。另外，活动材料的多样性和层次性在各类活动中发挥着重要作用，因为幼儿是通过操作相应的材料进行学习的。而能根据自己的需要与兴趣选择材料是幼儿主动学习和探究的重要前提和基本条件。因此，在各类活动中教师要提供多种类的内容或多样的操作材料，引导幼儿根据意愿进行选择。

其次，要创设一个宽松、平等、向上的精神环境。创设良好精神环境的中心是建立融洽、和谐、健康的人际关系，它具体包括了教师与幼儿之间的关系、幼儿与同伴间的关系以及教师与教师之间的关系等。师生之间应建立良好、和谐、民主的关系。

三、引导幼儿主动参与活动过程，促进幼儿主动学习

杜威的观点告诉我们，儿童有调查或探究本能。

活动是人在与周围现实积极的相互作用中，有目的地影响客体以满足自身需要的过程。幼儿的学习往往在活动的过程中发生，在活动的过程中进行。他们是通过亲自摆弄和操作去感知事物，进行观察、注意和思考，去发现问题、解决问题的。

1. 教师要充分利用幼儿园和周围环境的教育功能。不宜将幼儿关闭在活动室中，仅依靠书本材料组织教育活动。应将幼儿带到室外，观察大自然，了解人们的社会生活，以促进幼儿观察技能和社会性的发展。

2. 为幼儿多提供直接获得感性经验的机会，变被动学习为主动学习。在各种活动中，教师通过运用实物、图示、情境表演、启发提问等教育手段与方法，让幼儿多看，多听，用动作表示，用语言表达。鼓励每一个幼儿充分参与活动，使幼儿多种感官处于积极活动的状态，有助于幼儿在教育活动中形成积极、主动的学习态度，有助于幼儿创造性的发挥。还可以提高他们参加活动的兴趣和信心，改变幼儿在教育活动中处于被动接受的消极状态，变被动学习为主动地在活动中学习。

3. 利用多种形式有利于全体幼儿获得发展。在教育活动中，教师应灵活地运用集体活动、小组活动、个别活动形式，以促进每个幼儿在不同水平上获得发展。教师要支持和引导幼儿发起的个别的或小组的探究活动，让幼儿在自主选择的操作活动中探索、发现和学习。

四、加强家园联系，为幼儿创设良好的学习环境

家庭是幼儿成长的第一环境。我国儿童教育家陈鹤琴认为，幼儿应有良好的环境。他说小孩子生下来大都是好的，到了后来，或者变好，或者变坏，这是环境的关系。环境好，小孩子就容易变好，环境坏，小孩子就容易变坏。可见，环境与幼儿的成长息息相关。

作为学前教育工作者，既要在幼儿园帮助幼儿主动学习，还要加强家园联系、帮助家长，为幼儿创设良好的物质学习环境以及和谐、宽松的家庭学习氛围。

1. 创设物质学习环境，创设幼儿自己的天地

幼儿作为家庭生活的一员，不可忽视其特殊需要。家长应尊重幼儿，在家庭里安排一个属于他的、任他活动的小天地。有了这个小天地，幼儿的独立性、自主性以及各种能力可以受到锻炼和提高。

2. 创设和谐、宽松的家庭学习氛围。

（1）尊重、鼓励幼儿，使幼儿有学习的兴趣。

(2) 父母应对幼儿持一贯的儿童观和教育态度,在方法上沟通默契。

(3) 家长以身作则,做好幼儿模仿学习的榜样。

3. 阅读案例,回答下列问题:

(1) 教师帮助儿童解决搭建积木时遇到的问题,主要采用的是哪种教学策略?(分别结合两种教学指导模式进行分析)

(2) 教师在对话中,有意识地提起"瑞士"、"难以置信"等词语,其用意何在?(结合教学指导与游戏指导的关系进行分析)

案例

教师观察幼儿游戏

曼蒂四岁,在活动室的积木角搭建积木。她精心地挑选了不同长度的积木,一边比量看,一边把它们搭建成自己脑子里想象的样子。过了几分钟,教师走了进来,于是下面的对话就发生了:

教师:你搭的东西看起来真有趣。是什么?

曼蒂:汽车可以开进去的地方。

教师:汽车从下面开过去?它们怎么不从上面开过去呢?

曼蒂:因为这是一个隧道,当汽车来了,我就让它们进去。

教师:哦,那这是门了,把这个打开,让汽车穿过去吗?

曼蒂:是的。

教师:你知道么?假期时,我去了一个很远的地方,叫做**瑞士**。在那儿我穿过了一条长得**难以置信**的隧道。绝对过了很长时间,我们才从隧道里钻出来。里面没有灯,很黑很黑,你的隧道也很黑吗?

曼蒂:(朝里面看了看)不是很黑。我可以在这再加几块,像一个门。

教师:你可以把它封住。对了,你怎么知道里面黑还是不黑呢?

曼蒂:你可以把盖拿掉,那样就能知道了。(顶部的一块积木拿开)

教师:那我们搭建吗?

曼蒂:是的。

教师:那我们应该选多长的积木呢?

曼蒂:很长的那种。

教师:那你应该选和这个一样长的吗?搭到顶需要几块呢?(教师指着顶问)

曼蒂:(考虑了一会儿)4 块。

教师:你怎么知道是 4 块?

……

(案例来源:http://wenku.baidu.com/view/9cf73b23bcd126fff7050b7c.html2012-12-23)

参考答案:

一、单项选择题

1. D　2. B　3. B　4. B　5. B

参 考 文 献

[1] 陈帼眉,姜勇.幼儿教育心理学[M].北京:北京师范大学出版社,2007.

[2] 姚梅林,郭芳芳.幼儿教育心理学[M].2版.北京:高等教育出版社,2012.

[3] 林永海.幼儿教育心理学(修订版)[M].北京:商务印书馆,2011.

[4] 谷素梅.幼儿教育心理学[M].北京:高等教育出版社,1995.

[5] 曹中平.幼儿教育心理学[M].沈阳:辽宁师范大学出版社,2001.

[6] 曹中平.儿童游戏论——文化学、心理学和教育学三维视野[M].银川:宁夏人民出版社,1999.

[7] 曹中平.幼儿社会性发展与教育[M].长沙:湖南师范大学出版社,2001.

[8] 陈琦,刘儒德.当代教育心理学(修订版)[M].北京:北京师范大学出版社,2007.

[9] 冯忠良.教育心理学[M].2版.北京:人民教育出版社,2010.

[10] 邵瑞珍.教育心理学(修订本)[M].上海:上海教育出版社,1997.

[11] 张春兴.教育心理学[M].杭州:浙江教育出版社,1998.

[12] 李伯黍.教育心理学[M].上海:华东师范大学出版社,1992.

[13] 汪凤炎,燕良轼.教育心理学新编[M].广州:暨南大学出版社,2006.

[14] 王振宇.儿童心理发展理论[M].上海:华东师范大学出版社,2000.

[15] 王振宇,等.儿童社会化与教育[M].北京:人民教育出版社,1992.

[16] 李幼穗.儿童社会性发展及其培养[M].上海:华东师范大学出版社,2004.

[17] 俞国良,辛自强.社会性发展心理学[M].合肥:安徽教育出版社,2004.

[18] 刘电芝.儿童发展与教育心理学[M].北京:人民教育出版社,2006.

[19] 王枬.教师发展:从自在走向自为[M].桂林:广西师范大学出版社,2007.

[20] 林崇德.教育与发展:创新人才的心理学整合研究[M].北京:北京师范大学出版社,2004.

[21] 林崇德,杨志良,黄希庭.心理学大辞典[M].上海:上海教育出版社,2004.

[22] 索里,特尔福德.教育心理学[M].高觉敷,译.北京:人民教育出版社,1982.

[23] 梅耶.教育心理学——认知取向[M].林清山,译.台北:台湾远流出版公司,1991.

[24] 林格伦.课堂教育心理学[M].章志光,译.昆明:云南人民出版社,1982.

[25] 菲利普·罗切特.婴儿世界[M].郭力平等,译.上海:华东师范大学出版社,2005.

[26] 谢弗.发展心理学的关键概念[M].胡清芬等,译.上海:华东师范大学出版社,2008.

后　记

经全国高等教育自学考试指导委员会同意，由教育类专业委员会负责高等教育自学考试教育类专业教材的审定工作。

《学前教育心理学》自学考试教材由湖南师范大学教育科学学院曹中平教授担任主编。

参加本教材审稿讨论会并提出修改意见的有北京师范大学心理学院姚梅林教授和洪秀敏副教授、山东鲁东大学林泳海教授。全书由曹中平修改定稿。他们付出了辛勤劳动，在此一并深表谢意。

全国高等教育自学考试指导委员会
教育类专业委员会
2013 年 6 月